Abgestuftes Arbeitsrecht am Beispiel des abhängigen GmbH-Geschäftsführers (mit europäischen Bezügen)

Europäische Hochschulschriften

Publications Universitaires Européennes
European University Studies

Reihe II
Rechtswissenschaft

Série II Series II
Droit
Law

Bd./Vol. 4414

PETER LANG
Frankfurt am Main · Berlin · Bern · Bruxelles · New York · Oxford · Wien

Norbert Kuhn

Abgestuftes Arbeitsrecht am Beispiel des abhängigen GmbH-Geschäftsführers (mit europäischen Bezügen)

PETER LANG
Europäischer Verlag der Wissenschaften

Bibliografische Information Der Deutschen Bibliothek
Die Deutsche Bibliothek verzeichnet diese Publikation in der Deutschen Nationalbibliografie; detaillierte bibliografische Daten sind im Internet über <http://dnb.ddb.de> abrufbar.

Zugl.: Tübingen, Univ., Diss., 2006

D 21
ISSN 0531-7312
ISBN 3-631-55588-1

www.peterlang.de

Für meine Eltern

und

meine Frau

Vorwort

Danken möchte ich meinem Doktorvater, Professor Dr. Hermann Reichold, der diese Arbeit angeregt und betreut hat. Danken möchte ich auch Professor Dr. Harm Peter Westermann für die zügige Erstellung des Zweitgutachtens.

Meinen Eltern danke ich für die Unterstützung während meiner Ausbildung.

Rechtsprechung und Literatur sind auf dem Stand von Oktober 2004.

Stuttgart, im April 2006

Norbert Kuhn

Inhaltverzeichnis

C. Die Einstufung des Fremdgeschäftsführers als Arbeitnehmer

G. Zusammenfassung und Ergebnisse

A. Einleitung

I. Gegenstand und Ziel der Arbeit

Gegenstand der vorliegenden Untersuchung ist die Anwendung von Arbeitsrecht auf GmbH-Geschäftsführer, die nicht Gesellschafter und somit auch nicht am Kapital der Gesellschaft beteiligt sind. Sie werden als abhängige Geschäftsführer oder auch als Fremdgeschäftsführer bezeichnet.[1]

In den letzten Jahren hat das Amt des Geschäftsführers in einer GmbH für Nichtgesellschafter als Arbeitsstätte zunehmend an Bedeutung gewonnen. Die Ursachen hierfür sind vielfältig. Zum einen hat sich in den vergangenen Jahrzehnten die GmbH mit Abstand zur umsatzstärksten Rechtsform entwickelt.[2] Zum anderen wird, wo früher der Gesellschafter selbst die Geschäftsführung innehatte, verstärkt auf Manager von außen zurückgegriffen. Fehlende Nachfolge im Rahmen eines Generationenwechsels, die Intention der Gesellschafter und Investoren, ihre Firma auf diesem Weg zu professionalisieren, und Outsourcing sind nur einige Gründe hierfür.[3]

Parallel zu dieser Entwicklung beschäftigt Rechtsprechung und juristische Literatur zunehmend die Frage, ob und wie den Fremdgeschäftsführern ein sozialer Schutz über die Anwendung arbeitsrechtlicher Bestimmungen gewährt werden kann. Die Problematik ist hierbei, dass der Fremdgeschäftsführer eine so genannte „Doppelstellung"[4] im Unternehmen innehat. Auf der einen Seite ist er Geschäftsführungs- und Vertretungsorgan der Gesellschaft und nimmt als solches unter anderem auch „Arbeitgeberfunktionen" gegenüber den Arbeitnehmern wahr. Er ist bei seinen Aufgaben zudem den Weisungen der Gesellschafter unterworfen (§ 37 Abs. 1 GmbHG) und kann jederzeit von ihnen durch Mehrheitsbeschluss abberufen werden (§ 38 Abs. 1 GmbHG). Auf der anderen Seite steht er selbst in einem Anstellungsverhältnis zur Gesellschaft. Seine Inte-

---

1 Die Möglichkeit der Fremdgeschäftsführung ergibt sich aus § 6 Abs. 3 S. 1 GmbHG. Nach dieser Vorschrift können neben den Gesellschaftern auch andere Personen zu Geschäftsführern bestellt werden.

2 Ihre Eintragung ins Handelsregister wird vom Statistischen Bundesamt seit einigen Jahren nicht mehr erfasst. Nach einer Schätzung aus dem Jahr 2002 soll sich die Anzahl der GmbHs bis Ende 2001 auf mehr als 900.000 erhöht haben. Vgl. *Hansen*, GmbHR 2001, 286 ff.; *ders.*, GmbHR 2002, 148 ff.; *ders.* GmbHR 2004, 39 ff. jeweils m. w. N.

3 Experten schätzen den Bedarf an Fremdgeschäftsführern bereits heute auf mehrere zehntausend Stellen pro Jahr, vgl. *Gloger*, Chance für Nachwuchs mit Chef-Ambitionen, DIE WELT, 05.07.1999.

4 *Nikisch*, ArbR, Bd. I, 3. Aufl., § 14 II 3.

ressen hieraus sind ähnlich denen eines Arbeitnehmers auf Bestand und soziale Sicherheit gerichtet. Beispielhaft war die Entscheidung des BAG vom 26.05.1999,[5] der folgender Sachverhalt zugrunde lag: In einer Gesellschaft mit insgesamt zehn Geschäftsführern wurde eine schwangere Fremdgeschäftsführerin wegen ihrer Schwangerschaft abberufen und ihr Anstellungsvertrag gekündigt. Der Fall zeigt, dass die Doppelrolle des Fremdgeschäftsführers bei der Anwendung arbeitsrechtlicher Bestimmungen zu einem Spannungsverhältnis zwischen seiner formalen Organstellung und seiner Anstellung an der Schnittstelle zwischen Gesellschafts- und Arbeitsrecht führen kann. Es stellt sich die Frage, ob und wie solche Spannungen „beim Aufeinandertreffen gegenläufiger gesellschafts- und arbeitsrechtlicher Wertungen“[6] gelöst werden können.

Der Gesetzgeber scheint die Frage nur zum Teil eindeutig beantwortet zu haben: So werden Organe zwar aus dem Geltungsbereich von bestimmten arbeitsrechtlichen Vorschriften ausdrücklich ausgenommen.[7] Für die Anwendung der übrigen Regelungen finden sich jedoch weder eine Legaldefinition („Arbeitnehmer i. S. dieses Gesetzes ist auch der GmbH-Geschäftsführer“) noch positive Geltungsbereichsbestimmungen („Dieses Gesetz gilt auch für GmbH-Geschäftsführer“).[8]

Die von Rechtsprechung und juristischer Literatur angebotenen Lösungsmöglichkeiten reichen von der Einstufung des Fremdgeschäftsführers als Arbeitnehmer mit teleologischer Reduktion einzelner nicht anwendbarer Bestimmungen über die Qualifizierung des Fremdgeschäftsführers als arbeitnehmerähnliche Person, weiter über die Annahme eines ruhenden Arbeitsverhältnisses bis hin zur Ablehnung seiner Arbeitnehmereigenschaft, verbunden mit der entsprechenden Anwendung bestimmter arbeitsrechtlicher Schutzvorschriften und Grundsätze auf ihn.

So hält der BGH weiterhin im Grundsatz an seiner gefestigten Rechtsprechung fest, nach der Geschäftsführer keine Arbeitnehmer sind.[9] Er wendet jedoch bestimmte arbeitsrechtliche Bestimmungen entsprechend auf ihn an[10] und betrach-

[5] BAG vom 26.05.1999 – 5 AZR 664/98, GmbHR 1999, 925, vgl. dazu auch Beispielsfall 2 unten B.

[6] *Krause*, Mitarbeit im Unternehmen, S. 1.

[7] Dies sind § 5 Abs. 1 S. 3 ArbGG, §§ 14 Abs. 1 Nr. 1 und 17 Abs. 5 Nr. 1 KSchG, § 3 Abs. 1 S. 2 MitbestG, § 5 Abs. 2 Nr. 1 BetrVG, vgl. dazu die detaillierten Ausführungen unten C IV. 1.

[8] Vgl. *Wank*, FS Wiedemann (2002), 587, 604.

[9] St. Rspr., zuletzt ausdrücklich BGH vom 10.09.2001 – II ZR 14/00, GmbHR 2001, 1158, 1159.

[10] So etwa § 622 BGB, BGH vom 29.01.1981 – II ZR 92/80, BGHZ 79, 291, vgl. unten F II.

tet neuerdings den Fremdgeschäftsführer sogar als „Arbeitnehmer im insolvenzrechtlichen Sinn“[11].

Dagegen hat das BAG im oben zitierten Urteil und weiteren neueren Entscheidungen ausgeführt, dass das Anstellungsverhältnis eines Geschäftsführers im Einzelfall auch ein Arbeitsverhältnis sein könne.[12] Gleichzeitig hat es seine Rechtsprechung, nach der das Arbeitsverhältnis eines zum Geschäftsführer bestellten vormaligen Angestellten ruht und nach dessen Abberufung wieder auflebt, immer weiter eingeschränkt.[13]

In der Literatur haben parallel hierzu zahlreiche Stellungnahmen und Publikationen zu der Unruhe um die Frage der Anwendung von Arbeitsrecht auf Fremdgeschäftsführer beigetragen. Ein abschließender Konsens ist noch nicht absehbar.

Vor diesem Hintergrund verwundert es nicht, dass in letzter Zeit über die Situation des Fremdgeschäftsführers in zunehmendem Maß Uneinigkeit herrscht. Weitgehende Übereinstimmung besteht inzwischen darin, dass dem Fremdgeschäftsführer nicht nur über das Sozialversicherungsrecht, sondern auch über das Arbeitsrecht ein gewisser sozialer Schutz gewährt werden soll. Es herrscht jedoch auch Einigkeit darüber, dass seine besondere Stellung als Organ der Gesellschaft eine uneingeschränkte Anwendung von Arbeitsrecht nicht zulässt.[14]

Letztlich ist bis heute jedoch nicht abschließend geklärt, auf welcher Grundlage und unter welchen Voraussetzungen dem beschriebenen Spannungsverhältnis zwischen Gesellschafts- und Arbeitsrecht ausreichend Rechnung getragen werden kann.

Ziel dieser Arbeit ist es, Lösungswege der juristischen Literatur und der Rechtsprechung aufgreifend und fortentwickelnd zu untersuchen, ob ein Modell eines „abgestuften Arbeitsrechts“[15] für die Anwendung arbeitsrechtlicher Bestimmungen auf den Fremdgeschäftsführer eine Lösung bieten kann, die sowohl der

---

[11] BGH vom 23.01.2003 – IX ZR 39/02, WM 2003, 551.

[12] BAG vom 06.05.1999 – 5 AZB 22/98, BB 1999, 1437; BAG vom 26.05.1999 – 5 AZR 664/98, GmbHR 1999, 925; BAG vom 20.08.2003 – 5 AZB 79/02, NJW 2003, 3290.

[13] Sog. „ Ruhensrechtsprechung“, zuletzt: BAG vom 25.04.2002 – 2 AZR 352/01, NJW 2003, 918, 919. Nach der Einführung des neuen § 623 BGB, durch Art 2 des ArbGerBeschleuniggG vom 30.03.2000 (BGBl. I, 333), ist fraglich, ob es weiterhin an ihr festhalten wird.

[14] Vgl. zuletzt *Wank*, FS Wiedemann (2002), 587 ff.; *Goette*, FS Wiedemann (2002), 873 ff.

[15] Der Begriff geht zurück auf *Hromadka*, NZA 1997, 569 ff.

Verwirklichung seines Sozialschutzes als auch seiner Stellung als Organ der Gesellschaft gerecht wird ohne hierbei die Rechtssicherheit zu vernachlässigen.

II. Europäische Bezüge

Die Fremdgeschäftsleitung ist nicht nur in Deutschland, sondern in ganz Europa bei den der GmbH entsprechenden Gesellschaftsformen nicht mehr wegzudenken und wird auch bei diesen zunehmend als Arbeitsstätte an Bedeutung gewinnen. Bereits jetzt ist in fast allen europäischen Mitgliedstaaten bei den gesetzlichen Regelungen zur geschlossenen Gesellschaft die Möglichkeit der Fremdgeschäftsleitung als gleichberechtigte Alternative zur Gesellschafter-Geschäftsleitung vorgesehen.[16]

Europäische Bezüge werden in dieser Untersuchung zunächst durch den rechtsvergleichenden Blick auf das Europarecht hergestellt. Hier ist das Thema sowohl in seiner gesellschaftsrechtlichen Betrachtung als auch im Hinblick auf das europäische Arbeitsrecht von Interesse. Im europäischen Gesellschaftsrecht findet im Rahmen der supranationalen Gesetzgebung die Europäische Privatgesellschaft (EPG) im Schrifttum immer mehr Beachtung.[17] So wurde bereits im Rahmen der Diskussion zur Europäischen Gesellschaft "Societas Europaea" (SE)[18] darauf hingewiesen, dass sich große Allianzen auf Dauer schwerlich ohne europäische Rechtsform organisieren lassen.[19] Gleiches gilt für die kleinen und mittelständischen Unternehmen (KMU). Auch aus Gründen der Waffen-

16 Vgl. dazu etwa *Boucourechliev/Hommelhoff* (Hrsg.), Europäische Privatgesellschaft; *Herberstein*, Die GmbH in Europa, 1 ff. Auch die neuen osteuropäischen Mitgliedstaaten wie beispielsweise die Tschechei, die Slowakei, Ungarn und Polen haben die Möglichkeit der Fremdgeschäftsleitung in ihrem neu eingeführten GmbH-Recht ausdrücklich vorgesehen. Vgl. dazu: *Gromotke*, Entwicklung und Ausgestaltung des GmbH-Rechts in den osteuropäischen Staaten, S. 1 ff.; *Pajor-Bytomski*, RIW 2001, 765. Lediglich in Italien wird von dem Grundsatz ausgegangen, dass die Geschäftsleiter Gesellschafter sein müssen. Jedoch besteht die Möglichkeit, im Gesellschaftsvertrag eine Fremdgeschäftsführung vorzusehen, vgl. *Boucourechliev/Hommelhoff* (Hrsg.), Europäische Privatgesellschaft; S. 265; *Fritz*, Die GmbH in der EU, S. 185; *Herberstein*, Die GmbH in Europa, S. 170.

17 *Dejmek*, NZG 2001, 878 ff.; *Hommelhoff*, WM 1997, 2001 ff.; *ders.*, AG 2001, 279, 287; *Hommelhoff/Helms*, GmbHR 1999, 53 ff.; *Helms*, Die Europäische Privatgesellschaft, 1 ff.; *Steding*, NZG 2000, 913, 917; *Bachmann*, ZGR 2001, 357 ff.

18 Die SE wurde im Dezember 2000 auf der Gipfelkonferenz des Europäischen Rates der Staats- und Regierungschefs in Nizza verabschiedet.

19 *Reichold* in: Kutschker (Hrsg.), Perspektiven der Internationalen Wirtschaft, S. 63.

gleichheit[20] sollte die Idee einer EPG vorangetrieben werden.[21] Im Rahmen der inneren Organisation einer EPG wird die Fremdgeschäftsleitung Berücksichtigung finden. Auch wenn einzelstaatliche Abweichungen weiterhin möglich sein werden, wird sich die Frage nach der Anwendung von Arbeitsrecht auf Fremdgeschäftsleiter auch bei der EPG stellen. Im Arbeitsrecht lässt sich ein abgeschlossenes System noch nicht erkennen. Dennoch entfaltet es zwischenzeitlich eine solche Dynamik, dass sich viele arbeitsrechtliche Fragen nicht ohne den Blick nach Europa sinnvoll lösen lassen.[22] Für eine Anwendung von Arbeitsrecht auf den Fremdgeschäftsführer in Deutschland ist nicht zuletzt deshalb der Blick auf das Europarecht von besonderem Interesse.

Europäische Bezüge werden in dieser Arbeit darüber hinaus durch rechtsvergleichende Untersuchungen zur Frage der Anwendung von arbeitsrechtlichen Schutzvorschriften auf Fremdgeschäftsführer in den EU-Mitgliedstaaten Österreich, Frankreich und Spanien hergestellt.[23]

III. Gang der Untersuchung

Die Darstellung beginnt mit einer kurzen Einführung in die Problematik der Anwendung von Arbeitsrecht auf den Fremdgeschäftsführer. Hier werden insbesondere das Thema der sozialen Schutzbedürftigkeit im Anstellungsverhältnis und das hieraus resultierende Spannungsverhältnis zur Organstellung näher beleuchtet.

---

20 *Hommelhoff*, AG 2001, 279, 287.

21 Zum Ende des Jahres 1997 lag der erste Entwurf einer Verordnung über die EPG vor (Propositions pour une Société Européenne 1997), abgedruckt in *Boucourechliev/Hommelhoff* (Hrsg.), Europäische Privatgesellschaft; S. 281 ff. und unter http://www.etudes.ccip.fr/dossiers/spe/de/index.html. Der europäische Wirtschafts- und Sozialausschuss hat im März 2002 einstimmig eine Stellungnahme über ein europäisches Rechtsstatut für KMU angenommen, in der betont wurde, "dass es notwendig ist, ein europäisches Gesellschaftsstatut für KMU zu entwickeln", http://europa.eu.int/comm/internal_market/de/company/company/modern/consult/36 de.htm.

22 *Junker*, RIW 2003, 689.

23 Die Staaten wurden zum einen aufgrund der praktischen Relevanz, insbesondere im Hinblick auf ihre wirtschaftliche Bedeutung für Deutschland ausgewählt. So ist Frankreich seit vielen Jahren wichtigster Handelspartner mit Ausfuhren von über 70 Mrd. Euro (etwa 12 % des deutschen Exports) und Einfuhren von 100 Mrd. Euro (2001), vgl. *Frank/Wachter*, RIW 2002, 11. Zum anderen sprach für Auswahl der Staaten eine vergleichbare gesellschaftsrechtliche Gesetzeslage.

Die Ausführungen widmen sich sodann den Lösungsmöglichkeiten, welche die Rechtsprechung und die juristische Literatur bislang angeboten haben, um dem Fremdgeschäftsführer sozialen Schutz über das Arbeitsrecht zukommen zu lassen[24].

Eine maßgebliche erste Schnittstelle bei der Anwendung von Arbeitsrecht auf den Fremdgeschäftsführer ist die immer noch viel diskutierte Frage, ob er als Arbeitnehmer eingestuft werden kann. Zwar geht die h. M. auch weiterhin von einem freien Dienstverhältnis aus.[25] Seit das BAG die Arbeitnehmereigenschaft beim Fremdgeschäftsführer nicht mehr grundsätzlich ausschließt, gibt es in der neueren Literatur zunehmend Vertreter, die der Auffassung des BAG folgen.[26] Nach einem kurzen Überblick über den derzeitigen Stand der Diskussion wird ein rechtsvergleichender Blick auf das Europarecht geworfen, bevor eine kritische Würdigung erfolgt.

Im Anschluss werden das ruhende Arbeitsverhältnis und die Einstufung des Fremdgeschäftsführers als arbeitnehmerähnliche Person dargestellt und als alternative oder ergänzende Lösungsmöglichkeiten zur Anwendung von Arbeitsrecht auf den Fremdgeschäftsführer kritisch gewürdigt.

Der erste Teil der Arbeit endet mit dem Exkurs zur Darstellung der Rechtslage in Österreich, Frankreich und Spanien. Es werden vergleichend die Gemeinsamkeiten und Unterschiede zur deutschen Rechtslage herausgearbeitet und es wird untersucht, wie in diesen Ländern das Spannungsverhältnis zwischen Anstellung und Organstellung beim Fremdgeschäftsführer gelöst wird. Es wird erörtert ob sich hieraus Argumente für eine Lösung im deutschen Recht ableiten lassen.

Im zweiten Teil, dem Hauptteil der Arbeit, folgen die eigentlichen Untersuchungen zum „abgestuften Arbeitsrecht“ am Beispiel des Fremdgeschäftsführers. Nach einer Auseinandersetzung mit dem Modell *Hromadkas* zum „abgestuften Arbeitsrecht“[27] wird die Übertragung dieses Modells auf den Fremdgeschäftsführer analysiert. Zur Umsetzung des Modells eines abgestuften Arbeits-

---

[24] Es geht hierbei im ersten Teil der Arbeit zunächst um die Einstufung des Fremdgeschäftsführers als Arbeitnehmer, das ruhende Arbeitsverhältnis und die Einstufung des Fremdgeschäftsführers als arbeitnehmerähnliche Person. Die analoge Anwendung von arbeitsrechtlichen Schutzvorschriften wird im zweiten Teil der Arbeit im Rahmen eines abgestuften Arbeitsrechts ausführlich erörtert.

[25] Vgl. ausführlich unten C. I. 1. und 3. a).

[26] Vgl. unten C. I. 2. und 3. b).

[27] Vgl. *Hromadka*, NZA 1997, 569.

rechts beim Fremdgeschäftsführer wird geprüft, unter welchen allgemeinen Voraussetzungen die h. M. bislang arbeitsrechtliche Bestimmungen analog auf ihn anwendet. Anhand einzelner Bestimmungen werden zudem die wesentlichen Probleme exemplarisch dargestellt sowie die Argumente von Rechtsprechung und juristischer Literatur hierzu ausgewertet und gewürdigt. Im Anschluss werden die dogmatischen Voraussetzungen für die analoge Anwendung arbeitsrechtlicher Schutzvorschriften auf den Fremdgeschäftsführer herausgearbeitet. Um Rechtssicherheit zu gewinnen, werden zudem innerhalb der Voraussetzungen Leitlinien aufgestellt. Anhand dieser Leitlinien wird das Modell eines abgestuften Arbeitsrechts für den Fremdgeschäftsführer gebildet und abschließend dargelegt welche arbeitsrechtlichen Vorschriften auf den Fremdgeschäftsführer anwendbar sind.

B. Einführung in die Thematik

Bevor auf die Problematik der Anwendung von Arbeitsrecht auf den Fremdgeschäftsführer eingegangen wird, sollen in diesem Kapitel die Grundlagen für das in der Einleitung beschriebene Spannungsverhältnis zwischen der formalen Organstellung des Fremdgeschäftsführers und seiner Anstellung verdeutlicht werden. Dazu werden zunächst mögliche Ursachen für das in Rechtsprechung und juristischer Literatur bestehende Bedürfnis, dem Fremdgeschäftsführer im Anstellungsverhältnis sozialen Schutz über das Arbeitsrecht zukommen zu lassen, beleuchtet (unter I.).[28] Weiter wird die „Zwitterstellung" des GmbH-Geschäftsführers erläutert (unter II.). Schließlich wird ein Blick auf die Einstufung des Fremdgeschäftsführers als Beschäftigter im Sozialversicherungsrecht das Kapitel abrunden (unter III.).[29] Zur Veranschaulichung der Problematik sollen folgende Beispielsfälle dienen.[30]

Beispielsfall 1:

G ist alleiniger Fremdgeschäftsführer bei der X-GmbH. Auf der Fahrt zur Arbeit verursacht G leicht fahrlässig einen Unfall[31]*, bei dem er sich verletzt. G muss drei Wochen im Krankenhaus bleiben. Seine gesetzliche Krankenkasse würde G im Anschluss eine dreiwöchige Rehabilitation in einer entsprechend anerkannten Einrichtung bezahlen. Die Gesellschafter der X-GmbH sind dagegen der Auffassung, G sei als alleiniger Geschäftsführer unverzichtbar und*

[28] Rechtsprechung und juristische Literatur führen den Begriff der „sozialen Schutzbedürftigkeit" immer wieder im Zusammenhang mit der Anwendung arbeitsrechtlicher Schutzvorschriften auf Geschäftsführer an, vgl. BGH vom 25.07.2002 – III ZR 207/01, ZIP 2002, 1593, 1594; *Boemke,* ZfA 1998, 209, 219; *Goette,* Die GmbH, 2. Aufl., Rn. 69; *Hueck/Windbichler*, GesR, 20. Aufl., § 36 Rn. 4; *Martens*, FS Hilger/Stumpf (1983), 437, 440 f.; ErfK/*Preis*, 4. Aufl., § 611 BGB Rn. 161; APS/*Preis*, 2. Aufl., Grundlagen F Rn. 54; *ders.*, ArbR, 2. Aufl., S. 65. Der Begriff dient der h. M. auch dazu, dem (Fremd-) Geschäftsführer einen Sozialschutz über die entsprechende Anwendung arbeitsrechtlicher Bestimmungen zu gewähren, vgl. unten F. II. Zudem tritt er bei der Frage der Einstufung des Fremdgeschäftsführers als arbeitnehmerähnliche Person auf, vgl. unten D. I.

[29] Das Sozialversicherungsrecht ist nicht nur als mögliche Ergänzung zum Arbeitsrecht in die Überlegungen eines Sozialschutzes einzubeziehen. Es wird auch untersucht, ob sich Anhaltspunkte für eine soziale Schutzbedürftigkeit von Fremdgeschäftsführern gewinnen und Schlüsse für das Spannungsverhältnis zwischen Organstellung und Anstellung ziehen lassen.

[30] Die Beispielsfälle wurden weitgehend selbst entworfen. Sie greifen jedoch zum Teil Sachverhalte von Gerichtsentscheidungen sowie in der juristischen Literatur erörterte Beispiele auf.

[31] Vgl. OLG Koblenz vom 07.10.1993 – 6 U 547/91, NJW-RR 1994, 1058; OLG Koblenz vom 14.05.1998 – 5 U 1639/97, GmbHR 1999, 344.

könne sich auch an seinem Arbeitsplatz ausreichend „rehabilitieren". G möchte wissen, ob er die Rehabilitation antreten kann, ob er während dieser Zeit einen Anspruch auf sein Geschäftsführergehalt aus seinem Anstellungsvertrag hat und wer für den Schaden des Unfalls aufkommt.

Beispielsfall 2:

Die F ist Fremdgeschäftsführerin der Y-GmbH. Neben ihr sind im Handelsregister neun weitere Geschäftsführer eingetragen. Als die F schwanger wird, möchte die Gesellschafterversammlung sie ersetzen[32]*. Die F möchte wissen, bis zu welchem Zeitpunkt sie arbeiten muss und wie lange ihr das Geschäftsführergehalt weiter zusteht. Sie fragt sich zudem, ob aufgrund ihrer Schwangerschaft ihr Anstellungsvertrag gekündigt werden kann oder ob sie nach der Entbindung ihre Arbeit als Geschäftsführerin wieder aufnehmen kann.*

Beispielsfall 3:

Der E ist Fremdgeschäftsführer der Z-GmbH. Sein Mitgeschäftsführer hat eine betriebliche Übung eingeführt, nach der alle leitenden Angestellten einen Jahresbonus für „besondere Leistungen" erhalten. Am Jahresende ist E der Auffassung, dass ihm dieser Bonus aufgrund seiner vergleichbaren Leistung auch zusteht. E beruft sich hierbei auf die betriebliche Übung und den arbeitsrechtlichen Gleichbehandlungsgrundsatz.

I. Das soziale Schutzbedürfnis des Fremdgeschäftsführers

Wäre der Fremdgeschäftsführer von den arbeitsrechtlichen Vorschriften vollständig ausgeschlossen, würde sich die Lösung der Beispielsfälle, soweit nicht im Anstellungsvertrag eine entsprechende Vereinbarung vorhanden ist, nach den geltenden Vorschriften des freien Dienstvertrags (§§ 611 ff. BGB) richten. Das Schutzdefizit zum Arbeitsrecht zeigt sich hierbei bei der Abgrenzung zum leitenden Angestellten, der unstreitig Arbeitnehmer ist:

Zu den Beispielsfällen:

So hätte der G nach § 616 S. 2 BGB nur einen Anspruch auf Lohnfortzahlung für eine „verhältnismäßig nicht erhebliche Zeit", während der leitende Angestellte als Arbeitnehmer über § 3 Abs. 1 S. 1 EntgeltfortzahlungsG für die Dauer von sechs Wochen Anspruch auf Entgeltfortzahlung genießt. Gleiches gilt für die F, der ebenfalls nur die Regelung des § 616 S. 2 BGB bleibt, wohingegen eine leitende Angestellte während der gesamten Dauer der Beschäf-

[32] Vgl. BAG vom 26.05.1999 – 5 AZR 664/98, GmbHR 1999, 925.

tigungsverbote der §§ 3 Abs. 1, 4 MuSchG gemäß § 11 Abs. 1 MuSchG ein Entgelt zusteht[33] *und sie während der Dauer der gesetzlichen Schutzfristen der §§ 3 Abs. 2, 6 Abs. 1 MuSchG einen erheblichen Zuschuss zum Mutterschaftsgeld erhält*[34].

Der G hätte zudem bei der im Beispielsfall 1 vorliegenden leichten Fahrlässigkeit den durch seinen Unfall verursachten Schaden in voller Höhe selbst zu tragen (§§ 276 Abs. 2, 249 BGB: Totalreparation). Hätte ein leitender Angestellter den Unfall verursacht, hätte dieser eine nur leichte Fahrlässigkeit nicht zu vertreten.[35] *Für den Schaden müsste der Arbeitgeber aufkommen.*

Der F letztlich könnte der Anstellungsvertrag jederzeit gekündigt werden, einen besonderen Kündigungsschutz für Schwangere kennt das Dienstvertragsrecht nicht. Hilfsweise könnte auf § 138 Abs. 2 BGB zurückgegriffen werden, falls die F nachweisen kann, dass ihr allein wegen der Schwangerschaft gekündigt wurde. Dieser Nachweis wird ihr in der Praxis jedoch nur schwer möglich sein. Eine schwangere leitende Angestellte hat hingegen während der Schwangerschaft und bis vier Monate danach den Kündigungsschutz aus § 9 MuSchG.

Die Abgrenzung hat bestehende Unterschiede beim Sozialschutz zwischen einem Fremdgeschäftsführer und einem leitenden Angestellten gezeigt, wenn der Fremdgeschäftsführer lediglich auf die Regelungen des Dienstvertragsrechts zurückgreifen kann. Ob und inwieweit beim Fremdgeschäftsführer ein Bedürfnis bestehen kann, die zum Arbeitsrecht bestehenden Lücken im Dienstvertragsrecht zu schließen und ihm den sozialen Schutz des Arbeitsrechts zukommen zu lassen, soll nachfolgend näher beleuchtet werden.[36] Dazu wird der Fremdgeschäftsführer sowohl vom leitenden Angestellten, der unstreitig Arbeitnehmer ist, als auch vom Gesellschafter-Geschäftsführer abgegrenzt.

---

33 Das Entgelt berechnet sich nach dem durchschnittlichen Gehalt der letzten 13 Wochen oder der letzten 3 Monate vor Beginn des Monats, in dem die Schwangerschaft eingetreten ist (§ 11 Abs. 1 S. 1 MuSchG).

34 Vgl. dazu *Reichold,* ArbR, § 8 Rn. 78.

35 BAG vom 17.09.1998 – 8 AZR 175/97, NJW 1999, 1049, 1051; *Reichold,* ArbR, § 9 Rn. 32; vgl. auch die Neufassung des § 267 Abs. 1 S. 1 BGB: „aus dem sonstigen Inhalt des Schuldverhältnisses".

36 Im Rahmen des vorliegenden Kapitels kann die Schutzbedürftigkeit des Fremdgeschäftsführers nicht bereits in allen Einzelheiten dargestellt werden. Vielmehr ist es gerade auch Ziel der Untersuchung, mit Hilfe eines abgestuften Arbeitsrechts die Schutzbedürftigkeit in ihren Differenzierungen herauszuarbeiten. Daher kann erst im zweiten Teil der Arbeit eine detaillierte Prüfung für den Einzelfall anhand der jeweiligen Norm erfolgen. Jedoch können nachfolgend Besonderheiten der Rechtsstellung des Fremdgeschäftsführers gezeigt werden, die im Einzelfall ein Schutzbedürfnis bei ihm verursachen können.

1. Das gesellschaftsrechtliche Weisungsrecht

Geschäftsführer unterliegen im Innenverhältnis den Weisungen der Gesellschafterversammlung (§ 37 Abs. 1 GmbHG). Teilweise wird schon hieraus eine gewisse soziale Schutzbedürftigkeit abgeleitet.[37] Begründet wird dies damit, dass die Weisungsbindung eines Organmitglieds sich im Einzelfall ähnlich und sogar stärker als bei einem leitenden Angestellten auswirken könne.[38] Letztlich wird der Geschäftsführer einem fremden Willen, nämlich dem der Gesellschafterversammlung, unterworfen. Die Schutzbedürftigkeit des Fremdgeschäftsführers hängt jedoch nicht allein von der Weisungsunterworfenheit ab, denn auch beim freien Dienstverhältnis sind Weisungen möglich. Ein umfangreiches und spezifisches gesellschaftsrechtliches Weisungsrecht kann jedoch zu einer größeren Fremdbestimmtheit führen, was wiederum das Bedürfnis für einen Sozialschutz erhöht. Im Beispielsfall 1 wird deutlich, welche Folgen eine umfangreiche Weisungsunterworfenheit beim Fremdgeschäftsführer haben kann. Es können sich hieraus im Einzelfall Abhängigkeiten ergeben, die ihn faktisch in die Nähe des leitenden Angestellten bringen und ihn ähnlich diesem sozial schutzbedürftig machen.

2. Einfluss des Fremdgeschäftsführers innerhalb der Gesellschafterversammlung

Unabhängig vom Umfang einer Weisungsunterworfenheit kann festgestellt werden, dass beim Fremdgeschäftsführer die Fremdbestimmung durch die Gesellschafterversammlung regelmäßig größer ist als bei einem Gesellschafter-Geschäftsführer. Denn der Fremdgeschäftsführer hat als Nichtgesellschafter keinen Einfluss innerhalb der Gesellschafterversammlung. Anders als im Regelfall der Gesellschafter-Geschäftsführer hat er folglich keine Möglichkeit, Weisungen der Gesellschafterversammlung durch sein eigenes Stimmrecht zu verhindern.[39] In der Praxis beschränken gerade bei einer Fremdgeschäftsführung neben den Beschlüssen der Gesellschafterversammlung umfangreiche Kataloge zustimmungspflichtiger Rechtsgeschäfte in Gesellschaftsverträgen (vgl. § 37 Abs. 1 GmbHG), eine Geschäftsordnung, ein Beirat oder Aufsichtsrat als Kontrollorgan sowie Regelungen im Anstellungsvertrag die Geschäftsführungsbefugnis. Auch auf die Errichtung solcher Beschränkungen hat der Fremdgeschäftsführer regelmäßig keinen direkten Einfluss. Dies kann ihn sozial schutzbedürftiger machen als einen Gesellschafter-Geschäftsführer.

---

[37] *Martens*, FS Hilger/Stumpf (1983), 437, 440; ErfK/*Preis*, 4. Aufl., § 611 BGB Rn. 161.

[38] Vgl. *Martens*, FS Hilger/Stumpf (1983), 437, 440.

[39] Vgl. dazu *Krause*, Mitarbeit im Unternehmen, S. 332 ff.

3. *Abberufung vom Amt des (Fremd-)Geschäftsführers*

Die Schutzbedürftigkeit des Fremdgeschäftsführers zeigt sich auch darin, dass er seine Abberufung vom Amt des Geschäftsführers nach § 38 Abs. 1 GmbHG nicht direkt beeinflussen oder gar verhindern kann.[40] Zwar gilt diese Vorschrift auch für den Gesellschafter-Geschäftsführer. Er hat jedoch das Recht, soweit kein wichtiger Grund vorliegt,[41] bei der Entscheidung durch die Gesellschafterversammlung mit abzustimmen. Hat er in der Gesellschafterversammlung die Mehrheit der Stimmen, kann er seine Abberufung sogar verhindern.[42] Entsprechendes gilt, wenn das Anstellungsverhältnis gekündigt wird.[43] In dem Beispielsfall 2 wird diese Problematik deutlich.

4. *Einbringung der Arbeitskraft*

Ein weiterer Unterschied zum Gesellschafter-Geschäftsführer besteht darin, dass der Fremdgeschäftsführer anders als dieser lediglich seine Arbeitskraft und nicht auch Kapital in das Unternehmen einbringt. Er ist nicht am Kapital der Gesellschaft beteiligt. Er partizipiert damit auch nicht (direkt) am Gewinn des Unternehmens. Hieraus resultiert ein gesteigertes Interesse am Bestandsschutz seines Arbeitsverhältnisses.

Der Fremdgeschäftsführer muss der Gesellschaft zudem seine gesamte Arbeitskraft widmen. Es ist ihm nur in eng begrenzten Ausnahmefällen möglich, au-

---

40 Wie sich der Fremdgeschäftsführer gegen eine unberechtigte Abberufung wehren kann ist strittig. Nach überwiegender Meinung im Schrifttum hat er sie wehrlos hinzunehmen, vgl. *Fleck*, GmbHR 1993, 555; *Lutter/Hommelhoff/Kleindiek*, GmbHG, 16. Aufl., § 38 Rn. 27; Rowedder/*Koppensteiner*, GmbHG, 4. Aufl., § 38 Rn. 26; Scholz/*Schneider*, GmbHG, 9. Aufl., § 38 Rn. 58b; Baumbach/Hueck/*Zöllner*, GmbHG, 17. Aufl., § 38 Rn. 21. A. A. *Raiser*, Kapitalgesellschaften, 3. Aufl., § 32 Rn. 62. Der BGH hat früher eine Feststellungsklage zugelassen, vgl. BGH vom 07.06.1962 – II ZR 131/61, WM 1962, 811 ff.; BGH vom 25.04.1966 – II ZR 80/65, WM 1966, 614 ff., BGH vom 04.11.1968 – II ZR 63/67, WM 1968, 1350 ff. Kritisch dazu *Raiser*, Kapitalgesellschaften, 3. Aufl., § 32 Rn. 62.

41 Entsprechend § 47 Abs. 4 GmbHG ist der Gesellschafter-Geschäftsführer in diesem Fall nach h. M. vom Stimmrecht ausgeschlossen. BGH vom 21.04.1969 – II ZR 200/67, NJW 1969, 1476, 1483; BGH vom 20.12.1982 – II ZR 110/82, BGHZ 86, 177; *Raiser*, Kapitalgesellschaften, 3. Aufl., § 32 Rn. 54.

42 BGH vom 29.09.1955 – II ZR 225/54, BGHZ 18, 205, 210; BGH vom 21.04.1969 – II ZR 200/67, NJW 1969, 1476, 1483; *Raiser*, Kapitalgesellschaften, 3. Aufl., § 32 Rn. 54.

43 BGH vom 26.03.1984 – II ZR 120/83, NJW 1984, 2528; *Reiserer*/Heß-Emmerich, GmbH-Geschäftsführer, S. 67 m. w. N.

ßerhalb des Unternehmensgegenstandes der Gesellschaft tätig zu sein.[44] Oftmals ist im Anstellungsvertrag sogar ein absolutes Nebentätigkeitsverbot geregelt, das anders als die Rechtsprechung bei Arbeitnehmern[45] auch ohne ein zusätzliches berechtigtes Interesse des Arbeitgebers anerkannt wird[46]. Die Tätigkeit des Fremdgeschäftsführers bildet damit seine Existenzgrundlage. Er befindet sich hier in einer vergleichbaren Position wie ein leitender Angestellter.

II. Die „Doppelstellung" des Fremdgeschäftsführers

Die Beispielsfälle zeigen, dass die bereits einleitend beschriebene „Doppelstellung" des Fremdgeschäftsführers als Organ der Gesellschaft einerseits und ihr Angestellter andererseits bei der Anwendung von Arbeitsrecht zu einem Spannungsverhältnis zwischen Organstellung und Anstellung führen kann:

Zu den Beispielsfällen:

Die Gesellschafter haben ein Interesse daran, dass G und F ohne längere Abwesenheit ihre Aufgaben pflichtgemäß erfüllen. Die Gesellschaft wird durch den Geschäftsführer vertreten, oft leitet er die Geschicke des Unternehmens.

Der Beispielsfall 3 zeigt, dass es zu Interessenkollisionen führen kann, wenn der Geschäftsführer E sich selbst in den Genuss der betrieblichen Übung bringen könnte.

Jede Untersuchung der Anwendung von Arbeitsrecht muss daher die Zwitterstellung des Geschäftsführers berücksichtigen. Nachfolgend soll sie aus diesem Grund kurz dargelegt werden.

Die Zwitterstellung beruht auf der Trennungstheorie, die sich gegenüber der Einheitstheorie im deutschen Recht durchgesetzt hat. Man unterscheidet heute bei Organmitgliedern allgemein zwischen ihrer körperschaftlichen Stellung als Organ und ihrer persönlichen Stellung als Angestellte der Gesellschaft[47] und

---

44 Hachenburg/*Mertens*, GmbHG, 8. Aufl., § 43 Rn. 40.

45 Einschränkungen geltend nur bei Überschreitung der Arbeitszeit-Höchstgrenzen oder bei Konkurrenztätigkeit, vgl. BAG vom 24.06.1999 – 6AZR 605/97, AP § 611 BGB (Nebentätigkeit) Nr. 5; *Reichold*, ArbR, § 9 Rn. 21.

46 *Reiserer*/Heß-Emmerich, GmbH-Geschäftsführer, S. 32 m.w.N.

47 BGH vom 14.07.1980 – II ZR 161/79, BGHZ 78, 82, 85; *G. Hueck*, FS Ekonomi (1993), 139, 140; *Hümmerich*, NJW 1995, 1177; *K. Schmidt*, GesR, 4. Aufl., § 14 III 2 b.

spricht insoweit auch von einer „januskopfigen Position“ [48] der Organmitglieder.

Die Organstellung wird durch den körperschaftlichen Akt der Bestellung (§§ 6 Abs. 3 S. 2, 46 Nr. 5 GmbHG) begründet. Die Bestellung ist jederzeit frei widerruflich (§ 38 Abs. 1 GmbHG). Maßgeblich ist allein das Gesellschaftsrecht. Der Geschäftsführer ist mit der Bestellung notwendiges Geschäftsführungs- und Vertretungsorgan der Gesellschaft.[49] Er ist befugt, die Gesellschaft im Rechts- und Geschäftsverkehr zu vertreten (§ 35 Abs. 1 GmbHG). Damit nimmt er auch die Aufgaben eines Arbeitgebers gegenüber den Arbeitnehmern der Gesellschaft wahr und übt Arbeitgeberbefugnisse, beispielsweise das Direktionsrecht, aus.

Das Anstellungsverhältnis ist das der Geschäftsführung zugrundeliegende schuldrechtliche Vertragsverhältnis. Geregelt wird im Anstellungsvertrag in erster Linie die persönliche Beziehung zwischen Geschäftsführer und Gesellschaft, also beispielsweise seine Vergütung, der Urlaub, die Altersvorsorge usw. Geschäftsführer werden als Angestellte im Verhältnis zu der Gesellschaft regelmäßig im Rahmen eines Dienstvertrags gemäß § 611 Abs. 1 BGB tätig.[50] Umstritten ist, wie das Anstellungsverhältnis rechtlich einzuordnen ist. Die h. M. sieht darin einen freien Dienstvertrag.[51]

Die Bestellung zum Geschäftsführer kommt nach der Trennungstheorie unabhängig vom Anstellungsverhältnis zustande. Allein durch die Abberufung vom Amt des Geschäftsführers ändert sich die rechtliche Stellung des Geschäftsführers nicht.[52] Bestellung und Abberufung haben keinen Einfluss auf den Bestand des Anstellungsverhältnisses.[53] Die Trennung zwischen Bestellung und Anstel-

[48] *Miller*, BB 1977, 723; *Bauer*, DB 1979, 2178; *Brachert*, Organmitgliedschaft, S. 1; *Holthausen/Steinkraus*, NZA-RR 2002, 281; *Pullen*, BB 1984, 989.

[49] *K. Schmidt*, GesR, 4. Aufl., § 35 II 1 a). Vgl. dort die genaue Aufzählung seiner Aufgaben.

[50] Soweit ihre Tätigkeit unentgeltlich ist, handelt es sich um einen Auftrag.

[51] Nach anderer Auffassung soll beim Fremdgeschäftsführer (in Einzelfällen) auch ein Arbeitsvertrag in Betracht kommen. Siehe dazu ausführlich unten C. I.

[52] So führt die Abberufung weder automatisch zum Erlöschen des Anstellungsverhältnisses noch wandelt sich dieses hierdurch zum Arbeitsverhältnis, vgl. BGH vom 10.01.2000 – II ZR 251/98, NJW 2000, 1864, 1865; BGH vom 23.01.2003 – IX ZR 39/02, WM 2003, 551, 552; BAG vom 21. Februar 1994 – 2 AZB 28/93, NJW 1995, 675, 676; *Jaeger*, NZA 1998, 961, 965. Jedoch hat es die Rechtsprechung in der Vergangenheit für möglich erachtet, dass unter bestimmten Voraussetzungen ein vor der Bestellung zum Geschäftsführer bestehendes Arbeitsverhältnis während der Geschäftsführerstellung ruhen und mit der Abberufung vom Geschäftsführeramt automatisch wieder aufleben kann, siehe unten D. II.

[53] EfK/*Preis*, § 611 BGB Rn. 161; *Nägele*, BB 2001, 305; *Schaub*, ArbR-Hdb., § 14 Rn. 25.

lung sowie die Unabhängigkeit beider Rechtsakte führen bei einer Anwendung von Arbeitsrecht auf den Fremdgeschäftsführer zu einem Spannungsverhältnis zwischen Gesellschafts- und Arbeitsrecht. Gesellschaftsrechtliche Regelungen können in Einzelfällen mit arbeitsrechtlichen Schutzvorschriften kollidieren.

Zu den Beispielsfällen:

So würde eine (uneingeschränkte) Anwendung des arbeitsrechtlichen Kündigungsschutzrechts im Beispielsfall 2 die freie Abberufung vom Amt des Geschäftsführers nach § 38 Abs. 1 GmbHG indirekt über die Verpflichtungen aus dem Anstellungsvertrag einschränken.

Im Beispielsfall 3 könnte der Geschäftsführer E als Vertreter des Arbeitgebers seinen Lohn über die Anwendung der betrieblichen Übung eigenständig festlegen.

Aus diesem Grund müssen bei der Anwendung von Arbeitsrecht auf Fremdgeschäftsführer immer auch die Organstellung und die damit verbundenen gesellschaftsrechtlichen Vorschriften berücksichtigt werden.

III. Die Einstufung des Fremdgeschäftsführers im Sozialversicherungsrecht

Der folgende Blick auf die Einstufung des Fremdgeschäftsführers im Sozialversicherungsrecht wird vorwiegend unter dem Aspekt der Untersuchung seiner sozialen Schutzbedürftigkeit und dem soeben beschriebenen Spannungsverhältnis zum Gesellschaftsrecht vorgenommen.

Die Sozialversicherung ist eine öffentlich-rechtliche Pflichtversicherung, die wirtschaftlich schutzbedürftige Bevölkerungskreise, insbesondere Arbeitnehmer mit ihren Familien, vor den Wechselfällen des Lebens schützen soll.[54] Sie gliedert sich auf in eine Arbeitslosen-, Kranken-, Renten-, Unfall- und Pflegeversicherung. Die Versicherungspflicht setzt das Bestehen eines Beschäftigungsverhältnisses voraus. Anhaltspunkte für eine Beschäftigung sind nach dem Gesetz eine Tätigkeit nach Weisungen und eine Eingliederung in die Arbeitsorganisation des Weisungsgebers (§ 7 Abs. 1 SGB IV).[55] Rechtsprechung und Literatur prüfen das Vorliegen eines Beschäftigungsverhältnisses i. S. d. § 7 Abs. 1

---

[54] MüK/*Müller-Glöge*, Bd. 4, 3. Aufl., § 611 Rn. 287.

[55] Darüber hinaus wird nach § 7 Abs. 4 SGB IV in bestimmten Fällen ein Beschäftigungsverhältnis bei Vorliegen von drei der fünf unter § 7 Abs. 4 Nr. 1 bis 5 SGB IV aufgelisteten Merkmale vermutet.

SGB IV anhand des Kriteriums der persönlichen Abhängigkeit,[56] das für den gesamten Bereich der Sozialversicherung gilt.[57] Auch wenn die Kriterien einer Beschäftigung im Sozialversicherungsrecht denen der h. M. zum Arbeitnehmerbegriff gleichen, setzt das Beschäftigungsverhältnis einen Arbeitsvertrag nicht voraus.[58]

Die h. M. stuft den Fremdgeschäftsführer regelmäßig als abhängigen Beschäftigten im Sozialversicherungsrecht ein.[59] Das BSG hat zur Begründung ausgeführt, dass das unternehmerische Risiko fehle. Der Fremdgeschäftsführer sei in den Betrieb eingegliedert, habe Beschlüsse der Gesellschafter auszuführen und müsse im Rahmen dieser Beschlüsse handeln. Ob die Gesellschafter von ihrer Überwachungsbefugnis gegenüber dem Fremdgeschäftsführer tatsächlich Gebrauch machten, sei unerheblich.[60]

Eine selbstständige Tätigkeit beim Fremdgeschäftsführer hat das BSG zunächst nur in dem Ausnahmefall einer Familien-GmbH bejaht, wenn der Geschäftsführer die Geschäfte „faktisch nach eigenem Gutdünken" führe und er am Unternehmensrisiko teilhabe.[61] In einer Entscheidung aus dem Jahr 1999 hat das BSG dann allgemein festgestellt, dass der Fremdgeschäftsführer selbstständig und folglich versicherungsfrei tätig sein könne.[62] Die Literatur hat daraufhin teilwei-

---

[56] Zuletzt: BSG vom 18.12.2001 – B 12 KR 10/01 R, NZA 2002, 431; MüK/*Müller-Glöge*, Bd. 4, 3. Aufl., § 611 Rn. 296; *Gaul/Wisskirchen*, DB 1999, 2466.

[57] Statt aller: BSG vom 14.12.1999 – B 2 U 48/98 R, BB 2000, 654. Zusammenstellung der Merkmale bei: *Brand*, DB 1999, 1162.

[58] MüK/*Müller-Glöge*, Bd. 4, 3. Aufl., § 611 Rn. 296; *Reiserer*/Heß-Emmerich, GmbH-Geschäftsführer, S. 125.

[59] BSG vom 22.08.1973 – 12 RK 24/72, BB 1973, 1310; BSG vom 18.12.2001 – B 12 KR 10/01 R, NZA 2002, 431, 432; *Groß*, Anstellungsverhältnis, S. 24 ff., S. 164, S. 385 ff., S. 400 ff.; Erman/*Edenfeld*, BGB, 11. Aufl., § 611 Rn. 149; *Lutter/Hommelhoff/Kleindiek*, GmbHG, 16. Aufl., Anh. § 6 Rn. 40; Rowedder/*Koppensteiner*, GmbHG, 4. Aufl., § 35 Rn. 10; *Louven*, DB 1999, 1061; *Raiser*, Kapitalgesellschaften, 3. Aufl., § 32 Rn. 44; *Reiserer*/Heß-Emmerich, GmbH-Geschäftsführer, S. 128; *Reiserer/Schulte*, BB 1995, 2163 f.; *Reiserer*, BB 1999, 2026, 2027; Scholz/*Schneider*, GmbHG, 9. Aufl., § 35 Rn. 269; Hachenburg/*Stein*, GmbHG, 8. Aufl., § 35 Rn. 140 f.; *Straub*, DB 1992, 1087 f.; Baumbach/Hueck/*Zöllner*, GmbHG, 17. Aufl., § 35 Rn. 99 b.

[60] BSG vom 22.08.1973 – 12 RK 24/72, BB 1973, 1310.

[61] BSG vom 08.12.1987 – 7 Rar 25/86, BB 1989, 72. Zustimmend *Louven*, DB 1999, 1061, 1064.

[62] Das BSG grenzte hier erstmals den Familiengeschäftsführer vom „normalen" Fremdgeschäftsführer eindeutig ab. Die Frage der abhängigen Beschäftigung war jedoch nicht entscheidungserheblich, da der Geschäftsführer im zugrunde liegenden Fall zu 44,8 % am Gesellschaftskapital beteiligt war - BSG vom 14.12.1999 – B 2 U 48/98 R, BB 2000, 674.

se schon von einer Wende in der Rechtsprechung des BSG gesprochen.[63] In seiner neuesten Entscheidung zur Sozialversicherungspflicht eines Fremdgeschäftsführers hat das BSG solchen Spekulationen jedoch Einhalt geboten und nochmals ausdrücklich klargestellt, dass bei einem Fremdgeschäftsführer regelmäßig eine abhängige Beschäftigung anzunehmen sei.[64] Hierbei hat das BSG die abhängige Beschäftigung des Fremdgeschäftsführers weiter konkretisiert. Sie sei nicht allein schon deshalb ausgeschlossen, weil Fremdgeschäftsführer gemäß § 5 Abs. 1 S. 3 ArbGG arbeitsrechtlich nicht als Arbeitnehmer der Gesellschaft gelten. Diese Regelung beschränke sich auf das Arbeitsgerichtsgesetz und habe keine Bedeutung für das Sozialversicherungsrecht. Gleiches gelte für das Kündigungsschutzgesetz. Auch dass Geschäftsführer im Verhältnis zu sonstigen Arbeitnehmern Arbeitgeberfunktionen wahrnähmen, ihre Arbeit selbst einteilen könnten und keinen Weisungen Dritter unterlägen, spreche nicht gegen eine abhängige Beschäftigung. Ebenso wenig könne aus der Höhe des Arbeitsentgeltes geschlossen werden, der Fremdgeschäftsführer sei nicht schutzbedürftig und nicht als abhängiger Beschäftigter anzusehen.[65]

Die Argumente des BSG verdeutlichen, dass gerade im Sozialversicherungsrecht der Gedanke der sozialen Schutzbedürftigkeit zum Tragen kommt. Im Gegenzug rückt das Spannungsverhältnis zum Gesellschaftsrecht, das wie oben ausgeführt beim Arbeitsrecht von maßgeblicher Bedeutung ist, in den Hintergrund.[66] Dies hängt damit zusammen, dass Kollisionen im Sozialversicherungsrecht nicht gleichermaßen wie bei der Anwendung von arbeitsrechtlichen Vorschriften denkbar sind. Die Sozialversicherungspflicht hat keine Auswirkungen auf die gesellschaftsrechtliche Organstellung. Die Beiträge zur Sozialversicherung belasten den Arbeitgeber lediglich finanziell. Die Argumente für eine Einordnung des Fremdgeschäftsführers im Sozialversicherungsrecht lassen daher keine Rückschlüsse auf seine Einordnung im Arbeitsrecht zu.[67]

Für den Sozialschutz des Fremdgeschäftsführers bedeutet seine Sozialversicherungspflicht im Hinblick auf die Beispielsfälle Folgendes:

---

63 *Reiserer*/Heß-Emmerich, GmbH-Geschäftsführer, S. 128.

64 BSG vom 18.12.2001 – B 12 KR 10/01 R, NZA 2002, 431, 432.

65 Übersteige das Arbeitsentgelt gewisse Grenzen, führe das bei der gesetzlichen Krankenversicherung zur Versicherungsfreiheit (§ 6 Abs. 1 Nr. 1 SGB V), während es bei der Renten- und Arbeitslosenversicherung bleibe, BSG vom 18.12.2001 – B 12 KR 10/01 R, NZA 2002, 431, 433.

66 So ist für das BSG unbeachtlich, dass Fremdgeschäftsführer im Verhältnis zu Arbeitnehmern Arbeitgeberfunktionen wahrnehmen, vgl. BSG vom 18.12.2001 – B 12 KR 10/01 R, NZA 2002, 431, 433.

67 Zur Frage der Übertragung der Argumente auf das Arbeitsrecht vgl. auch unten C. I. 3. b).

Zu den Beispielsfällen:

Im Beispielsfall 1 werden die Krankheitskosten des G von der Krankenversicherung übernommen. G erhält zudem ein Krankengeld in Höhe von 70 % des regelmäßigen Arbeitsentgelts über §§ 44 ff. SGB V. Die Sozialversicherung kann dem G jedoch keine Rehabilitation ermöglichen.

Im Beispielsfall 2 kann das Arbeitslosengeld den Einkommensausfall der F bei einer Kündigung abmildern. Fraglich ist jedoch, ob der F ein Anspruch auf Mutterschaftsgeld gegen ihre Krankenkasse aus § 200 RVO zusteht, wenn die entsprechenden arbeitsvertraglichen Regelungen, auf die § 200 RVO Bezug nimmt, für die F nicht gelten.[68] *Einen Kündigungsschutz hat die F über das Sozialversicherungsrecht nicht.*

Die Ausführungen verdeutlichen, dass dem oben festgestellten Schutzbedürfnis der Fremdgeschäftsführer über das Sozialversicherungsrecht nicht ausreichend Rechnung getragen werden kann. Das Sozialversicherungsrecht erfasst die Bereiche der Arbeitslosen-, Kranken-, Renten-, Unfall- und Pflegeversicherung. Das Arbeitsrecht hingegen deckt andere Schutzbereiche ab wie den Kündigungsschutz, den Erholungsurlaub, die Entgeltfortzahlung bei Krankheit usw. Arbeitsrecht und Sozialversicherungsrecht ergänzen sich daher beim Sozialschutz.[69]

IV. Zwischenergebnis

Die Untersuchungen dieses Kapitels haben gezeigt, dass die besondere Stellung des Fremdgeschäftsführers das Bedürfnis eines Sozialschutzes über das Arbeitsrecht hervorrufen kann. Der Fremdgeschäftsführer steht dem leitenden Angestellten näher als dem Gesellschafter-Geschäftsführer.[70] Die Erörterungen haben aber auch das Spannungsverhältnis beim „Aufeinandertreffen gegenläufiger gesellschafts- und arbeitsrechtlicher Wertungen“[71] verdeutlicht. Eine Lösung hinsichtlich der Anwendung arbeitsrechtlicher Schutzvorschriften auf den Fremd-

68 Dazu unten F. II. 3. a) und F. V. 1.

69 Deutlich wird dies insbesondere beim Mutterschaftsgeld gem. § 13 f. MuSchG, bei dem arbeits- und sozialversicherungsrechtliche Regelungen eng verwoben sind. Vgl. dazu unten F. II. 3. a) und F. V. 1.

70 Anhand der bislang dargestellten Argumente lässt sich jedoch noch nicht abschließend klären, inwieweit hierdurch ein Schutzbedürfnis im Hinblick auf die Anwendung konkreter arbeitsrechtlicher Schutzvorschriften bestehen kann. Dies muss im Lauf der weiteren Untersuchung geklärt werden.

71 *Krause*, Mitarbeit im Unternehmen, S. 1.

geschäftsführer muss unter Berücksichtigung der gesellschaftsrechtlichen Besonderheiten aus der Organstellung des Fremdgeschäftsführers gefunden werden.

Im weiteren Verlauf der Arbeit soll untersucht werden, wie bei der Anwendung von Arbeitsrecht auf den Fremdgeschäftsführer das beschriebene Spannungsverhältnis zwischen Arbeits- und Gesellschaftsrecht gelöst werden kann. In Rechtsprechung und Literatur gibt es dazu zwei Hauptströmungen, die von einem unterschiedlichen Ansatz ausgehen. Nach der h. M. ist der Fremdgeschäftsführer kein Arbeitnehmer; einzelne arbeitsrechtliche Schutzvorschriften werden jedoch, wie insbesondere im zweiten Teil der Arbeit dargestellt wird, unter bestimmten Voraussetzungen analog auf ihn angewandt. Die Mindermeinung betrachtet den Fremdgeschäftsführer zumindest im Einzelfall als Arbeitnehmer. Kollisionen mit dem Gesellschaftsrecht löst sie durch eine teleologische Reduktion entsprechender arbeitsrechtlicher Vorschriften.[72] Erste Weichenstellung[73] und notwendige dogmatische Grundentscheidung[74] bei der Anwendung von Arbeitsrecht auf den Fremdgeschäftsführer ist daher die Entscheidung, ob der Fremdgeschäftsführer als Arbeitnehmer einzustufen ist[75]

---

72 Vgl. zum Meinungsstreit unten C. I.

73 *G. Hueck*, FS Ekonomi (1993), 139, 142 f.; *Henssler*, RdA 1992, 289, 290; *Nebendahl*, NZA 1992, 289, 290; *Oberrath*, MDR 1999, 134, 135; *Wank*, FS Wiedemann (2002), 587 f.

74 Hueck, FS Ekonomi (1993), 139, 143.

75 Dem Verfasser ist bewusst, dass dieses Thema in der Vergangenheit bereits ausführlich bearbeitet wurde. Dennoch sind die Ausführungen zur Lösung über ein abgestuftes Arbeitsrecht von Bedeutung. Dabei geht es nicht allein darum, aufzuzeigen, wie eine sachgerechte und dogmatisch richtige Lösung der Problematik aussehen muss. Die Auseinandersetzung mit den Argumenten zur Einstufung des Fremdgeschäftsführer als Arbeitnehmer liefert vielmehr bereits erste Aufschlüsse darüber, ob und inwieweit die Organstellung der Anwendung von Arbeitsrecht entgegensteht. Zudem wird das Weisungsrecht beim Fremdgeschäftsführer eingehend beleuchtet. Beides erlangt auch beim abgestuften Arbeitsrecht Bedeutung, wird jedoch vornehmlich bei der Einstufung des Geschäftsführers als Arbeitnehmer diskutiert.

C. Die Einstufung des Fremdgeschäftsführers als Arbeitnehmer

Der Geschäftsführer ist nach heute h. M. kein Arbeitnehmer, sein Anstellungsverhältnis ist vielmehr ein freies Dienstverhältnis i. S. d. § 611 BGB. Dennoch möchte das BAG und eine Mindermeinung im juristischen Schrifttum den weisungsabhängigen Geschäftsführer (im Einzelfall) als Arbeitnehmer einstufen, um ihm hierdurch den sozialen Schutz des Arbeitsrechts gewähren zu können.[76] Die Untersuchungen dieses Teils der Arbeit setzen sich mit der Frage auseinander, ob der Fremdgeschäftsführer im Einzelfall als Arbeitnehmer zu qualifizieren ist. Sie beginnen mit einer kurzen Übersicht über die Argumente der Rechtsprechung und der juristischen Literatur zur Einstufung des Fremdgeschäftsführers als Arbeitnehmer (unter I.). Es folgt ein Blick auf die Einstufung des Fremdgeschäftsführers im Europarecht (unter II.). Im Anschluss an das Zwischenergebnis (unter III.) wird geprüft, inwieweit die Organstellung mit einer möglichen Arbeitnehmerstellung des Fremdgeschäftsführers vereinbar ist (unter IV.) und ob der Fremdgeschäftsführer die Voraussetzungen des Arbeitnehmerbegriffs erfüllt (unter V.).

I. Rechtsprechung und juristische Literatur

Bis zum Beginn des 20. Jahrhunderts wurde die Arbeitnehmereigenschaft von GmbH-Geschäftsführern nicht in Zweifel gezogen. Sie zählten zu den leitenden Angestellten.[77] Nach dem Ersten Weltkrieg entwickelte sich jedoch eine h. M., die GmbH-Geschäftsführer als Nicht-Arbeitnehmer ansah.[78] Diese h. M. gründete auf der Argumentation *Titzes*. Da die juristische Person keine natürliche Handlungsfähigkeit besitzt, stellte *Titze* der Gesellschaft als so genannten abstrakten Prinzipal den Geschäftsführer als konkreten Prinzipal gegenüber, was

[76] Vgl. dazu ausführlich unten C. I. 2. und 3. b).

[77] Das beruhte vor allem darauf, dass sich der Typus des Arbeitsvertrags noch nicht herausgebildet hatte, vgl. *Hromadka*, Recht der leitenden Angestellten, S. 311.

[78] Ursache hierfür war insbesondere das Entstehen eines kollektiven Arbeitsrechts, vgl. *Brachert*, Organmitgliedschaft, S. 7.

seine Arbeitnehmereigenschaft ausschloss.[79] Die Prinzipaltheorie fand in der Rechtslehre schon bald überwiegend Zustimmung.[80] Nach einer regen Erörterung in den achtziger Jahren[81] ist in den letzten Jahren die Diskussion um die Arbeitnehmereigenschaft des GmbH-Geschäftsführers im Allgemeinen und die des Fremdgeschäftsführers im Besonderen wieder aufgelebt. Sie war nicht nur Gegenstand der Rechtsprechung der Zivil- und Arbeitsgerichte[82], sondern wurde auch in zahlreichen Aufsätzen[83] und Monographien[84] erneut untersucht.

1. Rechtsprechung der Zivilgerichte

Die Zivilgerichte gehen in ständiger Rechtsprechung davon aus, dass das Anstellungsverhältnis des Geschäftsführers[85] und auch das Anstellungsverhältnis

---

79 Nach *Titze* ist Prinzipal im konkreten Sinn derjenige, „dem das Personal in allen Geschäftsangelegenheiten zum Gehorsam verpflichtet ist, während ihm selbst eine solche Gehorsamspflicht gegenüber niemandem obliegt“. Vorstandsmitglieder hätten eine ähnlich leitende, dirigierende und kontrollierende Gewalt wie ein Einzelkaufmann in seinem Geschäft und seien daher als konkrete Prinzipale einzuordnen, die nicht zugleich die Stellung von Arbeitnehmern einnehmen könnten, vgl. Ehrenbergs Hdb., 545 ff.

80 *Nikisch*, ArbR, Bd. I, 3. Aufl., § 14 II 3. Sie wird bis heute vertreten, vgl. *Gaul*, GmbHR 1989, 357, 358; Hachenburg/*Stein*, GmbHG, 8. Aufl., § 35 Rn. 170.

81 Vgl. *Fleck*, FS Hilger/Stumpf (1983), 197 ff.; *Gissel*, Arbeitnehmerschutz, S. 1 ff.; *Gaul*, GmbHR 1988, 172; *Groß*, Anstellungsverhältnis, S. 1 ff.; *G. Hueck*, FS Hilger/Stumpf (1983), 363, 365 ff.; *ders.*, ZfA 1985, 25 ff.; *Martens*, FS Hilger/Stumpf (1983), 437 ff.; *Wehrmeyer*, Einordnung der Organe, 1 ff.

82 Vgl. etwa: BAG vom 26.05.1999 – 5 AZR 664/98, BB 1999, 1276; BAG vom 20.08.2003 – 5 AZB 79/02, NJW 2003, 3290; BGH vom 10.09.2001 – II ZR 14/00, GmbHR 2001, 158; BGH vom 25.07.2002 – III ZR 207/01, ZIP 2002, 1593, 1594; BGH vom 23.01.2003 – IX ZR 39/02, WM 2003, 551, 553.

83 *Boemke*, ZfA 1998, 209; *Goette*, FS Wiedemann (2002), 873; *Grobys*, GmbHR 2000, R 137; *Hess*, WuB 2003, 660, 661; *Holthausen/Steinkraus*, NZA-RR 2002, 281; *Kamanabrou*, BB 2002, 146; *Lohr*, NZG 2001, 826; *ders.*, NZG 2000, 1204; *Nägele*, BB 2001, 305, 306; *Oberrath*, MDR 1999, 134; *Wank*, EWiR 1999, 1093, 1094; *ders.*, FS Wiedemann (2002), 587.

84 *Frisch*, Haftungserleichterungen, S. 106 ff.; *Graef*, Erwerbsschaden von juristischen Personen, S. 3; *Haas*, Geschäftsführerhaftung, S. 293; *Heyll*, Anwendung von Arbeitsrecht, S. 1 ff.; *Jaeger*, Anstellungsvertrag, S. 1 ff.; *Krause*, Mitarbeit im Unternehmen, 1 ff.; *Meyke*, Haftung, S. 51; *Namendorf*, Arbeitsrechtliche Status, S. 1 ff.; *Reiserer*/Heß-Emmerich, GmbH-Geschäftsführer, S. 24 ff.; *Jula*, Status, S. 205 ff.; *Sandmann*, Haftung, S. 261 ff.; *Schmidt/Schwerdtner*, Scheinselbstständigkeit, S. 1 ff.; *Voigt*, Entlassung des GmbH-Geschäftsführers, S. 35 ff.

85 Vgl. etwa BGH vom 11.07.1953 – II ZR 126/52, BGHZ 10, 187, 191 (allgemein für Organe); BGH vom 26.03.1984 – II ZR 120/83, NJW 1984, 2528.

des Fremdgeschäftsführers[86] ein freies Dienstverhältnis und kein Arbeitsverhältnis ist.[87] Sie argumentieren, dass der Geschäftsführer kein Arbeitnehmer sein könne, da er die Funktion eines Prinzipals ausübe.[88] Der Geschäftsführer habe gesetzliche Mindestpflichten, von denen er weder durch den Gesellschaftsvertrag noch durch die Gesellschafter befreit werden könne. Er nehme zudem als Vertretungsorgan der Gesellschaft Arbeitgeberfunktionen wahr.[89]

2. *Rechtsprechung der Arbeitsgerichte*

Das BAG hat sich bereits früh den Weg offen gelassen, beim Fremdgeschäftsführer ein Arbeitsverhältnis nicht gänzlich auszuschließen.[90] Als Abgrenzungsmerkmal für das Bestehen eines Arbeitsverhältnisses hält das BAG die persönliche Abhängigkeit für entscheidend. In seinem Urteil vom 10.04.1991 hat es festgestellt, dass im zu entscheidenden Fall eine Abhängigkeit zwar vorliege, jedoch lediglich im organschaftlichen Bereich, nicht im arbeitsrechtlichen Sinn.[91] Das BAG unterscheidet damit zwischen organschaftlicher und arbeitsrechtlicher Abhängigkeit.

---

86 BGH vom 09.11.1967 – II ZR 64/67, BGHZ 49, 30, 31; BGH vom 17.02.1969 – II ZR 19/68, WM 1969, 686; BGH vom 29.01.1981 – II ZR 92/80, BGHZ 79, 291; BGH vom 14.05.1990 – II ZR 122/89, AP § 35 GmbHG Nr. 7; OLG Hamm vom 02.06.1986 – 8 U 298/85, GmbHR 1987, 307, 308; OLG Hamm vom 18.06.1990 – 8 U 146/89, GmbHR 1991, 466, 467; BGH vom 14.02.2000 – II ZR 218/98, BB 2000, 844; zuletzt ausdrücklich BGH vom 10.09.2001 – II ZR 14/00, GmbHR 2001, 1158, 1159.

87 Zwar sprach der BGH zuletzt von einer „Arbeitnehmereigenschaft des Fremdgeschäftsführers im insolvenzrechtlichen Sinn", BGH vom 23.01.2003 – IX ZR 39/02, WM 2003, 551, 553. Eine dogmatische Neubestimmung der Arbeitnehmereigenschaft war mit den Entscheidungen jedoch nicht beabsichtigt. Der BGH hat die „Arbeitnehmereigenschaft" ausdrücklich auf einzelne Vorschriften des Insolvenzrechts beschränkt.

88 BGH vom 09.11.1967 – II ZR 64/67, BGHZ 49, 30.

89 BGH vom 24.10.1990 – X ZR 58/88, WM 1990, 350, 351.

90 So hat es festgestellt, dass in § 14 Abs. 1 KSchG (BAG vom 15.04.1982 – 2 AZR 1101/79, NJW 1983, 2405) und § 5 Abs. 1 S. 3 ArbGG (BAG vom 17.01.1985 – 2 AZR 96/84, NZA 1986, 68) Personen ohne Rücksicht darauf, ob sie einem Arbeitsverhältnis unterliegen, aus dem Anwendungsbereich herausgenommen werden. In der Entscheidung zu § 14 Abs. 1 KSchG hat das BAG bei einer Drittanstellung des Geschäftsführers durch die KG in einer Komplementär-GmbH eine Arbeitnehmerstellung des Fremdgeschäftsführers sogar bejaht. Die Entscheidung zeigt bereits, dass das BAG die Arbeitnehmereigenschaft von Organmitgliedern nicht allein aufgrund ihrer formalen Stellung ablehnt.

91 BAG vom 10.04.1991 – 4 AZR 467/90, DB 1991, 2595. Das BAG hat die Abhängigkeit deshalb verneint, weil der Geschäftsführer Gesellschafter war und er somit auf seine Rechtsstellung selbst Einfluss ausüben konnte. Dies lässt jedoch nicht den Umkehrschluss zu, dass der Fremdgeschäftsführer zwingend als Arbeitnehmer einzustufen ist.

In seinem Beschluss vom 06.05.1999 hat das BAG erstmals ausgeführt, dass das Anstellungsverhältnis eines Vertretungsorgans einer juristischen Person wegen starker interner Weisungsabhängigkeit im Einzelfall auch ein Arbeitsverhältnis sein könne.[92] Das BAG hat den Rechtsweg zu den Arbeitsgerichten jedoch erneut mit dem Hinweis auf § 5 Abs. 1 S. 3 ArbGG verneint.[93]

Kurz darauf, im Urteil vom 26.05.1999, hat das BAG mit Verweis auf den Beschluss vom 06.05.1999 erneut festgestellt, dass das Anstellungsverhältnis eines GmbH-Geschäftsführers im Einzelfall auch ein Arbeitsverhältnis sein könne.[94] In dem Urteil ging es um die Kündigung einer schwangeren Fremdgeschäftsführerin. Neben ihr hatte die Gesellschaft neun weitere Geschäftsführer. Das BAG trat in der Urteilsbegründung zunächst dem Prinzipalgedanken des BGH, wonach die Arbeitnehmereigenschaft des Geschäftsführers mit der Organstellung von vorneherein unvereinbar ist, entgegen. Dazu führte es aus, dass es zumindest bei der Mehrpersonengeschäftsführung möglich sei, den unternehmerischen Willen zu bilden und den Arbeitgeberstatus wahrzunehmen.[95] Im Anschluss daran prüfte das BAG die Arbeitnehmereigenschaft anhand der von ihm entwickelten allgemeinen Kriterien zur Abgrenzung des Arbeitsverhältnisses vom freien Dienstverhältnis, speziell der Weisungsunterworfenheit. Das BAG trennte erneut zwischen gesellschaftsrechtlichen und arbeitsrechtlichen Weisungen. Es müsse eine über das gesellschaftsrechtliche Weisungsrecht hinausgehende Weisungsbefugnis bezüglich solcher Umstände, unter denen der Geschäftsführer die Leistung zu erbringen habe, vorliegen. Darunter versteht das BAG „arbeitsbegleitende und verfahrensorientierte Weisungen sowie Bestimmung der konkreten Modalitäten der Leistungserbringung durch die Gesellschaft“[96]. Das BAG schließt nicht aus, dass die Gesellschaft im Einzelfall auch arbeitsrechtliche Weisungen erteilen kann.[97] Letztlich hat das BAG in dem zugrunde liegenden Fall eine Arbeitnehmereigenschaft der Fremdgeschäftsführerin jedoch verneint.[98]

---

92 BAG vom 06.05.1999 – 5 AZB 22/98, BB 1999, 1437. In dem zugrunde liegenden Fall ging es um die Kündigung des Anstellungsvertrags eines Fremdgeschäftsführers.

93 BAG vom 06.05.1999 – 5 AZB 22/98, BB 1999, 1437, 1438.

94 BAG vom 26.05.1999 – 5 AZR 664/98, GmbHR 1999, 925 ff.

95 BAG vom 26.05.1999 – 5 AZR 664/98, GmbHR 1999, 926.

96 BAG vom 26.05.1999 – 5 AZR 664/98, GmbHR 1999, 926 f. Nicht erheblich sei dagegen der Umfang der Vertretungsbefugnis für den Dienstherrn. § 37 Abs. 1 GmbHG grenze die Kompetenzen der Gesellschaftsorgane untereinander ab und sage nichts über eine Weisungsbindung aus.

97 Welches Organ für die Gesellschaft diese Weisungen erteilen könnte, spricht das BAG nicht an.

98 Der BAG war deshalb nicht zur Vorlage zum Gemeinsamen Senat der Obersten Gerichte verpflichtet.

In zwei neueren Entscheidungen hat das BAG seine Rechtsprechung aus 1999 bestätigt. In den jeweiligen Begründungen hat das Gericht jeweils erneut ausgeführt, dass das Anstellungsverhältnis des Geschäftsführers im Einzelfall ein Arbeitsverhältnis sein könne.[99] In der Begründung hat es jedoch auch Tendenzen erkennen lassen, die den Geschäftsführer in das Lager der Arbeitgeber rücken. In der ersten Entscheidung ging es um die Vorschrift des § 14 Abs. 1 Nr. 1 KSchG, die den Geschäftsführer aus dem Anwendungsbereich des allgemeinen Kündigungsschutzes ausschließt. Das BAG hat klargestellt, dass die Vorschrift den Geschäftsführer allein wegen seiner organschaftlichen Stellung ausschließt. In der Begründung hat das Gericht dann ausgeführt, maßgebend für den Ausschluss sei die Erwägung, dass der gesetzliche Vertreter das Willensorgan der juristischen Person sei, durch sie handele und damit auch Arbeitgeberfunktionen ausüben müsse.[100] In der zweiten Entscheidung hat das BAG seine Rechtsprechung, § 5 Abs. 1 S. 3 ArbGG auf Geschäftsführer unabhängig von deren Arbeitnehmereigenschaft anzuwenden, auf bei der GmbH & Co. KG angestellte Geschäftsführer einer Komplementär-GmbH ausgeweitet.[101] Das BAG sprach in der Begründung von „Hausstreitigkeiten" im „Arbeitgeberlager" und verwies wiederum auf die Arbeitgeberfunktionen der Organe als „personifizierte Arbeitgeber".[102]

Die Urteilsbegründungen verdeutlichen, dass nach der Auffassung des BAG auch weiterhin Arbeitgeberfunktionen einer Einstufung des Fremdgeschäftsführers als Arbeitnehmer im Einzelfall nicht entgegenstehen.

---

[99] BAG vom 17.01.2002 – 2 AZR 719/00, NZA 2002, 854, 855; BAG vom 20.08.2003 – 5 AZB 79/02, NJW 2003, 3290.

[100] BAG vom 17.01.2002 – 2 AZR 719/00, NZA 2002, 854, 855.

[101] BAG vom 20.08.2003 – 5 AZB 79/02, NJW 2003, 3290. Vgl. zuvor ArbG Berlin vom 19.02.2003, EzA-SD 2003, Nr. 10, 23; OLG München vom 10.04.2003, NZA-RR 2003, 439. Das BAG hat damit seine gegenteilige Rechtsprechung aufgegeben, vgl. BAG vom 15.04.1982 – 2 AZR 1101/79, BAGE 39, 16; BAG vom 13.07.1995 – 5 AZB 37/94, AP § 5 ArbGG 1979 Nr. 23. Vgl. auch *Grams*, BB 2003, 2354.

[102] Dabei hat es ausgeführt, dass es „Sinn der Vorschrift sei, bei einem Rechtsstreit in eigener Sache Organe juristischer Personen bezüglich der Repräsentantenstellung aus dem Geltungsbereich des ArbGG herauszunehmen", BAG vom 20.08.2003 – 5 AZB 79/02, NJW 2003, 3290.

3. *Literatur*

Die Mehrheit der Stimmen in der juristischen Literatur lehnt den Arbeitnehmerstatus des Geschäftsführers in Übereinstimmung mit der Rechtsprechung des BGH ab.[103]

[103] Kommentare/Handbücher: ErfK/*Ascheid*, 4. Aufl., § 14 KSchG Rn. 1; Beck'sches GmbH-Hdb./*Axhausen*, 3. Aufl., § 5 Rn. 26; *Bulla/Buchner/Becker*, MuSchG und BErzGG, 7. Aufl., § 1 Rn. 84; *Dersch/Neumann/Fenski*, BUrlG, 9. Aufl., § 2 Rn. 34; Erman/*Edenfeld*, BGB, 11. Aufl., § 611 Rn. 152; HK/*Fichtelmann*, GmbHG, 5. Aufl., § 35 GmbHG Rn. 96; Bamberger/Roth/*Fuchs*, BGB Bd. 2, vor § 611 Rn. 38; *Geyer/Knorr/Krasney*, Entgeltfortzahlung – Krankengeld – Mutterschaftsgeld, 7. Aufl., § 1 EntgeltfortzahlungsG Rn. 26; *Hoffmann/Liebs*, GmbH-Geschäftsführer, 2. Aufl., Rn. 237; *Lutter/Hommelhoff/Kleindiek*, GmbHG, 16. Aufl., Anh. § 6 Rn. 6; ErfK/*Koch*, 4. Aufl., § 5 ArbGG Rn. 6; Rowedder/*Koppensteiner*, GmbHG, 4. Aufl., § 35 Rn. 78; Soergel/*Kraft*, BGB, 12. Aufl., vor § 611 Rn. 111; MüK/*Müller-Glöge*, Bd. 4, 3. Aufl., § 611 Rn. 113; ErfK/*Preis*, 4. Aufl., § 611 BGB Rn. 161; APS/*Preis*, 2. Aufl., Grundl. F Rn. 54; Palandt/*Putzo*, BGB, 63. Aufl., Einf. von § 611 Rn. 23; Staudinger/*Richardi*, BGB, Vorbem. zu §§ 611 ff. Rn. 236; *ders.*, MüArbR, Bd. 1, § 24 Rn. 114; *Schliemann*, ArbR im BGB, 2. Aufl., § 611 Rn. 258; Hachenburg/*Stein*, GmbHG, 8. Aufl., § 35 Rn. 170; Baumbach/Hueck/*Zöllner*, GmbHG, 17. Aufl., § 35 Rn. 97.
Lehrbücher: *Gamillscheg*, ArbR, 8. Aufl., S. 165; *Goette*, Die GmbH, Rn. 69; *Hueck/Windbichler*, GesR, 20. Aufl., § 36 Rn. 4; *Lieb*, ArbR, 8. Aufl., Rn. 28; *Nikisch*, ArbR, Bd. I., 3. Aufl., § 14 II 3; *Preis*, ArbR, 2. Aufl., S. 65; *Raiser*, Kapitalgesellschaften, 3. Aufl., § 32 Rn. 43; *K. Schmidt*, GesR, 4. Aufl., § 36 II 2 c und 4b; *Zöllner*/Loritz, ArbR, 5. Aufl., § 4 III 5 a) aa).
Aufsätze: *Bauer/Gragert*, ZIP 1997, 2178; *Bauer*, DB 1979, 2178; *ders.*, BB 1994, 855; *ders.*, GmbHR 2000, 7; *Boemke*, ZfA 1985, 209, 214 f.; *ders.*, AP § 35 GmbHG Nr. 10; *Fleck*, FS Hilger/Stumpf (1983), 208 f.; *Gaul*, GmbHR 1989, 357, 358; *Geitzhaus*, GmbHR 1989, 278, 284; *Goette*, DStR 2000, 566; *ders.*, FS Wiedemann (2002), 873 ff.; *Hess*, WuB 2003, 660, 661; *Hohlfeld*, GmbHR 1987, 255, 257; *Holthausen/Steinkraus*, NZA-RR 2002, 281, 282; *G. Hueck*, FS Hilger/Stumpf (1983), 363, 379; *ders.*, ZfA 1985, 25, 31; *ders.*, FS Ekonomi (1993), 139, 153; *Hümmerich*, NJW 1995, 1177, 1178; *Konzen*, NJW 1989, 2977, 2978; *Lohr*, NZG 2001, 826, 828; *ders.*, NZG 2000, 1204, 1206; *Nägele*, BB 2001, 305, 306; *Nebendahl*, NZA 1992, 289, 290 f.; *Oberrath*, MDR 1999, 134 f.; *Reese*, DStR 1995, 532, 534; *Reiserer*, DB 1994, 1822; *dies.*, BB 1996, 2461; *Weber/Burmester*, GmbHR 1997, 778; *Wiedemann*, RdA 1977, 13, 24; *Wimmer*, DStR 1997, 247.
Monographien: *Brandmüller*, GmbH-Geschäftsführer, Rn. 39 ff.; *Gissel*, Arbeitnehmerschutz, S. 12 f.; *Haas*, Geschäftsführerhaftung, *S.* 293; *Heisse*, Die Beschränkung der Geschäftsführerhaftung, S. 56; *Heyll*, Anwendung von Arbeitsrecht, S. 74; *Jaeger*, Anstellungsvertrag, S. 6; *Jula*, Status, S. 207; *Lieb/Eckardt*, GmbH-Geschäftsführer, S. 78; *Reiserer*/Heß-Emmerich, GmbH-Geschäftsführer, S. 24 f.; *Sandmann*, Haftung, S. 261 f.; Schmidt/*Schwerdtner*, Scheinselbstständigkeit, Rn. 157.

Dennoch werden immer wieder Stimmen laut, die eine Arbeitnehmerschaft zumindest beim Fremdgeschäftsführer regelmäßig bejahen wollen[104] oder diese zumindest im Einzelfall nicht mehr völlig ausschließen[105].

a) Hauptargumente der herrschenden juristischen Lehre

Die Hauptargumente der Vertreter der h. L. basieren inzwischen überwiegend auf der von *A. Hueck* entwickelten Lehre von der funktionellen Arbeitgebereigenschaft.[106] Der Geschäftsführer übe als „Träger der höchsten Befehlsgewalt" gegenüber den Arbeitnehmern des Unternehmens Arbeitgeberfunktionen aus und könne nicht selbst Arbeitnehmer sein.[107] Als „Träger von Unternehmens-

---

[104] *Brachert*, Organmitgliedschaft, S. 173 ff.; *Diller*, Gesellschafter und Gesellschaftsorgane, S. 137 ff.; *Dütz*, ArbR, 7. Aufl., S. 25; *Groß*, DB 1984, 1456; *ders.*, Anstellungsverhältnis, S. 295; *Namendorf*, Arbeitsrechtliche Status, S. 198 (bei Fremdbestimmung); *Nordhues*, Einordnung von Organmitgliedern, S. 198; *Schaub*, ArbR-Hdb., § 14 Rn. 5; Scholz/*Schneider*, GmbHG, 9. Aufl., § 35 Rn. 160; *Schwab*, NZA 1987, 839, 840; MüArbR/*Wank*, Bd. 2, § 119 Rn. 36; *ders.*, EWiR 1999, 1093, 1094; *ders.*, FS Wiedemann (2002), 587, 600; *ders.* EWiR 2003, 621, 622; *Wehrmeyer*, Einordnung der Organe, S. 202.

[105] *Bastuck*, Enthaftung, S. 81 (jedoch ohne nähere Begründung); *Bulla/Buchner/Becker*, MuSchG und BErzGG, 7. Aufl., § 1 MuSchG, Rn. 84; *Frisch*, Haftungserleichterungen, S. 126 ff.; *Grobys*, GmbHR 2000, R 137; *Heilmann*, ZIP 1980, 344, 345 f.; *Henssler*, RdA 1992, 289, 292 ff.; *Hromadka*, Recht der leitenden Angestellten, S. 326 f.; *Jaeger*, Anstellungsvertrag, S. 28; *Kamanabrou*, BB 2002, 146, 147; Kaiser/Dunkl/Hold/*Kleinsorge*, EntgeltfortzahlungsG, 5. Aufl., § 1 Rn. 58; *Köhl*, DB 1996, 2597; *Krause*, Mitarbeit im Unternehmen, S. 435, S. 561; *Martens*, FS Hilger/Stumpf (1983), 437, 444 ff.; *Kuhn*, Kompetenzbereiche, S. 271 ff.; *Molitor*, FS Ehrenberg (1926), 41, 64 ff. (für Vorstandsmitglied einer AG); *Schmitt*, EntgeltfortzahlungsG, 4. Aufl., § 1 Rn. 21; HWK/*Thüsing*, vor § 611 BGB Rn. 95; *Voigt*, Entlassung des GmbH-Geschäftsführers, S. 41; *Zimmer*, BB 2003, 1175 f.

[106] *A. Hueck*/Nipperdey, ArbR 1. Bd., 1. Aufl., 89 ff.; *A. Hueck*, DB 1954, 274, 275. *Hümmerich*, NJW 1995, 1177, 1178 und *Konzen*, NJW 1989, 2977, 2978 sprechen von „funktionaler Arbeitgebereigenschaft", gemeint ist jedoch dasselbe, nämlich „die Funktion erfüllend". Während die Vertreter der Prinzipaltheorie noch vorwiegend auf eine Unvereinbarkeit der Arbeitnehmerstellung mit den Rechten und Pflichten des Geschäftsführers abstellen, weisen die Anhänger der funktionellen Arbeitnehmereigenschaft auf die Unvereinbarkeit mit den Funktionen als Geschäftsführer hin.

[107] *A. Hueck*, DB 1954, 274, 275. Auf die Arbeitgeberfunktionen berufen sich zudem: *Bauer*, DB 1979, 2178 ; *ders.*, ZIP 1997, 2177, 2178; *Fleck*, FS Hilger/Stumpf (1983), 206 ff.; *Geyer/Knorr/Krasney*, Entgeltfortzahlung – Krankengeld – Mutterschaftsgeld, 7. Aufl., § 1 Rn. 26; *Holthausen/Steinkraus*, NZA-RR 2002, 281, 282; Soergel/*Kraft*, BGB, 12. Aufl., vor § 611 Rn. 111; *Jula*, Status, S. 207; *Lohr*, NZG 2000, 1204, 1206; *Raiser*, Kapitalgesellschaften, 3. Aufl., § 32 Rn. 43; *Reiserer*, DB 1994, 1822; *Sandmann*, Haftung, S. 262; Hachenburg/*Stein*, GmbHG, 8. Aufl., § 35 Rn. 170; *Zöllner*/Loritz, ArbR, 5. Aufl., § 4 III 5 a) aa).

funktionen" sei er der Arbeitgeberseite zuzurechnen.[108] Er repräsentiere gegenüber den Arbeitnehmern die Gesellschaft unmittelbar als Arbeitgeber.[109] Er übe das Direktionsrecht aus und könne ihm daher nicht selbst unterworfen sein.[110]

Gegen die Arbeitnehmereigenschaft des Geschäftsführers wird weiter vorgetragen, sie sei mit der Organstellung von vornherein unvereinbar.[111] Weder der Gesellschaftsvertrag noch die Gesellschafter selbst könnten den Geschäftsführer von den gesetzlichen Mindestpflichten eines jeden Geschäftsführers dispensieren (§§ 41; 43 Abs. 3; 64 GmbHG).[112] Der Geschäftsführer vertrete die Gesellschaft gerichtlich und außergerichtlich.[113] Er genieße typische Unternehmerfreiheiten.[114] Der Gegenstand der Dienstleistung sei auf die Angelegenheiten der Gesellschaft im Ganzen gerichtet und unterscheide sich von dem eines Arbeitsvertrags, der in der Herbeiführung einzelner arbeitstechnischer Ergebnisse bestehe.[115] Schließlich habe der Gesellschafter-Geschäftsführer eine starke Verhandlungsposition beim Aushandeln seines Anstellungsvertrags.[116]

Zwar sind die Argumente unterschiedlicher Art. Dennoch besteht insoweit Gemeinsamkeit unter den Vertretern der h. M., als sie bei allen Geschäftsführern – also sowohl beim Fremdgeschäftsführer als auch beim Gesellschafter-Geschäftsführer – ohne weitere Prüfung der Arbeitnehmervoraussetzungen die Arbeitnehmereigenschaft allein schon aufgrund seiner besonderen Stellung als Organ der Gesellschaft ablehnen.

Ein Teil der Vertreter der herrschenden juristischen Lehre sieht dagegen allein darin noch kein absolutes Hindernis dafür, den Anstellungsvertrag als Arbeitsvertrag zu qualifizieren. Bei der Untersuchung der Weisungsabhängigkeit von Geschäftsführern unterscheiden sie übereinstimmend zwischen gesellschafts-

---

[108] *Fleck*, FS Hilger/Stumpf (1983), 197, 206 ff.

[109] ErfK/*Preis*, 4. Aufl., § 611 BGB Rn. 161; APS/*Preis*, 2. Aufl., Grundl. F Rn. 54; *ders.*, ArbR, 65; *Zöllner*/Loritz, ArbR, 5. Aufl., § 4 III 5 a) aa).

[110] *Schliemann*, ArbR im BGB, 2. Aufl., § 611 Rn. 258; *Nebendahl*, NZA 1992, 289, 291.

[111] Staudinger/*Richardi*, BGB, Vorbem. zu §§ 611 ff. Rn. 236; MüArbR/*Richardi*, Bd. 1, § 24 Rn. 114.

[112] *Fleck*, FS Hilger/Stumpf (1983), 197, 203; *Lutter/Hommelhoff/Kleindiek*, GmbHG, 16. Aufl., Anh. § 6 Rn. 3.

[113] *Zöllner*/Loritz, ArbR, 5. Aufl., § 4 III 5 a) aa).

[114] *Henssler*, RdA 1992, 289, 291; *Lutter/Hommelhoff/Kleindiek*, GmbHG, 16. Aufl., Anh. § 6 Rn. 3.

[115] *Fleck*, FS Hilger/Stumpf (1983), 197, 204.

[116] *Fleck*, FS Hilger/Stumpf (1983), 197, 204 f.

rechtlichen und arbeitsrechtlichen Weisungen.[117] Sie verneinen aufgrund der aus ihrer Sicht fehlenden arbeitsrechtlichen Weisungsabhängigkeit und/oder der Eingliederung in den Betrieb eine persönliche Abhängigkeit beim (Fremd-) Geschäftsführer.[118] Andere argumentieren, die Selbstständigkeit der Geschäftsführer beruhe auch darauf, dass niemand ihnen gegenüber die Arbeitgeberrolle einnehmen könne.[119] Gegen das Kriterium der Eingliederung in den Betrieb des Arbeitgebers wird vorgebracht: Für Geschäftsführer in ihrer Stellung als Organ der Gesellschaft handele es sich nicht um einen fremden Betrieb. Der Geschäftsführer sei als Organ in seine eigene Organisation eingegliedert. Er stehe für die Gesellschaft selbst und nehme die typische Arbeitgeberposition ein.[120]

---

[117] Diese Trennung geht auf *G. Hueck* zurück. Er hat darauf hingewiesen, dass arbeitsrechtliche Weisungen die Erbringung der Arbeitsleistung als solche, also das Ob, Wann und Wie der vertraglich geschuldeten Tätigkeit bestimmen. Die innergesellschaftliche Weisungsunterworfenheit betreffe dagegen allein das korporationsrechtliche Verhältnis der Gesellschaftsorgane untereinander und erzeuge keine arbeitsrechtlich relevante Abhängigkeit (FS Ekonomi (1993), 139, 151f; *ders.*, ZfA 1985, 25, 29 f.; *ders.*, FS Hilger/Stumpf (1983), 365, 377 f.). Ihm folgen: *Boemke,* ZfA 1998, 209, 213; *Eckardt*, ZfA 1987, 467, 472; *Heisse*, Beschränkung der Geschäftsführer-Haftung, S. 56; *Heyll*, Anwendung von Arbeitsrecht, S. 52 ff. (stellt auf Ursprung der Weisung ab); *Henssler*, RdA 1992, 289, 291; *Hümmerich*, NJW 1995, 1177, 1178; *Konzen*, NJW 1989, 2977, 2978; *Nägele,* BB 2001, 305, 306; *Zöllner*/Loritz, ArbR, 5. Aufl., § 4 III 5 a) aa); Baumbach/Hueck/*Zöllner*, GmbHG, 17. Aufl., § 35 Rn. 97 b.

[118] *Boemke*, ZfA 1985, 209, 212; *G. Hueck,* FS Ekonomi (1993), 139, 151f; *ders.*, ZfA 1985, 25, 29 f. (in FS Hilger/Stumpf (1983), 365, 377 ging er dagegen noch davon aus, dass es aufgrund der weitreichenden Befugnisse der Gesellschafterversammlung nicht ausgeschlossen sei, dass der Geschäftsführers auch arbeitsbezogenen Weisungen der Gesellschafterversammlung unterliege. Die Arbeitnehmereigenschaft sei jedoch aufgrund seiner Funktion als Arbeitgeber zu verneinen); *Haas*, Geschäftsführerhaftung, *S.* 293; *Heisse*, Beschränkung der Geschäftsführer-Haftung, S. 56; *Konzen*, NJW 1989, 2977, 2978; *Voigt*, Entlassung des GmbH-Geschäftsführers, S. 37, 39. Aber auch Vertreter der Lehre von der funktionellen Arbeitgebereigenschaft führen vereinzelt eine fehlende persönliche Abhängigkeit als weiteres Argument gegen die Arbeitnehmerstellung von Geschäftsführern an, so *A. Hueck*, DB 1954, 274, 275; *Hümmerich*, NJW 1995, 1177, 1178; *Nebendahl*, NZA 1992, 289, 291.

[119] *Heyll*, Anwendung von Arbeitsrecht, S. 74; *Nebendahl*, NZA 1992, 289, 291. Die Frage, wer als Arbeitgeber in Betracht kommt, wirft auch *Richardi* auf (Staudinger, BGB, Vorbem. zu §§ 611 ff. Rn. 236).

[120] *G. Hueck,* ZfA 1985, 25, 31; *ders.*, FS Hilger/Stumpf (1983), 365, 378; *ders.,* FS Ekonomi (1993), 139, 153.

b) Hauptargumente der Gegenmeinung

Die Vertreter der Gegenmeinung lehnen übereinstimmend die Prinzipaltheorie ab. Sie weisen darauf hin, dass das Trennungsprinzip von der h. M. einseitig zu Lasten der arbeitsrechtlichen Wertungen berücksichtigt werde.[121] Dazu führen sie im Einzelnen aus: Ein Vorrang der Organstellung gegenüber dem Anstellungsverhältnis, wie er in der Prinzipaltheorie oder der Lehre vom funktionellen Arbeitgeber bestehe, existiere nicht.[122] Weil Anstellung und Bestellung zwei unterschiedliche Rechtsverhältnisse bildeten, habe die Arbeitgeberstellung mit der persönlichen Abhängigkeit des Organmitglieds prima facie nichts zu tun.[123] Nicht das Außenverhältnis gegenüber der Belegschaft und den Geschäftspartnern sei entscheidend, sondern das Innenverhältnis zur GmbH.[124] Für die Frage der persönlichen Abhängigkeit sei nur auf die sich aus dem Anstellungsvertrag ergebende Abhängigkeit abzustellen.[125] Beim Fremdgeschäftsführer sei das Gesellschaftsrecht nicht einschlägig, weil es Fragen des Anstellungsvertrags gar nicht betreffe.[126] Darauf, inwieweit der Geschäftsführer Weisungen der Gesellschafterversammlung unterliege, komme es nicht an.[127]

Die vorstehenden Ausführungen zeigen, dass die Vertreter der Mindermeinung die Trennung von Organstellung und Anstellung als Ausgangspunkt ihrer Argumentation für eine Arbeitnehmereigenschaft von Geschäftsführern aufgreifen und sich zunutze machen. Sie drängen damit die Organstellung in den Hintergrund. Sie allein kann die Annahme eines Arbeitsverhältnisses nicht generell ausschließen.

Weitere Argumente gegen die Prinzipaltheorie leiten die Vertreter der Mindermeinung aus einem Vergleich des Geschäftsführers, hauptsächlich des Fremdgeschäftsführers, mit dem leitenden Angestellten her:[128] Die Lehren der h. M. enthielten eine gleichheitssatzwidrige Ungleichbehandlung gegenüber leitenden Angestellten.[129] Der Fremdgeschäftsführer, der die Vorgaben der Gesellschafter nicht befolge, verliere wie ein leitender Angestellter „Brot und Organstellung,

[121] *Henssler*, RdA 1992, 289, 294; *Wehrmeyer*, Einordnung der Organe, S. 36 f.; *Köhl*, DB 1996, 2597, 2601; *Schaub*, ArbR-Hdb., § 14 Rn. 5.

[122] *Groß*, Anstellungsverhältnis, S. 103. Ebenso: *Nordhues*, Einordnung von Organmitgliedern, S. 211.

[123] *Brachert*, Organmitgliedschaft, S. 126.

[124] *Groß*, Anstellungsverhältnis, S. 85.

[125] *Wehrmeyer*, Einordnung der Organe, S. 115.

[126] *Wank*, EWiR 1999, 1093, 1094.

[127] *Wank*, EWiR 1999, 1093, 1094.

[128] *Kamanabrou*, BB 2002, 146, 147.

[129] *Groß*, Anstellungsverhältnis, S. 104 ff.

sein persönliches Einkommen und seine Anstellung".[130] Auch der leitende Angestellte nehme Arbeitgeberfunktionen war.[131]

Im Anschluss an die Ablehnung der h. M. prüfen die Vertreter der Mindermeinung die Arbeitnehmerstellung des Fremdgeschäftsführers anhand der Voraussetzungen des Arbeitnehmerbegriffs. Die Voraussetzungen werden von ihnen jedoch unterschiedlich definiert. Ein Großteil stellt mit der h. M. auf die persönliche Abhängigkeit des Arbeitnehmers ab.[132] Oftmals wird die so genannte typologische Methode[133], vereinzelt der wirtschaftliche Arbeitnehmerbegriff *Wanks* herangezogen.[134] Wieder andere wenden einen relativierten Arbeitnehmerbegriff differenziert durch teleologische Bestimmung der einzelnen arbeitsrechtlichen Normen und Rechtssätze an.[135]

Vertreter der Mindermeinung ziehen zudem vereinzelt Argumente aus einer Einstufung des Fremdgeschäftsführers im Sozialversicherungsrecht zur Unterstützung ihrer Auffassung heran.[136] In der Tat gleichen die Kriterien des Beschäftigtenbegriffs im Sozialversicherungsrecht denen des Arbeitnehmerbegriffs. Dennoch bestehen bedeutende Unterschiede, die sich bereits in der unter-

[130] Scholz/*Schneider*, GmbHG, 9. Aufl., § 35 Rn. 161 a. Soweit *Schneider* damit auf die soziale Schutzbedürftigkeit abstellt, muss eingewandt werden, dass aus ihr keine Kriterien dafür gewonnen werden können, den Fremdgeschäftsführers als Arbeitnehmer einzustufen – *Wank*, FS Wiedemann (2002), 587, 601. Der Sozialschutz ist nach richtiger Auffassung Folge und nicht Voraussetzung für die Anwendung von Arbeitsrecht – *Reichold*, ArbR, § 2 Rn. 17.

[131] Scholz/*Schneider*, GmbHG, 9. Aufl., § 35 Rn. 161. Hiergegen wenden die Vertreter der h. M. ein, es handele sich lediglich um abgeleitete Rechte; die Arbeitgeberbefugnisse seien von anderer Qualität, vgl. *Hueck*, FS Hilger/Stumpf, 365, 375.

[132] *Groß*, Anstellungsverhältnis, S. 219 ff.; *Henssler*, RdA 1992, 289, 293 f.; *Köhl*, DB 1996, 2597, 2601; *Martens*, FS Hilger/Stumpf (1983), 437, 445 f. spricht von Fremdbestimmung des Arbeitnehmers.

[133] *Brachert*, Organmitgliedschaft, S. 139 ff.; *Groß*, Anstellungsverhältnis, S. 184 ff.; *Kamanabrou*, BB 2002, 146, 147; *Nordhues*, Einordnung von Organmitgliedern, S. 145; *Wehrmeyer*, Einordnung der Organe, S. 155 ff.

[134] *Diller*, Gesellschafter und Gesellschaftsorgane, S. 128.

[135] *Frisch*, Haftungserleichterungen, S. 126 f.

[136] Vgl. dazu *Brachert*, Organmitgliedschaft, 92 ff.; *Groß*, Anstellungsverhältnis, 385 ff., 406; *ders.*, DB 1984, 1447, 1454 f.; *Miller*, BB 1977, 723, 725; *Molitor*, FS Ehrenberg (1926), 41, 65 f. (für Vorstandsmitglied einer AG); *Wank*, EWiR 1999, 1093, 1094, abschwächend in: FS Wiedemann (2002), 587. *Groß* argumentiert, Schutzprinzip und Grundtatbestände im Arbeits- und im Sozialversicherungsrecht seinen weitgehend identisch. So seien „Unternehmensrisiko", „Weisungsgebundenheit" sowie „Eingliederung" auch im Sozialversicherungsrecht die Kernelemente, mit denen sich die Stellung des Geschäftsführers bestimmen lasse (DB 1984, 1447, 1454).

schiedlichen Einstufung des Fremdgeschäftsführers als Arbeitnehmer oder Beschäftigtem zeigen.[137] Zunächst kennt das Sozialversicherungsrecht keine Dreiteilung in Arbeitnehmer, arbeitnehmerähnliche Personen und Selbstständige, sondern nur das Begriffspaar selbstständig – unselbstständig.[138] Auch wurde bereits oben ausgeführt, dass die Arbeitgeberfunktionen des Geschäftsführers im Sozialversicherungsrecht keine entscheidende Rolle spielen und vom BSG in den Hintergrund gedrängt werden.[139] Zudem legt das BSG bei der Einstufung des Geschäftsführers als Beschäftigtem einen vertragsunabhängigen Eingliederungs- und Weisungsbegriff zu Grunde, während BGH und BAG auf eine vertragstypenbezogene Abgrenzung abstellen, bei der sie die arbeitsrechtliche Vertragsgestaltung auf Missbrauch prüfen.[140] Darüber hinaus lässt sich dem Wortlaut des § 1 S. 1 SGB IV entnehmen, dass es sich bei dem Rechtsgebiet des Sozialversicherungsrechts um ein selbstständiges Rechtsgebiet handelt.[141] Das Sozialversicherungsrecht gehört zum öffentlichen Recht, das Arbeitsrecht zum Privatrecht.[142] Der Ansatz des BSG ist darauf ausgerichtet, das Sozialversicherungssystem finanziell zu stabilisieren.[143] Dazu hilft ihm ein weites Verständnis des Beschäftigtenbegriffs, das sich schon dem Wortlaut des § 7 Abs. 1 S. 1 SGB IV – „Beschäftigung ist die nichtselbständige Arbeit *insbesondere* in einem Arbeitsverhältnis" – entnehmen lässt. Die Ausdehnung des Beschäftigtenbegriffs durch das BSG hat in die Kriterien zur Einordnung einer Person unter das Sozialversicherungsrecht Eingang gefunden. Die Argumente zur Einstufung des Fremdgeschäftsführers als Beschäftigtem lassen sich nicht auf das Arbeitsrecht übertragen; sie sind nicht geeignet, seine Arbeitnehmerstellung zu begründen.

---

137 Vgl. oben B. III.

138 *Preis*, NZA 2000, 914, 917.

139 Vgl. oben B. III.

140 *Preis*, NZA 2000, 914, 918.

141 Ebenso: *G. Hueck*, ZfA 1985, 25, 28; BAG vom 26.05.1999 - 5 AZR 664/98, GmbHR 1999, 925, 927; *Boemke*, AP § 35 GmbHR Nr. 10.

142 Zu Recht führt *Preis* gegen einen Rückgriff auf die Kriterien des Sozialversicherungsrechts an, dass im Arbeitsrecht eine vertragsbezogene Abgrenzung im Vordergrund stehe, während es im Sozialversicherungsrecht um eine „vertragsunabhängige, öffentlichrechtliche Statusabgrenzung" gehe, bei der die Versicherungspflicht nach dem Alles-oder-Nichts-Prinzip beantwortet werden müsse. Wegen der unterschiedlichen Ausrichtungen an den spezifischen Regelungszielen seien unterschiedliche Gesichtspunkte bei den Kriterien zur Einordnung entscheidend. So stehe im Arbeitsrecht die Privatautonomie mehr im Vordergrund (NZA 2000, 914, 925; ArbR, 2. Aufl., S. 56).

143 *Preis*, NZA 2000, 914, 925.

Kollisionen mit dem Gesellschaftsrecht lösen die Vertreter der Mindermeinung durch eine teleologische Reduktion der entsprechenden arbeitsrechtlichen Schutzvorschriften im Einzelfall.[144]

II. Die Einstufung des Fremdgeschäftsführers im Europarecht

Das europäische Arbeitsrecht bildet im Gegensatz zu den Arbeitsrechtsordnungen der einzelnen Mitgliedstaaten noch kein in sich abgeschlossenes System.[145] Es ist außerhalb der Arbeitnehmerfreizügigkeit nach Art. 39 EGV (ehemals Art. 48 EWGV) sachlich zum größten Teil in die Regelungen der Sozialpolitik eingebunden (Art. 136 – 142 EGV).[146] Im Rahmen des europäischen Primärrechts sind hauptsächlich der Grundsatz der Entgeltgleichheit für Männer und Frauen nach Art. 141 EGV (früher Art. 119 EWGV)[147] und die Arbeitnehmerfreizügigkeit nach Art. 39 EGV[148] von Bedeutung. Der EuGH wendet diese Regelungen unmittelbar auf Einzelfälle an.[149]

Die Frage der Arbeitnehmereigenschaft von Geschäftsführern wird, soweit ersichtlich, nur im Rahmen der Arbeitnehmerfreizügigkeit diskutiert. Unter der Arbeitnehmerfreizügigkeit verstand man zunächst die wirtschaftliche Freizügigkeit, sein „Wirtschaftsgut" Arbeitsleistung ohne Beschränkungen innerhalb

---

144 *Wank*, FS Wiedemann (2002), 587, 606 ff.

145 *Junker*, RIW 2003, 698.

146 *Krebber* in: Calliess/Ruffert (Hrsg.), EUV/EGV, 2. Aufl., Art. 136 EG-Vertrag, Rn. 2; MüArbR/*Birk*, Bd. 1, § 18 Rn. 4. Der Sozialschutz hat insbesondere aufgrund der erweiterten Kompetenzen durch das *Abkommen zwischen den Mitgliedstaaten der Europäischen Gemeinschaft mit Ausnahme des Vereinten Königreichs von Großbritannien und Nordirland über die Sozialpolitik* an Bedeutung gewonnen. Während Art. 117 EWGV in Übereinstimmung mit dem Europäischen Gerichtshof nach nahezu einhelliger Ansicht festlegte, dass Maßnahmen im Arbeits- und Sozialrecht grundsätzlich den Mitgliedstaaten überlassen bleiben, bestimmt Art. 1 S. 2 des Abkommens, dass die Ziele durch Maßnahmen der Gemeinschaft erreicht werden sollen. Zu den aufgeführten Bereichen zählen insbesondere die soziale Sicherheit und der soziale Schutz der Arbeitnehmer. Wenn auch im Einzelnen zu diesem Abkommen noch vieles unklar und streitig ist, so kommt doch zumindest der Wille der Mitgliedstaaten zum Ausdruck, beim Sozialschutz künftig in Abkehr von der bisherigen Regel eine stärkere Angleichung zu erreichen, vgl. *Wank*, RdA 1995, 10, 18 m. w. N.

147 *Reichold*, ArbR, § 3 Rn. 22; Staudinger/*Magnus*, Art 30 EGBGB Rn. 9.

148 Anders als Art. 141 EGV greift Art. 39 EGV nicht bei reinen Inlandstatbeständen, vgl. *Reichold*, ArbR, § 3 Rn. 22.

149 *Reichold*, ArbR, § 3 Rn. 22.

der Grenzen der EG anzubieten.[150] Sie umfasst nach Art. 39 Abs. 2 EGV „die Abschaffung jeder auf der Staatsangehörigkeit beruhenden unterschiedlichen Behandlung der Arbeitnehmer". Damit enthält sie zum einen die Befreiung von einschränkenden öffentlich- und privatrechtlichen Regulierungen, zum anderen dient sie der Gleichstellung mit den Staatsangehörigen des Arbeitsortes hinsichtlich der dortigen Arbeitsbedingungen und des jeweiligen Sozialsystems.[151] Aus dem Freizügigkeitsrecht wurde so ein Teilhaberecht an den unterschiedlichen Arbeits- und Sozialrechtsstandards der Mitgliedstaaten.[152] Die Frage der Einstufung des Fremdgeschäftsführers als Arbeitnehmer im Sinn des Art. 39 EGV betrifft lediglich die Anwendbarkeit des Freizügigkeitsrechts. Voraussetzung für die Anwendbarkeit der Schutzrechte und Sozialleistungen in dem jeweiligen Mitgliedstaat bleibt jedoch, dass diese Vorschriften nach dem Recht des jeweiligen Mitgliedstaates auch auf Fremdgeschäftsführer anwendbar sind. Die Einstufung kann jedoch möglicherweise Anhaltspunkte für eine Lösung der Frage der Arbeitnehmereigenschaft des Fremdgeschäftsführers im deutschen Recht liefern. Im Weiteren werden zunächst kurz die Voraussetzungen des Arbeitnehmerbegriffs in Art. 39 EGV behandelt (unter 1.), bevor im Anschluss auf die Rechtsprechung des EuGH (unter 2.) und die Stimmen in der juristischen Literatur (unter 3.) zur Arbeitnehmerstellung des Fremdgeschäftsführers eingegangen wird. Abschließend wird eine eigene Stellungnahme die Untersuchungen zum Europarecht abrunden (unter 4.).

1. Der Arbeitnehmerbegriff des Art. 39 Abs. 1 EGV

Da die Arbeitnehmerfreizügigkeit eine der Grundfreiheiten des EG-Vertrags ist, kommt es nach allgemeiner Auffassung nicht auf die Definition der Arbeitnehmereigenschaft im nationalen Recht der jeweiligen Mitgliedstaaten an. Der Begriff des Arbeitnehmers wird vielmehr durch das Gemeinschaftsrecht bestimmt.[153] Er ist nicht in Art. 39 EGV positiviert. Der EuGH hat ihn vielmehr

---

[150] Grund hierfür war, dass es in den „Römischen Verträgen" von 1957 um eine europäische Wirtschaftsgemeinschaft, nicht um eine Sozialgemeinschaft ging, vgl. *Reichold*, Europäische Freizügigkeit, S. 7.

[151] *Reichold*, Europäische Freizügigkeit, S. 8; *Borchard* in: Dauses (Hrsg.), Hdb. EU-WirtschaftsR Bd. 1, 17. Die Freizügigkeit wäre etwa behindert, wenn ein Fremdgeschäftsführer befürchten müsste, dass ihm bei der Ausübung seiner Beschäftigung in einem anderen Mitgliedstaat die dort für ihn einschlägigen Schutzrechte verwehrt oder Sozialleistungen vorenthalten blieben.

[152] *Reichold*, Europäische Freizügigkeit, S. 8 m. w. N.

[153] EuGH vom 03.07.1986 – 66/85 („Lawrie Blum"), Slg. 1986, 2121, 2144; MüArbR/*Birk*, Bd. 1, § 19 Rn. 7; *Geiger*, EuV/EGV, 3. Aufl., Art. 39 Rn. 6; *Fischer*, Europarecht, 3. Aufl., S. 284.

anhand objektiver Kriterien, die das Arbeitsverhältnis im Hinblick auf die Rechte und Pflichten der betroffenen Personen kennzeichnen, selbst definiert: „Arbeitnehmer ist, wer einem anderen nach dessen Weisungen Leistungen erbringt, die einen gewissen wirtschaftlichen Wert haben und für die er als Gegenleistung eine Vergütung erhält". Der Begriff ist weit auszulegen.[154] Damit ist nach der Rechtsprechung des EuGH die Weisungsunterworfenheit entscheidendes Abgrenzungsmerkmal zwischen Arbeitnehmern und Selbstständigen.

2. *Die Rechtsprechung des EuGH*

Der EuGH hat sich zur Arbeitnehmereigenschaft des Fremdgeschäftsführers bislang nicht explizit geäußert. Es gibt jedoch eine Reihe von Urteilen, die Geschäftsführer – darunter auch Fremdgeschäftsführer – betreffen. Das soweit ersichtlich erste Urteil hierzu stammt aus dem Jahr 1986. Der „Centrale Raad van Beröp", Niederlande, hat dem EuGH die Frage vorgelegt, ob eine Anwendung der „Ziektewet"[155] mit Art. 52, 58 (Niederlassungsfreiheit) und Art. 60 und 66 (Dienstleistungsfreiheit) EWGV vereinbar sei, wenn dort Geschäftsführer einer Gesellschaft in Bezug auf die Teilnahme an dem Krankenversicherungssystem unterschiedlich behandelt würden, je nachdem ob es sich um eine niederländische Gesellschaft handele oder nicht. Der EuGH sah darin einen Verstoß gegen die Niederlassungsfreiheit der Gesellschaft nach Art. 52 EWGV.[156] Für ihn erübrigte sich damit eine Prüfung der Bestimmungen zur Dienstleistungsfreiheit des Geschäftsführers.[157]

---

[154] EuGH vom 03.07.1986 – 66/85 („Lawrie Blum"), Slg. 1986, 2121, 2144.

[155] Niederländisches Gesetz über das allgemeine Krankenversicherungssystem.

[156] Der EuGH räumt zwar ein, dass das Recht auf Erstattung von Krankheitskosten das Recht einer natürlichen Person und nicht das einer Gesellschaft ist. Jedoch enthalte das Erfordernis der Gleichstellung inländischer Gesellschaften mit Gesellschaften anderer Mitgliedstaaten auch das Recht des Personals, an ein bestimmtes System der sozialen Sicherheit angeschlossen zu werden. Denn eine Diskriminierung des Personals in Bezug auf seinen sozialen Schutz beschränke auch die Freiheit der Gesellschaft zur Niederlassung, EuGH vom 10.07.1986 – 79/85, Slg. 1986, III-2375, Tz. 15.

[157] EuGH vom 10.07.1986 – 79/85, Slg. 1986, III-2375, Tz. 18. Diese Rechtsprechung, nach der gegen die Niederlassungsfreiheit der Gesellschaft verstoßen wird, soweit deren Geschäftsführer diskriminiert werden, hat der EuGH in einer Reihe von Entscheidungen zur Eintragung von Fischereifahrzeugen in nationale Register fortgesetzt. So hat er einen Verstoß gegen die Niederlassungsfreiheit der Gesellschaft bejaht, wenn die Voraussetzung zur Eintragung war, dass der Geschäftsführer Aufenthaltsort und Domizil in dem jeweiligen Mitgliedstaat hat (EuGH vom 25.07.1991 – C-221/89, Slg. 1991, I-3905) oder er eine bestimmte Staatsangehörigkeit besitzt (EuGH vom 04.10.1991 – C-246/89, Slg. 1991, I-4585; EuGH vom 07.03.1996 – C-334/94, Slg. 1996, I-1307; EuGH vom 12.06.1997 – C-151/96, Slg. 1997, I-3327).

Mit Urteil vom 27.06.1996 äußerte sich die 5. Kammer des EuGH erstmals direkt zur Frage der Arbeitnehmereigenschaft von Geschäftsführern.[158] Dem EuGH lag eine Anfrage des „Hoge Raad der Nedelanden“ zur Auslegung der Arbeitnehmerfreizügigkeit nach Art. 48 EWGV (heute Art. 39 EGV) im Hinblick auf einen Geschäftsführer vor.

Um in diesem Fall die rechtliche Situation zur Bestimmungen der Freizügigkeit klären zu können, untersuchte der EuGH zunächst die Arbeitnehmereigenschaft des fraglichen Geschäftsführers anhand der von ihm entwickelten allgemeinen Kriterien. Das Gericht lehnte sie ab, weil ein Unterordnungsverhältnis bei einem Geschäftsführer, der gleichzeitig Alleingesellschafter ist, nicht vorliege.[159] Zur weiteren Prüfung verwies der EuGH auf die Dienstleistungsfreiheit[160], führte jedoch aus, dass „ein Vergleich zwischen der Arbeitnehmerfreizügigkeit und der Dienstleistungsfreiheit ohnehin zeige, dass die Vorschriften bei der Ausübung einer wirtschaftlichen Tätigkeit im Hoheitsgebiet der Mitgliedstaaten durch unter das Gemeinschaftsrecht fallende Personen auf denselben Grundsätzen beruhten“[161].

Im Urteil vom 07.05.1998 hat sich die 6. Kammer des EuGH bei einer Frage im Zusammenhang mit den Rechten eines Fremdgeschäftsführers erstmals auf die Regelung der Arbeitnehmerfreizügigkeit gestützt.[162] Im zugrunde liegenden Fall verwehrte der Beklagte der Klägerin, einer GmbH österreichischen Rechts mit Sitz in Wien, die Anmeldung einer Gewerbeausübung mit der Begründung, die Klägerin habe einen Geschäftsführer bestellt, der nicht in Österreich seinen Wohnsitz habe. Die Klägerin berief sich auf Art. 48 EGV, mit der Argumentati-

---

158 EuGH vom 27.06.1996 – C-107/94, („Asscher“) Slg. 1996, I-3089. Die Frage betraf einen Rechtsstreit zwischen dem „Staatssecretaris van Financien” und P. H. Asscher, einem in den Niederlanden arbeitenden, jedoch nicht dort wohnenden niederländischen Staatsangehörigen. Herr Asscher war Geschäftsführer und alleiniger Gesellschafter einer Gesellschaft in den Niederlanden. Auf ihn wurde ein höherer Lohnsteuersatz angewandt, als für die in den Niederlanden ansässigen Steuerpflichtigen, die dort die gleiche Tätigkeit ausübten.

159 EuGH vom 27.06.1996 - C-107/94, („Asscher“) Slg. 1996, I-3089, Tz. 24. In dem Urteil vom 08.06.1999 - C-337/97, Slg. 1999, I-3289 bestätigte der EuGH diese Rechtsprechung.

160 EuGH vom 27.06.1996 – C-107/94, („Asscher“) Slg. 1996, I-3089, Tz. 26.

161 EuGH vom 27.06.1996 - C-107/94, („Asscher“) Slg. 1996, I-3089, Tz. 29. Der EuGH bezog sich auf ein Urteil, in dem diese Aussage sowohl bei der Einreise von unter das Gemeinschaftsrecht fallenden Personen in das Hoheitsgebiet der Mitgliedstaaten und ihres Aufenthalts dort als auch bei dem Verbot der Diskriminierung dieser Personen aus Gründen der Staatsangehörigkeit vorgebracht wurde, vgl. EuGH vom 20.05.1992 – C-106/91, Slg. 1992, I-2251, Tz. 17.

162 EuGH vom 07.05.1998 – C-350/96, Slg. 1998, I-2521.

on, dass ihr Geschäftsführer als Arbeitnehmer Freizügigkeit genieße. Der VwGH legte die Sache dem EuGH vor. Dieser stellte zunächst fest, dass sich auch die Gesellschaft als Arbeitgeber auf die Arbeitnehmerfreizügigkeit berufen könne, wenn sie im Mitgliedstaat ihrer Niederlassung Angehörige eines anderen Mitgliedstaates als Arbeitnehmer beschäftigen wolle.[163] Anschließend bejahte der EuGH einen Verstoß gegen Art. 48 EWGV, ohne jedoch auf die Einordnung des Fremdgeschäftsführers nach den von ihm entwickelten Kriterien zur Arbeitnehmereigenschaft wie im Urteil zum Alleingeschäftsführer vom 27.06.1996 einzugehen.[164]

Nur ein paar Monate später lag wiederum der 5. Kammer des EuGH eine Regelung des Königreichs Spanien zur Prüfung vor. Nach der Regelung mussten Geschäftsführer von Sicherheitsunternehmen im Gebiet des Mitgliedstaates, in dem die Unternehmen ihren Sitz haben, auch ihren Wohnsitz haben. Der EuGH sah darin einen Verstoß gegen die Niederlassungsfreiheit und die Dienstleistungsfreiheit.[165] In der Entscheidung ging der EuGH – anders als im vorangegangenen Urteil – nicht auf die Arbeitnehmereigenschaft des Geschäftsführers ein. Hinsichtlich des Verstoßes gegen die Niederlassungsfreiheit verwies er auf die Entscheidung vom 25.07.1991.[166] Den zusätzlichen Verstoß gegen die Dienstleistungsfreiheit bejahte das Gericht ohne weitere Prüfung.[167] Da der EuGH in derselben Entscheidung bei einer Bestimmung, die Arbeitnehmer betraf, einen Verstoß gegen die Arbeitnehmerfreizügigkeit bejahte[168], liegt der Schluss nahe, dass er Geschäftsführer nicht als Arbeitnehmer ansah.

3. *Stellungnahmen in der Literatur*

Die Stimmen in der Literatur interpretieren die Rechtsprechung des EuGH unterschiedlich. Zum Teil lehnen sie die Arbeitnehmereigenschaft von Geschäftsführern mit Verweis auf die Rechtsprechung des EuGH zum Alleingeschäftsführer generell ab.[169] Andere sind der Auffassung, der EuGH dehne die Arbeitnehmerfreizügigkeit auch auf weisungsabhängige Organe, zumeist Fremdgeschäftsführer, aus. Sie verweisen hierbei auf das oben angeführte Urteil des

---

[163] EuGH vom 07.05.1998 – C-350/96, Slg. 1998, I-2521 Tz. 17.
[164] EuGH vom 07.05.1998 – C-350/96, Slg. 1998, I-2521 Tz. 27 ff.
[165] EuGH vom 29.10.1998 – C-114/97, Slg. 1998, I-6717.
[166] EuGH vom 25.07.1991 – C-221/89, Slg. 1991, I-3905, vgl. oben Fn. 156.
[167] EuGH vom 29.10.1998 – C-114/97, Slg. 1998, I-6717 Tz. 31.
[168] EuGH vom 29.10.1998 – C-114/97, Slg. 1998, I-6717 Tz. 39.
[169] *Brechmann* in: Calliess/Ruffert (Hrsg.), EUV/EGV, 2. Aufl., Art. 39 EG-Vertrag, Rn. 11 a. E.; *Geiger*, EuV/EGV, 3. Aufl., Art. 39 Rn. 6.

EuGH zur österreichischen GmbH.[170] Wieder andere meinen, dass die Frage vom EuGH noch nicht abschließend geklärt sei und verweisen auf die beiden oben dargestellten Urteile des EuGH aus dem Jahr 1998, bei denen er einmal die Arbeitnehmerfreizügigkeit[171], ein anderes Mal die Dienstleistungsfreiheit[172] bei Geschäftsführern herangezogen hat.[173] Nach ihrer Auffassung sei derjenige als Träger der Niederlassungsfreiheit anzusehen, der „keinen Weisungen von anderen Personen oder Organen, die er selbst nicht kontrollieren kann, unterliege"[174]. Der GmbH-Geschäftsführer sei danach nicht Träger der Niederlassungsfreiheit.[175] Wiederum andere sprechen von einer „schwierigen Grenzziehung zwischen Niederlassungsfreiheit und Arbeitnehmerfreizügigkeit bei hohen Managementpositionen", ohne diese selbst näher zu definieren.[176]

4. *Eigene Stellungnahme und Schlussfolgerungen*

Der EuGH hat zu Beginn seiner Rechtsprechung diskriminierte Geschäftsführer mittelbar über die Niederlassungsfreiheit der Gesellschaft geschützt, indem er ihre Benachteiligung auch als Benachteiligung der Gesellschaft ansah. Er musste damit nicht zu der Frage Stellung beziehen, ob der Geschäftsführer als Arbeitnehmer oder Selbstständiger einzustufen ist. Diese frühen EuGH-Entscheidungen lassen deshalb keine Rückschlüsse auf die Arbeitnehmereigenschaft des Geschäftsführers zu. Später hat der EuGH lediglich zur Arbeitnehmereigenschaft des GmbH-Geschäftsführers, der zugleich alleiniger Anteilsinhaber der Gesellschaft ist, ausdrücklich Stellung genommen und diese verneint.[177] Hierbei handelt es sich um das einzige Urteil, in dem der EuGH bei der Anwendung der Freizügigkeitsregelungen des EGV auf GmbH-Geschäftsführer als Vorfrage die Arbeitnehmereigenschaft von der selbstständigen Erwerbstätigkeit abgegrenzt. Das verwundert, weil der Arbeitnehmerbegriff gemeinschaftsrechtlich zu bestimmen ist.[178] Für die Frage der Arbeitnehmereigenschaft

---

170 *Erdmann*, NZG 2002, 504 mit Verweis auf EuGH vom 07.05.1998 – C-350/96, Slg. 1998, I-2521.

171 EuGH vom 07.05.1998 – C-350/96, Slg. 1998, I-2521.

172 EuGH vom 29.10.1998 – C-114/97, Slg. 1998, I-6717.

173 *Randelzhofer/Forsthoff* in: Grabitz/Hilf (Hrsg.), EUV/EGV, Art. 39 EGV Rn. 13.

174 *Randelzhofer/Forsthoff* in: Grabitz/Hilf (Hrsg.), EUV/EGV, Art. 39 EGV Rn. 13 mit Verweis auf die Definition des Generalanwaltes Léger in der Rechtssache „Asscher", vgl. EuGH vom 27.06.1996 – C-107/94, („Asscher") Slg. 1996, I-3089, Tz. 29.

175 *Randelzhofer/Forsthoff* in: Grabitz/Hilf (Hrsg.), EUV/EGV, Art. 39 EGV Rn. 13. A. A. *Schnichels*, Niederlassungsfreiheit, S. 32.

176 Groeben/Thiersing/Ehlermann/*Wölker*, 4. Aufl., Vorbem. zu Art 48 bis 50, Rn. 25.

177 EuGH vom 27.06.1996 – C-107/94, („Asscher") Slg. 1996, I-3089.

178 Vgl. EuGH vom 03.07.1986 – 66/85 („Lawrie Blum"), Slg. 1986, 2121, 2144.

des Fremdgeschäftsführers lassen sich aus dem Urteil keine Schlüsse ziehen. Jedoch hat der EuGH in der Entscheidung die Arbeitnehmereigenschaft des Geschäftsführers nicht schon aufgrund seiner organschaftlichen Stellung abgelehnt, sondern eine Tätigkeit im Rahmen eines Unterordnungsverhältnisses verneint. Damit ist eine Parallele zur Rechtsprechung des BAG zu erkennen. Da der EuGH ein Unterordnungsverhältnis ausdrücklich nur für den Geschäftsführer, der zudem einziger Gesellschafter der Gesellschaft ist, verneint hat, erscheint es zunächst nicht ausgeschlossen, dass der Fremdgeschäftsführer in einem Arbeitsverhältnis stehen kann. Fraglich ist, ob eine solche Aussage dem Urteil des EuGH zur österreichischen GmbH entnommen werden kann.[179] Entsprechende Anhaltspunkte lassen sich aus dieser Entscheidung auch bei näherer Betrachtung nicht erkennen. Der EuGH hat die Arbeitnehmerfreizügigkeit herangezogen, ohne in dem Urteil auf die Frage einzugehen, ob der Geschäftsführer als Arbeitnehmer im Sinn des Art. 48 EWGV angesehen werden kann. Man könnte zwar annehmen, dass er dies unterstellt. Jedoch hat das österreichische Gericht, bei dem der Fall ursprünglich anhängig war, dem EuGH einen möglichen Verstoß gegen Art. 48 EWGV zur Prüfung vorgelegt, wie es der h. M. in Österreich entspricht.[180] Der EuGH, der die Arbeitnehmereigenschaft nach Gemeinschaftsrecht definiert, hätte sich zwar nicht auf die Einstufung des Fremdgeschäftsführers nach nationalem, österreichischem Recht festlegen dürfen. Die Untersuchungen zu den oben aufgeführten Urteilen des EuGH betreffend Geschäftsführer haben (mit Ausnahme des Urteils zum Allein-Geschäftsführer) übereinstimmend gezeigt, dass der EuGH regelmäßig die ihm vorgelegten Freizügigkeitsregelungen ohne Eigenprüfung in seine Urteilsbegründungen übernommen hat. So hat er auch in dem Urteil zur Prüfung einer Regelung des spanischen Rechts entsprechend der Vorlage, die sich an der Rechtslage in Spanien orientierte[181], einen Verstoß gegen die Dienstleistungsfreiheit bejaht. Dies mag damit zusammenhängen, dass der EuGH der Ansicht ist, dass der Schutz über die Freizügigkeiten für Arbeitnehmer (Art. 39 EGV) und Selbstständige (Art. 49 EGV) im Europarecht weitgehend parallel verläuft.[182] Aus diesem Grund kann weder aus dem Urteil zur österreichischen GmbH der Schluss gezogen werden, der EuGH ordne Fremdgeschäftsführer als Arbeitnehmer ein, noch kann den Entscheidungen, in denen der EuGH auf die Dienstleistungsfreiheit der Geschäftsführer Bezug nimmt, eine gegenteilige Aussage entnommen werden. Das

[179] So *Erdmann*, NZG 2002, 503, 504.

[180] Der Fremdgeschäftsführer ist nach der h. M. in Österreich Arbeitnehmer. Siehe dazu unten E. I.

[181] In Spanien ist der Geschäftsführer kein Arbeitnehmer, siehe unten E. III.

[182] Die Einstufung des Geschäftsführers hat nach eigener Aussage des EuGH für die Freizügigkeit nur formale Bedeutung, vgl. EuGH vom 20.05.1992 – C-106/91, Slg. 1992, I-2251, Tz. 17; EuGH vom 27.06.1996 – C-107/94, EWS 1996, 287.

Urteil des EuGH zum Alleingeschäftsführer hat jedoch gezeigt, dass nach dem EuGH die Geschäftsführerstellung allein dessen Arbeitnehmereigenschaft nicht per se ausschließt.

III. Zwischenergebnis

Die bisherigen Ausführungen dieses Kapitels haben gezeigt, dass sowohl der BGH als auch Teile der Literatur der Auffassung ist, die Organstellung des Geschäftsführers stehe seiner Einstufung als Arbeitnehmer grundsätzlich entgegen. Dem widersprechen das BAG zusammen mit einer beachtlichen Anzahl von Literaturstimmen im deutschen Schrifttum.[183] Sie prüfen, ob sich der (Fremd-) Geschäftsführer begrifflich als Arbeitnehmer einordnen lässt. Zusammenfassend kann daraus der Schluss gezogen werden, dass die Arbeitnehmereigenschaft des Fremdgeschäftsführers entscheidend von der Beantwortung folgender beider Fragen abhängt:

1. Steht die Stellung des Fremdgeschäftsführers als Organmitglied einem möglichen Arbeitnehmerstatus zwingend entgegen?
2. Soweit dies nicht der Fall ist, lässt sich der Fremdgeschäftsführer begrifflich als Arbeitnehmer einordnen?

Die beiden folgenden Kapitel beschäftigen sich mit der Lösung dieser Fragen. Die erste Frage geht der zweiten logisch vor (unter IV.). In diesem Zusammenhang werden zunächst die Regelungen, die unter anderem auch Fremdgeschäftsführer von der Anwendung wichtiger arbeitsrechtlicher Bereiche ausschließen, näher auf ihren Aussagegehalt hin untersucht (unter IV. 1.). Anschließend wird geprüft, ob die „Arbeitgeberfunktionen" (unter IV 2.) und die formale Organstellung (unter IV. 3.) einer Einstufung des Fremdgeschäftsführers als Arbeitnehmer zwingend entgegenstehen. Nur wenn sich damit die erste Frage negativ beantworten lässt, ist überhaupt zu untersuchen, ob der Fremdgeschäftsführer auch begrifflich als Arbeitnehmer eingeordnet werden kann (unter V.). In diesem Fall wäre dann zunächst auf den Kriterien des Arbeitnehmerbegriffs einzugehen (unter V. 1.), bevor eine Abgrenzung beim Fremdgeschäftsführer erfolgt (unter V. 2.).

---

183 Den Entscheidungen des EuGH lässt sich, wie soeben dargestellt, ebenfalls entnehmen, dass sich Organstellung und Arbeitnehmereigenschaft nicht zwingend gegenseitig ausschließen.

IV. Vereinbarkeit von Organstellung und Arbeitnehmerstatus

1. *Die Bedeutung arbeitsrechtlicher „Bereichsausnahmen“*[184]

Wie bereits erwähnt, sind Organmitglieder und damit auch Fremdgeschäftsführer von einer Reihe arbeitsrechtlicher Vorschriften kraft Gesetzes ausgeschlossen. So unterliegen sie nicht der Arbeitsgerichtsbarkeit (§ 5 Abs. 1 S. 3 ArbGG) und der allgemeine Kündigungsschutz sowie die Anzeigepflicht des Kündigungsschutzgesetzes sind nicht auf sie anwendbar (§§ 14 Abs. 1 Nr. 1, 17 Abs. 5 Nr. 1 KSchG). Ferner sind sie vom Betriebsverfassungsgesetz (§ 5 Abs. 2 Nr. 1 BetrVG) und vom Mitbestimmungsgesetz (§ 3 Abs. 1 S. 2 MitbestG) ausdrücklich ausgenommen. Nachfolgend wird untersucht, ob diese so genannten „Bereichsausnahmen“ Aussagen enthalten, die für die Einstufung des Fremdgeschäftsführers als Arbeitnehmer von Bedeutung sind. Das Hauptaugenmerk wird auf der Frage liegen, ob die Bereichsausnahmen einer Anwendung von Arbeitsrecht auf den Fremdgeschäftsführer generell entgegenstehen. Dies wäre dann der Fall, wenn ihnen eine Wertung dahingehend entnommen werden könnte, dass Organmitglieder nicht kasuistisch und einzelfallbezogen, sondern gewissermaßen vollständig aus dem arbeitsrechtlichen Geltungsbereich herausgenommen werden sollen.

a) Meinungsstand

Sowohl die Vertreter der h. M., die Geschäftsführer nicht als Arbeitnehmer ansehen, als auch ihre Gegner haben die Bereichsausnahmen zur Untermauerung ihrer jeweiligen Auffassung herangezogen. Bis heute wird innerhalb der h. M. vereinzelt noch vertreten, der gesetzliche Ausschluss aus grundlegenden arbeitsrechtlichen Vorschriften sei nur damit zu erklären, dass Organmitglieder im Regelfall nicht als Arbeitnehmer anzusehen seien.[185] Die Gegenauffassung argumentiert mit der Gesetzessystematik.[186] Wenn Organmitglieder nicht Arbeitnehmer seien, wären die Ausnahmevorschriften überflüssig, da Nichtarbeitnehmer ohnehin nicht vom Geltungsbereich der Gesetzte erfasst würden.[187] Zudem verweisen diese Stimmen auf diejenigen Vorschriften, in denen neben den Or-

[184] Vgl. *Groß*, Anstellungsverhältnis, S. 13, 65 ff.; *Diller*, Gesellschafter und Gesellschaftsorgane, S. 66.

[185] Erman/*Edenfeld*, BGB Bd. 2, 11. Aufl., § 611 Rn. 152. Ähnlich *Goette*, Die GmbH, § 8 Rn. 70; *ders.*, FS Wiedemann (2002), 773, 776 f.

[186] *Dütz*, ArbR, 7. Aufl., S. 25.

[187] *Groß*, Anstellungsverhältnis, S. 55 ff.; *Miller*, BB 1977, 723, 725; *Schaub*, ArbR-Hdb., § 14 Rn. 6; *Trinkhaus*, DB 1968, 1756 f.

ganmitgliedern auch die leitenden Angestellten genannt sind,[188] die unstreitig als Arbeitnehmer eingestuft werden. Dies zeige ebenfalls, dass Geschäftsführer Arbeitnehmer sein müssten.[189] Letzteres Argument hat bereits *G. Hueck* widerlegt, indem er darauf hinwies, dass teilweise auch vertretungsberechtigte Gesellschafter von Personengesellschaften als klare Nichtarbeitnehmer durch Bereichsausnahmen von arbeitsrechtlichen Vorschriften ausgeschlossen würden.[190] Dem ist zuzustimmen. Der leitende Angestellte wird auch nur in § 5 Abs. 3, 4 BetrVG und in § 14 Abs. 2 KSchG von den Bereichsausnahmen erfasst.

b) Stellungnahme

Dem Wortlaut der Bereichsausnahmen lässt sich nicht entnehmen, dass der Gesetzgeber vertretungsberechtigte Organmitglieder unter keinen Umständen als Arbeitnehmer betrachten wollte. Entsprechendes kann, wie Untersuchungen in der Vergangenheit überzeugend belegt haben, auch nicht den Materialien entnommen werden[191]. Es konnte nicht nachgewiesen werden, dass die Bereichsausnahmen auf einem einheitlichen Willen des Gesetzgebers beruhen.[192] Dem Gesetzgeber kann ebenso wenig unterstellt werden, er habe vertretungsberechtigte Organmitglieder als Arbeitnehmer angesehen. Vielmehr handelt es sich bei den Bereichsausnahmen nur um Regelungen innerhalb der Reichweite der jeweiligen gesetzlichen Vorschrift.[193] So wollte der Gesetzgeber mit § 5 Abs. 1 S. 3 ArbGG verhindern, dass Klagebegehren im Zusammenhang mit der Bestellung oder der Abberufung von Geschäftsführern, die in die Zuständigkeit der ordentlichen Gerichte fallen, und Klagebegehren im Zusammenhang mit dem Anstellungsvertrag des Geschäftsführers von unterschiedlichen Gerichten entschieden werden.[194] § 5 Abs. 1 ArbGG regelt lediglich für das ArbGG, wer Arbeitnehmer ist und geht hierbei vom allgemeinen Arbeitnehmerbegriff der h. M. aus.[195] Es findet sich keine Legaldefinition zur Arbeitnehmereigenschaft

---

188 Damals waren dies § 1 Abs. 2 Nr. 1 und 2 AZO, § 5 Abs. 3 S. 1 BetrVG und § 17 Abs. 5 Nr. 3 KSchG.

189 Vgl. *Brachert*, Organmitgliedschaft, 86 f. m. w. N.

190 *G. Hueck*, FS Hilger/Stumpf (1983), 365, 369 f.; ebenso *Diller*, Gesellschafter und Gesellschaftsorgane, S. 68.

191 Vgl. hierzu die Ausführungen von *Brachert*, Organmitgliedschaft, S. 63 ff. und *Groß*, Anstellungsverhältnis, S. 58 ff.

192 *Brachert*, Organmitgliedschaft, S. 63 ff. und *Groß*, Anstellungsverhältnis, S. 58 ff.

193 *Wank*, FS Wiedemann (2002), 587, 604.

194 Das Gleiche gilt für das Kündigungsschutzrecht, wobei hier zusätzlich verhindert werden sollte, dass die jederzeitige Abberufungsmöglichkeit des Geschäftsführers nach § 38 Abs. 1 GmbHG eingeschränkt wird.

195 ErfK/*Koch*, 4. Aufl., § 5 ArbGG Rn. 1 f.

des Geschäftsführers.[196] Gleiches gilt für § 5 Abs. 1 BetrVG[197] und § 3 Abs. 1 S. 2 MitbestG[198] sowie die übrigen Bereichsausnahmen[199]. Der Gesetzgeber arbeitet mit negativen Fiktionen.[200] § 14 Abs. 1 KSchG reduziert dagegen den Geltungsbereich des entsprechenden Abschnitts des Kündigungsschutzgesetzes („negative Geltungsbereichsbestimmung").[201]

Im Ergebnis lässt sich folglich festhalten, dass die Bereichsausnahmen den Geschäftsführer lediglich kasuistisch und einzelfallbezogen aus dem arbeitsrechtlichen Geltungsbereich des jeweiligen Gesetzes ausschließen. Der Geschäftsführer wird unabhängig von der Frage, ob er als Arbeitnehmer einzustufen ist, von der Sperrwirkung dieser Vorschriften erfasst.[202] Aus den Bereichsausnahmen kann also kein Rückschluss auf die Arbeitnehmereigenschaft der entsprechenden Organmitglieder gezogen werden. Es kann ihnen auch keine Aussage dahingehend entnommen werden, der Gesetzgeber wolle in ihnen zum Ausdruck bringen, dass er vertretungsberechtigte Mitglieder von Organen juristischer Personen in keinem Fall als Arbeitnehmer ansehe.[203] Die Vorschriften sind vielmehr als neutral zu betrachten.[204]

2. *Die "Arbeitgeberstellung" des Fremdgeschäftsführers*

In den Ausführungen zur herrschenden Lehre in Deutschland wurde dargestellt, dass die Vertreter der Prinzipaltheorie und der Lehre von der funktionellen Arbeitgebereigenschaft in der Stellung des Geschäftsführers als Arbeitgeber bzw. in der Ausübung der Funktionen eines Arbeitgebers ein absolutes Hindernis für

---

196 ErfK/*Koch*, 4. Aufl., § 5 ArbGG Rn. 2.

197 ErfK/*Eisemann*, 4. Aufl., § 5 BetrVG Rn. 2.

198 ErfK/*Oetker*, 4. Aufl., § 3 MitbestG Rn. 2.

199 *Diller*, Gesellschafter und Gesellschaftsorgane, S. 68.

200 So in § 5 Abs. 1 S. 3 ArbGG, § 17 Abs. 5 Nr. 1 KSchG, § 5 Abs. 2 Nr. 1 BetrVG und § 3 Abs. 1 S. 2 MitbestG, vgl. BAG vom 17.01.2002 – 2 AZR 719/00, NZA 2002, 854 f.; BGH vom 25.07.2002 – III ZR 207/01, ZIP 2002, 1593, 1594; *Reinecke*, ZIP 1997, 1525, 1526; *Wank*, FS Wiedemann (2002), 587, 604.

201 *Wank*, FS Wiedemann (2002), 587, 604.

202 BAG vom 26.05.1999 – 5 AZR 664/98, GmbHR 1999, 927; BAG vom 17.01.2002 – 2 AZR 719/00, NZA 2002, 854, 855; BAG vom 20.08.2003 – 5 AZB 79/02, NJW 2003, 3290; *Reinecke*, ZIP 1997, 1525, 1529; *Wank*, FS Wiedemann (2002), 587, 604 f.

203 *G. Hueck*, FS Hilger/Stumpf (1983), 365, 368 ff.; ebenso: *Diller*, Gesellschafter und Gesellschaftsorgane, S. 66 ff.; *Groß*, Anstellungsverhältnis, S. 57 ff.; *Henssler*, RdA 1992, 289, 293; *Krause*, Mitarbeit im Unternehmen, S. 256 f., *Wehrmeyer*, Einordnung der Organe, S. 20 ff.

204 *G. Hueck*, FS Hilger/Stumpf (1983), 365, 370; *Krause*, Mitarbeit im Unternehmen, S. 257.

dessen Einordnung als Arbeitnehmer sehen. Mit den folgenden Untersuchungen wird diese Aussage kritisch gewürdigt.

Zunächst ist klarzustellen, dass nicht der Geschäftsführer selbst Arbeitgeber ist, sondern nur die Gesellschaft[205], für welche der Geschäftsführer handelt, Arbeitgeber sein kann[206]. Arbeitgeber ist diejenige Person, die mit den Arbeitnehmern einen Arbeitsvertrag abschließt.[207] Das ist die Gesellschaft und nicht der Geschäftsführer. Der Geschäftsführer vertritt lediglich die Gesellschaft beim Vertragsschluss. *Zöllner* hat zu Recht darauf hingewiesen, dass bei einem Wechsel der Geschäftsführer innerhalb der Gesellschaft nicht von einem Wechsel des Arbeitgebers gesprochen werden könne.[208]

Die Vertreter der Lehre von der funktionellen Arbeitgebereigenschaft greifen diesen Einwand auf. Sie wollen die Arbeitgeberfunktionen und damit die Arbeitgeberstellung in der Weise aufspalten, dass die juristische Person Träger der arbeitsvertraglichen Rechte und Pflichten sei, Weisungsrecht und sonstige Funktionen jedoch von den Organen ausgeübt würden.[209] Hiergegen wurde eingewandt, dass nur die juristische Person als solche Rechtsträger des Weisungsrechts sein könne.[210] Die Gesellschaft bilde lediglich ihren Willen durch ihre Organe und übe ihn durch sie aus.[211] Dem ist zuzustimmen. Rechtsträger des Weisungsrechts und anderer Arbeitgeberfunktionen kann nur die juristische Person als Vertragspartner des jeweiligen Arbeitnehmers sein.[212] Die Geschäftsführer können das Weisungsrecht lediglich als abgeleitetes Recht für die Gesellschaft ausüben. Das führt zu dem Schluss, dass der Fremdgeschäftsführer auch nicht Inhaber eines Teils von Arbeitgeberrechten sein kann.[213] Aus diesem Grund kann allein die Wahrnehmung von Arbeitgeberaufgaben einer möglichen Arbeitnehmerstellung des Fremdgeschäftsführers entgegenstehen. Dagegen spricht jedoch der Vergleich mit den übrigen Führungskräften. Denn auch ihnen

[205] Sie besitzt als juristische Person gemäß § 13 Abs. 1 GmbHG eigene Rechtsfähigkeit, vgl. ErfK/*Preis*, 4. Aufl., § 611 BGB Rn. 212; *Reichold*, ArbR, § 2 Rn. 5.

[206] *Brachert*, Organmitgliedschaft, S. 131; *Groß*, Anstellungsverhältnis, S. 84; *Hohlfeld*, GmbHR 1987, 255, 256.

[207] *Reichold*, ArbR, § 2 Rn. 5.

[208] *Zöllner*/Loritz, ArbR, 5. Aufl., § 4 V 2.

[209] A. *Hueck/Nipperdey*, ArbR 1. Bd., 7. Aufl., § 9 Rn. 27; *Nikisch*, ArbR, Bd. I, 3. Aufl., § 14 II 3.

[210] *Zöllner*/Loritz, ArbR, 5. Aufl., § 4 V 2; ebenso *Krause*, Mitarbeit im Unternehmen, S. 300. *Brachert* hat darauf hingewiesen, dass das arbeitsrechtliche Weisungsrecht gegenüber Organmitgliedern der Gesellschaft zusteht (Organmitgliedschaft, S. 130 f.).

[211] *Zöllner*/Loritz, ArbR, 5. Aufl., § 4 V 2.

[212] So auch *Krause*, Mitarbeit im Unternehmen, S. 300.

[213] *Krause*, Mitarbeit im Unternehmen, S. 300.

können Arbeitgeberaufgaben übertragen werden.[214] In hierarchisch aufgebauten Betrieben üben Arbeitnehmer als Vorgesetzte regelmäßig Weisungsrechte aus und sind selbst wiederum den Weisungen ihrer Vorgesetzten unterworfen.[215] Zwar haben Teile der Literatur eingewandt, die Arbeitgeberaufgaben solcher Personen seien lediglich abgeleiteter Natur, während Geschäftsführer aufgrund der gesetzlich begründeten Vertretungsmacht eine originäre Leitungsmacht hätten, die anders zu beurteilen sei.[216] Dieser Einwand kann nach dem oben Gesagten aber nicht ausschlaggebend sein.[217] Die Ausführungen haben gezeigt, dass auch der Geschäftsführer nur abgeleitete Rechte, und zwar solche der Gesellschaft, ausübt. Er ist auch nicht „Träger oberster Befehlsgewalt", wie die Lehre von der funktionellen Arbeitgeberschaft glauben lassen will. Über ihm steht noch die Gesellschafterversammlung.[218] Es stellt sich in diesem Zusammenhang jedoch die Frage, wer dem Geschäftsführer gegenüber das Weisungsrecht für die Gesellschaft, die selbst nicht handlungsfähig ist, ausüben kann.[219] Zu denken wäre an die Gesellschafterversammlung, die auch den Anstellungsvertrag mit dem Geschäftsführer schließt oder an Mitgeschäftsführer bei der Mehrpersonengeschäftsführung.[220] Beim Verbot des Selbstkontrahierens (§ 181 BGB) handeln Mitgeschäftsführer in vertretungsberechtigter Zahl, soweit sie nicht von dem Verbot befreit sind.[221] *Krause* hat in diesem Zusammenhang zu Recht darauf hingewiesen, es sei ebenso vorstellbar, dass sich der Geschäftsführer auf beiden Seiten des Arbeitsverhältnisses befinde, wenn es dann auch an einem fremdbestimmten Handeln fehle, da niemand von sich selbst abhängig sein könne.[222] Zu beachten ist jedoch, dass Interessenkollisionen nicht bei allen Vorschriften des Arbeitsrechts denkbar sind und deshalb auch nicht ein genereller

---

214 Vgl. *Henssler*, RdA 1992, 289, 292.

215 So auch *Wank*, FS Wiedemann (2002), 587, 595.

216 *G. Hueck*, FS Hilger/Stumpf (1983), 365, 375; *Hümmerich*, NJW 1995, 1177, 1178; *Gissel*, Arbeitnehmerschutz, S. 12; *Holthausen/Steinkraus*, NZA-RR 2002, 281, 282.

217 *Kamanabrou*, DB 2002, 146, 147; *Henssler*, RdA 1992, 289, 292.

218 *Brachert*, Organmitgliedschaft, S. 130; *Wank*, FS Wiedemann (2002), 587, 595.

219 Entsprechendes gilt auch bei allen anderen Arbeitgeberaufgaben, in denen es zu Interessenkonflikten kommen kann. So etwa, wenn im Beispielsfall 3 der Fremdgeschäftsführer E eine betriebliche Übung einrichtet, auf die er sich als möglicher Arbeitnehmer nun selbst berufen möchte. Die Interessenkonflikte ließen sich nur dann vermeiden, wenn die entsprechenden Handlungen von den Geschäftsführungsaufgaben ausgenommen würden.

220 BAG vom 26.05.1999 – 5 AZR 664/98, GmbHR 1999, 926 f.; *Brachert*, Organmitgliedschaft, S. 130 f.; *Kamanabrou*, DB 2002, 146, 147; *Kuhn*, Kompetenzbereiche, S. 272.

221 *K. Schmidt*, GesR, 4. Aufl., § 36 II 3. b).

222 *Krause*, Mitarbeit im Unternehmen, S. 301 f. Die Fremdbestimmtheit wird jedoch erst bei der persönlichen Abhängigkeit relevant.

Ausschlussgrund für die Arbeitnehmereigenschaft des Fremdgeschäftsführers sein können.[223]

Im Ergebnis bleibt festzuhalten, dass allein die Möglichkeit von Interessenkollisionen und damit auch die Wahrnehmung von Arbeitgeberaufgaben durch den Fremdgeschäftsführer seiner Einstufung als Arbeitnehmer nicht generell entgegenstehen.[224] Dieses Ergebnis steht auch im Einklang mit der Rechtsprechung des BSG.[225] Zwar kann aufgrund der unterschiedlichen Zielrichtungen von Arbeits- und Sozialversicherungsrecht die Arbeitnehmereigenschaft selbst nicht dem Sozialversicherungsrecht entnommen werden. Es ist aber mit *Krause* als nicht unzulässig anzusehen, das gefundene Ergebnis durch sozialversicherungsrechtliche Wertungen abzusichern.[226]

3. *Die „Organstellung" des Fremdgeschäftsführers*

Wenn Rechtsprechung und Vertreter der juristischen Literatur beim Geschäftsführer auf die Frage der Vereinbarkeit der Organstellung mit der Arbeitnehmerstellung eingehen, dann ausdrücklich wegen seiner unbeschränkten und unbeschränkbaren organschaftlichen Vertretungsmacht[227] (unter a), dem Bestehen und dem Umfang der Eigenverantwortlichkeit bei Geschäftsführungsaufgaben[228] (unter b) und weiteren Rechten und Pflichten, welche die Organstellung mit sich bringt[229] (unter c).

a) Die organschaftliche Vertretungsmacht

Die organschaftliche Vertretungsmacht des GmbH-Geschäftsführers ist in § 37 GmbHG niedergelegt. Sie ist im Außenverhältnis unbeschränkt und unbeschränkbar (§§ 36, 37 Abs. 1 GmbHG). Die Geschäftsführer handeln bei Rechtsgeschäften mit Arbeitnehmern im Außenverhältnis als Vertreter der Ge-

---

[223] *Brachert*, Organmitgliedschaft, S. 138.

[224] So auch *Bastuck*, Enthaftung, S. 81 und *Krause*, Mitarbeit im Unternehmen, S. 300.

[225] Nach dem BSG spricht der Umstand, dass Geschäftsführer im Verhältnis zu sonstigen Arbeitnehmern Arbeitgeberfunktionen wahrnehmen, nicht gegen eine abhängige Beschäftigung, vgl. BSG vom 18.12.2001 – B 12 KR 10/01 R, NZA 2002, 431, 433.

[226] *Krause*, Mitarbeit im Unternehmen, S. 315.

[227] Als Argument gegen die Arbeitnehmerstellung: *Zöllner*/Loritz, ArbR, 5. Aufl., § 4 III 5 a) aa). A. A. *Henssler*, RdA 1992, 289, 292; *Krause*, Mitarbeit im Unternehmen, S. 302 f.; *Namendorf*, Arbeitsrechtliche Status, S. 36 ff.

[228] *Krause*, Mitarbeit im Unternehmen, S. 310 ff.; *Namendorf*, Arbeitsrechtliche Status, S. 30 ff.

[229] BGH vom 24.10.1990 – X ZR 58/88, WM 1990, 350, 351.

sellschaft. Sie schließen Arbeitsverträge, sprechen Kündigungen aus, führen Vertragsänderungen durch und üben für die Gesellschaft das Direktionsrecht aus.[230] Dies allein steht ihrer möglichen Einstufung als Arbeitnehmer nicht entgegen, wie die Ausführungen zur Wahrnehmung von Arbeitgeberfunktionen, um die es sich letztlich hierbei handelt, gezeigt haben.[231]
Fraglich bleibt, ob die Vertretungsmacht darüber hinaus einer möglichen Einstufung des Fremdgeschäftsführers als Arbeitnehmer entgegenstehen kann. So könnte es etwa an einer Fremdbestimmung aufgrund der Unbeschränktheit und Unbeschränkbarkeit der Vertretungsmacht fehlen. Der Blick auf den leitenden Angestellten zeigt jedoch, dass auch er beispielsweise als Prokurist umfassend vertretungsberechtigt sein kann. Dass es sich hierbei um eine rechtsgeschäftliche Vertretungsmacht handelt, kann nicht entscheidungserheblich sein. Denn auch der Umfang der Prokura wird durch das Gesetz zwingend festgeschrieben und kann Dritten gegenüber nicht beschränkt werden (§ 50 Abs. 1 HGB).[232] Entscheidend ist, dass im Innenverhältnis Beschränkungen weiterhin möglich sind. Die innere Willensbildung der Gesellschaft ist nicht Gegenstand der Vertretungsmacht.[233] Hier kann die Geschäftsführungsbefugnis zahlreichen Beschränkungen unterliegen.[234] Im Innenverhältnis besteht demzufolge die ausreichende Möglichkeit, arbeitsrechtliche Weisungen zu erteilen.[235] Die unbeschränkte und unbeschränkbare organschaftliche Vertretungsmacht steht damit einer möglichen Einstufung des Fremdgeschäftsführers als Arbeitnehmer nicht zwingend entgegen.[236]

b) Eigenverantwortlichkeit bei Geschäftsführungsaufgaben

Nachdem soeben festgestellt wurde, dass im Innenverhältnis die Möglichkeit besteht, Weisungen zu erteilen, ist zu untersuchen, ob die Eigenverantwortlichkeit bei Geschäftsführungsaufgaben eine Fremdbestimmtheit des Geschäftsführers so weit einschränken kann, dass dadurch seine Arbeitnehmerstellung aus-

230 Scholz/*Schneider*, GmbHG, 9. Aufl., § 35 Rn. 32.
231 Siehe oben C. IV. 2.
232 Vgl. auch *Krause*, Mitarbeit im Unternehmen, S. 303.
233 *Raiser*, Kapitalgesellschaften, 3. Aufl., § 32 Rn. 14.
234 *Raiser*, Kapitalgesellschaften, 3. Aufl., § 32 Rn. 19.
235 Die Frage, inwieweit es sich hierbei um arbeitsrechtliche Weisungen handelt, betrifft die persönliche Abhängigkeit des Fremdgeschäftsführers und soll erst dort behandelt werden (vgl. unten C. V. 2.).
236 So auch BAG vom 26.05.1999 – 5 AZR 664/98, GmbHR 1999, 926 f.; *Henssler*, RdA 1992, 289, 292; *Krause*, Mitarbeit im Unternehmen, S. 303 ff.; *Namendorf*, Arbeitsrechtliche Status, S. 36 ff.; *Wank*, FS Wiedemann (2002), 587, 595 f., der von einer „Kategorienverwechslung“ spricht.

geschlossen wird.[237] Eine solche Sperrwirkung könnte sich aus einem weisungsfreien Bereich bei unternehmerischen Entscheidungen ergeben.[238] Die Anerkennung eines solchen weisungsfreien Bereichs ist in Rechtsprechung und juristischer Literatur umstritten. Ein Teil der Literatur möchte dem Geschäftsführer einen weisungsfreien unternehmerischen Handlungsspielraum zuerkennen.[239] Dagegen lehnt die h. M. einen weisungsfreien Bereich ab und dehnt das Weisungsrecht aus § 37 Abs. 1 GmbHG auf sämtliche Geschäftsführungshandlungen einschließlich des Tagesgeschäfts aus.[240] Ein unantastbarer Kernbereich eigenverantwortlicher Geschäftsführung bestehe nur bei der uneinschränkbaren Vertretungsmacht sowie bestimmten zwingenden gesetzlichen Amtspflichten.[241] Einen darüber hinausgehenden weisungsfreien Mindestbereich gebe es nicht.[242] Dem ist zuzustimmen. Für einen unentziehbaren Kern autonomer Geschäftsführungsbefugnisse finden sich im Gesetz keine Anhaltspunkte. Vielmehr sind nach der Konzeption der GmbH im GmbHG die Gesellschafter „die Herren der Gesellschaft“.[243] Der Gegenauffassung ist zu erwidern, dass sie durch nicht eindeutig lösbare Abgrenzungsprobleme Rechtsunsicherheit hervorruft.[244] Die Weisungsunterworfenheit des Fremdgeschäftsführers ist also umfassend zu verstehen. Eine Eigenverantwortlichkeit bei Geschäftsführungsaufgaben entfaltet daher keine Sperrwirkung, die einer Einordnung des Fremdgeschäftsführers als Arbeitnehmer entgegenstehen könnte.[245]

---

237 *Henssler*, RdA 1992, 289, 294; *Krause*, Mitarbeit im Unternehmen, S. 305.

238 Vgl. *Krause*, Mitarbeit im Unternehmen, S. 312. Im spanischen Recht, wo der Geschäftsführer generell nicht als Arbeitnehmer eingeordnet wird, besteht ein solcher weisungsfreier Bereich, vgl. unten E. III.

239 Baumbach/Hueck/*Zöllner*, GmbHG, 17. Aufl., § 37 Rn. 9, Rn. 11; Hachenburg/*Mertens*, GmbHG, 8. Aufl., § 37 Rn. 16.

240 OLG Düsseldorf vom 15.11.1984 – 8 U 22/84, ZIP 1984, 1476; *Konzen*, NJW 1989, 2977, 2979; *Krause*, Mitarbeit im Unternehmen, S. 312 f.; *Kuhn*, Kompetenzbereiche, S. 148; *Lutter/Hommelhoff/Kleindiek*, GmbHG, 16. Aufl., § 37 Rn. 12 (jedoch nur durch Gesellschaftsvertrag möglich); Roth/*Altmeppen*, GmbHG, 4. Aufl., § 37 Rn. 3; Rowedder/*Koppensteiner*, GmbHG, 4. Aufl., § 37 Rn. 22; Scholz/*Schneider*, GmbHG, 9. Aufl., § 37 Rn. 38.

241 Vgl. §§ 30, 31, 33 mit 43, 40, 41, 42, 64, 78 GmbHG.

242 OLG Düsseldorf vom 15.11.1984, ZIP 1984, 1476; Scholz/*Schneider*, GmbHG, 9. Aufl., § 37 Rn. 38.

243 Rowedder/*Koppensteiner*, GmbHG, 4. Aufl., § 37 Rn. 22; vgl. auch *K. Schmid*, GesR, § 36 I. 2 a).

244 Rowedder/*Koppensteiner*, GmbHG, 4. Aufl., § 37 Rn. 22; Scholz/*Schneider*, GmbHG, 9. Aufl., § 37 Rn. 38.

245 So auch *Krause*, Mitarbeit im Unternehmen, S. 313.

c) Sonstige Rechte und Pflichten aus der Organstellung

Nach der Auffassung des BGH haben Geschäftsführer gesetzliche Mindestpflichten, von denen sie weder durch den Gesellschaftsvertrag noch durch die Gesellschafter befreit werden können. Dies soll ihrer Arbeitnehmerstellung entgegenstehen.[246] Hierbei ist unstreitig, dass es Normen im Arbeitsrecht gibt, die einem Geschäftsführer Rechte zuerkennen, die wiederum mit seinen Pflichten aus der Organstellung unvereinbar sind. Der Gesetzgeber hat den Geschäftsführer deshalb von dem Anwendungsbereich bestimmter arbeitsrechtlicher Schutzvorschriften ausgeschlossen,[247] jedoch, wie bereits dargestellt, nur im Einzelfall. Unstreitig ist auch, dass der Gesetzgeber nicht alle möglichen Kollisionen aus dem Zusammentreffen von arbeitsrechtlichen und gesellschaftsrechtlichen Vorschriften durch Bereichsausnahmen geregelt hat. Wenn auch unterschiedliche Auffassungen darüber bestehen, welche arbeitsrechtlichen Schutzvorschriften von solchen Kollisionen betroffen sind, so sind sich Rechtsprechung und Literatur doch darüber einig, dass diese Normen oder Gesetze auf den Geschäftsführer nicht oder nur eingeschränkt angewandt werden können.[248] Kollisionen aus dem Zusammentreffen von arbeitsrechtlichen Schutzvorschriften und gesellschaftsrechtlichen Rechten und Pflichten aus der Organstellung können im Einzelfall gelöst werden und stehen einer Einstufung des Fremdgeschäftsführers als Arbeitnehmer nicht generell entgegen.[249]

4. Zwischenergebnis

Die Untersuchungen dieses Kapitels haben gezeigt, dass die Organstellung eine mögliche Einstufung des Fremdgeschäftsführers als Arbeitnehmer nicht zwingend ausschließt. Zunächst nehmen die Bereichsausnahmen den Fremdgeschäftsführer nicht generell sondern lediglich kasuistisch und einzelfallbezogen aus dem arbeitsrechtlichen Geltungsbereich bestimmter Vorschriften heraus. Darüber hinaus stehen weder die Wahrnehmung von Arbeitgeberaufgaben für

---

[246] BGH vom 24.10.1990 – X ZR 58/88, WM 1990, 350, 351.

[247] Siehe hierzu die Ausführungen oben C. IV. 1.

[248] Die Vertreter der h. M. lehnen dabei eine analoge Anwendung der Vorschriften ab. Die Vertreter der Gegenmeinung schließen den Fremdgeschäftsführer unter Zuhilfenahme des Instruments der teleologischen Reduktion von solchen Vorschriften aus. Die Einordnung des Fremdgeschäftsführers als Arbeitnehmer wird daher nur als eine erste Weichenstellung angesehen, vgl. *G. Hueck*, FS Ekonomi (1993), 139, 142 f.; *Henssler*, RdA 1992, 289, 290; *Nebendahl*, NZA 1992, 289, 290; *Oberrath*, MDR 1999, 134, 135; *Wank*, FS Wiedemann (2002), 587 f.

[249] So auch *Krause*, Mitarbeit im Unternehmen, S. 327; *Wank*, FS Wiedemann (2002), 587, 597.

die Gesellschaft noch die Geschäftsführerstellung mit ihren gesellschaftsrechtlichen Rechten und Pflichten einer Arbeitnehmerstellung zwingend entgegen. Insoweit ist der Rechtsprechung des BAG und den entsprechenden Literaturvertretern zuzustimmen. Die Organstellung steht jedoch im Einzelfall einer Anwendung von Arbeitsrecht entgegen. Diesen Kollisionen könnte, soweit nicht bereits das Gesetz selbst Ausnahmen bestimmt, durch eine teleologische Reduktion der entsprechenden Vorschriften Rechnung getragen werden.[250]

V. Arbeitnehmerbegriff und Arbeitsverhältnis beim Fremdgeschäftsführer

Nachdem festgestellt wurde, dass die Organstellung eine Arbeitnehmerstellung des Fremdgeschäftsführers nicht zwingend ausschließt, muss nachfolgend die zweite aufgeworfene Frage, ob der Fremdgeschäftsführer begrifflich als Arbeitnehmer eingeordnet werden kann, beantwortet werden. Maßgebend für die Beantwortung dieser Frage ist zunächst die Auseinandersetzung mit dem Arbeitnehmerbegriff bzw. dem Arbeitsverhältnis (unter 1.). Im Gegensatz zum Beschäftigten im Sozialversicherungsrecht ist der Arbeitnehmer nicht legal definiert. Die Bestimmung der materiellen Kriterien bleibt der Rechtsprechung und der juristischen Lehre überlassen.[251] Nachdem Klarheit über die Voraussetzungen des Arbeitnehmerbegriffs geschaffen wurde, wird untersucht, ob der Fremdgeschäftsführer anhand dieser Voraussetzungen als Arbeitnehmer eingestuft werden kann (unter 2.).

1. Die Voraussetzungen des Arbeitnehmerbegriffs

a) Rechtsprechung

Nach dem BAG ist das entscheidende Merkmal zur Abgrenzung des Arbeitsverhältnisses vom freien Dienstverhältnis der „Grad der persönlichen Abhängigkeit“, in der sich der zur Dienstleistung Verpflichtete befindet.[252] Auf eine

250 So die Mindermeinung, vgl. oben C. I. 3. b).

251 Vgl. *Reichold*, ArbR, § 2 Rn. 6. In den letzten Jahren hat eine wahre Flut von Urteilen und Publikationen dazu beigetragen, dass diese Kriterien mehr denn je in der Diskussion stehen. Im Rahmen dieser Arbeit ist es nicht möglich, die Auseinandersetzung in allen Einzelheiten wiederzugeben. Es wird vielmehr kurz der aktuelle Stand der Diskussion dargestellt, soweit er für die vorliegende Untersuchung von Bedeutung ist.

252 St. Rspr., vgl. nur BAG vom 28.02.1962 – 4 AZR 141/61, BAGE 12, 303; BAG vom 09.09.1981 – 5 AZR 477/79, BAGE 36, 77; BAG vom 13.01.1983 – 5 AZR 149/82, BAGE 41, 247; BAG vom 09.11.1994 – 7 AZR 217/94, BAGE 78, 252; zuletzt: BAG vom 20.08.2003 – 5 AZR 610/02, NZA 2004, 39.

wirtschaftliche Abhängigkeit komme es nicht an.[253] Das BAG zieht zur Bestimmung der persönlichen Abhängigkeit regelmäßig § 84 Abs. 1 S. 2 HGB heran.[254] Aus dieser Norm schließt das Gericht, dass sich die persönliche Abhängigkeit hauptsächlich in einem umfassenden Weisungsrecht des Arbeitgebers gegenüber dem Beschäftigten äußert. Das Weisungsrecht gliedert das BAG in ein zeitliches, örtliches und fachliches Weisungsrecht.[255] Letzteres soll jedoch speziell bei Diensten höherer Art, also auch beim Fremdgeschäftsführer, nicht typisch sein.[256] Als weiteres Indiz der persönlichen Abhängigkeit führt das BAG die Eingliederung des Arbeitnehmers in die Organisation des Arbeitgebers an.[257]

Aufgrund der oftmals schwierigen und nicht zweifelsfreien Einstufung anhand der persönlichen Abhängigkeit hat das BAG die Möglichkeit verneint, abstrakte, für alle Arbeitsverhältnisse geltende Kriterien aufzustellen.[258] Vielmehr geht es von unterschiedlichen Merkmalen aus, die verschieden stark ausgeprägt sein können.[259]

---

[253] St. Rspr. Statt vieler: BAG vom 27.07.1994 – 5 AZR 627/93, AP § 611 Nr. 73.

[254] Nach dieser Bestimmung ist „selbständig, wer im wesentlichen frei seine Tätigkeit gestalten und seine Arbeitszeit bestimmen kann". Unselbstständig und deshalb persönlich abhängig sei im Umkehrschluss der Mitarbeiter, dem dies nicht möglich sei. Zwar gilt diese Regelung unmittelbar nur für die Abgrenzung des selbstständigen Handelsvertreters vom abhängig beschäftigten kaufmännischen Angestellten. Nach dem BAG enthalte die Bestimmung jedoch eine allgemeine gesetzgeberische Wertung, zumal § 84 Abs. 1 S. 2 HGB die einzige Norm sei, die Kriterien hierfür enthalte, vgl. BAG vom 09.06.1993 – 5 AZR 123/92, DB 1994, 787; BAG vom 09.11.1994 – 7 AZR 217/94, BAGE 78, 252.

[255] BAG vom 30.11.1994 – 5 AZR 704/93, BAGE 78, 343, 348. Zu den Merkmalen: *Reiserer*, DStR 2000, 31, 33; *dies.* BB 1998, 1258, 1259.

[256] Die Art der Tätigkeit könne es mit sich bringen, dass dem Dienstverpflichteten ein hohes Maß an Gestaltungsfreiheit, Eigeninitiative und fachlicher Selbstständigkeit bleibe, vgl. BAG vom 13.01.1983 – 5 AZR 149/82, BAGE 41, 247, 253 f.

[257] BAG vom 30.11.1994 – 5 AZR 704/93, BAGE 78, 343, 348; BAG vom 26.07.1995 – 5 AZR 22/94, NZA 1996, 477.

[258] Vgl. BAG vom 27.03.1991 – 5 AZR 194/90, BB 1991, 1414 f.; BAG vom 12.09.1996 – 5 AZR 1066/96, BB 1996, 2690 m. w. N.

[259] BAG vom 30.10.1991 – 7 ABR 19/91, DB 1992, 742. Maßgeblich seien die Umstände des Einzelfalls, wie sie sich in einer Gesamtbetrachtung darstellten. Der Arbeitnehmerbegriff des BAG wird daher auch als ein Typusbegriff bezeichnet, vgl. MüArbR/*Richardi*, Bd. 1, § 24 Rn. 22. Zusammenstellungen der Kriterien finden sich bei: *Reiserer*, BB 1998, 1258 f. und *Hanau/Strick*, DB 1998, Beilage 14/98. Das BVerfG hat eine solche unterschiedliche Gewichtung von Kriterien für den Typus in § 7 SGB IV mit dem Hinweis auf die Schwierigkeit der Abgrenzung gebilligt, BVerfG vom 20.05.1996 – 1 BvR 21/96, NJW 1996, 2644.

b. Literatur

Die überwiegende Mehrheit der Stimmen in der Literatur sieht wie das BAG in der „persönlichen Abhängigkeit“ das entscheidende Abgrenzungskriterium des Selbstständigen zum Arbeitnehmer.[260] Bei den Merkmalen der „persönlichen Abhängigkeit“ stellen sie ebenfalls auf die Weisungsgebundenheit[261] sowie auf die Eingliederung in eine fremde Arbeitsorganisation[262] ab. Auf eine wirtschaftliche Abhängigkeit komme es nicht an.[263] Sie weisen wie das BAG darauf hin, dass sich exakte Definitionen nicht finden lassen.[264] Die Arbeitnehmereigenschaft sei deshalb in einer teleologischen Gesamtbetrachtung unter Berücksichtigung der einzelnen Indizien zu bestimmen.[265] Konkretisiert werde die persönliche Abhängigkeit durch den Grad des Weisungsrechts in zeitlicher und örtlicher Hinsicht sowie die sachlich-organisatorische Abhängigkeit.[266] Einen Zugriff auf die Kriterien zur Bestimmung des sozialversicherungsrechtlichen Beschäftigtenbegriffs durch den Gesetzgeber hat die h. L. stets zu Recht abgelehnt.[267] Die Aufzählung verdeutlicht, dass immer wieder mit unterschiedlichen Begriffen versucht wurde, die persönliche Abhängigkeit zu konkretisieren. In

---

260 *Boemke*, ZfA 1998, 286 ff.; Erman/*Edenfeld*, BGB Bd. 2, § 611 Rn. 56; *Griebeling*, NZA 1998, 1137 ff.; *ders.*, RdA 1998, 208 ff.; *Hanau/Strick*, DB 1998, Beilage 14/98; *Hilger*, RdA 1989, 1 ff.; *Hromadka*, FS Söllner (2000), 461; *ders.*, NZA 1998, 1, 5; *ders.*, DB 1998, 195; *ders.*, NZA 1997, 569; Soergel/*Kraft*, BGB, 12. Aufl., § 611 Rn. 3 ff.; MüK/*Müller-Glöge*, Bd. 4, 3. Aufl., § 611 Rn. 133 ff.; ErfK/*Preis*, 4. Aufl., § 611 BGB Rn. 72; *ders.*, ArbR, S. 51 ff.; *Reichold*, ArbR, § 2 Rn. 16 ff.; *Reinecke*, ZIP 1998, 581, 585 ff.; *Schaub*, ArbR-Hdb., § 8; *Schliemann*, RdA 1997, 322, 326. Ein Teil der Literaturstimmen stellt nicht den Begriff des Arbeitnehmers in den Mittelpunkt der Abgrenzung, sondern den des Arbeitsverhältnisses, so *Hromadka/Maschmann*, ArbR Bd. 1, 2. Aufl., § 2 Rn. 1; *Maschmann*, Arbeitsverträge, S. 110 ff.; *ders.*, NZA 2001, Sonderbeilage 24, 21, 27; MüArbR/*Richardi*, Bd. 1, § 24 Rn. 45 ff.; *ders.*, FS 125 Jahre Juristische Gesellschaft zu Berlin (1984), 607, 621; *ders.*, DB 1999, 958, 960; *Zöllner*/Loritz, ArbR, 5. Aufl., § 4 III. Hierbei handelt es sich jedoch lediglich um eine andere Sichtweise zur Beschreibung von „Beschäftigung in persönlicher Abhängigkeit“, vgl. *Reichold*, ArbR, § 2 Rn. 3.

261 Geht zurück auf A. *Hueck/Nipperdey*, ArbR 1. Bd., 7. Aufl., § 9 Rn. 27.

262 Geht zurück auf *Nikisch*, ArbR, Bd. I, 3. Aufl., § 14 V 3.

263 *Hilger*, RdA 1989, 1, 6; *Reichold*, ArbR, § 2 Rn. 17; *Zöllner*, § 4 III.

264 *Hilger*, RdA 1989, 1, 6; *Schliemann*, RdA 1997, 322, 326.

265 *Reichold*, ArbR, § 2 Rn. 8, 23.

266 *Reichold*, ArbR, § 2 Rn. 19 ff. Als Indizien werden darüber hinaus die Eingliederung in die Betriebsorganisation, die persönliche Bindung, die Fremdnützigkeit der Leistung sowie unternehmerische Chancen und Risiken bei der Entgeltgestaltung und die zeitliche Disposition über die Arbeitskraft aufgeführt, vgl. die Aufstellung in ErfK/*Preis*, 4. Aufl., § 611 BGB Rn. 80-93.

267 Vgl. *Krause*, Mitarbeit im Unternehmen, S. 249; *Rieble*, ZfA 1998, 327, 332; *Schliemann*, RdA 1997, 322, 324. Einschränkend *Weimar/Goebel*, ZIP 1999, 217, 221; *Reinecke*, NZA 1999, 729, 735.

den letzten Jahren zeigte sich hierbei eine Verlagerung von der Frage der Arbeitszeitsouveränität auf die Betrachtung der Art und Organisation der Tätigkeit[268].

Die Vertreter der so genannten neuen Lehre haben bereits früh die Fokussierung auf die persönliche Abhängigkeit, insbesondere auf das Merkmal der Weisungsgebundenheit, kritisiert und neue Wege für Lösungsansätze gesucht. Sie sind der Auffassung, dass der traditionelle Arbeitnehmerbegriff auf die neuen Berufsgruppen nicht mehr passt.[269] Zwischen dem Tatbestandsmerkmal der „persönlichen Abhängigkeit" und der Rechtsfolge, der Anwendung von Arbeitsrecht, bestehe kein Sinnzusammenhang.[270] Die Vertreter der neuen Lehre möchten den Begriff des Arbeitnehmers teleologisch bestimmen.[271] Hierzu haben sie unterschiedliche Kriterien herausgearbeitet:

Wiedemann hat die Fremdnützigkeit der Arbeitsleistung in den Vordergrund gestellt. Der Arbeitnehmer verliere dadurch, dass er seine Arbeitsleistung dem Arbeitgeber zur Verfügung stelle, seine wirtschaftliche Dispositionsmöglichkeit darüber. Dies gehe einher mit einem Verlust der Daseinsvorsorge, die der Arbeitgeber als Fremdvorsorge zu übernehmen habe.[272] *Lieb* hat das Konzept von Wiedemann untermauert und hat dabei den zeitlichen Aspekt in den Vordergrund gestellt. Ursache für den Verlust der Dispositionsmöglichkeit ist nach Lieb eine „zeitlich im wesentlichen umfassende" Arbeitsleistung im Dienste eines anderen.[273]

Wank grenzt anhand eines "dualen Modells der Erwerbstätigkeit" den Selbstständigen vom Arbeitnehmer ab. Während dem Arbeitnehmer ein umfassender Berufs- und Existenzschutz gewährt werde, trage der Selbstständige sein Berufs- und Existenzrisiko selbst, könne es aber auch in weiterem Umfang beherrschen als der Arbeitnehmer. Hieraus entwickelt *Wank* als Leitgedanken die „freiwillige Übernahme des Unternehmerrisikos", die sich aus einem „angemessenen Ausgleich von unternehmerischen Chancen und Risiken" ableiten las-

268 *Krause*, Mitarbeit im Unternehmen, S. 247 m. w. N.

269 *Bauschke*, RdA 1994, 209, 211. Siehe auch *Linnenkohl*, BB 1999, 48 ff. *Appel/Franzioch* meinen, eine Arbeitnehmertätigkeit werde immer häufiger weitgehend unabhängig von Weisungen des Arbeitgebers erbracht. Grund für die Schutzbedürftigkeit des Arbeitnehmers sei nicht seine Weisungsgebundenheit, sondern die Tatsache, dass er wirtschaftlich in seiner Existenzgrundlage vom Arbeitgeber abhängig sei (AuR 1998, 93).

270 *Wank*, Arbeitnehmer und Selbstständige, S. 34 ff.

271 Vgl. *Wank*, DB 1992, 90, 91 m. w. N.

272 *Wiedemann*, Arbeitsverhältnis, S. 14 ff.

273 *Lieb*, RdA 1974, 257, 259 f.; *ders.*, RdA 1977, 210, 215 f.; *ders.*, ArbR, 8. Aufl., Rn. 11 ff.

se.[274] *Wank* möchte diesen Leitgedanken durch operative Untermerkmale konkretisieren. Merkmale für den Arbeitnehmer seien auf Dauer angelegte Arbeit, für nur eine Person, in eigener Person, ohne Mitarbeiter sowie im Wesentlichen ohne eigenes Kapital und ohne eigene Organisation. Selbstständigkeit soll dagegen beim Auftreten gegenüber unbestimmt vielen Vertragspartnern am Markt, eigener Organisation, eigenen Mitarbeitern und eigenem Kapital vorliegen.[275]

Auch *Richardi* möchte den Arbeitnehmerbegriff in Anlehnung an *Wank* teleologisch bestimmen und den Geltungsgrund arbeitsrechtlicher Regelungen in die Beurteilung einbeziehen.[276] Anders als *Wank* sieht er jedoch keinen das gesamte Arbeitsrecht umfassenden Normzweck, sondern möchte aufgrund der Vielzahl unterschiedlicher Rechtsfolgen von Vorschrift zu Vorschrift differenzieren. Er wendet sich damit von einem einheitlichen Arbeitnehmerbegriff ab.[277] Obwohl *Richardi* den Arbeitnehmerbegriff sehr weit fasst und an der Schutzbedürftigkeit der einzelnen Norm misst, versagt er den Geschäftsführern die Arbeitnehmereigenschaft für das gesamte Arbeitsrecht.[278]

c) Stellungnahme

Bei der Suche nach den Kriterien für eine Arbeitnehmereigenschaft ist vom einheitlichen Arbeitnehmerbegriff der h. M. auszugehen.[279] Soweit das Gesetz nicht den Anwendungsbereich der einzelnen arbeitsrechtlichen Regelungen selbst definiert, sondern lediglich an den Arbeitnehmerbegriff anknüpft, ist davon auszugehen, dass der Gesetzgeber sich die damit verbundene Vorstellung in

---

274 *Wank*, NZA 1999, 225, 227.

275 *Wank*, Arbeitnehmer und Selbständige, 127 ff.; *ders.*, DB 1992, 90, 91 f.; *ders.*, NZA 1999, 225, 227.

276 *Richardi*, FS 125 Jahre Juristische Gesellschaft zu Berlin (1984), 607, 615.

277 Der materielle Geltungsgrund der arbeitsrechtlichen Regelungen sei so verschieden, dass die Einbeziehung in den einen Regelungsbereich nicht notwendigerweise dazu zwinge, eine Person auch in den anderen Regelungsbereich einzubeziehen. Vielmehr sei vom Normzweck der arbeitsrechtlichen Gesetze aus zu bestimmen, wie weit ihr Geltungsbereich reiche, vgl. *Richardi*, FS 125 Jahre Juristische Gesellschaft zu Berlin (1984), 607, 616 f.; MüArbR/*Richardi*, Bd. 1, § 24 Rn. 46 ff.

278 MüArbR/*Richardi*, Bd. 1, § 24 Rn. 46 ff.; Staudinger/*Richardi*, BGB, Vorbem. zu §§ 611 ff. Rn. 236.

279 *Brachert*, Organmitgliedschaft, S. 50 ff. m. w. N.; *Krause*, Mitarbeit im Unternehmen, S. 37 ff. m. w. N.; *Zöllner*/Loritz, ArbR, 5. Aufl., § 4 III. Zwar hat der BGH den einheitlichen Arbeitnehmerbegriff im Urteil zur Arbeitnehmereigenschaft des Fremdgeschäftsführers im Insolvenzrecht weiter aufgespalten, vgl. BGH vom 23.01.2003 – IX ZR 39/02, WM 2003, 551. Der einheitliche Arbeitnehmerbegriff sollte damit jedoch nicht gänzlich aufgehoben werden.

Rechtsprechung und juristischer Literatur zu eigen gemacht hat.[280] Gegen die Differenzierung beim Arbeitnehmerbegriff sprechen darüber hinaus die Einheit der Rechtsordnung und die Rechtssicherheit. Zudem besteht die Möglichkeit, Differenzierungen nach dem Sinn und Zweck der Regelung in einem zweiten Schritt mit den methodischen Instrumenten der Analogie bzw. der teleologischen Reduktion zu erreichen, ohne in eindeutigen Fällen der persönlichen Abhängigkeit zusätzliche Unsicherheiten beim Umfang der Anwendung von Arbeitsrecht aufkommen zu lassen.

Sucht man ein übergeordnetes Kriterium für die Arbeitnehmereigenschaft, ist zu beachten, dass der Gesetzgeber von einer Dreiteilung „Arbeitnehmer", „arbeitnehmerähnliche Person" und „Selbstständige" ausgeht.[281] Eine Abkehr vom Arbeitnehmerähnlichen durch eine Aufhebung der Dreiteilung wäre contra legem und bedürfte einer entsprechenden Begründung.[282] Das Kriterium der wirtschaftlichen Abhängigkeit kann nicht relevant sein. Es definiert die arbeitnehmerähnliche Person, die nach dem Gesetz gerade nicht Arbeitnehmer, sondern Selbstständiger ist.[283] Die persönliche Abhängigkeit bezeichnet den, der typischerweise wirtschaftlich abhängig ist und bezieht ihn in den Schutzbereich des Arbeitsrechts ein. Davon zu unterscheiden ist, ob auch derjenige, der zwar wirtschaftlich aber nicht persönlich abhängig ist, teilweise den Schutz des Arbeitsrechts erlangen kann. Der Gesetzgeber hat hierzu den „Arbeitnehmerähnlichen" geschaffen.[284] Ein einheitliches positives Merkmal, das dieser Dreiteilung im Gesetz gerecht wird, kann nur die persönliche Abhängigkeit sein.[285] Der Arbeitnehmerbegriff darf auch nicht anstelle der geläufigen positiven Definition durch eine negative Definition gebildet werden. Auch dies widerspricht dem geltenden Recht.[286] Die Rechtsprechung hält zu Recht an dem Merkmal der persönlichen Abhängigkeit bis heute fest.[287]

Fraglich ist, wie die persönliche Abhängigkeit konkretisiert werden kann. Die von *Wank* in Vordergrund gerückten „unternehmerischen Chancen und Risiken" könnten möglicherweise als Indiz gegen das Vorliegen einer persönlichen Ab-

[280] *Krause*, Mitarbeit im Unternehmen, S. 39 f.
[281] Vgl. dazu § 2 S. 2 BUrlG, § 2 II Nr. 3 ArbSchG, § 12 a TVG.
[282] Vgl. *Boemke*, ZfA 1998, 285, 321 f.; *Hromadka*, NZA 1997, 569, 576; *Hromadka/Maschmann*, ArbR Bd. 1, 2 Aufl., § 1 Rn. 36; *Richardi*, DB 1999, 958, 960.
[283] Vgl. *Boemke*, ZfA 1998, 285, 299; *Hromadka/Maschmann*, ArbR Bd. 1, 2 Aufl., § 1 Rn. 36; *Zwanziger* in: Kittner (Hrsg.), ArbR-Hdb., § 5 Rn. 5.
[284] So auch *Hromadka/Maschmann*, ArbR Bd. 1, 2 Aufl., § 1 Rn. 36.
[285] So auch *Hromadka*, NZA 1997, 569, 576; *Reichold*, ArbR, § 2 Rn. 18.
[286] *Reichold*, ArbR, § 2 Rn. 18.
[287] Vgl. BAG vom 20.08.2003 – 5 AZR 610/02, NZA 2004, 39.

hängigkeit herangezogen werden.[288] Die bisherigen Ausführungen haben jedoch gezeigt, dass speziell die Weisungsabhängigkeit die persönliche Abhängigkeit konkretisiert. Die h. M. verweist zu Recht auf den gesetzlichen Anhaltspunkt in § 84 Abs. 1 S. 2 HGB als Grundlage für die Festlegung des Arbeitnehmerbegriffs und die erhebliche Rechtsunsicherheit, die eine Abkehr von dem eindeutigen Kriterium der Weisungsunterworfenheit mit sich brächte.[289] Daher muss an der Weisungsabhängigkeit festgehalten werden, sonst handelt es sich nicht mehr um eine arbeitsrechtliche Beziehung.[290] Neben der Weisungsabhängigkeit ist die Eingliederung des Arbeitnehmers in die Organisation des Arbeitgebers für eine Abgrenzung von Bedeutung.[291] Die persönliche Abhängigkeit lässt sich im Einzelnen in die Kriterien einer „zeitlichen" und „örtlichen Weisungsabhängigkeit" sowie einer „sachlich-organisatorischen Abhängigkeit" aufspalten.[292] Letzteres Kriterium hängt davon ab, inwieweit der Arbeitnehmer in die Arbeitsorganisation des Arbeitgebers eingebunden ist.[293] Zusammenfassend ist mit *Reichold* auf den „Verlust an persönlicher Dispositionsfreiheit (Arbeitssouveränität) durch die vertragliche Anerkennung des arbeitgeberseitigen Weisungsrechts" abzustellen.[294]

Beim arbeitgeberseitigen Weisungsrecht ist zu beachten, dass arbeitsrechtliche Weisungen von Weisungen aus anderen Rechtsverhältnissen, speziell dem Dienstvertragsrecht und dem Werkvertragsrecht, abgegrenzt werden müssen. Arbeitsrechtliche Weisungen können ausschließlich im Anstellungsverhältnis ihre Grundlage haben.[295] Nicht erheblich ist, ob arbeitsrechtliche Weisungen tatsächlich erteilt werden. Es genügt die rechtliche Möglichkeit, sie zu erteilen.[296]

---

288 Vgl. *Reichold*, ArbR, § 2 Rn. 18.

289 Vgl. dazu insbesondere *Krause*, Mitarbeit im Unternehmen, S. 250 f.

290 *Reichold*, RdA 2002, 321, 330.

291 Vgl. BAG vom 30.11.1994 – 5 AZR 704/93, BAGE 78, 343, 348; BAG vom 26.07.1995 – 5 AZR 22/94, NZA 1996, 477.

292 Vgl. *Reichold*, ArbR, § 2 Rn. 17 ff.

293 *Reichold*, ArbR, § 2 Rn. 23.

294 *Reichold*, ArbR, § 2 Rn. 17.

295 Vgl. dazu auch *Hromadka*, DB 1995, 2601.

296 BAG vom 12.09.1996 – 5 AZR 1066/94, BAGE 84, 108; *Reichold*, ArbR, § 2 Rn. 18; *Hromadka*, NZA 1997, 569, 576; *Hromadka/Maschmann*, ArbR Bd. 1, 2. Aufl., § 1 Rn. 29; *Maschmann*, NZA 2001, Sonderbeilage 24, 21, 28; *ders.*, Arbeitsverträge, S. 170 ff.; *Zöllner*/Loritz, ArbR, 5. Aufl., § 4 III 5 a) bb).

2. *Abgrenzung beim Fremdgeschäftsführer*

Nachdem die vorstehenden Ausführungen zum Arbeitnehmerbegriff gezeigt haben, dass an der persönlichen Abhängigkeit als materiellem Kriterium für die Einordnung des Beschäftigten als Arbeitnehmer festzuhalten ist, wird nun untersucht, ob der Fremdgeschäftsführer persönlich abhängig ist. Die persönliche Abhängigkeit misst sich, wie dargestellt, hauptsächlich an dem Vorhandensein eines arbeitgeberseitigen Weisungsrechts. Wie bereits erwähnt, ist Arbeitgeber die juristische Person, die selbst nicht handlungsfähig ist und durch ihre Organe handelt.[297] Zur Beantwortung der Frage, ob gegenüber dem Fremdgeschäftsführer arbeitsrechtliche Weisungen erteilt werden können, muss entscheidend auf die Person abgestellt werden, die das arbeitgeberseitige Weisungsrecht für die Gesellschaft ausüben könnte. Diese Frage wurde bereits erörtert und festgestellt, dass entweder die Gesellschafterversammlung (unter a) oder – bei der Mehrpersonengeschäftsführung – auch Mitgeschäftsführer (unter b) hierfür in Frage kommen.[298]

a) Weisungen durch die Gesellschafterversammlung

Bei der Untersuchung, ob die Gesellschafterversammlung dem Fremdgeschäftsführer arbeitsrechtliche Weisungen erteilen kann, sind Art und rechtliche Grundlage der Weisungen von maßgeblicher Bedeutung. Denn sowohl das Dienstvertragsrecht als auch das Gesellschaftsrecht kennt Weisungen, denen der Fremdgeschäftsführer unterworfen sein kann. Entscheidend bei arbeitsrechtlichen Weisungen in Abgrenzung zu dienstvertraglichen Weisungen ist, ob sie einen Verlust an persönlicher Dispositionsfreiheit (Arbeitssouveränität) zur Folge haben.[299] Dies ist dann der Fall, wenn sich die Weisungen nicht auf die Art der Leistung, sondern auf die Tätigkeit des Leistenden, insbesondere auf Ort, Zeit und Verhalten während der Arbeit sowie den Umgang mit Arbeitsmitteln beziehen („tätigkeitsbezogene Weisungen").[300] Im GmbH-Recht hat die Gesellschafterversammlung zudem ein Weisungsrecht gegenüber den Geschäftsführern aus § 37 Abs. 1 GmbHG („gesellschaftsrechtliches Weisungsrecht").

---

[297] Vgl. oben C. IV. 2.

[298] Vgl. oben C. IV. 2.

[299] *Reichold*, ArbR, § 2 Rn. 17.

[300] *Boemke*, ZfA 1998, 209, 213. Vgl. dazu auch *Hromadka*, DB 1995, 2601; *Maschmann*, NZA 2001, Sonderbeilage 24, 21, 29; *ders.*, Arbeitsverträge, S. 170 ff. Ähnlich auch BAG vom 26.05.1999 – 5 AZR 664/98, GmbHR 1999, 926.

Auch hiervon müssen mögliche arbeitsrechtliche Weisungen abgegrenzt werden.[301] Der Auffassung, nach der es unerheblich sein soll, worauf die Weisung beruht[302], muss entgegengehalten werden, dass auch im Dienstvertrags- oder Werkvertragsrecht Weisungen erteilt werden können, ohne dass dadurch alle Dienstnehmer oder Unternehmer zu Arbeitnehmern würden. Zudem haben die gesellschaftsrechtlichen Weisungen ihre Grundlage allein in der Organstellung des Geschäftsführers. Sie grenzen die Kompetenzen zwischen den Gesellschaftsorganen „Gesellschafterversammlung" und „Geschäftsführer" ab.[303] Arbeitsrechtliche Weisungen haben dagegen ihre Grundlage allein im Anstellungsverhältnis. Die Unterscheidung zwischen den Rechtsverhältnissen folgt zwingend aus der Trennungstheorie.[304] Fraglich ist mithin, ob die Gesellschafterversammlung außerhalb der gesellschaftsrechtlichen Weisungen auch arbeitsrechtliche Weisungen gegenüber dem Fremdgeschäftsführer erteilen kann. Die Beantwortung dieser Frage hängt von zwei entscheidenden Faktoren ab: Zum einen vom Vorrang des gesellschaftsrechtlichen Weisungsrechts (unter aa), zum anderen vom Umfang des gesellschaftsrechtlichen Weisungsrechts (unter bb). Gingen gesellschaftsrechtliche Weisungen arbeitsrechtlichen Weisungen generell vor und wäre das gesellschaftsrechtliche Weisungsrecht als umfassend anzusehen, bliebe kein Raum für arbeitsrechtliche Weisungen.

aa) Vorrang des gesellschaftsrechtlichen Weisungsrechts

Die Frage des Vorrangs gesellschaftsrechtlicher Weisungen vor arbeitsrechtlichen bzw. dienstvertragsrechtlichen Weisungen ist eine Frage der Rechtsgebietskonkurrenz „Gesellschaftsrecht" – „Arbeitsrecht/Dienstvertragsrecht".
Der Gesetzgeber hat im Gesellschaftsrecht bestimmte Rechte und Pflichten des Geschäftsführers sowie bestimmte Strukturen zwingend ausgestaltet. Aus diesen Normen folgt der Vorrang des Organschaftsverhältnisses. Zudem ist der

[301] BAG vom 26.05.1999 – 5 AZR 664/98, GmbHR 1999, 926 f.; *Boemke*, ZfA 1998, 209, 213; *Eckardt*, ZfA 1987, 467, 472; *Heisse*, Beschränkung der Geschäftsführer-Haftung, S. 56; *Heyll*, Anwendung von Arbeitsrecht, S. 52 ff. (stellt auf Ursprung der Weisung ab); *Henssler*, RdA 1992, 289, 291; *Hoffmann/Liebs*, GmbH-Geschäftsführer, 2. Aufl., Rn. 237; *Hohlfeld*, GmbHR 1987, 255, 257; *G. Hueck*, FS Hilger/Stumpf (1983), 365, 377 f.; *ders.*, ZfA 1985, 25, 29 f.; *ders.*, FS Ekonomi (1993), 139, 151 f; *Hümmerich*, NJW 1995, 1177, 1178; *Konzen*, NJW 1989, 2977, 2978; *Maschmann*, NZA 2001, Sonderbeilage 24, 21, 28; *ders.* Arbeitsverträge, S. 170 ff.; *Nägele*, BB 2001, 305, 306; HWK/*Thüsing*, vor § 611 BGB Rn. 95; *Zöllner*/Loritz, ArbR, 5. Aufl., § 4 III 5 a) aa); Baumbach/Hueck/*Zöllner*, GmbHG, 17. Aufl., § 35 Rn. 97 b.

[302] *Wank*, FS Wiedemann (2002), 587, 598 f.

[303] *Boemke*, ZfA 1998, 209, 213; *G. Hueck*, ZfA 1985, 25, 29 f.

[304] Vgl. *Wank*, FS Wiedemann (2002), 587, 593. Anders in Ländern, wo die Einheitstheorie zugrunde liegt wie beispielsweise in Frankreich, siehe unten E. II.

Geschäftsführer kraft Gesetzes der Gesellschafterversammlung untergeordnet (Organhierarchie), wie nachfolgende Regelungen im GmbHG zeigen: Der Geschäftsführer kann von der Gesellschafterversammlung bestellt und von ihr jederzeit abberufen werden (§ 38 Abs. 1 GmbHG). Die Gesellschafterversammlung kann dem Geschäftsführer im Innenverhältnis Weisungen erteilen (§ 37 Abs. 1 GmbHG). Sie kann ihm Entlastung erteilen (§ 46 Nr. 5 GmbHG). Ihr obliegt die Prüfung und Überwachung der Geschäftsführung (§ 46 Nr. 6 GmbHG). Grundlagenentscheidungen liegen in ihrer Zuständigkeit.[305] Sie vertritt die Interessen der Anteilseigner als „Herren der Gesellschaft".[306] Die Gesellschafterversammlung ist mithin zwingend oberstes Organ der Gesellschaft.[307] Immer dann, wenn das Gesellschaftsrecht zwingend Regelungen vorgibt, wird das Arbeitsrecht in seinem Anwendungsbereich eingeschränkt.[308] Im deutschen Recht wird dieser Vorrang des Gesellschaftsrechts zudem in den Bereichsausnahmen der §§ 5 Abs. 1 S. 3 ArbGG und 14 Abs. 1 S. 1 KSchG deutlich.[309] In § 5 Abs. 1 S. 3 ArbGG wollte der Gesetzgeber verhindern, dass die Frage der jederzeitigen Abberufung und der Kündigung des Anstellungsverhältnisses von unterschiedlichen Gerichten entschieden wird[310] und hat dies zugunsten der Zivilgerichte und damit zugunsten des Gesellschaftsrechts klargestellt. In § 14 Abs. 1 S. 1 KSchG kommt zum Ausdruck, dass der Gesetzgeber die Interessen der Gesellschafter, einen Geschäftsführer, der nicht mehr ihr Vertrauen besitzt, jederzeit abzuberufen, über dessen Schutzbedürftigkeit stellt[311]. Der Gedanke, dass das Bestandsschutzinteresse des GmbH-Geschäftsführers an seinen Arbeitsvertrag den Interessen der Gesellschafter bei der Wahl ihres Geschäftsführers weichen muss, hat letztlich seinen Ursprung in § 38 Abs. 1 GmbHG.[312]

Das Gesellschaftsrecht und die Trennungstheorie enthalten damit im Ergebnis eine Vorrangregelung: Zwingende Bestimmungen und Grundsätze aus dem

[305] *K. Schmidt*, GesR, 4. Aufl., § 36 I. 2.
[306] Rowedder/*Koppensteiner*, GmbHG, 4. Aufl., § 37 Rn. 22.
[307] *K. Schmidt*, GesR, 4. Aufl., § 36 I. 2. a).
[308] Zutreffend: *Boemke*, ZfA 1988, 209, 216; *Fleck*, FS Hilger/Stumpf (1983), 197, 206; *G. Hueck*, ZfA 1985, 25, 33; *Martens*, FS Hilger/Stumpf (1983), 437, 442, 450; *Wank*, FS Wiedemann (2002), 587, 593. Der vergleichende Blick auf die Rechtslage in Frankreich wird zeigen, dass auch dort Kollisionen zwischen Arbeits- und Gesellschaftsrecht zugunsten des Gesellschaftsrechts gelöst werden, dem ein Vorrang im Einzelfall zuerkannt wird, vgl. unten E. II.
[309] Vgl. *Wank*, EWiR 2003, 621, 622.
[310] Vgl. *Wank*, FS Wiedemann (2002), 587, 605.
[311] Vgl. *Raiser*, Kapitalgesellschaften, 3. Aufl., § 32 Rn. 54; *Wank*, FS Wiedemann (2002), 587, 594.
[312] Vgl. *Krause*, Mitarbeit im Unternehmen, S. 629.

Recht des Organverhältnisses gehen Bestimmungen aus dem Anstellungsverhältnis vor.[313]

Der Vorrang speziell des gesellschaftsrechtlichen Weisungsrechts folgt daraus, dass arbeitsrechtliche Weisungen anderenfalls zumindest mittelbar auf die zwingend ausgestalteten Grundsätze des Gesellschaftsrechts, speziell auf die Organhierarchie zwischen Gesellschafterversammlung und Geschäftsführer, Einfluss nehmen könnten. Daher können arbeitsrechtliche Schutzvorschriften nur das arbeitsrechtliche Weisungsrecht einschränken und nicht zugleich das gesellschaftsrechtliche Weisungsrecht. Der Vorrang des Gesellschaftsrechts schließt es auch aus, dass Weisungen gleichzeitig gesellschaftsrechtlichen und arbeitsrechtlichen Charakter haben.[314] Das gilt auch dann, wenn im Anstellungsvertrag Weisungen aufgeführt sind. Denn der Anstellungsvertrag besteht nur der Organstellung wegen und wird durch sie in Struktur und Inhalt geprägt.[315]

Der Vorrang des Gesellschaftsrechts ist jedoch nur so weit anzunehmen, wie die zwingenden gesellschaftsrechtlichen Regelungen reichen.[316] Werden sie nicht beeinträchtigt, können arbeitsrechtliche Regelungen angewandt werden.[317] Arbeitsrechtliche Weisungen können folglich von der Gesellschafterversammlung erteilt werden, wenn sie als solche isoliert neben dem Weisungsrecht des § 37 Abs. 1 GmbHG bestehen können und sich nicht mit ihm überschneiden. Fraglich ist, ob der Fremdgeschäftsführer tätigkeitsbezogenen Weisungen unterliegt, die ihre Grundlage ausschließlich im Anstellungsverhältnis haben und nicht dem gesellschaftsrechtlichen Weisungsrecht angehören.[318] Die Beantwortung dieser Frage hängt vom inhaltlichen Umfang des gesellschaftsrechtlichen Weisungsrechts ab. Nur wenn es neben sich arbeitsrechtliche Weisungen zulässt, könnten diese zu einer persönlichen Abhängigkeit beim Fremdgeschäftsführer führen.

---

[313] *G. Hueck*, ZfA 1985, 25, 33; *Wank*, FS Wiedemann (2002), 587, 593; *Goette*, FS Wiedemann (2002) 873, 884 ff.

[314] So aber *Köhl*, DB 1996, 2597, 2602.

[315] *Goette*, FS Wiedemann (2002), 873, 886; *G. Hueck*, ZfA 1985, 25, 29 f.; *Nägele*, BB 2001, 305, 306.

[316] *Henssler*, RdA 1992, 289, 292 f.; *Wank*, FS Wiedemann (2002), 587, 594, 601.

[317] So im Ergebnis auch *Krause*, Mitarbeit im Unternehmen, S. 629.

[318] So auch BAG vom 26.05.1999 – 5 AZR 664/98, GmbHR 1999, 926 f.

bb) Umfang des gesellschaftsrechtlichen Weisungsrechts

Es wurde bereits ausgeführt, dass das gesellschaftsrechtliche Weisungsrecht als umfassend anzusehen ist.[319] Es gibt nach richtiger Auffassung keinen Entscheidungsbereich, der weisungsimmun wäre. Grenzen hat das gesellschaftsrechtliche Weisungsrecht dem Inhalt nach nicht.[320] Im Gesellschaftsverhältnis können auch Leistungsmodalitäten wie Arbeitszeit, Urlaub und Berichtspflicht geregelt werden (zum Teil aus der gesellschaftsrechtlichen Treuepflicht abgeleitet). Selbst wenn bei exzessivem Gebrauch die Weisungen bis in alle Einzelheiten der persönlichen Erbringung der Dienstleistung hineinwirken, handelt es sich immer noch um Weisungen nach § 37 Abs. 1 GmbHG und nicht um die Ausübung des Direktionsrechts im arbeitsrechtlichen Sinn.[321] Es bleibt im Ergebnis kein Raum für ausschließlich arbeitsrechtlich relevante Weisungen.[322]

Die Gesellschafterversammlung kann damit dem Fremdgeschäftsführer keine arbeitsrechtlich relevanten Weisungen erteilen.

b) Weisungen durch Mitgeschäftsführer

Fraglich bleibt, ob andere Geschäftsführer arbeitsrechtliche Weisungen erteilen können.[323] Dies ist nach Auffassung des BAG bei der Mehrpersonengeschäftsführung denkbar.[324] In der Literatur hat die Rechtsprechung des BAG teilweise Zustimmung erfahren, ohne dass auf die gesellschaftsrechtlichen Konsequenzen näher eingegangen wurde. Dabei ist es zwar grundsätzlich möglich, dass Geschäftsführer für die Gesellschaft gegenüber Mitgeschäftsführern Arbeitgeberaufgaben wahrnehmen. Hierzu genügt rechtsgeschäftlich die Erteilung einer Einzelvertretungsbefugnis. Im Innenverhältnis sind jedoch mehrere Geschäftsführer entsprechend § 77 Abs. 1 S. 1 AktG nur gemeinschaftlich zu handeln be-

---

[319] Abgesehen von der unbeschränkbaren Vertretungsmacht sowie bestimmten zwingenden gesetzlichen Amtspflichten, vgl. oben C. IV. 3. b).

[320] OLG Düsseldorf vom 15.01.1984 – 8 U 2/84, ZIP 1984, 1476, 1478; Roth/*Altmeppen*, GmbHG, 4. Aufl., § 37 Rn. 3; *Konzen*, NJW 1989, 2977, 2979; *Krause*, Mitarbeit im Unternehmen, S. 312 f.; Scholz/*Schneider*, GmbHG, 9. Aufl., § 37 Rn. 38 (alle m.w.N). A. A. *Lutter/Hommelhoff/Kleindiek*, GmbHG, 16. Aufl., § 37 Rn. 18.

[321] *Nägele* greift diesen Gedanken auf, wenn er behauptet, dass die Bedingungen im Anstellungsvertrag aufgrund des umfassenden gesellschaftsrechtlichen Weisungsrechts keine vom Organverhältnis losgelöste Weisungsebene schafften (BB 2001, 305, 307).

[322] So auch G. *Hueck*, ZfA 1985, 25, 29 ff.; *Nebendahl*, NZA 1992, 289, 291.

[323] So BAG vom 26.05.1999 – 5 AZR 664/98, GmbHR 1999, 926 f.; *Brachert*, Organmitgliedschaft, S. 130 f.; *Kamanabrou*, DB 2002, 146, 147; *Kuhn*, Kompetenzbereiche, S. 272.

[324] BAG vom 26.05.1999 – 5 AZR 664/98, GmbHR 1999, 926.

fugt (Gesamtgeschäftsführungsbefugnis).[325] Zwar können einzelnen Geschäftsführern im Innenverhältnis durch Gesellschafterbeschluss oder durch Beschluss aller Geschäftsführer bestimmte Entscheidungsbereiche zugewiesen werden. Jedoch verbleibt die gegenseitige Kontrolle bei allen Geschäftsführern.[326] Bei einer gegenseitigen Zuweisung von Arbeitgeberaufgaben könnte ein Geschäftsführer, der einem anderen Geschäftsführer gegenüber das arbeitgeberseitige Weisungsrecht ausübt, von eben diesem Geschäftsführer kontrolliert werden. Es fehlt dann aber an der für das Arbeitsverhältnis notwendigen Fremdbestimmtheit.

Sie wäre nur dann gegeben, wenn die Geschäftsführer bei der Ausübung von Arbeitgeberaufgaben unmittelbar die Weisungen der Gesellschafterversammlung umsetzen würden. Abgesehen von den praktischen Schwierigkeiten einer solchen Konstellation, würde es sich nicht um arbeitsrechtlich relevante Weisungen handeln, sondern um abgeleitete Weisungen nach § 37 Abs. 1 GmbHG. Wenn, wie eben festgestellt, eine direkte Weisung der Gesellschafterversammlung an den Geschäftsführer rein gesellschaftsrechtlicher Natur ist, wäre es widersprüchlich anzunehmen, dass dieselbe Weisung, die von der Gesellschafterversammlung an einen Mitgeschäftsführer zur Weiterleitung an den Geschäftsführer erteilt wird, arbeitsrechtlicher Natur sein soll.[327] Daher kann auch bei der Erteilung von Weisungen durch Mitgeschäftsführer keine arbeitsrechtlich relevante Weisungsabhängigkeit entstehen.

Aber auch wenn man im Einzelfall arbeitsrechtliche Weisungen zulassen würde, wäre fraglich, ob die Geschäftsführer bei der gegenseitigen Weisungserteilung die notwendige Unabhängigkeit für eine Fremdbestimmtheit besäßen. Denn die Weisungsunterworfenheit wäre eine gegenseitige. Bei jeder nachteiligen Weisung liefe der Mitgeschäftsführer Gefahr, dass diese Weisung wieder an ihn zurückgegeben wird.

Darüber hinaus käme es zu Kollisionen zwischen dem arbeitsrechtlichen Weisungsrecht, das sich Geschäftsführer gegenseitig erteilen würden und dem ge-

---

[325] Scholz/*Schneider*, GmbHG, 9. Aufl., § 37 Rn. 21. Ebenso: *Lutter/Hommelhoff/Kleindiek*, GmbHG, 16. Aufl., § 37 Rn. 28 (entsprechend § 35 Abs. 2 S. 2 GmbHG); Hachenburg/*Mertens*, GmbHG, 8. Aufl., § 35 Rn. 106; Roth/*Altmeppen*, GmbHG, 4. Aufl., § 37 Rn. 28; Baumbach/Hueck/*Zöllner*, § 37 Rn. 16.

[326] Scholz/*Schneider*, GmbHG, 9. Aufl., § 43 Rn. 35 m. w. N.

[327] Anders ist dies beim leitenden Angestellten, da ihm gegenüber die Gesellschafterversammlung keine gesellschaftsrechtlichen Weisungen nach § 37 Abs. 1 GmbHG erteilen kann.

sellschaftsrechtlichen Weisungsrecht der Gesellschafterversammlung nach § 37 Abs. 1 GmbHG.[328]

Letztlich wäre durch diese Lösung keine Gleichbehandlung unter den Fremdgeschäftsführern gegeben. Solche, die nicht im Kollektivorgan angestellt sind, könnten niemals Arbeitnehmer sein, während solche in Kollektivorganen Arbeitnehmerstatus haben könnten. Gerade die besonders schutzwürdigen Fremdgeschäftsführer in Kleinbetrieben würden den Schutzbereich des Arbeitsrechts nicht erlangen. Eine solche unterschiedliche Behandlung wäre rein willkürlich und fern von jeden Arbeitnehmerkriterien. Sie muss auch aus diesem Grund abgelehnt werden.

c) Einbindung in die Arbeitsorganisation des Arbeitgebers

Fraglich ist, ob der Fremdgeschäftsführer in die Arbeitsorganisation des Arbeitgebers eingebunden ist. Auch dies ist zu verneinen. Er arbeitet zwar im Verwaltungs- und Organisationsbereich, in den Geschäftsräumen der Gesellschaft, zusammen mit anderen Geschäftsführern oder leitenden Angestellten. Daher wird im Sozialversicherungsrecht eine Eingliederung in den Betrieb angenommen.[329] Es wurde jedoch bereits ausgeführt, dass sich die Kriterien aus dem Sozialversicherungsrecht nicht auf das Arbeitsrecht übertragen lassen, da die Organstellung zu sehr in den Hintergrund gerückt wird.[330] Für die Einstufung im Arbeitsrecht ist entscheidend, dass der Fremdgeschäftsführer als Geschäftsführer und Arbeitgebervertreter selbst für die Organisation und den Arbeitsablauf in der Gesellschaft verantwortlich ist. Er ist damit regelmäßig nicht wie ein typischer Arbeitnehmer in die Arbeitsorganisation des Arbeitgebers eingebunden sondern bestimmt diese selbst mit.[331]

3. Ergebnis

Die vorstehenden Ausführungen haben gezeigt, dass weder die Gesellschafterversammlung noch Mitgeschäftsführer gegenüber dem Fremdgeschäftsführer

---

[328] Es wurde unter C. IV. 3. b) dargestellt, dass das gesellschaftsrechtliche Weisungsrecht als umfassend verstanden werden muss. Es wäre daher möglich, dass arbeitsrechtliche Weisungen der Mitgeschäftsführer den gleichen Inhalt haben wie die der Gesellschafterversammlung nach § 37 Abs. 1 GmbHG.

[329] BSG vom 22.08.1973 – 12 RK 24/72, BB 1973, 1310; vgl. auch die Ausführungen von *Preis*, NZA 2000, 914, 918.

[330] Vgl. ausführlich oben C. I. 3. b).

[331] Ebenso *Preis*, NZA 2000, 914, 918.

arbeitsrechtliche Weisungen erteilen können. Grund hierfür ist die gesellschaftsrechtliche Weisungsunterworfenheit des Geschäftsführers unter die Gesellschafterversammlung, die umfassend zu verstehen ist und dem arbeitsrechtlichen Weisungsrecht vorgeht. Es fehlt beim Fremdgeschäftsführer mithin an einer arbeitsrechtlichen Weisungsunterworfenheit, die seine Arbeitnehmerstellung begründen könnte. Er ist zudem nicht in die Arbeitsorganisation der Gesellschaft eingebunden, da er selbst für die Organisation und den Arbeitsablauf verantwortlich ist. Im Ergebnis ist er kein Arbeitnehmer.

Unabhängig von der dogmatischen Einstufung des Fremdgeschäftsführers führt der Weg des BAG und ihm folgender Autoren nicht zu sachgerechten Lösungen. Wenn diese dem Fremdgeschäftsführer dadurch sozialen Schutz ermöglichen wollen, dass sie seine Arbeitnehmereigenschaft in begrenzten Einzelfällen bejahen, wird vom Ergebnis her argumentiert. Dieser Mindermeinung ist zwar zuzugestehen, dass sie im Einzelfall dem Fremdgeschäftsführer sozialen Schutz gewähren kann. Zudem kann auf diesem Weg das Gesellschaftsrecht durch eine teleologische Reduktion arbeitsrechtlicher Vorschriften berücksichtigt werden.[332] Der Lösungsweg ist jedoch nicht geeignet, der Gruppe der Fremdgeschäftsführer insgesamt sozialen Schutz zukommen zu lassen. So hat das BAG in dem in der Einleitung beschriebenen Fall aus dem Jahr 1999 die Arbeitnehmereigenschaft der schwangeren Fremdgeschäftsführerin anhand der von ihm aufgestellten Voraussetzungen verneint. Das Gericht hat danach zur Frage des Kündigungsschutzes der schwangeren Fremdgeschäftsführerin nicht mehr Stellung bezogen.[333] Damit war ihrem Schutz jedoch nicht gedient. Das BAG hat in seinen Voraussetzungen zur möglichen Arbeitnehmereigenschaft des Geschäftsführers zudem unterstellt, dass weitere Geschäftsführer vorhanden sind, die Weisungen erteilen.[334] Es kann jedoch im Ergebnis beim Sozialschutz keinen Unterschied machen, ob dem Fremdgeschäftsführer mehrere Mitgeschäftsführer zur Seite stehen. Gerade in kleineren Betrieben wird dies häufig nicht der Fall sein. Dort ist der Fremdgeschäftsführer jedoch ebenso schutzbedürftig.

In der Praxis gehört der Fremdgeschäftsführer in der Mehrzahl der Fälle – zumindest nach den Kriterien des BAG – weiterhin nicht zu den Arbeitnehmern. Wie die Fremdgeschäftsführer insgesamt zu schützen sind, ist bislang nicht überzeugend dargelegt. Will man Fremdgeschäftsführern, bei denen nach den

---

[332] Vgl. oben C. I. 3. b). Zwar hat dies das BAG bislang offen gelassen. Aufgrund des zwingenden Charakters einiger gesellschaftsrechtlicher Grundsätze wird jedoch auch das BAG – wie schon die entsprechenden Stimmen in der juristischen Literatur – solche Ausnahmen im Wege der teleologischen Reduktion zulassen müssen.

[333] BAG vom 26.05.1999 – 5 AZR 664/98, GmbHR 1999, 925, vgl. dazu oben C. I. 2.

[334] BAG vom 26.05.1999 – 5 AZR 664/98, GmbHR 1999, 925.

Voraussetzungen des BAG und der ihm folgenden Autoren eine Arbeitnehmereigenschaft verneint wurde, dennoch arbeitsrechtlichen Schutz zukommen lassen, kommt man zu einer Aufspaltung der Gruppe der Fremdgeschäftsführer. Hinsichtlich der Anwendung arbeitsrechtlicher Bestimmungen müssen die Fremdgeschäftsführer – je nachdem, ob sie als Arbeitnehmer einzustufen sind oder nicht – unterschiedlich behandelt werden.[335]

Im Ergebnis ist die Lösung der Mindermeinung nicht geeignet, arbeitsrechtlichen Schutz und zugleich Rechtssicherheit herzustellen. Die Unterscheidung der Fremdgeschäftsführer nach solchen, die in einem Arbeitsverhältnis stehen und solchen, die keine Arbeitnehmer sind, führt zu weiteren Unsicherheiten und Abgrenzungsproblemen.

Aus diesen Gründen kann ein Schutz des Fremdgeschäftsführers über die Einstufung als Arbeitnehmer auch in der Praxis nicht zum gewünschten Erfolg führen.

Es ist im weiteren Verlauf der Arbeit zu untersuchen, ob alternative Lösungswege, namentlich die Einstufung des Fremdgeschäftsführers als arbeitnehmerähnliche Person oder die Annahme eines „ruhenden Arbeitsverhältnisses" in der Lage sind, einen sozialen Schutz über die Anwendung von Arbeitsrecht bei ihm zu begründen.

[335] So *Namendorf*, Arbeitsrechtliche Status, S. 133 ff.

D. Alternative Lösungswege zur Anwendung von Arbeitsrecht auf den Fremdgeschäftsführer

I. Die Qualifizierung des Fremdgeschäftsführers als arbeitnehmerähnliche Person

Teilweise wird in der juristischen Literatur vertreten, der Fremdgeschäftsführer könne im Einzelfall arbeitnehmerähnliche Person sein.[336] Auch wenn diese Lösungsvariante zur Anwendung arbeitsrechtlicher Bestimmungen auf den Fremdgeschäftsführer bislang in der Literatur nur eine untergeordnete Rolle gespielt hat, soll sie dennoch nachfolgend kurz erörtert werden. Hierbei wird, nachdem ein Blick auf die „arbeitnehmerähnliche Person" geworfen wurde (unter 1.), der Meinungsstand zur Qualifizierung des Fremdgeschäftsführers als arbeitnehmerähnliche Person dargestellt (unter 2.), bevor Stellung genommen wird (unter 3.).

1. Die arbeitnehmerähnliche Person

Das deutsche Recht kennt neben dem persönlich und wirtschaftlich unabhängigen Selbstständigen und dem persönlich abhängigen Arbeitnehmer die so genannte „arbeitnehmerähnliche Person". Sie wird in § 12 a Abs. 1 Nr. 1 TVG legaldefiniert.[337] Arbeitnehmerähnliche Personen sind danach „wirtschaftlich abhängig und vergleichbar einem Arbeitnehmer sozial schutzbedürftig". Das BAG prüft die Arbeitnehmerähnlichkeit anhand dieser Kriterien.[338] In der juristischen Literatur hat man versucht, die Kriterien durch weitere Definitionen zu konkretisieren. Nach *Hromadka* ist arbeitnehmerähnliche Person, „wer, ohne Arbeitnehmer zu sein, persönlich und im wesentlichen ohne Mitarbeit anderer dauernd im wesentlichen nur für einen anderen tätig ist, wenn ihm von diesem ein Entgelt zusteht, das mindestens einem Drittel und höchstens dem vollen Betrag der Bezugsgröße nach § 18 SGB IV entspricht"[339].

---

[336] *Boemke*, ZfA 1998, 209, 217 ff.; *Brachert*, Organmitgliedschaft, S. 231; *Groß*, Anstellungsverhältnis, S. 378; Schmidt/*Moll*, GmbH-Hdb., 15. Aufl., IV Rn. 74; *Namendorf*, Arbeitsrechtliche Status, S. 126 ff.

[337] *Reichold*, ArbR, § 2 Rn. 24.

[338] Vgl. BAG vom 14.01.1997 – 5 AZB 22/96, AP § 2 ArbGG 1979 Nr. 41.

[339] *Hromadka*, NZA 1997, 1249, 1254; vgl. auch *ders.*, FS Söllner (2000), 461, 466. Ähnlich *Otto*, ArbR, § 3 Rn. 75.

Vom Gesetz werden arbeitnehmerähnliche Personen nur in den Anwendungsbereich einiger weniger arbeitsrechtlicher Bestimmungen miteinbezogen: Sie haben beispielsweise Anspruch auf bezahlten Erholungsurlaub (§ 2 BUrlG); das Arbeitsschutzgesetz (§ 2 Abs. 2 Nr. 3 ArbSchG) gewährt ihnen allgemeinen Arbeitsschutz und das Beschäftigtenschutzgesetz (§ 1 Abs. 2 Nr. 1 BeschSchG) Schutz gegen sexuelle Belästigung am Arbeitsplatz. Sie können vor den Arbeitsgerichten gegen ihren Auftraggeber klagen (§ 5 Abs. 1 S. 2 ArbGG). Schließlich können auf sie bezogene Tarifverträge abgeschlossen werden (§ 12 a Abs. 1 TVG).

2. *Meinungsstand*

Ob der (Fremd-) Geschäftsführer als arbeitnehmerähnliche Person qualifiziert werden kann, ist in der juristischen Literatur umstritten.[340] Die Befürworter sind der Auffassung, dass er die Kriterien der wirtschaftlichen Abhängigkeit und sozialen Schutzbedürftigkeit zumindest im Einzelfall erfüllen könne.[341] Dies gelte hauptsächlich, wenn eine Tätigkeit für fremde Rechnung vorliege und der Geschäftsführer seine gesamte Arbeitskraft an das Unternehmen binde und so auf das Einkommen zur Existenzsicherung angewiesen sei.[342] Bei der Schutzbedürftigkeit des Fremdgeschäftsführers sei auch darauf abzustellen, ob eine gewinnabhängige Vergütung gezahlt werde und ob der Geschäftsführer seine Abberufung verhindern könne.[343]

Die Gegner argumentieren, Organmitglieder unterschieden sich von arbeitnehmerähnlichen Personen durch die feste Bindung aufgrund des Anstellungsvertrags und die wirtschaftliche Dispositionsfreiheit im Rahmen der Unternehmensleitung.[344] Zu der Gruppe der Arbeitnehmerähnlichen zählten lediglich solche Personen, die nicht in den Betrieb oder Organisationsbereich eines anderen

[340] Dafür: *Brachert*, Organmitgliedschaft, S. 231; *Groß*, Anstellungsverhältnis, S. 378; *Martens*, FS Hilger/Stumpf (1983), 437, 443; Schmidt/*Moll*, GmbH-Hdb., 15. Aufl., IV Rn. 74. Dagegen: *Fleck*, FS Hilger/Stumpf (1983), 197, 208; *Gissel*, Arbeitnehmerschutz, S. 117 ff.; *Heyll*, Anwendung von Arbeitsrecht, S. 136 ff.; *Krause*, Mitarbeit im Unternehmen, S. 64 f.

[341] *Boemke*, ZfA 1998, 209, 217ff; *Martens*, FS Hilger/Stumpf (1983), 437, 443; Schmidt/*Moll*, GmbH-Hdb., 15. Aufl., IV Rn. 74; *Namendorf*, Arbeitsrechtliche Status, S. 126 ff.

[342] Schmidt/*Moll*, GmbH-Hdb., 15. Aufl., IV Rn. 74; *Namendorf*, Arbeitsrechtliche Status, S. 130 f.

[343] *Namendorf*, Arbeitsrechtliche Status, S. 130 f. Der Fremdgeschäftsführer kann dies regelmäßig nicht, vgl. oben B. I. 3.

[344] *Fleck*, FS Hilger/Stumpf (1983), 208.

eingegliedert seien, sondern ihre Tätigkeit eigenverantwortlich ohne inhaltliche Einflussnahme ihres Auftraggebers ausübten. Beim Fremdgeschäftsführer fehle dieses (zusätzliche) Merkmal der persönlichen Unabhängigkeit.[345] Andere Stimmen bejahen zwar eine wirtschaftliche Abhängigkeit, speziell wenn der Fremdgeschäftsführer seine gesamte Arbeitskraft der GmbH zur Verfügung stelle. Sie melden jedoch Bedenken hinsichtlich seiner sozialen Schutzbedürftigkeit an: Bei der Schutzbedürftigkeit sei auf die Vergleichbarkeit mit der Schutzbedürftigkeit eines „typischen Arbeitnehmers" abzustellen. Der Fremdgeschäftsführer sei wegen des höheren Gehalts nicht im gleichen Maß schutzbedürftig wie ein „typischer Arbeitnehmer", sondern allenfalls wie ein leitender Angestellter.[346]

Boemke behandelt die Frage der Arbeitnehmerähnlichkeit im Rahmen der analogen Anwendung von Arbeitsrecht und spricht insofern von arbeitnehmerähnlichen Geschäftsführern. Er stellt fest, dass die Voraussetzungen zur analogen Anwendung bestimmter arbeitsrechtlicher Vorschriften den Voraussetzungen der arbeitnehmerähnlichen Personen durch die h. M. entsprechen. Wenn man den Geschäftsführer als arbeitnehmerähnliche Person qualifiziere, seien diejenigen Regelungen anwendbar, die für arbeitnehmerähnliche Personen gelten.[347] Der Fremdgeschäftsführer falle darunter, soweit er keine eigenen unternehmerischen Zwecke verfolge und es sich bei der Geschäftsführertätigkeit um seine Hauptbeschäftigung handele.[348]

3. *Stellungnahme*

Es erscheint fraglich, ob der Fremdgeschäftsführer den arbeitnehmerähnlichen Personen zugerechnet werden kann. Denn die arbeitnehmerähnlichen Personen sind regelmäßig selbstständig tätig.[349] Auch in der Definition *Hromadkas* kommt zum Ausdruck, dass der Arbeitnehmerähnliche „im Wesentlichen ohne Mitarbeit anderer" tätig wird[350]. Die Selbstständigkeit beim Arbeitnehmerähnli-

345 *Gissel*, Arbeitnehmerschutz, S. 119 f. *Heyll* kritisiert daran, dass aus einem Vorliegen „starker Züge einer persönlichen Abhängigkeit" nicht das Fehlen der Arbeitnehmerähnlichkeit folgen könne, da die persönliche Abhängigkeit des Beschäftigten dessen Arbeitnehmerstatus begründe (Anwendung von Arbeitsrecht, S. 136).

346 *Heyll*, Anwendung von Arbeitsrecht, S. 136 ff.

347 *Boemke*, ZfA 1998, 209, 217 f.

348 *Boemke*, ZfA 1998, 209, 219.

349 *Hromadka*, FS Söllner (2000), 461, 464; *Wank*, Arbeitnehmer und Selbständige, S. 239 f.; *ders.*, FS Wiedemann (2002), 587, 607.

350 *Hromadka*, NZA 1997, 12249, 1254.

chen ist eine persönliche.[351] Der Fremdgeschäftsführer ist meist nicht wie ein Arbeitnehmerähnlicher persönlich selbstständig, sondern zusammen mit anderen Geschäftsführern (Gesamtgeschäftsführungsbefugnis) oder mit weiteren leitenden Angestellten tätig. Zudem ist er durch das umfassende gesellschaftsrechtliche Weisungsrecht an Beschlüsse der Gesellschafterversammlung gebunden. Der Fremdgeschäftsführer entspricht folglich nicht der Typik der arbeitnehmerähnlichen Person.[352]

Aber auch wenn er im Einzelfall der Gruppe der arbeitnehmerähnlichen Personen zugerechnet werden könnte, ließe sich dadurch die Anwendung arbeitsrechtlicher Schutzvorschriften nicht befriedigend lösen.[353] Wie bereits ausgeführt, sind nur wenige dieser Bestimmungen auf Arbeitnehmerähnliche ausdrücklich anwendbar. Beim Fremdgeschäftsführer wird ihre Anwendbarkeit wegen seiner Organstellung noch weiter eingeschränkt. So würde beispielsweise die Anwendung des Arbeitsgerichtsgesetzes aufgrund des § 5 Abs. 1 S. 3 ArbGG, der als lex specialis dem § 5 Abs. 1 S. 2 ArbGG vorgeht, entfallen.[354] Das Tarifvertragsgesetz bliebe aufgrund der Gegnerfreiheit, der fehlender Tariffähigkeit und der mangelnden Verbandsbildung beim Fremdgeschäftsführer ebenfalls bedeutungslos.[355] Die Anwendung des Bundesurlaubsgesetzes, des Arbeitsschutzgesetzes und des Beschäftigtenschutzgesetzes erscheint wegen möglicher Kollisionen mit der Organstellung zumindest fraglich.[356] Im Ergebnis wäre durch eine Zuordnung des Fremdgeschäftsführers zur arbeitnehmerähnlichen Person nicht viel gewonnen. Das Problem der sozialen Schutzbedürftigkeit ließe sich nicht lösen.

Dies gilt auch dann, wenn man mit *Boemke* annähme, dass die analoge Anwendung arbeitsrechtlicher Vorschriften auf arbeitnehmerähnliche Personen durch die h. M. auch auf den „arbeitnehmerähnlichen Fremdgeschäftsführer" übertragbar ist.[357] Denn auch hier müsste die Organstellung des Fremdgeschäftsführers berücksichtig werden. Dies würde dazu führen, dass die anwendbaren Vorschriften bei arbeitnehmerähnlichen Geschäftsführern und sonstigen arbeitnehmerähnlichen Personen nicht identisch wären. Ein „Mehr an Rechtssicherheit

351 *Hromadka*, NZA 1997, 569, 576.
352 So auch *Gissel*, Arbeitnehmerschutz, S. 119 f.
353 So auch *Krause*, Mitarbeit im Unternehmen, S. 63 f.
354 *Gissel*, Arbeitnehmerschutz, S. 120; *Heyll*, Anwendung von Arbeitsrecht, S. 134; *Groß*, Anstellungsverhältnis, S. 379.
355 *Heyll*, Anwendung von Arbeitsrecht, S. 134; *Gissel*, Arbeitnehmerschutz, S. 121; *Krause*, Mitarbeit im Unternehmen, S. 64. A. A. *Brachert*, Organmitgliedschaft, S. 233.
356 *Gissel*, Arbeitnehmerschutz, S. 121.
357 *Boemke*, ZfA 1998, 209, 217 ff.

und Methodengerechtigkeit“[358] könnte nicht erreicht werden. Zudem beschränkt *Boemke* die analoge Anwendung beim Fremdgeschäftsführer auf solche Vorschriften, die auf Arbeitnehmerähnliche analog anwendbar sind. Hierzu besteht jedoch keine Notwendigkeit. Auch sprechen die festgestellten Unterschiede des Fremdgeschäftsführers zur Gruppe der arbeitnehmerähnlichen Personen gegen eine solche Einschränkung.

II. Das „ruhende Arbeitsverhältnis“

Dem ruhenden Arbeitsverhältnis liegt der Sachverhalt zugrunde, bei dem ein Arbeitnehmer der Gesellschaft zum Geschäftsführer aufsteigt. Sein Arbeitsverhältnis soll in diesem Fall nicht erlöschen, sondern für die Dauer, in der er sein Amt als Geschäftsführer ausübt, ruhen und mit der Abberufung wieder aufleben.

1. Rechtsprechung

Seine so genannte „Ruhensrechtsprechung“ hat das BAG mit zwei Entscheidungen aus dem Jahr 1985 eingeführt.[359] Im Urteil vom 09.05.1985 hat es entschieden, dass im Fall der Bestellung eines Angestellten einer GmbH zum Geschäftsführer das Arbeitsverhältnis im Zweifel nicht beendet, sondern nur suspendiert und nach der Abberufung vom Organstatus auf seinen ursprünglichen Inhalt zurückgeführt werde, indem es mit allen Rechten und Pflichten wieder auflebe.[360] Werde dem Geschäftsführer nach seiner Abberufung gekündigt, sei für die Entscheidung über seine hiergegen erhobene Klage das Arbeitsgericht zuständig.

Im Urteil vom 27.06.1985 hat das BAG ausgeführt, dass das Kündigungsschutzgesetz auch dann anwendbar sei, wenn der Organvertreter vor seiner Bestellung in einem Arbeitsverhältnis zur juristischen Person gestanden habe und

---

[358] *Boemke*, ZfA 1998, 209, 218.

[359] Die Möglichkeit des „Ruhens“ eines Arbeitsverhältnisses neben dem Geschäftsführervertrag wurde zwar zuvor schon von der Rechtsprechung für möglich erachtet, jedoch nur bei einer besonderen Vereinbarung der Parteien, vgl. LAG Düsseldorf vom 27.11.1979 – 8 Sa 485/79, EZA § 611 BGB Arbeitnehmer-Begriff Nr. 20.

[360] Anders nur, wenn zwischen den Parteien ausdrücklich oder konkludent eine abweichende Regelung getroffen wird, BAG vom 09.05.1985 – 2 AZR 330/84, BAGE 49, 81, 94; BAG vom 12.03.1987 – 2 AZR 336/86, BAGE 55, 137, 152.

sich durch die Bestellung zum Organ die Vertragsbedingungen nicht wesentlich geändert hätten. Denn es sei weder sach- noch interessengerecht anzunehmen, der Arbeitnehmer wolle mit der Geschäftsführerbestellung, wenn für ihn damit keine wesentlichen Vorteile verbunden seien, auf seine Rechte als Arbeitnehmer verzichten.[361]

Das BAG legt für eine auflösend bedingte Ruhensvereinbarung den wirklichen Willen der Parteien sach- und interessengerecht aus (§§ 133, 157 BGB). Es geht zunächst davon aus, dass im Zweifel das bisherige Arbeitsverhältnis fortbestehe. Seine Ruhensrechtsprechung hat das BAG in darauf folgenden Urteilen zunächst bestätigt,[362] seit Mitte der neunziger Jahre jedoch immer weiter eingeschränkt. In bestimmten Fällen hat das BAG nicht mehr ein ruhendes Arbeitsverhältnis angenommen, sondern ist von der umgekehrten Vermutung ausgegangen. So sei im Zweifel ein Arbeitsverhältnis aufgehoben worden, wenn zuvor nur ein Probearbeitsverhältnis vorlag[363] oder wenn ein in leitender Position tätiger Arbeitnehmer Geschäftsführer einer neu gegründeten GmbH wurde und diese wesentliche Teilaufgaben des Betriebs seines bisherigen Arbeitgebers übernahm[364]. Wenn nicht der ursprüngliche Arbeitsvertrag nur ergänzt, sondern ein vollständig neuer Vertrag mit eigenständigen Regelungen abgeschlossen wurde, sei das ursprüngliche Arbeitsverhältnis konkludent aufgehoben worden.[365]

Zuletzt hat das BAG entschieden, dass im Zweifel bereits mit Abschluss des Geschäftsführer-Dienstvertrags das ursprüngliche Arbeitsverhältnis konkludent aufgehoben werde.[366] Spätestens mit dieser Entscheidung ist das BAG für die Mehrheit aller Fälle in der Praxis von seiner Vermutungsregel für ein Ruhen des Arbeitsverhältnisses abgerückt.[367]

---

361 BAG vom 12.03.1987 – 2 AZR 336/86, BAGE 55, 137, 146 ff.

362 BAG vom 12.03.1987 – 2 AZR 336/86; BAG vom 21.02.1994 – 2 AZB 28/93 GmbHR 1994, 547. Vgl. auch LAG Frankfurt vom 06.11.2002, EzA-SD 2003, Nr. 2, 22. Die höhere Vergütung hat es aber weiterhin als Hauptausnahme zugelassen.

363 BAG vom 07.10.1993 – 2 AZR 260/93, ZIP 1994, 319.

364 BAG vom 08.06.2000 – 2 AZR 207/99; BAG vom 08.06.2000 – 22 AZR 207/99, BAGE 95, 62.

365 BAG vom 28.09.1995 – 5 AZB 4/95, NZA 1996, 143 (Vereinsvorstand); BAG vom 18.12.1996 – 5 AZB 25/96, BAGE 85, 46, 54 f.

366 Dies gelte jedenfalls bis zum In-Kraft-Treten des § 623 BGB, BAG vom 25.04.2002 – 2 AZR 352/01, NJW 2003, 918, 919.

367 Mit Einführung des neuen § 623 BGB zum 01.05.2000 hat sich die Rechtslage geändert. Die Aufhebung des Arbeitsvertrages bedarf nun der Schriftform. Dies löste in der Literatur eine Diskussion um den Fortbestand der Ruhensrechtsprechung aus, dazu unten D. II. 3.

2. *Literatur*

Die juristische Literatur ist der Rechtsprechung des BAG zum ruhenden Arbeitsverhältnis teilweise gefolgt[368], teilweise hat sie diese Rechtsprechung jedoch auch abgelehnt[369].

Ihre Gegner haben zunächst die Konstruktion des ruhenden Arbeitsverhältnisses kritisiert: Mit der Organstellung sei unvereinbar, dass das Arbeitsverhältnis ruhe.[370] Das BAG unterlaufe § 5 Abs. 1 S. 3 ArbGG.[371] Nicht das Vertragsverhältnis insgesamt, sondern allenfalls einzelne Rechte daraus könnten ruhen.[372] Ein Nebeneinander zweier Rechtsverhältnisse sei abzulehnen[373], vielmehr lege der Anstellungsvertrag während der Dienstzeit als GmbH-Geschäftsführer seinen arbeitsrechtlichen Charakter ab und nehme ihn bei Abberufung ipso iure wieder an[374]. Nach anderer Auffassung werde er automatisch umgewandelt.[375]

---

368 *Dikomey*, Ruhende Arbeitsverhältnis, S. 53 ff., 87; HK/*Fichtelmann*, GmbHG, 5. Aufl., § 35 Rn. 97; Rowedder/*Koppensteiner*, GmbHG, 4. Aufl., § 35 Rn. 78; *Reiserer*/Heß-Emmerich, GmbH-Geschäftsführer, S. 25, 73 ff.; *Schliemann*, ArbR im BGB, 2. Aufl., § 611 Rn. 258; Scholz/*Schneider*, GmbHG, 9. Aufl., § 35 Rn. 159 c; Baumbach/Hueck/*Zöllner*, GmbHG, 17. Aufl., § 35 Rn. 97 a. Inzwischen wird in der Literatur unter Verweis auf die stetige Abkehr des BAG von seiner Ruhensrechtsprechung vertreten, dass im Regelfall das frühere Arbeitsverhältnis mit Abschluss des Anstellungsvertrags in Verbindung mit der Bestellung zum Geschäftsführer aufgehoben ist, vgl. Erman/*Edenfeld*, BGB Bd. 2, 11. Aufl., § 611 Rn. 152; Bamberger/Roth/*Fuchs*, BGB Bd. 2, § 611, Rn. 37; *Goette*, Die GmbH, § 8 Rn. 75; *Lutter/Hommelhoff/Kleindiek*, GmbHG, 16. Aufl., Anh. § 6 Rn. 4; ErfK/*Koch*, 4. Aufl., § 60 ArbGG Rn. 9; APS/*Preis*, 2. Aufl., Grundl. F Rn. 56; ErfK/*Preis*, 4. Aufl., § 611 BGB Rn. 163 (hier kritisch im Hinblick auf § 623 BGB); *ders.*, ArbR, 66 f.; Palandt/*Putzo*, BGB, 63. Aufl., Einf. v. § 611 Rn. 23; Gem-K/*Rost*, § 14 KSchG Rn. 6; Hachenburg/*Stein*, GmbHG, 8. Aufl., § 35 Rn. 190.

369 So: *Bauer*, BB 1994, 855, 857; *Bauer/Gragert*, ZIP 1997, 2177, 2182; APS/*Biehl*, 2. Aufl. § 14 KSchG Rn. 11; *Dollmann*, BB 2003, 1838, 1839; *Gaul*, GmbHR 1989, 357, 358 (ablehnend im gleichen Unternehmen); *Grunsky*, ZIP 1988, 76, 79; *Henssler*, RdA 1992, 289, 299; *Heyll*, Anwendung von Arbeitsrecht, S. 294 ff.; *Hohlfeld*, GmbHR 1987, 255, 257; *v. Hoyningen-Huene/Linck*, KSchG, 13. Aufl., § 14 Rn. 7 a; *G. Hueck*, FS Ekonomi (1993), 139, 155 f.; *Hümmerich*, NJW 1995, 1177, 1181; *Jula*, Status, S. 222; *Kamanabrou*, DB 2002, 146, 149; *Lieb*, ArbR, 8. Aufl., § 1 Rn. 29; *Namendorf*, Arbeitsrechtliche Status, S. 177 f.; *Reinecke*, ZIP 1997, 1525, 1532; *Reiserer*, DB 1994, 1822, 1824; *Schwab*, NZA 1987, 839, 841.

370 *Hohlfeld*, GmbHR 1987, 255, 257.

371 *Grunsky*, ZIP 1988, 76, 77; *Namendorf*, Arbeitsrechtliche Status, S. 178.

372 *Grunsky*, ZIP 1988, 76, 79.

373 *G. Hueck*, FS Ekonomi (1993), 139, 155; *Kamanabrou*, DB 2002, 146, 149; *Martens*, AP § 5 ArbGG 1979 Nr. 3.

374 *G. Hueck*, FS Ekonomi (1993), 139, 155.

375 *Martens*, AP § 5 ArbGG 1979 Nr. 3.

Die Kritik betraf darüber hinaus den vom BAG herangezogenen Parteiwillen: Der Fortbestand des Arbeitsverhältnisses entspreche nicht dem vermuteten Parteiwillen. Den Parteien sei die Vorstellung zweier nebeneinander bestehender Rechtsverhältnisse fremd.[376] Berücksichtigt würden nur einseitig die Interessen des Arbeitnehmers.[377] Sie allein reichten nicht aus, die Erklärung beider Parteien als Ruhensvereinbarung auszulegen. Eine Interessenabwägung zugunsten des Arbeitnehmers sei nicht geeignet, den erforderlichen Willen der Beteiligten zu ersetzen.[378] Der auf den Fortbestand des Bestandsschutzes gerichtete Parteiwille bedürfe des Nachweises und nicht umgekehrt.[379] Zwischen den Parteien bedürfe es einer Änderungsvereinbarung.[380] Der Arbeitnehmer wolle zur Arbeitgeberseite wechseln und Leitungsverantwortung übernehmen.[381]

Schließlich haben die Kritiker zum Teil auch die Schutzbedürftigkeit des Arbeitnehmers in Frage gestellt: Der Arbeitnehmer sei sich über die Folgen der Beendigung seines Arbeitsverhältnisses und der Begründung eines Anstellungsverhältnisses als GmbH-Geschäftsführer im Klaren und sei hinreichend geschäftsgewandt, sich gegebenenfalls Rechte aus dem Arbeitsvertrag zu sichern.[382] Darüber hinaus bringe die Geschäftsführerstellung immaterielle Vorteile mit sich.[383] Seine Bewerbungschancen als (ehemaliger) Geschäftsführer erhöhten sich.[384]

3. *Exkurs: Die Ruhensrechtsprechung nach Einführung des § 623 BGB*

Seit der neue § 623 BGB am 01.05.2000 in Kraft getreten ist[385], diskutiert die juristische Literatur zudem, ob überhaupt noch an der Ruhensrechtsprechung

---

376 *Reinecke*, ZIP 1997, 1525, 1532.

377 *V. Hoyningen-Huene/Linck*, KSchG, 13. Aufl., § 14 Rn. 7 a.

378 *Dikomey*, Ruhende Arbeitsverhältnis, S. 83, die jedoch anhand ergänzender Vertragsauslegung eine Ruhensvereinbarung bejaht.

379 *Heyll*, Anwendung von Arbeitsrecht, S. 299.

380 *Jaeger*, NZA 1998, 961, 967.

381 *Dollmann*, BB 2003, 1838, 1839.

382 *Bauer/Gragert*, ZIP 1997, 2177, 2182; *Henssler*, RdA 1992, 289, 299; *Kamanabrou*, DB 2002, 146, 149.

383 *Kamanabrou*, DB 2002, 146, 149.

384 *Henssler*, RdA 1992, 289, 299.

385 Durch Art. 2 des ArbGerBeschleunigG vom 30.03.2000 (BGBl. I, 333).

festgehalten werden kann[386]. Nach § 623 BGB bedarf die Beendigung eines Arbeitsverhältnisses durch Kündigung oder Auflösungsvertrag zu ihrer Wirksamkeit der Schriftform. Das Schriftformerfordernis kann nicht abbedungen werden.[387] Nach § 126 BGB muss der Wille, ein Arbeitsverhältnis aufzuheben, von beiden Parteien auf einer Urkunde durch Unterzeichnung dokumentiert sein. Bei Nichteinhaltung der Schriftform ist das Rechtsgeschäft gemäß § 125 BGB nichtig. Die Auswirkungen des § 623 BGB auf die Ruhensrechtsprechung des BAG werden unterschiedlich bewertet.

Teile der juristischen Literatur sind der Auffassung, dass sich die Argumentation des BAG, der Arbeitsvertrag werde konkludent aufgehoben, für die von der Rechtsprechung entwickelten Ausnahmen nicht mehr aufrecht erhalten lasse.[388] Die konkludente Aufhebung genüge nicht der Schriftform.[389]

Andere Literaturstimmen differenzieren: Wegen der Trennung zwischen Auslegungs- und Formfrage könne der Parteiwille weiterhin im Sinn einer konkludenten Aufhebung ausgelegt werden.[390] Die Auslegungskriterien der Rechtsprechung seien weiterhin relevant. Fraglich sei jedoch, ob die konkludente Aufhebung dem Schriftformerfordernis des § 623 BGB genüge.[391] Mit Hinweis auf die Andeutungslehre wird teilweise vertreten, die Wahrung der gesetzlichen Schriftform erfordere nicht eine ausdrückliche Aufhebungs- oder Ersetzungsklausel. Vielmehr reiche es aus, wenn der Geschäftsführeranstellungsvertrag

---

386 *Bauer/Baeck/Lösler*, ZIP 2003, 1821; *Baeck/Hoepfner*, DB 2000, 1914, 1915; *Bauer*, GmbHR 2000, 767, 768; *Dollmann*, BB 2003, 1838; *Fischer*, NJW 2003, 2417; *Holthausen/Steinkraus*, NZA-RR 2002, 281, 287 ff.; *Krause*, ZIP 2000, 2284, 2290; *Nägele*, BB 2001, 305, 306; *Namendorf*, Arbeitsrechtliche Status, S. 167 ff.; *Niebler/Schmiedl*, NZA-RR 2001, 281, 286; Staudinger/*Oetker*, BGB, § 623 Rn. 38 f.; *ders.* EWiR 2000, 1045, 1046; *Preis/Gotthardt*, NZA 2000, 348, 355; *Reiserer*/Heß-Emmerich, GmbH-Geschäftsführer, S. 76.

387 ErfK/*Müller-Glöge*, 4. Aufl., § 623 BGB Rn. 23.

388 *Bauer*, GmbHR 2000, 767, 770; *Dollmann*, BB 2003, 1838, 1839; *Fischer*, NJW 2003, 2417; *v. Hoyningen-Huene/Linck*, KSchG, 13. Aufl., § 14 Rn. 7d; *Oetker*, EWiR 2000, 1045, 1046; ErfK/*Preis*, 4. Aufl., § 611 BGB Rn. 163; *Reiserer*/Heß-Emmerich, GmbH-Geschäftsführer, S. 76.

389 *Dollmann*, BB 2003, 1838, 1839; *Fischer*, NJW 2003, 2417, 2418 ff.; *v. Hoyningen-Huene/Linck*, KSchG, 13. Aufl., § 14 Rn. 7 d; im Ergebnis auch *Reiserer*/Heß-Emmerich, GmbH-Geschäftsführer, S. 76; KR/*Rost*, 7. Aufl., § 14 KSchG Rn. 6 a.

390 *Baeck/Hoepfner*, DB 2000, 1914, 1915; *Holthausen/Steinkraus*, NZA-RR 2002, 281, 287; *Krause*, ZIP 2000, 2284, 2285; *Nägele*, BB 2001, 305, 308; *Namendorf*, Arbeitsrechtliche Status, 167 f.

391 *Baeck/Hoepfner*, DB 2000, 1914, 1915; *Krause* prüft vorab eine teleologische Reduktion des § 623 BGB, lehnt sie für die GmbH jedoch ab (ZIP 2000, 2284, 2285); *Kamanabrou*, DB 2002, 146, 149; Staudinger/*Oetker*, BGB, § 623 Rn. 38 f.

schriftlich abgeschlossen werde und sich aus der schriftlichen Vereinbarung der Wille zur Aufhebung ergebe, soweit dieser den Anforderungen der Andeutungslehre genüge.[392] Wieder andere sind der Auffassung, es reiche bereits aus, wenn im Geschäftsführeranstellungsvertrag schriftliche Beschäftigungsbedingungen niedergelegt seien, die mit einem fortbestehenden Arbeitsvertrag unvereinbar sind.[393] Zum Teil wird vertreten, schon allein ein schriftlicher Geschäftsführeranstellungsvertrag genüge zur Erfüllung von § 623 BGB. Damit könne auch nach Einführung des § 623 BGB ein Arbeitsverhältnis weiterhin konkludent aufgehoben werden.[394]

Nach wiederum anderer Auffassung in der Literatur kann die Ruhensrechtsprechung in jedem Fall fortgeführt werden. Dem Geschäftsführer sei die Berufung auf die Formunwirksamkeit der Kündigung oder des Aufhebungsvertrags versagt. Er verstoße gegen § 242 BGB und handele treuwidrig im Hinblick auf das Verbot des „venire contra factum proprium", wenn er einerseits alle Vorteile aus der Geschäftsführertätigkeit in Anspruch nehme, andererseits sich auf Schutzrechte aus dem Arbeitsverhältnis berufe.[395]

Ergänzend sei noch darauf hingewiesen, dass in diesem Zusammenhang auch diskutiert wird, welche Auswirkungen eine eventuelle Formnichtigkeit der Kündigung hat.

Die Mehrheit der Stimmen in der juristischen Literatur geht für den Regelfall als Grundsatz davon aus, dass das Arbeitsverhältnis fortbestehe.[396] Hiergegen wird eingewandt, dies sei mit der Bestellung zum Geschäftsführer und der daraus folgenden Organtätigkeit nicht vereinbar.[397]

Teilweise wird ein ruhendes Arbeitsverhältnis angenommen[398] oder eine Umdeutung in ein solches in Erwägung gezogen[399].

---

[392] *Baeck/Hoepfner*, DB 2000, 1914, 1915; *Bauer/Baeck/Lösler*, ZIP 2003, 1821, 1822, 1826; *Dollmann*, BB 2003, 1838, 1839; Staudinger/*Oetker*, BGB, § 623 Rn. 38 f. *Holthausen/Steinkraus*, NZA-RR 2002, 281, 287 ff. und ErfK/*Preis*, 4. Aufl., § 611 BGB Rn. 163 halten dies zumindest für möglich.

[393] *Krause*, ZIP 2000, 2284, 2285; *Namendorf*, Arbeitsrechtliche Status, S. 188 ff.

[394] *Kamanabrou*, DB 2002, 146, 150.

[395] *Niebler/Schmiedl*, NZA-RR 2001, 281, 286.

[396] *Appel/Kaiser*, AuR 2000, 281, 286; *Dollmann*, BB 2003, 1838, 1840; *Fischer*, NJW 2003, 2417, 2420; *Lakies*, BB 1999, 667; *Preis/Gotthard*, NZA 2000, 348, 355.

[397] *Krause*, ZIP 2000, 2284, 2290; *Bauer/Baeck/Lösler*, ZIP 2003, 1821, 1822 f.

[398] So *Bauer*, GmbHR 2000, 767, 769; *Holthausen/Steinkraus*, NZA-RR 2002, 281, 288.

[399] So *Krause*, ZIP 2000, 2284, 2290.

Die Mehrheit der Literaturstimmen möchte § 242 BGB (widersprüchliches Verhalten) heranziehen, wenn der Geschäftsführer nach gewisser Zeit Rechte aus dem Arbeitsverhältnis geltend macht.[400]

4. *Stellungnahme*

Der Vorteil des ruhenden Arbeitsverhältnisses liegt darin, dass während der Organmitgliedschaft das Arbeitsrecht nicht mit gesellschaftsrechtlichen Vorschriften kollidieren kann. Dadurch, dass das ursprüngliche Arbeitsverhältnis zum Zeitpunkt der Kündigung des Geschäftsführeranstellungsverhältnisses wieder auflebt, wird § 38 Abs. 1 GmbHG nicht beeinträchtigt. Denn die Geschäftsführerstellung erlischt mit der Abberufung (Trennungsprinzip). Da zudem das Anstellungsverhältnis mit all seinen Rechten und Pflichten endet, wird die Vorschrift auch nicht mittelbar beeinträchtigt. Lediglich das ursprüngliche Arbeitsverhältnis lebt wieder auf.

Die Bereichsausnahmen, namentlich § 5 Abs. 1 S. 1 ArbGG und § 14 Abs. 1 Nr. 1 KündSchG, werden durch die Ruhensrechtsprechung ebenfalls nicht umgangen.[401] Die Bereichsausnahmen beziehen sich ausschließlich auf das Anstellungsverhältnis des Geschäftsführers. Lebt das Arbeitsverhältnis wieder auf, wird dem Geschäftsführer kein Kündigungsschutz bzw. kein Rechtsweg zu den Arbeitsgerichten bei Beendigung des Anstellungsverhältnisses hinsichtlich seiner Tätigkeit als Geschäftsführer gewährt. Vielmehr geht es allein um das ursprüngliche Arbeitsverhältnis.[402]

Fraglich ist, unter welchen Voraussetzungen ein Ruhen des Arbeitsverhältnisses angenommen werden kann. Zunächst wird dies der Fall sein, wenn es die Vertragsparteien ausdrücklich vereinbaren. Problematisch sind jedoch die Fälle, in denen eine ausdrückliche Vereinbarung fehlt.[403] Das BAG hat bislang in diesen Fällen den Parteiwillen ermittelt. Nun hat jedoch der neue § 623 BGB zu einer mit der Ruhensrechtsprechung unvereinbar scheinenden Situation geführt. Die Literaturstimmen versuchen durch verschiedene Konstellationen, das neu einge-

---

400 *Bauer/Baeck/Lösler*, ZIP 2003, 1821, 1822 f. (nach mehreren Jahren); *Krause*, ZIP 2000, 2284, 2290; *Lakies* BB 1999, 667; *Nägele*, BB 2001, 305, 308; *Namendorf*, Arbeitsrechtliche Status, S. 194 f. (nach einem Jahr); *Preis/Gotthardt*, NZA 2000, 348, 356; *Richardi/Annuß*, NJW 2000, 1231, 1233.

401 *Dikomey*, Ruhende Arbeitsverhältnis, S. 56.

402 *Dikomey*, Ruhende Arbeitsverhältnis, S. 56. Kritischer *G. Hueck*, FS Ekonomi (1993), 139, 155, der von einem einheitlichen Anstellungsvertrag ausgeht.

403 APS/*Biehl*, 2. Aufl., § 14 KSchG Rn. 11.

führte Schriftformerfordernis zu umgehen. Hierdurch wird jedoch § 623 BGB verwässert, was nicht gewollt sein kann. Veranschaulicht man sich den Sinn und Zweck der Ruhensrechtsprechung, so zeigt sich, dass die Diskussion um deren Fortbestand ins Leere läuft.

Bei der Einführung der Ruhensrechtsprechung ging es darum, dem zum Geschäftsführer aufgestiegenen Arbeitnehmer arbeitsrechtlichen Schutz, insbesondere Kündigungsschutz, für den Fall seiner Abberufung vom Amt des Geschäftsführers zu erhalten. Es handelte sich dabei um Fälle, in denen der Wille der Parteien, das ursprüngliche Arbeitsverhältnis aufzuheben, nicht zum Ausdruck kam. So hat das BAG bereits in seiner ersten Entscheidung deutlich gemacht, dass das Arbeitsverhältnis dann nicht ruhe, wenn ausdrücklich oder konkludent eine abweichende Regelung zwischen den Parteien getroffen sei.[404] Das BAG hat auch in weiteren Urteilen immer wieder zum Ausdruck gebracht, dass das ursprüngliche Arbeitsverhältnis zwar durch schlüssiges Verhalten aufgehoben werden könne, jedoch nur, soweit der Wille hierzu unzweifelhaft und eindeutig zum Ausdruck gekommen sei.[405] Die Ruhensrechtsprechung kam auch in ihrem weiteren Verlauf nur dann zum Tragen, wenn Anhaltspunkte für einen Parteiwillen fehlten, das ursprüngliche Arbeitsverhältnis aufzuheben. Mit der Einführung des neuen § 623 BGB ist dieser ursprüngliche Sinn für die Annahme eines ruhenden Arbeitsverhältnisses obsolet geworden. Denn in Fällen, in denen der Parteiwille, das Arbeitsverhältnis zu beenden, nicht (und sei es nur andeutungsweise) zum Ausdruck kommt, liegt nun regelmäßig ein Verstoß gegen das Schriftformerfordernis des § 623 BGB vor. Voraussetzung der Wahrung der Schriftform ist eine ausdrückliche Regelung zur Beendigung des Arbeitsverhältnisses. In Betracht kommt hierfür zwar auch der neue Anstellungsvertrag. Allein das Bestehen eines solchen Vertrags lässt jedoch noch nicht den Schluss zu, die Parteien wollten das ursprüngliche Arbeitsverhältnis aufheben. Nach der Andeutungstheorie muss zumindest der Wille der Erklärenden in einer formgerechten Urkunde andeutungsweise seinen Ausdruck finden. Ist dies nicht der Fall, wird nach § 623 BGB das ursprüngliche Arbeitsverhältnisses nicht beendet (§ 125 S. 1 BGB). Für ein ruhendes Arbeitsverhältnis in seiner ursprünglichen Konstellation bleibt damit kein Raum mehr. § 623 BGB hat die Ruhensrechtsprechung abgelöst; sie ist in ihrer Grundstruktur nicht mehr anwendbar. Die Frage, inwieweit ihre Ausnahmen zur konkludenten Vertragsaufhebung noch fortbestehen können, stellt sich damit überhaupt nicht mehr. Im Ergebnis lässt sich festhalten, dass sich die Ruhensrechtsprechung des BAG mit Einführung des neuen § 623 BGB schon von Ihrer Grundkonstellation her erledigt hat.

---

[404] BAG vom 09.05.1985 – 2 AZR 330/84, BAGE 49, 81, 94.
[405] BAG vom 08.06.2000 – 2 AZR 207/99; BAGE 95, 62, 67 m. w. N.

Eine andere, hiervon zu unterscheidende Frage ist, inwieweit die Rechtsfolgen der Ruhensrechtsprechung eine Lösung für das Problem der Formnichtigkeit der Beendigung des Arbeitsverhältnisses beim Aufstieg des Arbeitnehmers zum Fremdgeschäftsführer bieten können. In den Fällen der Nichtigkeit der Beendigung des ursprünglichen Arbeitsverhältnisses gemäß § 125 BGB besteht dieses fort. Der Arbeitnehmer hat jedoch zwischenzeitlich einen Geschäftsführeranstellungsvertrag geschlossen und ist zum Geschäftsführer bestellt worden. Zwar ist an ein widersprüchliches Verhalten gemäß § 242 BGB zu denken, wenn der Fremdgeschäftsführer sich trotz des bestehenden Geschäftsführeranstellungsvertrags auf die Formnichtigkeit der Beendigung des ursprünglichen Arbeitsvertrags beruft. § 242 BGB kommt jedoch, wie die h. M. folgerichtig ausführt, erst nach Ablauf einer gewissen Zeitspanne in Betracht.[406] Fraglich bleibt, wie bis zum Zeitpunkt, in dem § 242 BGB eingreift, mögliche Kollisionen der Organstellung mit dem fortbestehenden Arbeitsverhältnis verhindert werden können. Die Annahme eines Ruhens des ursprünglichen Arbeitsverhältnisses für die Dauer der Geschäftsführerstellung würde mögliche Kollisionen erst gar nicht aufkommen lassen. Durch das Wiederaufleben bei Abberufung würde zudem die Schutzfunktion des § 623 BGB gewahrt.

III. Zwischenergebnis

Die bisherigen Ausführungen dieses Kapitels haben gezeigt, dass die erörterten alternativen Möglichkeiten zur Anwendung von Arbeitsrecht auf den Fremdgeschäftsführer seiner oben dargestellten Schutzbedürftigkeit[407] nicht gerecht werden. Der Fremdgeschäftsführer kann nicht als arbeitnehmerähnliche Person eingestuft werden. Würde man ihn als arbeitnehmerähnlich einstufen, ließen sich die dadurch anwendbaren Vorschriften zum größten Teil nicht mit der Organstellung vereinbaren. Das Modell des „ruhenden Arbeitsverhältnisses" ist in seiner Grundkonstellation nach Einführung des § 623 BGB nicht mehr anwendbar. Schon zuvor war es nicht geeignet, dem Fremdgeschäftsführer während der Zeit als Organmitglied arbeitsrechtlichen Schutz zu gewähren. Das „ruhende

[406] *Bauer/Baeck/Lösler*, ZIP 2003, 1821, 1822 f. (nach mehreren Jahren); *Krause*, ZIP 2000, 2284, 2290; *Lakies* BB 1999, 667; *Nägele*, BB 2001, 305, 308; *Namendorf*, Arbeitsrechtliche Status, S. 194 f. (nach einem Jahr); *Preis/Gotthardt*, NZA 2000, 348, 356; *Richardi/Annuß*, NJW 2000, 1231, 1233.

[407] Vgl. oben B. I.

Arbeitsverhältnis“ bot keine umfassende Lösung in Bezug auf die in Frage kommenden arbeitsrechtlichen Schutzvorschriften.[408]

Es bleibt zu untersuchen, inwieweit in den europäischen Staaten Österreich, Frankreich und Spanien Lösungsansätze zur Anwendung von Arbeitsrecht auf Fremdgeschäftsführer bestehen, die sich für eine Lösung im deutschen Recht nutzbar machen lassen.

[408] Soweit man nicht davon ausgeht, dass nur solche Arbeitnehmerrechte ruhen, die mit der Geschäftsführerstellung unvereinbar sind, vgl. *Hohlfeld*, GmbHR 1988, 184; Scholz/*Schneider*, GmbHG, 9. Aufl., § 35 Rn. 159 c. Vgl. auch *Grunsky*, ZIP 1988, 76. Wenn ein Arbeitsverhältnis nur im Hinblick auf bestimmte Schutzvorschriften für anwendbar erklärt wird, spricht dies jedoch gegen den einheitlichen Arbeitnehmerbegriff der h. M. Zudem bewirkt eine solche Annahme Rechtsunsicherheit hinsichtlich der Voraussetzungen für die Anwendbarkeit einzelner arbeitsrechtlicher Bestimmungen.

E. Exkurs: Die Anwendung von Arbeitsrecht auf Fremdgeschäftsführer in ausgewählten europäischen Staaten

Der vergleichende Blick auf die Rechtslage in Österreich, Frankreich und Spanien dient der Erkundung, wie in diesen Ländern die Problematik eines sozialen Schutzes beim Fremdgeschäftsführer über das Arbeitsrecht gelöst wird sowie der Prüfung, ob sich hieraus Argumente für eine Lösung im deutschen Recht finden lassen.[409]

I. Die Rechtslage in Österreich

Die GmbH wurde in Österreich bereits im Jahr 1906 nach deutschem Vorbild eingeführt.[410] Sie ist inzwischen im österreichischen GmbH-Gesetz (ÖGmbHG) geregelt. Wie in Deutschland können Geschäftsführer gemäß § 16 ÖGmbHG jederzeit frei abberufen werden.[411] Ein gesellschaftsrechtliches Weisungsrecht besteht ebenfalls (§ 20 Abs. 1 ÖGmbHG).

Die h. M. unterscheidet beim GmbH-Geschäftsführer wie im deutschen Recht zwischen Anstellung und Bestellung.[412] Der Anstellungsvertrag eines Geschäftsführers kann sowohl freies als auch abhängiges Dienstverhältnis[413] sein. Der Dienstvertrag ist in den §§ 1151 ff. ABGB geregelt.[414] Die gesetzliche Umschreibung im bürgerlichen Recht für den abhängigen Dienstvertrag ist sehr allgemein gefasst.[415] Wie in Deutschland bleibt es der Rechtsprechung und der

---

409 Zum besseren Verständnis der arbeitsrechtlichen Einstufung des Fremdgeschäftsführers wird einleitend kurz auf die gesellschaftsrechtliche und sozialversicherungsrechtliche Ausgangslage des jeweiligen Staates eingegangen.

410 *Nölle*, Eigenhaftung des GmbH-Geschäftsführers, S. 163.

411 Vgl. dazu *Wünsch*, FS Ostheim (1990), 437 ff.

412 OHG vom 13.07.1976, Ob 58/76, Arb 9491; *Buder/Steinhoff*, GmbH im Rechtsvergleich, S. 87; *Gellis*, GmbHG, 4. Aufl., § 15 Rn. 15; *Koppensteiner*, GmbHG, 2. Aufl., § 15 Rn. 1 m. w. N.; *Mayr*, in: FS Floretta (1983), 763, 766 f.; *Reich-Rohrwig*, GmbH-Recht Bd. I, 2. Aufl., Rn. 2/44.

413 Das abhängige Dienstverhältnis entspricht unserem Arbeitsverhältnis.

414 Auch wenn begrifflich nicht zwischen dem abhängigen und dem freien Dienstvertrag unterschieden wird, beziehen sich die Vorschriften nach dem Willen des Gesetzgebers auf den abhängigen Dienstvertrag, vgl. *Groß*, Anstellungsverhältnis, S. 298.

415 Nach § 1151 Abs. 1 AGBG liegt ein abhängiger Dienstvertrag vor, wenn sich jemand auf gewisse Zeit zur Dienstleistung für einen anderen verpflichtet.

juristischen Lehre überlassen, eingehendere Wesensmerkmale herauszuarbeiten.[416] Die h. M. stellt hierbei auf die persönliche Abhängigkeit des Dienstnehmers ab. Diese sei durch die Unterworfenheit unter die funktionelle Autorität des Dienstgebers gekennzeichnet. Der Dienstnehmer sei organisatorisch hinsichtlich Arbeitszeit, Arbeitsort und Kontrolle der Arbeitsleistung in den Betrieb eingebunden und unterliege diesbezüglich den Weisungen des Dienstgebers[417].

In Österreich legt die h. M. im Sozialversicherungsrecht bei der Pflichtversicherung nach dem ASVG[418] den arbeitsrechtlichen Dienstnehmerbegriff zugrunde.[419] Das Merkmal der persönlichen Abhängigkeit sei im Sozialversicherungsrecht gleich wie im Arbeitsrecht auszulegen.[420] Der Geschäftsführer kam früher daher nur als Arbeitnehmer in den Schutz der Sozialversicherung nach dem ASVG. Fehlte die Arbeitnehmereigenschaft, konnte er nur subsidiär den Sozialversicherungsschutz des Gewerblichen Sozialversicherungsgesetzes (GSVG) genießen. Dazu musste er jedoch Gesellschafter sein.[421] Der Fremdgeschäftsführer war nur dann sozialversicherungsrechtlich geschützt, wenn er als Arbeitnehmer eingestuft wurde. Mit der Änderung des § 4 Abs. 2 ASVG zum 01.01.1998 hat sich jedoch die Rechtslage gewandelt. Der Fremdgeschäftsführer unterliegt seither, auch ohne Arbeitnehmer zu sein, der Sozialversicherungspflicht.[422]

---

416 *Martinek/Schwarz*, Angestelltengesetz, S. 24; *Mayr*, in: FS Floretta (1983), 763, 766 f.

417 OHG vom 26.06.1997 – 8 Ob A 2158/96, RdW 1998, 633; *Fritz*, ArbR in Österreich, S. 21; *Grillberger*, FS Ostheim (1990), 541, 548; *Martinek/Schwarz*, Angestelltengesetz, S. 24. Auch der Katalog (möglicher) weiterer Merkmale ist mit dem im deutschen Recht bekannten identisch, vgl. *Fritz*, ArbR in Österreich, S. 20; *Groß*, Anstellungsverhältnis, S. 198; *Mayr*, FS Floretta (1983), 763, 763 ff.

418 Um in den Anspruch der Kranken-, Unfall- und Pensionsversicherung nach dem ASVG zu kommen, muss der Geschäftsführer Dienstnehmer im Sinn des § 4 Abs. 2 ASVG sein.

419 *Fritz*, ArbR in Österreich, S. 22; *Mayr*, FS Floretta (1983), 763, 771 ff.; *Schima*, ZAS 1987, 121, 122.

420 *Schima*, ZAS 1987, 121, 122; vgl. auch *Fritz*, ArbR in Österreich, S. 22 und *Mayr*, FS Floretta (1983), 763, 771 ff.

421 *Grillberger*, FS Ostheim (1990), 541, 546; *Mayr*, FS Floretta (1983), 763, 771 ff.

422 Der sozialversicherungsrechtliche Dienstnehmerbegriff des § 4 Abs. 2 ASVG ist nun zusätzlich an das lohnsteuerpflichtige Dienstverhältnis geknüpft. Als Dienstnehmer gilt jetzt auch, wer lohnsteuerpflichtig ist (§ 4 Abs. 2 ASVG). Der Fremdgeschäftsführer kann demnach über seine Lohnsteuerpflicht sozialversicherungsrechtlichen Schutz des ASVG genießen, vgl. *Gellis*, GmbHG, 4. Aufl., § 15 Rn. 21; *Fritz*, ArbR in Österreich, S. 22.

Die Rechtsprechung hat sich zu der Frage, ob der Fremdgeschäftsführer als Arbeitnehmer einzustufen ist, bislang nicht geäußert.[423] Da in Österreich jedoch die sozialversicherungsrechtliche Einstufung mit der arbeitsrechtlichen gleichgesetzt wird, hat die Literatur bisher für die arbeitsrechtliche Beurteilung des Geschäftsführers stets auf ein Urteil des VwGH zu seiner sozialversicherungsrechtlichen Einstufung zurückgegriffen. Danach ist der Geschäftsführer namentlich dann kein Arbeitnehmer, wenn er als Gesellschafter kraft seiner Beteiligung und der sich hieraus ergebenden Rechte einen maßgeblichen Einfluss auf die Gesellschaft ausüben kann.[424] Der VwGH hat dabei klargestellt, dass gesellschaftsrechtliche Gründe die Arbeitnehmereigenschaft nicht ausschließen.[425]

Die h. L. betrachtet den Fremdgeschäftsführer als abhängigen Dienstnehmer[426]. Sie unterscheidet zwar zwischen Anstellung und Bestellung, trennt jedoch wie schon der VGH nicht zwischen gesellschaftsrechtlicher und arbeitsrechtlicher Weisungsabhängigkeit.[427] Da die GmbH-Gesellschafter dem Geschäftsführer Weisungen erteilen und jedes Einzelgeschäft von ihrer Zustimmung abhängig machen könnten, stehe der Geschäftsführer in einem Verhältnis persönlicher Abhängigkeit zur Gesellschaft. Gesellschaftsrechtliche Gründe könnten die Arbeitnehmereigenschaft nicht generell ausschließen.[428]

Die Argumente der Mindermeinung gleichen im Wesentlichen denen der h. M. im deutschen Recht. So ließen sich arbeitsrechtliche und unternehmensrechtli-

---

423 Es gibt lediglich ein Urteil des OLG zur Aktiengesellschaft. Dort wird die abhängige Dienstnehmereigenschaft des Vorstands wegen fehlender Weisungsunterworfenheit verneint, vgl. OGH vom 03.07.1975, EvBl. 66/1976. Dieses Urteil stützt sich jedoch auf die völlige Weisungsfreiheit des Vorstandsmitglieds als Wesenszug des österreichischen Aktiengesetzes und kann daher nicht auf den GmbH-Geschäftsführer übertragen werden, vgl. *Grillberger*, FS Ostheim (1990), 541, 551.

424 VwGH vom 17.06.1980, ARD 3257/9/80.

425 Er hat weiter ausgeführt, dass die Frage, ob der Geschäftsführer einer GmbH in einem abhängigen Dienstverhältnis steht, von der Gesamtbeurteilung der Rechtsbeziehungen des Geschäftsführers zur Gesellschaft aus GmbHG, dem Gesellschaftsvertrag und dem Anstellungsvertrag im Einzelfall abhänge, VwGH vom 17.06.1980, ARD 3257/9/80. Der VwGH trennt damit nicht zwischen der arbeitsrechtlichen und der gesellschaftsrechtlichen Weisungsabhängigkeit.

426 *Gellis*, GmbHG, 4. Aufl., § 15 Rn. 15; *Grillberger*, FS Ostheim (1990), 541, 553 ff.; *Geist*, DRdA 1999, 69, 70; *Martinek/Schwarz*, Angestelltengesetz, § 1 Erl. 2, *Mayr*, FS Floretta (1983), 763, 767 ff. *Reich-Rohrwig*, GmbH-Recht Bd. I, 2. Aufl., Rn. 2/85.

427 *Grillberger*, FS Ostheim (1990), 541, 554 f.; *Mayr*, FS Floretta (1983), 763, 767. Sie begründen dies mit dem engen Zusammenhang zwischen Organstellung und Anstellungsverhältnis. Die Pflicht zur sorgfältigen Geschäftsführung und zur Befolgung von Weisungen der Gesellschafterversammlung sei auch Inhalt des Anstellungsvertrags.

428 *Schwarz/Löschnigg*, ArbR, 8. Aufl., S. 187.

che Wertungen für die Charakterisierung des Anstellungsverhältnisses nicht vollständig harmonisieren. Man müsse sich entweder für den Vorrang des Unternehmensrechts oder für den des Arbeitsrechts entscheiden. Mit Blick auf die Notwendigkeit der Unternehmensleitung könne der Geschäftsführer nicht zugleich abhängiger Arbeitnehmer sein.[429] Es sei fraglich, ob die Stellung des GmbH-Geschäftsführers als Leitungsorgan, das lediglich korporationsrechtlich der Gesellschafterversammlung unterstellt sei, eine persönliche Abhängigkeit zulasse.[430] Die Weisungsunterworfenheit aus § 20 Abs. 1 ÖGmbHG umfasse nicht die Erteilung persönlicher Weisungen.[431] Letztlich erreiche die persönliche Abhängigkeit im Anstellungsvertrag oft nicht das von h. L. und Judikatur geforderte Maß für eine abhängige Beschäftigung.[432]

Ein Hauptgrund, den Fremdgeschäftsführer als Arbeitnehmer einzustufen, war, dass er bis zur Änderung des § 4 Abs. 2 ASVG keinerlei Sozialversicherungsschutz genossen hätte.[433] Denn als Nichtgesellschafter wäre er nicht in den Schutzbereich des GSVG gefallen. Diese Besonderheit hätte nach der alten Rechtslage zu der widersinnigen Konsequenz geführt, dass der weniger schützenswerte Gesellschafter-Geschäftsführer ein Mehr an Schutz (über das GSVG) erhalten hätte als der schutzbedürftigere Fremdgeschäftsführer.[434] In Österreich bestand daher früher eine gewisse Notwendigkeit, den Fremdgeschäftsführer als Arbeitnehmer einzuordnen.[435] Aufgrund dieser besonderen Situation im Sozialversicherungsrecht kann in der Einstufung des Fremdgeschäftsführers als Arbeitnehmer durch die h. M. in Österreich nicht ohne weiteres ein Indiz für die Einstufung im deutschen Recht gesehen werden.[436] Die Argumente lassen sich insbesondere nicht auf das deutsche Recht übertragen, ohne zugleich die wesentliche Unterscheidung zwischen gesellschaftsrechtlicher und arbeitsrechtlicher Weisungsunterworfenheit aufzugeben. Die Ausführungen haben jedoch gezeigt, dass in Österreich nach der h. M. die Organstellung des Geschäftsfüh-

429 Ein echtes Arbeitsverhältnis beim GmbH-Geschäftsführer kann nach *Jabornegg* nur dann in Betracht kommen, wenn atypischer Weise die echte Unternehmensleitung nicht von den Geschäftsführern, sondern von der Gesellschafterversammlung ausgeübt werde (DRdA 1991, 12 f.).

430 *Schima*, ZAS 1987, 121, 122 f.

431 Letzteres leitet *Schima* aus § 20 Abs. 1 ÖGmbHG ab. Dort sei von Beschränkungen bei der Vertretung der Gesellschaft die Rede (ZAS 1987, 121, 122).

432 *Schima*, ZAS 1987, 121, 122.

433 Außer man hätte auf eine Analogie zurückgegriffen, so z. B. *Schima*, ZAS 1987, 121, 123.

434 Vgl. zu deren unterschiedlicher Schutzbedürftigkeit die Ausführungen oben B. I.

435 Es bleibt abzuwarten, inwieweit nach der Änderung des § 4 Abs. 2 ASVG zum 01.01.1998 die in der Literatur aufgekommene Tendenz, den Fremdgeschäftsführer nicht weiter als freien Dienstnehmer anzusehen, weitere Unterstützung finden wird.

436 So aber *Groß*, Anstellungsverhältnis, S. 302.

rers einer möglichen Einstufung als Arbeitnehmer nicht generell entgegensteht.[437]

II. Die Rechtslage in Frankreich

Die GmbH wurde im Jahr 1925 per Gesetz in Frankreich eingeführt. Anstoß war die Geltung des deutschen GmbHG in Elsass-Lothringen und die damit verbundenen positiven Erfahrungen.[438] Der GmbH entspricht im französischen Recht die „société à responsabilité limitée" (S.A.R.L.). Geregelt ist sie inzwischen im Gesetz Nr. 66-537 vom 24.07.1966 über die französischen Handelsgesellschaften (L. 1966).[439] Die h. M. qualifiziert den Geschäftsführer der S.A.R.L., den so genannten „gérant", als Organ der Gesellschaft.[440] Seine Abberufung ist jederzeit ohne Einhaltung einer Frist und ohne Vorliegen besonderer Gründe möglich (Art. 55 Abs. 1 S. 3 L. 1966).[441]

Auch in Frankreich unterliegen Fremdgeschäftsführer der Sozialversicherungspflicht. Anders als in Deutschland enthält das Sozialgesetzbuch in Frankreich, der so genannte "code de la sécurité sociale" (CSS) eine umfangreiche, aber nicht abschließende Aufzählung der pflichtversicherten Berufsgruppen (Art. L. 311-2 CSS). Dazu zählen auch „Geschäftsführer einer GmbH, die weniger als die Hälfte des Kapitals besitzen"[442], folglich auch Fremdgeschäftsführer. Sie sind kraft Gesetzes sozialversicherungspflichtig.

Im Gegensatz zum deutschen Recht kennt das französische Recht ein neben der Organstellung bestehendes Anstellungsverhältnis des Geschäftsführers im Sinn des Trennungsprinzips nicht. Das Rechtsverhältnis zwischen den Geschäftsführern und der Gesellschaft wird unmittelbar aus dem Gesellschaftsvertrag herge-

---

437 So auch *Krause*, Mitarbeit im Unternehmen, S. 315. Dieses Ergebnis lässt sich aufgrund der vergleichbaren Rechtslage auch auf das deutsche Recht übertragen. Denn hierfür ist die Art der Weisungsabhängigkeit unerheblich.

438 *Nölle*, Eigenhaftung des GmbH-Geschäftsführers, S. 154.

439 Zuletzt für die S.A.R.L. geändert durch Gesetz vom 15.05.2001, vgl. *Frank/Wachter*, RIW 2002, 11.

440 *Hohenadel*, Geschäftsleiter, S. 31 ff. mit ausführlicher Darstellung der Gründe und m. w. N.

441 Bei der Abberufung ohne wichtigen Grund sieht Art. 55 Abs. 1 L. 1966 Schadensersatzansprüche vor.

442 *Buder/Steinhoff*, GmbH im Rechtsvergleich, S. 94; *Hohenadel*, Geschäftsleiter, S. 74; *Kaufmann*, ZIAS 1998, 321 ff.; *Klein*, RIW 2000, 817, 818.

leitet.[443] Damit stellt sich die Frage der Arbeitnehmereigenschaft des Fremdgeschäftsführers in Frankreich zunächst nicht. Man ist sich vielmehr darüber einig, dass Geschäftsführer einer S.A.R.L. als solche keine Arbeitnehmer sind.[444]

Ein Arbeitsvertrag mit einem Geschäftsführer kann jedoch dann bestehen, wenn er tatsächliche Leistungen neben seiner eigentlichen Geschäftsführertätigkeit erbringt. Eine solche Kumulation von Arbeitsvertrag und Geschäftsführung wird in Frankreich ausdrücklich zugelassen („cumulus").[445] In der Praxis sind entsprechende Arbeitsverträge häufig auf die technische, kaufmännische oder finanzielle Leitung der Gesellschaft gerichtet.[446] Formelle Voraussetzung ist ein gesellschaftsrechtliches Zustimmungserfordernis durch die Gesellschafterversammlung bei erstmaligem Abschluss und späteren Vertragsänderungen nach Art. 50 L. 1966.[447] Materielle Voraussetzungen sind das Bestehen eines Subordinationsverhältnisses, eine tatsächliche Ausübung der im Arbeitsvertrag übernommenen Tätigkeit und eine strikt formelle und tatsächliche Trennung zwischen der Funktion des Geschäftsführers als Organträger und der als Angestellter der Gesellschaft.[448] Das Vorliegen der Voraussetzungen wird vom Kassationsgerichtshof anhand verschiedener Merkmale überprüft: Ein zusätzliches Arbeitsverhältnis wird angenommen bei getrennter Vergütung, ausführlicher Aufgabenbeschreibung, Umfang der Befugnisse des Geschäftsführers (je umfangreicher, desto eher wird vermutet, dass die Leitungsfunktion auch die übrigen Funktionen mit umfasst) sowie Größe und Organisationsgrad der Gesellschaft.[449] Da in kleineren Gesellschaften diese Trennung praktisch schwer umsetzbar ist, kritisiert die Literatur, dass durch dieses Erfordernis Geschäftsführer ausgeschlossen würden, die aufgrund der meist niedrigeren Vergütung besonders schutzwürdig seien.[450]

---

443 *Buder/Steinhoff*, GmbH im Rechtsvergleich, S. 94; *Hohenadel*, Geschäftsleiter, S. 64.

444 *Krause*, Mitarbeit im Unternehmen, S. 319 m. w. N. Es gibt jedoch auch noch das ruhende Arbeitsverhältnis.

445 Cass. soc. 21.07.1981, Bull civ. V, 723, 536; *Chaussade/Klein*, GesR in Frankreich, S. 63; *Hohenadel*, Geschäftsleiter, S. 64; *Mayer*, cadres supérieurs, S. 47; *Klein*, RIW 2000, 817, 818; *Sonnenberger*, Französisches Handels- und Wirtschaftsrecht, S. 183 jeweils m. w. N.

446 *Hohenadel*, Geschäftsleiter, S. 83.

447 *Hohenadel*, Geschäftsleiter, S. 78 f.

448 Vgl. *Hohenadel*, Geschäftsleiter, S. 81 ff.; *Krause*, Mitarbeit im Unternehmen, S. 321. Auch: *Buder/Steinhoff*, GmbH im Rechtsvergleich, S. 94; *Klein*, RIW 2000, 817, 819; *Mayer*, cadres supérieurs, S. 42 f.; *Sonnenberger*, Französisches Handels- und Wirtschaftsrecht, S. 183, jeweils m. w. N.

449 Vgl. *Hohenadel*, Geschäftsleiter, S. 84 ff. m. w. N.

450 *Hohenadel*, Geschäftsleiter, S. 87 f.

Die Gegenauffassung spricht das Problem der Arbeitnehmerstellung bei gleichzeitiger Leitungsmacht und Kontrolle als Geschäftsführer an. Ihre Vertreter argumentieren, die Leitungsmacht durch den Geschäftsführer schließe ein Unterordnungsverhältnis generell aus.[451]

Vertreter der h. M. halten dem entgegen, Fremdgeschäftsführer seien den Gesellschaftern in ihrer Gesamtheit durch deren Kontrollbefugnisse untergeordnet.[452] Kollisionen mit dem Gesellschaftsrecht löst die h. M. anhand eines Vorrangs der gesellschaftsrechtlichen Regelungen im Einzelfall.[453]

Die französische Rechtsprechung trägt der Kritik hinsichtlich des fehlenden Subordinationsverhältnisses beim „cumulus" in neuerer Zeit dadurch Rechnung, dass sie vertritt, das ursprüngliche Arbeitsverhältnis sei während der Organstellung gehemmt und lebe bei Mandatsbeendigung wieder auf.[454] Nach der neueren Rechtsprechung kann dies auch automatisch eintreten. Rechtsfolge sei ein Ruhen der Hauptleistungspflichten, während die Mehrzahl der Nebenleistungspflichten fortbestehe.[455] Dieser Ansatz entspricht dem ruhenden Arbeitsverhältnis in Deutschland.

Die Literatur ist der Rechtsprechung weitgehend gefolgt.[456] Dogmatisch nimmt sie teilweise wie in Deutschland eine Schuldumwandlung an oder spricht von einem „Ruhen einzelner Teile des Arbeitsverhältnisses". Es gibt aber auch Stimmen, welche die Rechtsprechung ablehnen und ihr ein künstliches Vorgehen ohne jede gesetzliche Grundlage vorwerfen.[457]

Die vorstehenden Ausführungen haben gezeigt, dass der Geschäftsführer in Frankreich zunächst dann in einem Arbeitsverhältnis zur Gesellschaft stehen kann, wenn es sich bei der vertraglich geschuldeten Tätigkeit nicht um Geschäftsführungsaufgaben handelt. Diese Konstellation erfordert jedoch eine Trennung der Aufgabenbereiche, was letztlich auf eine Teilzeitarbeit hinausläuft. Sie schließt Interessenkollisionen nicht vollständig aus. Auch hier tritt die Frage auf, wer gegenüber dem Fremdgeschäftsführer die Arbeitgeberaufgaben wahrnimmt. Die französische Rechtsprechung leitet zudem das Unterordnungsverhältnis aus dem Gesellschaftsrecht ab. Da die Leistung aus dem Arbeitsver-

451 *Hohenadel*, Geschäftsleiter, S. 96 f.
452 Vgl. *Hohenadel*, Geschäftsleiter, S. 97 f. m. w. N.
453 Vgl. *Hohenadel*, Geschäftsleiter, S. 131 m. w. N.
454 *Klein*, RIW 2000, 817, 819; *Hohenadel*, Geschäftsleiter, S. 106, 110.
455 Vgl. *Hohenadel*, Geschäftsleiter, S. 118 ff. m. w. N.
456 Vgl. *Hohenadel*, Geschäftsleiter, S. 117, 113 m. w. N.
457 Vgl. *Hohenadel*, Geschäftsleiter, S. 110, 124 m. w. N.

hältnis jedoch außerhalb der Geschäftsführertätigkeit liegen muss, ist dies trotz des in Frankreich herrschenden Einheitsprinzips rechtsdogmatisch bedenklich. Jedenfalls lassen sich die Argumente nicht ohne weiteres auf das deutsche Recht, in dem die Trennungstheorie gilt, übertragen. Für eine Lösung im deutschen Recht bleibt jedoch festzuhalten, dass in Frankreich mögliche Kollisionen zwischen Arbeits- und Gesellschaftsrecht zugunsten des Gesellschaftsrechts gelöst werden, dem ein Vorrang im Einzelfall gewährt wird. Weiter wird in Frankreich ein Ruhen des Arbeitsverhältnisses angenommen. Hierzu wird auf die ausführliche Stellungnahme zum ruhenden Arbeitsverhältnis in Deutschland verwiesen, deren Argumente auf das Modell eines ruhenden Arbeitsverhältnisses in Frankreich übertragbar sind.

III. Die Rechtslage in Spanien

Der deutschen GmbH entspricht im spanischen Recht die "Sociedad de Responsabilidad Limitada" (SLR).[458] Das spanische GmbH-Recht ist 1995 novelliert worden und ist jetzt im Ley 2/1995 de 23 de marzo de sociedades de responsabillidad limitada (LSRL) kodifiziert.[459] Die Abberufung von Geschäftsführern ist jederzeit möglich (Art. 68 Abs. 1 LSRL). Das Weisungsrecht der Gesellschafterversammlung ist in Spanien umfassend. Jedoch wird anders als in Österreich dem Geschäftsführer ein weisungsfreier Kernbereich zugestanden, der zumindest einen Teil der Geschäftsführung umfassen soll.[460]

Das Arbeitsrecht wird in Spanien im Gegensatz zu Deutschland und auch vielen anderen Ländern gemeinsam mit dem Sozialversicherungsrecht behandelt.[461] Anders als in Deutschland wird der Arbeitnehmer gesetzlich definiert. Arbeitnehmer ist nach Art. 1 des spanischen Arbeitsgesetzbuchs („Estatuto de los Trabajadores" vom 10.03.1980 - ET), wer freiwillig bezahlte Dienste für fremde Rechnung und im Bereich der Organisation und Direktion einer anderen (natürlichen oder juristischen) Person leistet, die Arbeitgeber oder Unternehmer ge-

---

458 Sie wurde erst im Jahr 1953 gesetzlich geregelt, war jedoch zuvor in der juristischen Lehre und der Rechtsprechung weitgehend anerkannt, vgl. *Hernández/Breton*, RIW 1992, 452 ff.

459 Gesetz 2/1995 vom 23.03.1995 über Gesellschaften mit beschränkter Haftung. Vgl. dazu *Nölle*, Eigenhaftung des GmbH-Geschäftsführers, S. 160; vgl. auch *Keil* in: Behrens (Hrsg.), Die GmbH im internationalen und europäischen Recht, 2. Aufl., 1 ff. Zur alten Rechtslage: *Keil*, GmbHR 1992, 489 ff.

460 Z. B. kein Eingriff der Gesellschafterversammlung in das laufende Tagesgeschäft. *Weikgenannt*, Eingriffsbefugnisse, S. 6.

461 *Cremades*, ArbR in Spanien, S. 1.

nannt wird.[462] Nach Art. 1.3 c) ET ist der Geschäftsführer einer Gesellschaft vom Regelungsbereich des ET ausgeschlossen.[463] Als Grund für den gesetzlichen Ausschluss wird angeführt, dass seine Tätigkeiten denen eines Unternehmensinhabers gleichwertig seien.[464]

Als Ausgleich für den generellen Ausschluss aus dem ET besteht in Spanien für den Geschäftsführer ein gesetzlich geregelter Arbeitsvertrag[465] (RD). Dieser enthält die Grundprinzipien „Vertrauensschutz" und „Vertragsfreiheit" ohne große Beschränkungen.[466] Hervorzuheben ist, dass die Kündigungsfrist drei Monate beträgt; bei unbefristeten Verträgen oder bei Verträgen mit einer Laufzeit von über fünf Jahren sogar sechs Monate (Art. 11.1 i. V. m. Art. 10.1 RD). Art. 11 RD enthält überdies eine umfangreiche Schadensersatzregelung.

Aufgrund der gesetzlichen Regelungen in Art. 1.3 c) ET und in der RD wird in der juristischen Literatur und Rechtsprechung die Frage der Einordnung des Fremdgeschäftsführers als Arbeitnehmer nicht aufgeworfen.

---

462 Diese Definition entsprach und entspricht auch noch der herrschenden Arbeitsrechtslehre in Spanien. Sie gerät jedoch wie die Definition in Deutschland zunehmend in die Kritik, *vgl. Adomeit/Frühbeck*, Spanische Recht, S. 69 m. w. N.

463 Es wird vorausgesetzt, dass die Tätigkeit einer solchen Person in dem Unternehmen Aufgaben erfüllt, die ihrer Stellung innewohnen, vgl. dazu *Müller*, Rechtsstellung der leitenden Angestellten, S. 34.

464 *Müller*, Rechtsstellung der leitenden Angestellten, S. 33.

465 „Real Decredo 1382/1985 de 1 de agosto por el que se regula la Relación Laboral de Carácter Especial del Personal de Alta Dirección / BOE de 12 de agosto de 1985".

466 Nach Art. 3.2 der RD sind Arbeitsgesetze, also das ET, nur dann anwendbar, wenn ein Verweis durch die RD dies vorsieht oder im Anstellungsvertrag eine entsprechende Regelung zu finden ist. In Art. 4.1 RD ist festgelegt, dass der Anstellungsvertrag schriftlich in zweifacher Ausfertigung mit dem in Art. 4.2 RD genannten Mindestinhalt (Parteien, Vertragsgegenstand, Vergütung, Dauer und bestimmte zusätzliche Klauseln, die das RD fordert) abzuschließen ist. Soweit eine Dauer nicht festgelegt wird, ist das Anstellungsverhältnis unbefristet geschlossen (Art. 6 RD). Hinsichtlich Arbeitszeit und Urlaub wird auf vertragliche Regelungen verwiesen (Art. 7 RD). Die Kündigung bedarf der Schriftform (Art. 11.1 RD). Hinsichtlich anderer Beendigungsgründe, der Gewährleistung des Gehalts, der Verjährung und betriebsverfassungsrechtlicher Fragen wird auf das ET verwiesen, vgl. Art. 12, 13, 15, 16 RD.

IV. Stellungnahme und Schlussfolgerungen

Die vorstehenden Ausführungen haben gezeigt, dass, obwohl die gesellschaftsrechtlichen Strukturen in den untersuchten Ländern weitgehend parallel verlaufen sind, die Frage der Arbeitnehmereigenschaft von Fremdgeschäftsführern in allen drei Ländern unterschiedlich gelöst wird:

In Österreich sieht die h. M. den Fremdgeschäftsführer als Arbeitnehmer an und stützt die erforderliche Weisungsabhängigkeit auf das gesellschaftsrechtliche Weisungsrecht. Daher lassen sich die Argumente nicht auf das deutsche Recht übertragen, ohne zugleich die Trennung von arbeitsrechtlich und gesellschaftsrechtlich relevanter Abhängigkeit aufzugeben. In Frankreich stellt sich die Frage der Arbeitnehmereigenschaft des Fremdgeschäftsführers zunächst bei einer Tätigkeit außerhalb der eigentlichen Geschäftsführertätigkeit („cumulus"). Das Unterordnungsverhältnis wird dort wie in Österreich aus der Organstellung und damit aus dem Gesellschaftsrecht abgeleitet. Daher ist auch hier eine Übertragung auf das deutsche Recht wie erwähnt nicht möglich. Weiter gibt es in Frankreich ein ruhendes Arbeitsverhältnis, das dem Sozialschutz des Fremdgeschäftsführers jedoch nicht umfassend gerecht wird. In Spanien werden Organmitglieder schon kraft Gesetzes von dem Arbeitsgesetz ausgeschlossen. Zum Ausgleich weist das Gesetz dem Geschäftsführer unter anderem eine Kündigungsfrist und als Ersatz für den Bestandsschutz ein Schadensersatzrecht zu.

Der rechtsvergleichende Blick auf die ausgewählten europäischen Staaten führt zu dem Schluss, dass keine neuen Lösungsansätze für die Problematik der Anwendbarkeit von Arbeitsrecht auf den Fremdgeschäftsführer vorhanden sind. Die h. M. in Österreich entspricht inhaltlich der Mindermeinung in Deutschland. Ihre Argumente verlaufen weitgehend äquivalent. In Frankreich gibt es zum einen das ruhende Arbeitsverhältnis, das auch in der deutschen Rechtsprechung und der deutschen juristischen Literatur bekannt ist.[467] Zusätzlich wird eine Art Doppelstellung des Geschäftsführers in Erwägung gezogen, die jedoch in der Praxis eine Fiktion bleiben wird, will man nicht von einer Teilzeitarbeit ausgehen. Gegen Letzteres spricht schon der Umstand, dass der Fremdgeschäftsführer der Gesellschaft regelmäßig seine gesamte Arbeitskraft der Geschäftsführung widmet. Es ist ihm daneben nur in eng begrenzten Ausnahmefällen möglich, außerhalb der Gesellschaft tätig zu sein.[468] In Spanien hat der Gesetzgeber eine Lösung entwickelt. Ein legislativer Akt bietet eine Möglichkeit, die Rechtssicherheit verspricht, soweit ihre Umsetzung gelingt. Der deutsche Gesetzgeber hat jedoch bislang – abgesehen von den wenigen, bereits erwähn-

[467] Vgl. dazu oben D. II.
[468] Hachenburg/*Mertens*, GmbHG, 8. Aufl., § 43 Rn. 40.

ten Bereichsausnahmen – keine entsprechenden Regelungen für Fremdgeschäftsführer getroffen. So finden sich für die von den Bereichsausnahmen nicht betroffenen Regelungen, wie einleitend erwähnt, weder eine Legaldefinition noch positive Geltungsbereichsbestimmungen.[469]

Für ein abgestuftes Arbeitsrecht lässt sich jedoch das Fazit ziehen, dass arbeitsrechtlicher Schutz zumindest im Einzelfall in allen Ländern gewährt wird, wenn auch in unterschiedlicher Art und Weise. Dadurch wird einerseits deutlich, dass die Anwendung von Arbeitsrecht auf Fremdgeschäftsführer nicht grundsätzlich aufgrund ihrer Organstellung entfallen muss. Wie die Ausführungen gezeigt haben, werden auch in den untersuchten Ländern arbeitsrechtliche Schutzvorschriften trotz der Organstellung auf Geschäftsführer, speziell die Fremdgeschäftsführer, angewandt. Zudem hat sich herausgestellt, dass auch in diesen Ländern das Problem der Schutzbedürftigkeit von Fremdgeschäftsführern erkannt wurde.

[469] Vgl. *Wank*, FS Wiedemann (2002), 587, 604.

F. „Abgestuftes Arbeitsrecht"[470]

Die nachfolgenden Untersuchungen dieses zweiten Teils der Arbeit widmen sich der Frage, ob das Modell eines „abgestuften Arbeitsrechts" für die Anwendung arbeitsrechtlicher Bestimmungen auf den Fremdgeschäftsführer eine Lösung bieten kann, die einerseits der Verwirklichung seines Sozialschutzes und andererseits seiner Organstellung gerecht wird, ohne hierbei die Forderungen nach Rechtssicherheit zu vernachlässigen.

I. *Hromadkas* Modell eines „abgestuften Arbeitsrechts"

Hromadka hat das abgestufte Arbeitsrecht als alternatives Konzept, den Arbeitnehmer vom Selbstständigen – insbesondere im Zusammenhang mit der so genannten Scheinselbstständigkeit – abzugrenzen, entwickelt.[471] Ein abgestuftes Arbeitsrecht bedeutet im Ergebnis, dass arbeitsrechtliche Vorschriften unter bestimmten Voraussetzungen auf Nichtarbeitnehmer entsprechend angewandt werden können. Zunächst wird das Modell *Hromadkas* zum abgestuften Arbeitsrecht vorgestellt (unter 1.). Es folgt eine Stellungnahme (unter 2.), die zur Prüfung der Übertragbarkeit des Modells auf den Fremdgeschäftsführer führt (unter 3.). Abschließend wird in einem Zwischenergebnis das Erarbeitete analysiert und der weitere Verlauf der Untersuchungen vorgegeben (unter 4.).

1. „Inhalt des Modells"

Für *Hromadka* besagt die Verneinung der Arbeitnehmereigenschaft noch nicht, dass das Arbeitsrecht unter keinem Teilaspekt zur Anwendung kommt. Er weist auf die im Arbeitsrecht bereits bestehenden Differenzierungen bei der Anwendung arbeitsrechtlicher Vorschriften hin.[472] Maßgeblich dafür, ob arbeitsrechtliche Vorschriften auf Nichtarbeitnehmer angewandt werden können, sei der jeweilige Zweck der Norm.[473] *Hromadka* unterscheidet hinsichtlich der Norm-

---

[470] Der Begriff geht zurück auf *Hromadka*, NZA 1997, 569 ff.

[471] *Hromadka*, NZA 1997, 569, 577.

[472] Hierbei nennt *Hromadka* beispielsweise die Differenzierungen im Hinblick auf leitende Angestellte, arbeitnehmerähnliche Personen, besondere Schutzgruppen wie Schwerbehinderte, Jugendliche und Frauen in Mutterschaft (NZA 1997, 569, 577).

[473] *Hromadka*, NZA 1997, 569, 578.

zwecke unter Berufung auf deren Einteilung durch *Wank*[474] zwischen dem Berufsschutz sowie dem Existenz- und Bestandsschutz. Der Berufsschutz und der Schutz vor marktbedingten Beschäftigungsrisiken wollen Gefahren und Mangellagen des Arbeitsvertrags neutralisieren, während der Existenzschutz Lebensrisiken des Arbeitnehmers auf den Arbeitgeber überwälze.[475] Um Leitlinien zu gewinnen, mit deren Hilfe *Hromadka* die Anwendung von arbeitsrechtlichen Bestimmungen auf arbeitnehmerähnliche Selbstständige und andere Selbstständige regeln will, schlüsselt er arbeitsrechtliche Vorschriften anhand folgender drei Kriterien weiter auf:

1. dem Umstand, der die gesetzliche Regelung ausgelöst hat („auslösender Umstand“);
2. dem Regelungsbedarf, den dieser Umstand hervorruft („Problem“);
3. der gesetzlichen Regelung selbst („gesetzliche Abhilfe“).[476]

Seine Einteilung[477] anhand dieser Kriterien ist wie folgt:

Auslösender Umstand	Problem	Gesetzliche Abhilfe
wirtschaftliche und intellektuelle Überlegenheit des Arbeitgebers	ungerechte Arbeitsbedingungen	Tarifvertragssystem, teilweise betriebliche Mitbestimmung, AGB-Kontrolle, sozialer Arbeitsschutz
Arbeit in Räumen, mit Mitteln und Stoffen des Arbeitgebers	Gefahr für Leben, Gesundheit und Eigentum des Arbeitnehmers	technischer Arbeitsschutz
Arbeit unter Leitung und nach Weisung des Arbeitgebers (fremdbestimmte Arbeit)	„Objektstellung“ der Arbeitnehmer	betriebliche Mitbestimmung, Arbeitsschutz
Zeitbestimmtheit der Arbeitsleistung	Verlust von Lebenszeit bei Nichtbeschäftigung	Entgeltzahlung bei Annahmeverzug
fremdnützige Arbeit (Ausschluss vom Wirtschaftsmarkt)	keine Möglichkeit, für Marktschwankungen vorzusorgen	festes Einkommen, feste Arbeitszeitdauer, Haftungsmilderung

474 Vgl. *Wank*, Arbeitnehmer und Selbständige, S. 56 ff.
475 *Hromadka*, NZA 1997, 569, 578.
476 *Hromadka*, NZA 1997, 569, 578.
477 *Hromadka*, NZA 1997, 569, 578.

Hromadka weist darauf hin, dass eine Zuordnung bestimmter gesetzlicher Regelungen zu bestimmten Mangellagen in der Wirklichkeit nicht immer eindeutig sei. Die Regelung einer Frage könne in Wechselwirkung stehen zur Regelung einer anderen Frage, könne sie verstärken oder abschwächen oder gar einen neuen Regelungsbedarf wecken.[478]

Er ist der Auffassung, dass, wenn außerhalb des Bereichs des Arbeitsvertrags eine Mangellage vorliegt, die analoge Anwendung der jeweiligen Ausgleichsnorm geprüft werden müsse. Denn beim Ausgleich von Mangellagen sei das Schutzbedürfnis nicht auf die Gruppe der Arbeitnehmer beschränkt. Den Schutz müsse jeder genießen, der unter denselben Umständen tätig werde; unabhängig davon, ob sein Vertrag ein Dienst- oder Werkvertrag sei oder ob überhaupt ein Vertrag vorliege. Dies gelte jedoch nicht bei rein arbeitsrechtsspezifischen Mangellagen. *Hromadka* untersucht daraufhin, inwieweit es sich bei den auslösenden Faktoren um „arbeitsrechtsspezifische Umstände“ handelt oder um solche, „die eben auch beim Arbeitsverhältnis eine Rolle spielen“.[479] Er gelangt zu dem Ergebnis, dass die wenigsten Mangellagen arbeitsrechtsspezifisch sind. Ihre Mehrzahl könne in beinahe jedem Vertragstyp auftreten. Dies gelte speziell für den Gefahrenschutz und die intellektuelle Über- oder Unterlegenheit. So könnten auch Selbstständige auf der Grundlage eines Dienst-, Werk- oder Gesellschaftsvertrags in den Räumen, mit den Mitteln und mit den Stoffen des Arbeitgebers arbeiten.[480] Die Haftungsbeschränkung beruhe auf dem allgemeinen Gedanken, dass derjenige, der seinen Aktionskreis erweitere, die Risiken nicht auf andere aufschieben dürfe.[481] Die Entgeltzahlung bei Annahmeverzug betreffe das Verwendungsrisiko der Leistung, was der Arbeitsvertrag mit dem freien Dienstvertrag gemeinsam habe. Arbeitsvertragsspezifisch seien dagegen die beiden Problemkreise, die sich aus der Weisungsabhängigkeit und dem Betriebsrisiko ergäben. Sie entstünden daraus, dass der Arbeitnehmer auf eine eigene Tätigkeit am Wirtschaftsmarkt verzichte. Die Entgeltfortzahlung im Krankheitsfall, bei Urlaub und an Feiertagen habe nichts mit dem Ausgleich von Mangellagen aus dem Vertragsverhältnis zu tun. Hier gehe es schlicht um die Verstetigung des Einkommens, um den Lebensunterhalt zu sichern. Beim Sozialschutz im Sinn einer Sicherung des Lebensunterhalts sei zu bedenken, dass er über die Leistungen im Austauschverhältnis „Arbeitsvertrag“ hinausgehe. Der Arbeitgeber werde zu Leistungen der Daseinsvorsorge herangezogen. Deshalb möchte *Hromadka* hierbei abwägen, ob auf der einen Seite das für die Leistung vorausgesetzte Bedürfnis besteht, auf der anderen Seite dem jeweili-

[478] *Hromadka*, NZA 1997, 569, 578.
[479] *Hromadka*, NZA 1997, 569, 578 f.
[480] *Hromadka*, NZA 1997, 569, 578.
[481] *Hromadka*, NZA 1997, 569, 578 f.

gen Arbeitgebertypus die Last auferlegt werden kann.[482] Das rechtsmethodische Instrument bei der Anwendung arbeitsrechtlicher Vorschriften auf den Nichtarbeitnehmer ist für *Hromadka* die Analogie.[483]

2. Stellungnahme

Hromadkas Modell eines abgestuften Arbeitsrechts bietet die Möglichkeit, schutzwürdigen Personen, die sich nicht unmittelbar unter die klassischen Merkmale des Arbeitnehmerbegriffs subsumieren lassen, arbeitsrechtlichen Schutz zukommen zu lassen. Dabei wird, wie der Begriff selbst schon verdeutlicht, die Anwendung der arbeitsrechtlichen Vorschriften nach ihrem jeweiligen Sinn und Zweck differenziert gelöst. *Hromadka* unterscheidet beispielsweise zwischen dem Ausgleich von Mangellagen und dem Sozialschutz. An die Stelle eines Alles- oder Nichts-Prinzips bei der Ausweitung des Arbeitnehmerbegriffs auf Scheinselbstständige tritt eine Vielschichtigkeit, die den Vorteil hat, dass sie sich am Einzelfall ausrichten kann. Ein abgestuftes Arbeitsrecht ist aber nicht allein in der Lage, die besondere Stellung des Schutzbedürftigen zu berücksichtigen und damit ein Mehr an Einzelfallgerechtigkeit zu erzielen.[484] Es können auch Belange des Arbeitgebers stärker in den Blickpunkt rücken. *Hromadka* weist in diesem Zusammenhang auf die Funktionsfähigkeit des Unternehmens und die Wettbewerbsfähigkeit nach außen hin.[485] Gerade bei der besonderen Situation des Geschäftsführers ist die Funktionsfähigkeit des Unternehmens von großer Bedeutung, wie die bisherigen Untersuchungen gezeigt haben. So ist beispielsweise der Geschäftsführer bei längerer Abwesenheit nur schwer zu ersetzen, was auch in den ersten beiden Beispielsfällen zum Ausdruck kommt.[486] Ein abgestuftes Arbeitsrecht könnte zu einer individuellen Lösung gelangen, die nicht an die oftmals starren Vorgaben eines Arbeitsrechts, das für diese Situationen nicht geschaffen wurde, gebunden ist. Es könnte möglicherweise das im ersten Teil der Arbeit aufgeworfene besondere Spannungsverhältnis zwischen Anstellung und Organstellung, zwischen Arbeits- und Gesellschaftsrecht[487] insgesamt aufheben, was im weiteren Verlauf zu untersuchen ist.

---

482 *Hromadka*, NZA 1997, 569, 579.

483 *Hromadka*, NZA 1997, 569, 579.

484 Schon *G. Hueck* hat zu Recht darauf hingewiesen, dass es zwischen dem abhängigen Arbeitnehmer und dem selbstständigen Unternehmer zahlreiche Zwischenstufen gibt (*Hueck*/Nipperdey, ArbR 1. Bd., 7. Aufl., S. 4).

485 Vgl. *Hromadka*, NZA 1997, 569, 579.

486 Siehe oben B. I.

487 Vgl. oben B. II.

Nachteil eines abgestuften Arbeitsrechts ist ein mit seiner zunehmenden Vielschichtigkeit einhergehender Verlust an Berechenbarkeit und Rechtssicherheit. Dieser Nachteil kommt jedoch nur dann zum Tragen, wenn nicht anhand klarer Leitlinien ersichtlich ist, welche Schutzvorschriften auf den jeweiligen Schutzbedürftigen angewandt werden können. *Hromadka* hat deshalb entsprechende Leitlinien herausgearbeitet, durch die er ein abgestuftes Arbeitsrecht koordinieren will. Zwar schränken Leitlinien die Vielschichtigkeit wieder in gewissem Maß ein; im Gegenzug gewährleisten sie dafür ein Mehr an Rechtssicherheit. Die differenzierte Anwendung arbeitsrechtlicher Schutzvorschriften auf den Nichtarbeitnehmer muss einhergehen mit Leitlinien, die klare Kriterien für eine Anwendbarkeit festlegen.

Zunächst muss jedoch untersucht werden, inwieweit sich das von *Hromadka* entwickelte Modell zum abgestuften Arbeitsrecht auf den Fremdgeschäftsführer übertragen lässt.

3. Übertragbarkeit auf den Fremdgeschäftsführer

Eine Auseinandersetzung mit dem System eines abgestuften Arbeitsrechts beim Fremdgeschäftsführer fand noch nicht statt. *Hromadka* hat sein Modell allgemein für arbeitnehmerähnliche Selbstständige und andere Selbstständige ausgearbeitet. Zu Geschäftsführern nimmt er nicht direkt Stellung. Er hat jedoch zumindest indirekt den Gesellschafter-Geschäftsführer angesprochen, als er darauf hinwies, dass Selbstständige auch „im Rahmen eines Gesellschaftsvertrags in den Räumen, mit Mitteln und mit Stoffen des Arbeitgebers handeln können“[488]. Zur Bejahung der Frage, ob das Modell eines abgestuften Arbeitsrechts auf den Fremdgeschäftsführer übertragbar ist, muss der Fremdgeschäftsführer „schutzbedürftiger Selbstständiger“[489] sein (unter a), die Bereichsausnahmen dürfen durch das abgestufte Arbeitsrecht nicht umgangen werden (unter b) und zwingende gesellschaftsrechtliche Grundsätze dürfen nicht entgegenstehen (unter c).

a) Der Fremdgeschäftsführer als schutzbedürftiger Selbstständiger

Die Untersuchungen im ersten Teil der Arbeit haben zu dem Ergebnis geführt, dass der Fremdgeschäftsführer weder Arbeitnehmer noch arbeitnehmerähnliche Person ist. Er ist damit nach dem Ausschlussprinzip der Gruppe der Selbstständigen zuzurechnen.

---

[488] Vgl. *Hromadka*, NZA 1997, 569, 578.
[489] *Hromadka*, NZA 1997, 569, 580.

Fraglich ist, ob er auch schutzbedürftig ist. Die generelle Schutzbedürftigkeit des Fremdgeschäftsführers wurde im ersten Teil der Arbeit bereits angesprochen.[490] Sie soll im Folgenden jedoch nochmals anhand der von *Hromadka* entwickelten Merkmale kurz aufgegriffen werden. *Hromadka* bestimmt die Schutzbedürftigkeit unabhängig von der Einordnung als Arbeitnehmer oder Selbstständiger nach folgenden Kriterien:

- Arbeit in einer fremden Organisation mit Betriebsmitteln eines anderen;
- Keine Möglichkeit der Risikoverteilung durch Bindung an einen Auftraggeber;
- Abgabe eines Leistungsversprechen, das bei Nichtabrufung zum ersatzlosen Verlust der Verdienstmöglichkeit führt;
- Erbringung der Leistung gemeinsam mit anderen in arbeitsteiliger Organisation;
- Tätigkeit unter Leitung und nach Weisung eines anderen;
- Erzielung eines Einkommens, das keine Daseinsvorsorge erlaubt.[491]

Die Mehrzahl der von *Hromadka* aufgelisteten Merkmale trifft auf den Fremdgeschäftsführer zu: Er arbeitet in einer für ihn als Nichtgesellschafter fremden Organisation mit den Betriebsmitteln der Gesellschaft. Er muss der Gesellschaft seine gesamte Arbeitskraft widmen, was es ihm regelmäßig nicht ermöglicht, zusätzlich außerhalb der Gesellschaft tätig zu sein.[492] Er erbringt seine Leistung in der Regel gemeinsam mit anderen Geschäftsführern oder sonstigen Führungskräften. Im Innenverhältnis unterliegt er den Weisungen der Gesellschafterversammlung (§ 37 Abs. 1 GmbHG). Ob sein Einkommen eine Daseinsvorsorge erlaubt, hängt vom jeweiligen Einzelfall ab. Jedenfalls ist er nicht am Kapital der Gesellschaft beteiligt, durch das er seine Existenz zusätzlich absichern könnte. Der Fremdgeschäftsführer ist damit auch nach den Kriterien *Hromadkas* grundsätzlich schutzbedürftig. Seine Schutzbedürftigkeit ist bei einem abgestuften Arbeitsrecht zusätzlich immer auch anhand der jeweiligen Mangellage und dem Normzweck zu untersuchen.[493]

---

490 Vgl. oben B. I.

491 *Hromadka*, DB 1998, 195, 201.

492 Hachenburg/*Mertens*, GmbHG, 8. Aufl., § 43 Rn. 40.

493 Vgl. *Hromadka*, NZA 1997, 569, 578 f.

b) Bereichsausnahmen

Fraglich ist, ob die Bereichsausnahmen der Anwendbarkeit eines abgestuften Arbeitsrechts beim Fremdgeschäftsführer generell entgegenstehen. Im ersten Teil der Arbeit wurde gezeigt, dass der Gesetzgeber aufgrund zwingender gesellschaftsrechtlicher Regelungen Organmitglieder von bestimmten arbeitsrechtlichen Normen und Gesetzen ausgeschlossen hat. Es wurde festgestellt, dass der Ausschluss nicht generell, sondern lediglich kasuistisch und einzelfallbezogen zu sehen ist.[494] Aus den Bereichsausnahmen lassen sich daher zu den übrigen arbeitsrechtlichen Regelungen keine Schlüsse gegen ihre entsprechende Anwendbarkeit auf den Fremdgeschäftsführer ziehen, was dem Modell eines abgestuften Arbeitsrechts entgegenstehen könnte. Vielmehr hat der Gesetzgeber selbst bei den Regelungen der Bereichsausnahmen Differenzierungen erkennen lassen, indem er einzelne arbeitsrechtliche Vorschriften auf Organmitglieder für nicht anwendbar erklärt hat. Er hat damit, anders als etwa der spanische Gesetzgeber[495], eine Lösung im Einzelfall nach dem Sinn und Zweck der jeweiligen Vorschrift getroffen. Auch das abgestufte Arbeitsrecht soll die Anwendung von arbeitsrechtlichen Vorschriften teleologisch entscheiden und nicht nach einem Alles- oder Nichts-Prinzip die schutzbedürftige Person vom Arbeitsrecht ausschließen oder sie umgekehrt einheitlich den arbeitsrechtlichen Vorschriften unterwerfen.

Die Bereichsausnahmen selbst dürfen zudem durch ein abgestuftes Arbeitsrecht nicht umgangen werden. Eine Umgehung wäre von vornherein ausgeschlossen, wenn die Bereichsausnahmen im Rahmen eines abgestuften Arbeitsrechts außer Betracht blieben. Methodisches Instrument des abgestuften Arbeitsrechts *Hromadkas* ist die Analogie. Eine entsprechende Anwendung der Bereichsausnahmen scheitert schon daran, dass keine Regelungslücke vorliegt.[496] Die Bereichsausnahmen bleiben folglich unberücksichtigt und werden damit auch nicht durch ein abgestuftes Arbeitsrecht umgangen.

c) Vereinbarkeit mit zwingenden gesellschaftsrechtlichen Grundsätzen

Zu untersuchen ist weiter, ob ein abgestuftes Arbeitsrecht auch mit zwingenden gesellschaftsrechtlichen Grundsätzen vereinbar ist. Im ersten Teil der Arbeit wurde darauf hingewiesen, dass außerhalb der Bereichsausnahmen eine Anwendung arbeitsrechtlicher Schutzvorschriften nicht immer möglich ist, ohne in Einzelfällen mit gesellschaftsrechtlichen Grundsätzen zu kollidieren. Jedoch

494 Siehe dazu ausführlich oben C. IV. 1.
495 Vgl. oben E. III.
496 Siehe dazu ausführlich unten F. III. 1. a).

wurde festgestellt, dass die gesellschaftsrechtlichen Grundsätze einer Anwendung von arbeitsrechtlichen Schutzvorschriften nicht generell entgegenstehen. Begründet wurde dies damit, dass Kollisionen aus dem Zusammentreffen von arbeitsrechtlichen Schutzvorschriften und gesellschaftsrechtlichen Rechten und Pflichten aus der Organstellung im Einzelfall gelöst werden können.[497] Die Argumente lassen sich auch auf die Anwendung von arbeitsrechtlichen Bestimmungen im Rahmen eines abgestuften Arbeitsrechts übertragen. Auch wenn der Fremdgeschäftsführer als Organ der GmbH gesellschaftsrechtlichen Grundsätzen unterliegt, können zumindest außerhalb von Kollisionen einzelne arbeitsrechtliche Vorschriften angewandt werden. Den hinter einem abgestuften Arbeitsrecht stehenden Gedanken, solche Vorschriften auf Nichtarbeitnehmer analog anzuwenden, haben die Rechtsprechung und die juristische Literatur beim Geschäftsführer bereits verwirklicht.[498]

Das Gesellschaftsrecht steht einem abgestuften Arbeitsrecht beim Fremdgeschäftsführer nicht generell entgegen, solange der besonderen Organstellung des Fremdgeschäftsführers ausreichend Rechnung getragen wird. Letzterer Umstand ist in dem für Selbstständige angelegten, allgemein gefassten Modell *Hromadkas* noch nicht berücksichtigt. Das Modell *Hromadkas* ist auf Fremdgeschäftsführer daher nur unter dem Vorbehalt der Berücksichtigung gesellschaftsrechtlicher Grundsätze übertragbar.

4. Zwischenergebnis

Die bisherigen Untersuchungen dieses zweiten Teils der Arbeit haben zu dem Ergebnis geführt, dass sich der Grundgedanke eines abgestuften Arbeitsrechts auch auf den Fremdgeschäftsführer übertragen lässt. Aufgrund der Schutzbedürftigkeit des Fremdgeschäftsführers besteht eine Parallele zur „neuen Selbstständigkeit“, die *Hromadka* bei seinem Modell eines abgestuften Arbeitsrechts im Blick hatte. Die Bereichsausnahmen werden durch ein abgestuftes Arbeitsrecht nicht berührt. Sie verdeutlichen vielmehr, dass der Gesetzgeber bei der Anwendung von Arbeitsrecht auf Organmitglieder eine am Sinn und Zweck der Norm orientierte, differenzierte Lösung getroffen hat. Zwingende gesellschaftsrechtliche Grundsätze stehen einer entsprechenden Anwendung nicht generell entgegen, sondern höchstens im Einzelfall. Kollisionen hieraus müssen Eingang finden in die Voraussetzungen für eine Abstufung des Arbeitsrechts. Aufgrund dieser gesellschaftsrechtlichen Besonderheiten können die von *Hromadka* entwickelten Leitlinien auf den Fremdgeschäftsführer nicht ohne weiteres übertra-

[497] Vgl. oben C. IV. 4.
[498] Vgl. unten F. II.

gen werden. Vielmehr müssen Leitlinien erarbeitet werden, die der besonderen Stellung des Fremdgeschäftsführers als Organ der Gesellschaft ausreichend Rechnung tragen. Im Rahmen eines abgestuften Arbeitsrechts gibt es hierzu weder Rechtsprechung noch Stellungnahmen in der juristischen Literatur. Jedoch wendet die h. M. einzelne arbeitsrechtliche Vorschriften bereits analog auf Geschäftsführer an. Da *Hromadka* bei einem abgestuften Arbeitsrecht gleichfalls arbeitsrechtliche Vorschriften analog anwenden will[499], muss nachfolgend untersucht werden, ob sich aus der Rechtsprechung und den Literaturmeinungen zur entsprechenden Anwendung arbeitsrechtlicher Schutzvorschriften mögliche Argumente und Voraussetzungen für Leitlinien eines abgestuften Arbeitsrechts extrahieren lassen (unter II.). Unter Berücksichtigung der hierzu gefundenen Ergebnisse und unter Einbeziehung des Modells *Hromadkas* werden im Anschluss Leitlinien für eine entsprechende Anwendung arbeitsrechtlicher Schutzvorschriften und Grundsätze auf den Fremdgeschäftsführer ermittelt (unter III.). Anhand dieser Leitlinien kann dann das Modell eines abgestuften Arbeitsrechts beim Fremdgeschäftsführer herausgebildet werden (unter IV.).

II. Die entsprechende Anwendung arbeitsrechtlicher Bestimmungen auf Fremdgeschäftsführer in Rechtsprechung und Literatur

Nachfolgend werden zunächst die allgemeinen Voraussetzungen, die Rechtsprechung (unter 1.) und juristische Literatur (unter 2.) bei der Begründung oder Ablehnung der entsprechenden Anwendung arbeitsrechtlicher Vorschriften auf (Fremd-) Geschäftsführer aufgestellt haben, dargestellt und gewürdigt. Im Anschluss wird der Blick auf einzelne in der Rechtsprechung und der juristischen Literatur aufgetretene konkrete Probleme bei der Anwendung von Schutzvorschriften gerichtet, speziell beim Mutterschutz, beim Urlaubsanspruch, bei der Lohnfortzahlung, bei der Haftungsbeschränkung und beim Kündigungsschutz (unter 3.). Abschließend wird Stellung bezogen, ob und inwieweit die herausgearbeiteten Ansätze in Rechtsprechung und Literatur zur entsprechenden Anwendung arbeitsrechtlicher Bestimmungen auf Fremdgeschäftsführer für das Modell eines abgestuften Arbeitsrechts aufgegriffen werden können (unter 4.).

1. Die Argumente der Rechtsprechung

Die Rechtsprechung hat sich bereits früh mit der Frage der Anwendbarkeit von arbeitsrechtlichen Vorschriften und Grundsätzen auf Organmitglieder auseinan-

[499] Vgl. oben F. I. 1.

dergesetzt. Im Folgenden werden die von ihr aufgestellten allgemeinen Voraussetzungen mit besonderem Augenmerk auf den Fremdgeschäftsführer untersucht.[500]

a) Entsprechende Anwendung arbeitsrechtlicher Grundsätze durch Vergleich mit Arbeitnehmern

Am 11.07.1953 hat sich der BGH erstmals mit der Anwendung arbeitsrechtlicher Vorschriften und Grundsätze auf Organmitglieder beschäftigt.[501] In dem Urteil ging es zwar um ein Vorstandsmitglied einer AG; der BGH hat jedoch deutlich gemacht, dass seine Ausführungen für alle Anstellungsverträge von Organmitgliedern gelten sollen, also auch für den Fremdgeschäftsführer. Der BGH war der Auffassung, dass unter bestimmten Voraussetzungen die vom Reichsgericht entwickelten Rechtsgrundsätze, nämlich die §§ 323 ff. BGB nicht auf das Arbeitsverhältnis anzuwenden (Betriebsrisikolehre)[502], teilweise auch für Organmitglieder gelten.[503] Zur Begründung führte der BGH auf: Ein länger andauerndes Dienstverhältnis mit regelmäßig wiederkehrenden Leistungen nähere sich, je länger es bestehe oder bestehen solle, dem Arbeitsverhältnis an. Dies gelte erst recht dann, wenn das Vertragsverhältnis weitere wichtige Merkmale aufweise, die für ein echtes Arbeitsverhältnis kennzeichnend seien. Hierzu zähle, dass das Organmitglied seine gesamte Arbeitskraft dem Betrieb zur Verfügung stelle sowie die feste Eingliederung in den Betrieb. Weiteres Merkmal sei zudem die Lebenshaltung des Organmitglieds, welche durch seine Tätigkeit und die hierfür gewährten Bezüge maßgebend bestimmt werde, auch wenn die Höhe der Bezüge dem Organmitglied ein größeres Maß an wirtschaftlicher Unabhängigkeit als einem Arbeitnehmer gewähre. Zwar sei das Organmitglied gegenüber dem Dienstberechtigten in einem weitergehenden Maß als der leitende Angestellte frei von Weisungen. Jedoch bestehe eine besondere Treuepflicht gegenüber der Gesellschaft bei der Abhängigkeit von anderen Organen sowie der Bindung an die Satzung. Der BGH meinte deshalb, dass es bei einem durch diese Merkmale geprägten Vorstandsverhältnis nicht bei den allgemeinen Re-

---

[500] Die Entscheidungen werden chronologisch dargestellt, um die Entwicklung der Rechtsprechung aufzeigen zu können. Soweit die Gerichte in späteren Entscheidungen lediglich die bisherige Rechtsprechung bestätigt haben, wird bei der Erörterung der Ausgangsentscheidung auf nachfolgende Urteile verwiesen.

[501] BGH vom 11.07.1953 – II ZR 126/52, BGHZ 10, 187 ff.

[502] RG vom 06.02.1923 – III 93/22, RGZ 106, 272, 275 f. Nach der Lehre vom Betriebsrisiko muss der Arbeitgeber den Arbeitslohn auch dann zahlen, wenn der Arbeitnehmer ohne sein Verschulden aus betriebstechnischen Gründen nicht beschäftigt werden kann, vgl. *Reichold*, ArbR, § 8 Rn. 52 und den neuen § 619 a BGB, eingeführt durch das Gesetz zur Modernisierung des Schuldrechts vom 26.11.2001 (BGBl. I, 3138).

[503] BGH vom 11.07.1953 – II ZR 126/52, BGHZ 10, 187 ff.

geln für den Dienstvertrag der selbstständig Tätigen bleiben dürfe.[504] Der BGH verglich das Organmitglied mit dem Arbeitnehmer und erkannte gewisse Ähnlichkeiten bei bestimmten Kriterien. Hierbei handelte es sich letztlich um Kriterien, die auch ein Arbeitsverhältnis kennzeichnen und die *Hromadka* bei der Erörterung der Frage der Schutzbedürftigkeit ebenfalls nennt: Die Eingliederung in den Betrieb, die Bindung an nur einen Arbeitgeber und die mangelnde eigene Daseinsvorsorge[505]. Die fehlende Weisungsgebundenheit wollte der BGH mit der Treuepflicht des Organmitglieds gegenüber der Gesellschaft kompensieren.

In seiner Entscheidung vom 03.12.1962 musste der BGH zur Anwendbarkeit arbeitsrechtlicher Bestimmungen erstmals auch konkret zu GmbH-Geschäftsführer Stellung beziehen. Im zugrunde liegenden Fall ging es um die Urlaubsabgeltung für einen Geschäftsführer.[506] Der BGH hat zunächst ohne weitere Begründung ausgeführt, dass die für den sozial abhängigen Arbeitnehmer geltenden Grundsätze zur Übertragung des Urlaubsanspruchs auf das Folgejahr und zur Urlaubsabgeltung auch auf den Urlaubsanspruch der Organmitglieder einer juristischen Person angewandt werden können.[507] Er hat diese Grundsätze für den Geschäftsführer sogar noch ausgeweitet. Das Gericht gestand dem Geschäftsführer nicht nur zu, den Urlaub im Jahr der Beendigung des Anstellungsverhältnisses abgegolten zu bekommen (entsprechend den damaligen Grundsätzen, heute § 7 Abs. 4 BUrlG), sondern gewährte zusätzlich für die vorangegangenen beiden Jahre, für die der Urlaubsanspruch bereits erloschen war, eine Abgeltung. Begründet hat der BGH dies damit, dass dem Geschäftsführer der Umfang der von ihm geleisteten Arbeit und seine Verantwortung für die Errichtung und den Ausbau des Betriebs eine auch nur kurze Urlaubsabwesenheit nicht gestattet habe. Er könne nun nicht dafür bestraft werden, dass er im Betriebsinteresse ein Übermaß an Arbeit geleistet habe.[508]

---

[504] BGH vom 11.07.1953 – II ZR 126/52, BGHZ 10, 187, 191 f.

[505] Hromadka, DB 1998, 195, 201. Vgl. oben F. I. 3. a).

[506] 1962 war die Urlaubsabgeltung noch nicht gesetzlich verankert. Das Bundesurlaubsgesetz vom 08.01.1963 regelt den Abgeltungsanspruch in Geld nun in § 7 Abs. 4.

[507] BGH vom 03.12.1962 – II ZR 201/61, DB 1963, 138.

[508] BGH vom 03.12.1962 – II ZR 201/61, DB 1963, 138. Mit Urteil vom 21.04.1975 bestätigte der BGH diese Rechtsprechung für den Fremdgeschäftsführer ohne weitere Begründung, vgl. BGH vom 21.04.1975 – II ZR 2/73, WM 1975, 761, 763. Später hat das OLG Düsseldorf entschieden, dass § 7 Abs. 4 BUrlG nur für sozial abhängige Arbeitnehmer gilt, nicht jedoch für Organmitglieder einer juristischen Person (im Fall eines Fremdgeschäftsführers). Dennoch ist es von den Grundsätzen des BGH für die Urlaubsabgeltung nicht abgerückt. Offen gelassen hat das OLG, worauf es die Grundsätze stützt. OLG Düsseldorf vom 23.12.1999 – 6 U 119/99, GmbHR 2000, 278, 281.

Der BGH wandte somit die für den Urlaub von sozial abhängigen Arbeitnehmern entwickelten Grundsätze auch auf Organmitglieder an, ohne dies weiter zu begründen. Er gewährte dem Geschäftsführer durch richterliche Rechtsfortbildung einen Urlaubsabgeltungsanspruch über diese Grundsätze hinaus, was das Gericht mit dessen besonderer Situation als Organ der Gesellschaft erklärte.

Im darauf folgenden Jahr hat der BGH die Grundsätze vom fehlerhaften Arbeitsverhältnis zunächst für das Vorstandsmitglied einer AG „sinngemäß herangezogen", jedoch ohne dies näher zu begründen.[509] Rückschlüsse für eine entsprechende Anwendung lassen sich diesem Urteil damit nicht entnehmen.

b) Zusätzliche Berücksichtigung der Organstellung

In einer Entscheidung aus dem Jahre 1967 hat der BGH Voraussetzungen zur entsprechenden Anwendung arbeitsrechtlicher Schutzvorschriften auf Organe aufgestellt und erstmals die besondere Geschäftsführerstellung als maßgeblichen Unterschied angesprochen.[510] In dem zugrunde liegenden Fall ging es um die Anwendung des § 630 BGB (Zeugniserteilung) auf den GmbH-Geschäftsführer. Der BGH hat einleitend festgestellt, dass § 630 BGB ein „soziales Abhängigkeitsverhältnis" voraussetze.[511] Der BGH hat dennoch die Vorschrift auch auf den Geschäftsführer angewandt. Im Verhältnis zur Gesellschaft bestehe ein Anstellungsverhältnis, das ihn zu Diensten verpflichte und gekündigt werden kann. Er sei deswegen je nach Höhe seines Gehalts mehr oder weniger wirtschaftlich von der Gesellschaft abhängig. Dass der Geschäftsführer wie ein Selbstständiger ein größeres Maß persönlicher Freiheit als ein sozial abhängiger Arbeitnehmer genießt, weil er anders als dieser Art und Weise seiner Arbeit bestimmen und seine Arbeitszeit selbst einteilen könne, spielt für den BGH für den Anspruch auf Erteilung eines Zeugnisses keine Rolle.[512] Der Senat wies allgemein darauf hin, dass er „Vorschriften des Rechts der sozial abhängigen Arbeitnehmer" bereits auf GmbH-Geschäftsführer angewendet habe, soweit

[509] BGH vom 06.04.1964 – II ZR 75/62, BGHZ 41, 282, 287. In späteren Entscheidungen hat er diese Entscheidung auch für den GmbH-Geschäftsführer bestätigt, wiederum ohne Voraussetzungen aufzustellen oder zu prüfen: BGH vom 15.01.1995 – II ZR 290/93, BB 1995, 536 (bei Geschäftsführer einer Komplementär-GmbH); BGH vom 03.07.2000 – II ZR 282/98, NJW 2000, 2983.

[510] BGH vom 09.11.1967 – II ZR 64/67, BGHZ 49, 30. Vgl. auch KG vom 06.11.1978 – 2 U 2290/78, BB 1979, 988 zum Inhalt des Zeugnisses des GmbH-Geschäftsführers.

[511] BGH vom 09.11.1967 – II ZR 64/67, BGHZ 49, 30, 31.

[512] BGH vom 09.11.1967 – II ZR 64/67, BGHZ 49, 30, 32.

dies „das Anstellungsverhältnis erfordere und seine Organstellung es nicht verbiete“.[513]

Der BGH bildete in dem Urteil anders als in den vorangegangenen Entscheidungen allgemeine Grundsätze für die entsprechende Anwendung von arbeitsrechtlichen Vorschriften auf Geschäftsführer heraus. Entscheidend ist auf der einen Seite das Anstellungsverhältnis. Der BGH verglich dazu den Geschäftsführer – wie schon zuvor – mit Arbeitnehmern und sprach seine wirtschaftliche Abhängigkeit an. Die Unterschiede aus der Geschäftsführerstellung sah er als nicht maßgeblich an. Spielte die Organstellung in dem soeben aufgeführten Urteil im Ergebnis damit noch keine Rolle, so wurde sie für den BGH bald zum Hauptausschlussgrund bei der Anwendung arbeitsrechtlicher Vorschriften auf Geschäftsführer.

Dies zeigte sich ansatzweise bereits im Urteil vom 17.02.1969, in dem der BGH die Anwendung der Grundsätze der betrieblichen Übung bei Ruhegehaltsansprüchen auf Vertretungsorgane (im Fall ein Fremdgeschäftsführer) geprüft hat.[514] Der BGH hat die Erstreckung der betrieblichen Übung bei der Versorgung abhängiger Arbeitnehmer auf Geschäftsführer verneint. Voraussetzung eines solchen Rechts sei, dass sich in dem betreffenden Unternehmen ein ständiger Brauch gebildet habe, Organmitgliedern ohne ausdrückliche Pensionszusage Ruhegehalt zu gewähren. Die Grundsätze der betrieblichen Übung kämen jedoch unter diesen Voraussetzungen nur selten in Betracht, da sie eine genügende Anzahl gleich liegender Fälle voraussetzten, bei Organmitgliedern jedoch im Wesentlichen individuelle Gesichtspunkte eine Rolle spielten.[515] Zwar ist hier die Organmitgliedschaft maßgeblich für die Ablehnung. Der BGH hat sie jedoch nicht innerhalb der von ihm zuvor aufgestellten besonderen Voraussetzungen zur entsprechenden Anwendung herangezogen, sondern hat, indem er die Arbeitnehmer nicht als Vergleichsgruppe bei der betrieblichen Übung zuließ, das Vorliegen einer betrieblichen Übung schon anhand ihrer Voraussetzungen abgelehnt.

---

[513] BGH vom 09.11.1967 – II ZR 64/67, BGHZ 49, 30, 32. Der BGH verweist entgegen seiner Aussage auf Urteile, die allein Vorstände von AGs betrafen und in denen die Anwendbarkeit solcher Vorschriften verneint wurde. Im Urteil vom 16.12.1953 – II ZR 41/53, BGHZ 12, 1 lehnte er für diese die Anwendung des Kündigungsschutzgesetzes ab, im Urteil vom 07.12.1961 – II ZR 117/60, BGHZ 36, 143 lehnte er die Anwendung der Verjährungsfrist der Ansprüche der Arbeitnehmer von zwei Jahren gemäß § 196 Abs. 1 Nr. 9 auf den Vorstand einer AG ab.

[514] BGH vom 17.02.1969 – II ZR 19/68, WM 1969, 686 ff.

[515] BGH vom 17.02.1969 – II ZR 19/68, WM 1969, 686, 688.

Mit Urteil vom 27.02.1975 hat der BGH die Anwendung der arbeitsrechtlichen Grundsätze über eine Haftungsbeschränkung bei so genannter gefahrgeneigter Arbeit auf das Vertretungsorgan einer juristischen Person, das für die Verletzung seiner normalen Vorstandspflichten in Anspruch genommen wird, abgelehnt.[516] Begründet hat der BGH dies zunächst nicht. Zuvor hatte er jedoch bereits mit Urteilen vom 01.02.1963 und vom 07.10.1969 ausgesprochen, dass die Haftungsbeschränkung nur dem Arbeitnehmer zugute komme, nicht auch dem Selbstständigen, der aufgrund eines Dienstvertrags tätig werde.[517] Der BGH begründete dies damit, dass die Fürsorgepflicht des Arbeitgebers Korrelat des Weisungsrechts sei. Die personale Stellung des Dienstverpflichteten, der seine Dienste in eigener Verantwortung leiste und im Wesentlichen seine Tätigkeit frei gestalte und seine Arbeitszeit bestimmen könne, stehe einer Anwendung entgegen.[518] Darüber hinaus hat der BGH im Urteil vom 05.12.1983[519] nochmals zu seinem Urteil aus dem Jahr 1975 Stellung bezogen. Es sei gerade Sinn der Anstellung und Bestellung eines Geschäftsführers, die Schwierigkeiten und Risiken der Leitung des Unternehmens einer Person zu übertragen, die diese beherrsche. Insofern sei in diesem Fall eine Haftungsbeschränkung von der Sache her weder gerechtfertigt noch geboten.[520] Hier stand nach der Auffassung des BGH erstmals die Besonderheit der Organstellung der Anwendbarkeit von arbeitsrechtlichen Bestimmungen entgegen. Später hat allerdings das Oberlandesgericht Koblenz dies außerhalb der Geschäftsführertätigkeit eingeschränkt. So seien im Fall eines GmbH-Geschäftsführers bei der Teilnahme am öffentlichen Straßenverkehr die arbeitsrechtlichen Grundsätze der Haftungsbeschränkung bei gefahrgeneigter Tätigkeit entsprechend anzuwenden. Das Gericht verwies auf die unternehmensbezogene Tätigkeit und das Betriebsrisiko.[521]

---

516 BGH vom 27.02.1975 – II ZR 112/72, WM 1975, 467, 469.

517 BGH vom 01.02.1963 – VI ZR 271/61, NJW 1963, 1100; BGH vom 07.10.1969 – VI ZR 223/67, NJW 1970, 34.

518 BGH vom 07.10.1969 – VI ZR 223/67, NJW 1970, 34 f.

519 In dem Urteil hat er die Anwendung der Grundsätze der gefahrgeneigten Tätigkeit bei einem ehrenamtlich tätigen Jugendführer eines Pfadfindervereins bejaht, BGH vom 05.12.1983 – II ZR 252/82, BGHZ 89, 153.

520 BGH vom 05.12.1983 – II ZR 252/82, BGHZ 89, 153, 159.

521 Vgl. OLG Koblenz vom 07.10.1993 – 6 U 547/91, NJW-RR 1994, 1058. Das OLG Koblenz hat die Frage in einer späteren Entscheidung offen gelassen, da aufgrund der im konkreten Fall vorliegenden groben Fahrlässigkeit im öffentlichen Verkehr eine Haftungsbeschränkung jedenfalls nicht in Frage komme, OLG Koblenz vom 14.05.1998 – 5 U 1639/97, GmbHR 1999, 344.

Auch bei der Prüfung der entsprechenden Anwendung des § 613 a BGB war die Organstellung für verschiedene Gerichte entscheidendes Kriterium.[522] Das OLG Celle stellte fest, dass die Vorschrift nach ihrem Sinn und Zweck nicht für Organe juristischer Personen gelten könne. Die Stellung des Geschäftsführers sei in einem so hohen Maß vom persönlichen Vertrauen der Gesellschafter abhängig, dass es nicht möglich sei, das gesamte Dienstverhältnis auf einen anderen Dienstherren übergehen zu lassen.[523] Dass ein Übergang des Anstellungsverhältnisses nicht mit der Organstellung zu vereinbaren sei, ergebe sich auch aus den Folgen, zu denen eine Anwendung des § 613 a BGB führen würde. Der Erwerber müsste in alle Rechte und Pflichten des Anstellungsvertrags eintreten. Der Geschäftsführer könne aber in diesem Fall weder gesetzlicher Vertreter der veräußerten GmbH bleiben noch gesetzlicher Vertreter des Erwerbers werden. § 613 a BGB sei auf den Arbeitnehmer zugeschnitten, dessen Rechtsverhältnis im Gegensatz zu dem des Geschäftsführers mehr von einer Bindung an den Betrieb gekennzeichnet sei als an den Rechtsträger des Betriebs.[524]

Im Urteil des BGH vom 09.02.1978 ging es um den Sonderkündigungsschutz für Schwerbehinderte. Bei der Prüfung der entsprechenden Anwendung des Sonderkündigungsschutzes stand nicht allein die Organstellung sondern auch die Auslegung der geltenden Vorschrift anhand der früheren Gesetzesfassung in Verbindung mit der Entstehungsgeschichte entgegen.[525] So seien in der alten Fassung des Schwerbehindertengesetzes vom 14.08.1961[526] die „Mitglieder des Organs, das zur gesetzlichen Vertretung der juristischen Person berufen ist", vom Kündigungsschutz ausdrücklich ausgeschlossen gewesen. Zwar fehle eine solche Regelung in der Neufassung vom 02.04.1974[527], jedoch habe der Gesetzgeber damit keine sachliche Änderung beabsichtigt, sondern lediglich darauf verzichtet, den Arbeitgeberbegriff zu umschreiben.[528]

---

522 OLG Celle vom 15.06.1977 – 3 U 96/76, GmbHR 1978, 208. Vgl. auch OLG Hamm vom 18.06.1990 – 8 U 146/89, GmbHR 1991, 466, das jedoch auf eine entsprechende Anwendung nicht eingeht. Vgl. zudem BAG vom 13.02.2003 – 8 AZR 654/01, NZA 2003, 552.

523 OLG Celle vom 15.06.1977 – 3 U 96/76, OLGZ 1978, 200.

524 OLG Celle vom 15.06.1977 – 3 U 96/76, OLGZ 1978, 200.

525 BGH vom 09.02.1978 – II ZR 189/76, DB 1978, 878, 879. Vgl. auch LG Siegen vom 24.09.1985 – 6 O 106/85, ZIP 1985, 1282, 1283 und darauf folgend OLG Hamm vom 02.06.1986 – 8 U 298/85, GmbHR 1987, 305, 307 (ohne Begründung). A. A. OLG Stuttgart vom 18.09.1981, ZIP 1981, 1336.

526 BGBl. I, 389.

527 BGBl. I, 1005.

528 BGH vom 09.02.1978 – II ZR 189/76, DB 1978, 878, 879; LG Siegen vom 24.09.1985 – 6 O 106/85, ZIP 1985, 1282, 1283.

c) Ausdrückliche Erwähnungen eines sozialen Schutzbedürfnisses

Der BGH sah „in neuerer Zeit eine fortgeschrittene Rechtsentwicklung und Tendenz des Gesetzgebers, Gesellschaftsorgane im gebotenen Umfang einem Arbeitnehmer gleichzustellen“[529]. Dies sei der Fall, wenn bei den entsprechenden Vorschriften nicht die Eigenschaft als gesetzliches Vertretungsorgan oder die Ausübung von Arbeitgeberfunktionen im Vordergrund stehe, sondern das Schutzbedürfnis von Personen, deren Lebensunterhalt auf persönlichen Dienstleistungen beruhe.[530] In dem entsprechenden Urteil vom 24.11.1980 ging es um die Anwendung des § 17 Abs. 3 GKG für Gehalts- und Pensionsklagen.[531] Der BGH führte aus, der Geschäftsführer sei zwar nicht im gleichen Maß wie ein Arbeitnehmer im arbeitsrechtlichen Verständnis sozial abhängig, gleichwohl sei er als Angestellter dienstvertraglich gebunden und auf die darauf beruhenden Gehalts- und Versorgungsbezüge mehr oder weniger wirtschaftlich angewiesen. Der Schutzzweck des § 17 Abs. 3 GKG bestehe darin, die gerichtliche Durchsetzung von wiederkehrenden Leistungen zu erleichtern, aus denen der Berechtigte seinen Lebensunterhalt erziele. Dieser Schutzzweck treffe im weitesten Umfang auch auf Vergütungs- und Ruhegehaltsansprüche von Organmitgliedern zu.[532]

Der BGH stellte in diesem Urteil erstmals seit seiner Entscheidung zur Zeugniserteilung aus dem Jahr 1967[533] wieder allgemeine Voraussetzungen für die entsprechende Anwendung arbeitsrechtlicher Vorschriften auf Geschäftsführer auf. Er konkretisiert letztlich seine ursprüngliche Aussage, dass eine entsprechende Anwendung arbeitsrechtlicher Vorschriften zu prüfen sei, „wenn das Anstellungsverhältnis dies erfordert und seine Organstellung es nicht verbietet“[534]. Auf der einen Seite spricht der BGH erstmals ausdrücklich die Schutzbedürftigkeit des Geschäftsführers an, auf der anderen Seite erwähnt er seine Eigenschaft als gesetzliches Vertretungsorgan und die Ausübung von Arbeitgeberfunktionen. Für die Abwägung, welcher Gedanke im Vordergrund steht, wollte der BGH auf den Sinn und Zweck der jeweiligen Vorschrift abstellen.

---

[529] BGH vom 24.11.1980 – II ZR 183/80, WM 1981, 567.

[530] BGH vom 24.11.1980 – II ZR 183/80, WM 1981, 567.

[531] BGH vom 24.11.1980 – II ZR 183/80, WM 1981, 567. In seiner Entscheidung vom 15.06.1978 hatte der BGH die Anwendung des § 17 Abs. 3 GKG noch mit dem Hinweis auf die fehlende Arbeitnehmereigenschaft abgelehnt, BGH vom 15.06.1978 – II ZR 120/77, WM 1978, 1106.

[532] BGH vom 24.11.1980 – II ZR 183/80, WM 1981, 567. Ob dies auch für Bezüge von Mehrheitsgesellschaftern gilt, hat der BGH ausdrücklich offen gelassen.

[533] BGH vom 09.11.1967 – II ZR 64/67, BGHZ 49, 30, 32, vgl. oben.

[534] BGH vom 09.11.1967 – II ZR 64/67, BGHZ 49, 30, 32.

d) Unterscheidung von Fremd- und Gesellschafter-Geschäftsführern

Schon kurz nachdem die Rechtsprechung das Schutzbedürfnis des Fremdgeschäftsführers ausdrücklich erwähnt hatte, begannen die Gerichte damit, den Fremdgeschäftsführer vom Gesellschafter-Geschäftsführer im Einzelfall abzugrenzen. Auf das Schutzbedürfnis speziell des Fremdgeschäftsführers ging die Rechtsprechung beim Konkursausfallgeld[535] erstmals ein. Das Landgericht Bremen verweigerte 1979[536] dem Fremdgeschäftsführer mit dem Hinweis auf die fehlende Arbeitnehmerstellung Konkursausfallgeld. Das Oberlandesgericht Bremen hat die Entscheidung im selben Jahr bestätigt.[537] Es sei beim Fremdgeschäftsführer nur im Einzelfall denkbar, ihm ein Konkursausfallgeld zuzubilligen. Und zwar dann, wenn die Ausgestaltung seines Anstellungsverhältnisses und eine entsprechende Weisungsgebundenheit gegenüber den Gesellschaftern seine Stellung so sehr der eines Arbeitnehmers angleiche, dass eine unterschiedliche Behandlung vom Schutzbedürfnis her nicht gerechtfertigt erscheine.[538]

Zwischen den Geschäftsführertypen differenziert hat der BGH zudem in den beiden Urteilen vom 29.01.1981 und 11.05.1981 zur Kündigungsfrist des § 622 Abs. 1 BGB.[539] Er verneinte zunächst eine bewusste Entscheidung des Gesetzgebers, den Geschäftsführer aus dem § 622 BGB auszuschließen[540] und ging vielmehr von einem Redaktionsversehen aus. In seiner weiteren Begründung führte der BGH erneut aus, dass „der Senat bereits andere Vorschriften des Rechts sozial abhängiger Arbeitnehmer angewandt hat, soweit dies das Anstellungsverhältnis erforderte und seine Organstellung es nicht verbot"[541]. Das Gericht wies auf die Gemeinsamkeiten mit dem Arbeitnehmer hin. Der Geschäfts-

---

535 Die Zahlung von Konkursausfallgeld richtete sich vor dem 01.01.1999 nach §§ 141 a ff. AFG und ist inzwischen in den §§ 183 ff. SGB III geregelt.

536 OLG Bremen, KTS 1980, 163.

537 OLG Bremen vom 02.10.1979, KTS 1980, 163.

538 OLG Bremen vom 02.10.1979, KTS 1980, 163.

539 BGH vom 29.01.1981 – II ZR 92/80, BGHZ 79, 291; BGH vom 11.05.1981 – II ZR 126/80, NJW 1981, 2748, 2749 zu Vorstandsmitgliedern einer AG mit ausdrücklicher Erwähnung von GmbH-Geschäftsführern. Erneut bestätigt für Vorstandsmitglieder einer AG in BGH vom 29.05.1989 – II ZR 220/88, NJW 1989, 2683. Anders noch OLG Düsseldorf vom 03.06.1976 – 8 U 265/75, BB 1976, 901. Für den GmbH-Geschäftsführer bestätigt der BGH die Anwendung mit Urteil vom 26.03.1984 – II ZR 120/83, BGHZ 91, 217, nicht jedoch, soweit dieser beherrschender Gesellschafter-Geschäftsführer ist, vgl. BGH vom 09.03.1987 – II ZR 132/86, BB 1987, 848. Vgl. auch OLG Hamm vom 27.01.1992 – 8 U 200/91, NJW-RR 1993, 492.

540 BGH vom 29.01.1981 – II ZR 92/80, BGHZ 79, 291. Vgl. auch OLG München vom 15.02.1995 – 7 U 4750/83, WM 1995, 896.

541 BGH vom 29.01.1981 – II ZR 92/80, BGHZ 79, 291, 294.

führer stelle der Gesellschaft seine Arbeitskraft hauptberuflich zur Verfügung. Er sei darauf angewiesen, für sich und seine Familie aus diesen Einkünften den Lebensunterhalt zu bestreiten. Ihm müsse hinreichend Zeit gegeben werden, um sich nach einer anderen Tätigkeit umzusehen.[542] Im Verhältnis zur Gesellschaft stehe er in einem Anstellungsverhältnis, das ihn zu Diensten verpflichte, gekündigt werden könne und durch das er je nach Höhe seines Gehalts von der Gesellschaft mehr oder weniger wirtschaftlich abhängig sei. Beim Fremdgeschäftsführer jedenfalls bestehe eine solche wirtschaftliche Abhängigkeit.[543] Unerheblich sei, dass der Geschäftsführer gegenüber den Arbeitern und Angestellten die Funktionen eines Arbeitgebers ausübe.[544] Das Urteil entspricht den vom BGH in vorangegangenen Entscheidungen entwickelten Grundsätzen. Der BGH prüfte hier vorab, ob der Wille des Gesetzgebers entgegensteht. Er verglich im Anschluss den Geschäftsführer mit dem Arbeitnehmer. Er stellte besonders auf dessen wirtschaftliche Abhängigkeit ab und unterschied hierbei zwischen Fremd- und Gesellschafter-Geschäftsführern. Die Organstellung steht der entsprechenden Anwendung des § 622 BGB dem BGH zufolge nicht entgegen.

Auch beim Gleichbehandlungsgrundsatz hat die Rechtsprechung zwischen Gesellschafter-Geschäftsführern und Fremdgeschäftsführern unterschieden. Während sie beim Gesellschafter-Geschäftsführer auf den gesellschaftsrechtlichen Gleichbehandlungsgrundsatz zurückgriff[545], wendete sie beim Fremdgeschäftsführer den arbeitsrechtlichen Gleichbehandlungsgrundsatz entsprechend an[546]. Den arbeitsrechtlichen Gleichbehandlungsgrundsatz hat der BGH für Geschäftsführer, die nicht oder nicht nennenswert an der Gesellschaft beteiligt sind, aufgrund ihres „arbeitnehmerähnlichen Status“ für eine jährliche Gehaltserhöhung bejaht. Als Vergleichsgruppen kämen Mitgeschäftsführer und auch leitende Angestellte der Gesellschaft in Betracht.[547] Im selben Urteil hat der BGH dem Fremdgeschäftsführer einen Bonusanspruch aus „ständiger Übung“ zugestanden.[548] Anders als noch bei seinem Urteil zur Anwendbarkeit der betrieblichen Übung auf Geschäftsführer[549] hat der BGH diesmal den Anspruch nicht allein davon abhängig gemacht, dass er auch etwaigen Mitgeschäftsfüh-

542 BGH vom 29.01.1981 – II ZR 92/80, BGHZ 79, 291, 292 f.

543 BGH vom 29.01.1981 – II ZR 92/80, BGHZ 79, 291, 293 f.

544 BGH vom 29.01.1981 – II ZR 92/80, BGHZ 79, 291, 294.

545 OLG München vom 15.02.1984 – 7 U 4750/83, WM 1984, 896; OLG Hamm vom 25.03.1996 – 8 U 195/95, GmbHR 1996, 768.

546 BGH vom 14.05.1990 – II ZR 122/89, AP § 35 GmbHG Nr. 7, Bl. 309.

547 BGH vom 14.05.1990 – II ZR 122/89, AP § 35 GmbHG Nr. 7, Bl. 309.

548 BGH vom 14.05.1990 – II ZR 122/89, AP § 35 GmbHG Nr. 7, Bl. 309 f. Vgl. auch OLG München vom 15.02.1995 – 7 U 4750/83, WM 1995, 896, 897 f. jedoch ohne Begründung.

549 BGH vom 17.02.1969 – II ZR 19/68, WM 1969, 686, 688, vgl. oben.

rern gewährt wurde, sondern die leitenden Angestellten als Vergleichsgruppe miteinbezogen. Voraussetzung sei hierfür jedoch zusätzlich, dass die Gesellschaft bei der Gestaltung der Dienstverträge keine grundlegenden Unterschiede zwischen den angestellten Geschäftsführern und den leitenden Angestellten mache.[550] Mit der in der Rechtsprechung aufgekommenen Unterscheidung zwischen den einzelnen Geschäftsführergruppen konnte der BGH beim Fremdgeschäftsführer einen Anspruch aus dem Gleichbehandlungsgrundsatz einfacher bejahen, indem er bei ihnen auch leitende Angestellte als Vergleichspersonen zuließ.

e) Schutzbedürftigkeit nicht ausschlaggebend

Der BGH hat eine Heranziehung der §§ 74 ff. HGB für das einen ausgeschiedenen Geschäftsführer treffende Wettbewerbsverbot insoweit abgelehnt, als diese Vorschriften die Freiheit der Willensbetätigung der GmbH beschränken. Der BGH führte hierzu aus, dass die sozialen Schutzrechte der §§ 74 ff. HGB auf anders geartete Rechtsverhältnisse zugeschnitten seien.[551]

In zwei jüngeren Urteilen aus den Jahren 2000 und 2001 hat der BGH entschieden, dass eine fristlose Kündigung des Dienstverhältnisses des GmbH-Geschäftsführers keiner Abmahnung bedürfe.[552] Beide Urteile betrafen Fremdgeschäftsführer. In der ersten Entscheidung wies der BGH darauf hin, dass das Institut der Abmahnung im Arbeitsrecht im Hinblick auf die soziale Schutzbedürftigkeit abhängiger Beschäftigter entwickelt worden sei. Dieser Schutzgesichtspunkt könne bei Leitungsorganen von Kapitalgesellschaften nicht ausschlaggebend sein, da sie regelmäßig ihre Pflichten kennen und sich über die Tragweite etwaiger Pflichtverletzungen auch ohne besondere Ermahnungen im Klaren seien.[553] Der Geschäftsführer einer GmbH sei nicht Arbeitnehmer, sondern habe organschaftliche Aufgaben wahrzunehmen. Wegen seiner Leitungsaufgabe müsse er nach außen für die Rechtmäßigkeit des Verhaltens der Gesellschaft und der für sie handelnden Personen Verantwortung tragen. Daher habe er sich bereits ohne Abmahnung im Rahmen seines Pflichtenkreises dem Standard eines ordentlichen Geschäftsmannes entsprechend zu verhalten.[554] Der BGH lehnt eine entsprechende Anwendung der Abmahnung ab, da er den Ge-

[550] BGH vom 14.05.1990 – II ZR 122/89, AP § 35 GmbHG Nr. 7, Bl. 309 f.
[551] BGH vom 17.02.1992 – II ZR 140/91, NJW 1992, 1892; vgl. zuvor BGH vom 26.03.1984 – II ZR 229/83, BGHZ 91, 1 ff. (noch ohne Einschränkungen).
[552] BGH vom 14.02.2000 – II ZR 218/98, BB 2000, 844; BGH vom 10.09.2001 – II ZR 14/00, GmbHR 2001, 1158.
[553] BGH vom 14.02.2000 – II ZR 218/98, BB 2000, 844, 845.
[554] BGH vom 10.09.2001 – II ZR 14/00, GmbHR 2001, 1158, 1159.

schäftsführer nicht als schutzwürdig einstuft. Er trennt in beiden Entscheidungen nicht zwischen Fremd- und Gesellschafter-Geschäftsführern, sondern stellt durch seine Wortwahl klar, dass seine Rechtsprechung für alle Leitungsorgane von Kapitalgesellschaften[555] bzw. für alle GmbH-Geschäftsführer[556] gilt.

In seiner Entscheidung vom 25.07.2002 hat der BGH es für zulässig erachtet, das Anstellungsverhältnis des Geschäftsführers einer Handwerkskammer zeitlich zu befristen.[557] Das BAG schränke die Möglichkeit befristeter Arbeitsverträge mit Rücksicht auf das besondere Schutzbedürfnis des Arbeitnehmers stark ein. Schon eine einmalige Befristung des Vertrags könne wegen Umgehung der Kündigungsschutzbestimmungen unwirksam sein, es sei denn, die Befristung beruhe auf einem gerechtfertigten Grund.[558] Der BGH hat eine Übertragung dieser Erwägungen auf den Geschäftsführer mit Hinweis auf den fehlenden Bestandsschutz wegen § 14 Abs. 1 Nr. 1 KSchG abgelehnt.[559] Beim Bestandsschutz verneint der BGH folglich die Schutzbedürftigkeit des Geschäftsführers wegen § 14 Abs. 1 Nr. 1 KSchG.

f) Allgemeine Analogievoraussetzungen

Mit Urteil vom 13.02.2003 hat das BAG zur Anwendung des § 613 a BGB Stellung bezogen.[560] Es hat auf die vom BGH entwickelten Grundsätze zur entsprechenden Anwendung einzelner Bestimmungen aus dem Recht abhängiger Arbeitnehmer auf GmbH-Geschäftsführer hingewiesen. Das Anstellungsverhältnis müsse eine entsprechende Anwendung erfordern, die Organstellung dürfe sie nicht verbieten. Dies sei allgemein dann anzunehmen, wenn das Bedürfnis der Sicherung der persönlichen Existenz höher anzusiedeln sei als die Stellung als Unternehmensleiter.[561] Das BAG spricht – anders als der BGH – die allgemeinen Analogievoraussetzungen ausdrücklich an. Eine entsprechende Anwendung komme nur dann in Betracht, wenn die gesetzliche Regelung planwidrig lückenhaft erscheine und zur Ausfüllung der Lücke die Übertragung der Rechtsfolge eines gesetzlichen Tatbestands auf einen vergleichbaren, im Gesetz nicht

---

555 BGH vom 14.02.2000 – II ZR 218/98, BB 2000, 844, 845.

556 BGH vom 10.09.2001 – II ZR 14/00, GmbHR 2001, 1158, 1159.

557 BGH vom 25.07.2002 – III ZR 207/01, ZIP 2002, 1593. Dies gelte jedenfalls vor dem In-Kraft-Treten des Gesetzes über Teilzeitarbeit und befristete Arbeitsverträge und zur Änderung und Aufhebung von arbeitsrechtlichen Bestimmungen vom 21.12.2000 (BGBl. I, 1966).

558 BAG vom 26.04.1979 – 2 AZR 431/7, AP § 620 BGB Nr. 47; BAG vom 29.08.1979 – 4 AZR 863/77, AP § 620 BGB Nr. 47.

559 BGH vom 25.07.2002 – III ZR 207/01, ZIP 2002, 1593.

560 BAG vom 13.02.2003 – 8 AZR 654/01, NZA 2003, 552.

561 BAG vom 13.02.2003 – 8 AZR 654/01, NZA 2003, 552, 554.

geregelten Tatbestand erforderlich sei.[562] Das BAG hat eine planwidrige Lücke bei § 613 a BGB verneint. Den Materialien ließe sich der Wille des Gesetzgebers, § 613 a BGB auf Arbeitsverhältnisse zu beschränken, eindeutig entnehmen. Darüber hinaus würde die Anwendung des § 613 a BGB nicht eine Lücke im Kündigungsschutz schließen, sondern entgegen § 14 Abs. 1 Nr. 1 KSchG einen solchen Schutz erst schaffen.[563] Letztlich hat das BAG auf die besondere Stellung des Geschäftsführers zu den Gesellschaftern hingewiesen. Zwischen ihnen bestehe ein Vertrauensverhältnis. Dem Betriebserwerber sei nicht zumutbar, an eine Besetzung der Leitungsfunktion gebunden zu sein.[564] Der BAG schließt sich in dieser Entscheidung den Grundsätzen des BGH zur entsprechenden Anwendung einzelner Bestimmungen aus dem Recht abhängiger Arbeitnehmer auf GmbH-Geschäftsführer an. Es spricht die allgemeinen Voraussetzungen einer Analogie dabei direkt an.

Das OLG Düsseldorf hat zuletzt die analoge Anwendung des Art. 30 EGBGB bejaht.[565] Die Vorschrift legt die Anknüpfung für individuelle Arbeitsbeziehungen fest[566]. Das OLG hat ausgeführt, dass die Interessen eines GmbH-Geschäftsführers eine analoge Anwendung arbeitsrechtlicher Schutzvorschriften gebieten könnten und verweist auf die Rechtsprechung des BGH, nach der der Geschäftsführer wie ein Arbeitnehmer der Gesellschaft seine Arbeitskraft hauptberuflich zur Verfügung stelle und je nach Höhe des Gehalts mehr oder weniger wirtschaftlich abhängig sei. Unter dem Gesichtspunkt der Schutzfunktion müsse auch Art. 30 EGBGB analog anwendbar sein, denn es würde einen Systembruch darstellen, wenn man arbeitsrechtliche Schutzvorschriften des deutschen Rechts für analog anwendbar halte, nicht aber Vorschriften, die diesen Schutz im internationalen Privatrecht gewährleisten sollten. Die analoge Anwendung des Art. 30 EGBGB entspreche dem Bild der Einheit der Rechtsordnung und korrespondiere mit dem Sozialversicherungsschutz, den der Geschäftsführer genieße.[567] Das Urteil enthält keine neuen Voraussetzungen; der Vergleich mit dem Sozialversicherungsrecht erscheint verfehlt.

g) Stellungnahme

Die chronologische Darstellung der einzelnen Entscheidungen zur entsprechenden Anwendung arbeitsrechtlicher Schutzvorschriften und Grundsätze auf Ge-

[562] BGH vom 13.02.2003 – 8 AZR 654/01, NZA 2003, 552, 554.
[563] BGH vom 13.02.2003 – 8 AZR 654/01, NZA 2003, 552, 554.
[564] BGH vom 13.02.2003 – 8 AZR 654/01, NZA 2003, 552, 555.
[565] OLG Düsseldorf vom 03.04.2003 – 6 U 147/02, OLGR Düsseldorf 2003, 298 ff.
[566] Staudinger/*Magnus*, Art. 30 EGBGB Rn. 1.
[567] OLG Düsseldorf vom 03.04.2003 – 6 U 147/02, OLGR Düsseldorf 2003, 298 ff.

schäftsführer hat gezeigt, dass die Rechtsprechung im Lauf der Zeit bestimmte Voraussetzungen herausgebildet hat. Dabei ist ein Schema deutlich geworden, das wie folgt zusammengefasst werden kann:

Nachdem die Gerichte festgestellt hatten, dass eine bestimmte Vorschrift oder ein bestimmter Grundsatz für Arbeitnehmer galt, zu denen der Geschäftsführer nicht zählt, prüften sie eine entsprechende Anwendung. Dazu verglichen sie das Anstellungsverhältnisses des Geschäftsführers mit dem eines Arbeitnehmers. Das Dienstverhältnis mit regelmäßig wiederkehrenden Leistungen nähere sich dem Arbeitsverhältnis an, je länger es bestehe.[568] Es könne sein, dass die Ausgestaltung des Anstellungsverhältnisses des Geschäftsführers und eine entsprechende Weisungsgebundenheit gegenüber den Gesellschaftern einem Arbeitnehmer-Arbeitsverhältnis angeglichen sei.[569] Die Gerichte bejahten beim Geschäftsführer neben der Weisungsbindung weitere Merkmale, die für ein Arbeitsverhältnis kennzeichnend sind. Dies waren beispielsweise die feste Eingliederung in den Betrieb und dass der Geschäftsführer seine gesamte Arbeitskraft diesem Betrieb hauptberuflich zur Verfügung stellt sowie die Lebenshaltung, die durch seine Tätigkeit und die hierfür gewährten Bezüge maßgebend bestimmt ist.[570] Aus den Gemeinsamkeiten des Geschäftsführers mit dem Arbeitnehmer hat die Rechtsprechung im Lauf der Zeit die „wirtschaftliche Abhängigkeit“[571] und die „soziale Schutzbedürftigkeit“[572] des Geschäftsführers hergeleitet. Wenig später begannen die Gerichte zwischen Fremdgeschäftsführern und Gesellschafter-Geschäftsführern zu unterscheiden. Sie erkannten beim Fremdgeschäftsführer ein höheres Maß an Schutzbedürftigkeit an. Er habe „arbeitnehmerähnlichem Status“.[573] Dennoch differenzierten sie nicht durchgehend zwischen dem Schutzbedürfnis von Gesellschafter-Geschäftsführern und Fremdgeschäftsführern. Auch gingen sie nicht immer konsequent auf die Frage ein, welches Schutzdefizit zu den Vorschriften des freien Dienstvertrags im Einzelfall durch die Anwendung der entsprechenden arbeitsrechtlichen Schutzvorschrift aufzufangen ist.

---

568 BGH vom 11.07.1953 – II ZR 126/52, BGHZ 10, 187 ff. (Betriebsrisikolehre).

569 OLG Bremen vom 02.10.1979, KTS 1980, 163 (Konkursausfallgeld).

570 BGH vom 11.07.1953 – II ZR 126/52, BGHZ 10, 187 ff. (Betriebsrisikolehre); BGH vom 29.01.1981 – II ZR 92/80, BGHZ 79, 291 (§ 622 Abs. 1 BGB); OLG Düsseldorf vom 03.04.2003 – 6 U 147/02, OLGR Düsseldorf 2003, 298 ff. (Art. 30 EGBGB).

571 BGH vom 09.11.1967 – II ZR 64/67, BGHZ 49, 30, 32 (§ 630 BGB); BGH vom 29.01.1981 – II ZR 92/80, BGHZ 79, 291 (§ 622 Abs. 1 BGB); OLG Düsseldorf vom 03.04.2003 – 6 U 147/02, OLGR Düsseldorf 2003, 298 ff. (Art 30 EGBGB).

572 BGH vom 24.11.1980 – II ZR 183/80, WM 1981, 567 (§ 17 Abs. 3 GKG).

573 BGH vom 14.05.1990 – II ZR 122/89, AP § 35 GmbHG Nr. 7, Bl. 309 f. (Gleichbehandlungsgrundsatz/betriebliche Übung). LG Bonn vom 10.04.1995 – 10 O 390/94, NJW-RR 1995, 1435 (Haftungsbeschränkung).

Die Gerichte suchten aber nicht lediglich Gemeinsamkeiten des Geschäftsführers mit dem Arbeitnehmer. Sie bildeten umgekehrt auch die Unterschiede des Geschäftsführers zum Arbeitnehmer heraus. Teilweise waren die Unterschiede unerheblich: Dass der GmbH-Geschäftsführer wie die Selbstständigen ein größeres Maß persönlicher Freiheit als sozial abhängige Arbeitnehmer genieße und anders als diese Art und Weise seiner Arbeit bestimmen und seine Arbeitszeit selbst einteilen könne, spiele keine Rolle.[574] Oftmals standen die Unterschiede einer Anwendung arbeitsrechtlicher Bestimmungen jedoch entgegen: So sei es gerade Sinn der Anstellung und Bestellung eines Geschäftsführers, die Schwierigkeiten und Risiken der Leitung des Unternehmens einer Person zu übertragen, die diese beherrsche.[575] Leitungsorgane von Kapitalgesellschaften würden regelmäßig ihre Pflichten kennen und seien sich über die Tragweite etwaiger Pflichtverletzungen auch ohne besondere Ermahnungen im Klaren.[576] Die von den Gerichten gefundenen entgegenstehenden Unterschiede resultieren vorwiegend aus der Organstellung des Geschäftsführers. Die Organstellung kann eine entsprechende Anwendung arbeitsrechtlicher Schutzvorschriften nach der Auffassung der Gerichte also im Einzelfall einschränken oder gar ausschließen.[577]

Die Gerichte stellten zudem auf den Sinn und Zweck der jeweiligen arbeitsrechtlichen Schutzvorschrift ab. Teilweise geschah dies ausdrücklich[578], teilweise kann es ihren Argumenten, mit denen sie eine Anwendbarkeit von arbeitsrechtlichen Bestimmungen bejahten oder verneinten, entnommen werden[579].
Die allgemeinen Voraussetzungen der Analogie sprechen die Gerichte nur vereinzelt direkt an. Erstmals hat sie das BAG mit Urteil vom 13.02.2003, in dem es zur Anwendung des § 613 a BGB Stellung genommen hat, ausdrücklich benannt.[580]

Insgesamt sind damit bei der Rechtsprechung deutliche Tendenzen hin zu einer generalisierenden Abgrenzung erkennbar.[581] Der BGH selbst hat zwei Leitlinien

---

574 BGH vom 09.11.1967 – II ZR 64/67, BGHZ 49, 30, 32 (§ 630 BGB).

575 BGH vom 05.12.1983 – II ZR 252/82, BGHZ 89, 153, 159 (Haftungsbeschränkung).

576 BGH vom 14.02.2000 – II ZR 218/98, BB 2000, 844; BGH vom 10.09.2001 – II ZR 14/00, GmbHR 2001, 1158 (beide zur Abmahnung bei Kündigung).

577 Vgl. OLG Celle vom 15.06.1977 – 3 U 96/76, OLGZ 1978; BGH vom 13.02.2003 – 8 AZR 654/01, NZA 2003, 552, 555 (beide zu § 613 a BGB).

578 BGH vom 22.10.1964 – Ia ZR 8/64, GRUR 1965, 302 (Arbeitnehmererfindungsgesetz); OLG Celle vom 15.06.1977 – 3 U 96/76, OLGZ 1978 (§ 613 a BGB); BGH vom 24.11.1980 – II ZR 183/80, WM 1981, 567 (§ 17 Abs. 3 GKG); BGH vom 29.01.1981 – II ZR 92/80, BGHZ 79, 291 (§ 622 Abs. 1 BGB).

579 Vgl. etwa BGH vom 09.11.1967 – II ZR 64/67, BGHZ 49, 30, 32 (§ 630 BGB).

580 BAG vom 13.02.2003 – 8 AZR 654/01, NZA 2003, 552, 554.

581 So auch Fleck, FS Hilger/Stumpf (1983), 197, 209.

aufgestellt, anhand derer er die entsprechende Anwendung von arbeitsrechtlichen Schutzvorschriften auf Geschäftsführer prüfen will:

1. „Arbeitsrechtliche Schutzvorschriften sind entsprechend auf Geschäftsführer anwendbar, soweit dies sein Anstellungsverhältnis erfordert und seine Organstellung es nicht verbietet“.[582]

2. „Das Gesellschaftsorgan kann im gebotenen Umfang einem Arbeitnehmer gleichgestellt werden, wenn bei Vorschriften nicht die Eigenschaft als gesetzliches Vertretungsorgan oder die Ausübung von Arbeitgeberfunktionen im Vordergrund steht, sondern das Schutzbedürfnis von Personen, deren Lebensunterhalt auf persönlichen Dienstleistungen beruht“.[583]

Diese Leitlinien sind noch sehr allgemein gehalten. Sie können lediglich erste Anhaltspunkte für ein abgestuftes Arbeitsrecht bilden. So wird in den Leitlinien neben der Schutzbedürftigkeit deutlich, dass, wie *Goette* ausgeführt hat, das Anstellungsverhältnis maßgeblich durch „die Organstellung geprägt ist“. Nur soweit eine „weitgehend ungestörte Funktion des Organverhältnisses“ gewahrt bleibe, könnten arbeitsvertragliche Regelungen analog auf den Fremdgeschäftsführer übertragen werden.[584] In der zweiten Leitlinie der Rechtsprechung zeigt sich zudem, dass die Frage der entsprechenden Anwendung arbeitsrechtlicher Schutzvorschriften an Sinn und Zweck der jeweiligen Norm zu orientieren ist.

582 BGH vom 09.11.1967 – II ZR 64/67, BGHZ 49, 30, 32 (§ 630 BGB); BGH vom 29.01.1981 – II ZR 92/80, BGHZ 79, 291, 294 (§ 622 BGB); BAG vom 13.02.2003 – 8 AZR 654/01, NZA 2003, 552, 554 (§ 613 a BGB).
583 BGH vom 24.11.1980 – II ZR 183/80, WM 1981, 567 (§ 17 Abs. 3 GKG).
584 *Goette*, FS Wiedemann (2002), 873, 886.

2. *Die Argumente der Literatur*

Auch die Mehrzahl der Literaturstimmen vertritt eine analoge Anwendung von arbeitsrechtlichen Vorschriften und Grundsätzen zumindest auf solche GmbH-Geschäftsführer, die nicht wesentlich am Kapital der Gesellschaft beteiligt sind.[585] Lediglich eine Mindermeinung spricht sich prinzipiell dagegen aus.[586]

a) Soziale Schutzbedürftigkeit/Abhängigkeitsverhältnis

Ein Großteil der herrschenden Lehre begründet die analoge Anwendung arbeitsrechtlicher Schutzvorschriften auf Geschäftsführer mit deren sozialer Schutzbedürftigkeit bzw. einem dem Arbeitnehmer vergleichbaren Abhängigkeitsverhältnis. Dies resultiere aus dem Verzicht des Geschäftsführers auf weitere Dispositionen über seine Arbeitskraft und der längerfristigen Existenzbindung an die Gesellschaft[587], ohne dass er zugleich wesentlich an Unternehmensentscheidungen sowie am Unternehmensgewinn beteiligt wäre[588]; der Abhängigkeit

---

585 *Bauer*, DB 1979, 2178 ff.; *Bauer/Gragert*, ZIP 1997, 2177; *Boemke*, ZfA 1998, 209, 216 ff.; *Brandmüller*, GmbH-Geschäftsführer, S. 14; *Eckardt*, ZfA 1987, 474; Erman/*Edenfeld*, BGB Bd. 2, 11. Aufl., § 611 Rn. 152; HK/*Fichtelmann*, GmbHG, 5. Aufl., § 35 GmbHG Rn. 96; *Fleck*, WM 1968, Sonderbeilage 3; *ders.*, WM 1981, Sonderbeilage 3; *ders.*, WM 1985, 677 ff.; *ders.*, FS Hilger/Stumpf (1983), 210; *ders.*, WM 1994, 1957 ff.; *Gissel*, Arbeitnehmerschutz, S. 123 ff.; *Goette* DStR 1998, 1137 ff.; *ders.*, FS Wiedemann (2002), 873, 884 ff.; *ders.*, Die GmbH, 2. Aufl., § 8 Rn. 71 ff.; *Henssler*, RdA 1992, 289, 294 ff.; *Heyll*, Anwendung von Arbeitsrecht, S. 172; *Lutter/Hommelhoff/Kleindiek*, GmbHG, 16. Aufl., Anh. § 6 Rn. 3; A. *Hueck*, DB 1954, 274, 275; *G. Hueck*, FS Hilger/Stumpf (1983), 365, 379; *ders.*, ZfA 1985, 25, 32; *ders.*, FS Ekonomi (1993), 139, 153; *Hümmerich*, NJW 1995, 1177, 1178; *Konzen*, NJW 1989, 2977, 2978; Rowedder/*Koppensteiner*, GmbHG, 4. Aufl., § 35 Rn. 78; Soergel/*Kraft*, BGB, 12. Aufl., vor § 611 Rn. 112; Lieb, ArbR, 8. Aufl., § 1 Rn. 28; *Lieb/Eckardt*, GmbH-Geschäftsführer, S. 79; Schmidt/*Moll*, GmbH-Hdb., 15. Aufl., IV Rn. 74; ErfK/*Müller-Glöge*, 4. Aufl., § 622 BGB Rn. 14 (für § 622 BGB); *Nebendahl*, NZA 1992, 289, 291; *Oberrath*, MDR 1999, 134 ff.; Staudinger/*Preis*, BGB, § 622 Rn. 14 (für § 622 BGB); ErfK/*Preis*, 4. Aufl., § 611 BGB Rn. 162; APS/*Preis*, 2. Aufl., Grundlagen F Rn. 55; *ders.*, ArbR, S. 65; *Reiserer*, DB 1994, 1822; *dies.*, BB 1996, 2461, 2462; Staudinger/*Richardi*, BGB, Vorbem zu §§ 611 ff. Rn. 237; *Scholz/Schneider*, GmbHG, 9. Aufl., § 35 Rn. 164 f.; MüK/*Schwerdtner*, Bd. 4, 3. Aufl., § 622 Rn. 8 (für § 622 BGB); Hachenburg/*Stein*, GmbHG, 8. Aufl., § 35 Rn. 169.

586 *Brachert*, Organmitgliedschaft, S. 111 ff.; *Hohlfeld*, GmbHR 1987, 255, 257 (nicht § 622 BGB).

587 *A. Hueck*, DB 1954, 274, 275; *G. Hueck*, FS Hilger/Stumpf (1983), 365, 379; *ders.*, ZfA 1985, 25, 32; *ders.*, FS Ekonomi (1993), 139, 153; ErfK/*Müller-Glöge*, 4. Aufl., § 622 BGB Rn. 14.

588 *Reiserer*, DB 1994, 1822 f.

vom Fortbestand des Arbeitsverhältnisses[589]; der (gesellschaftsrechtlichen) Weisungsabhängigkeit gegenüber den Gesellschaftern[590]; dem fehlenden rechtlichen Einfluss auf die Entscheidungsfindung in der Gesellschafterversammlung[591] sowie der fehlenden Möglichkeit zur Risikovorsorge[592].

b) Vergleich mit leitenden Angestellten

Vereinzelt wird in der juristischen Literatur auch ein Vergleich zu den leitenden Angestellten gezogen.[593] Geschäftsführer unterschieden sich kaum von sonstigen leitenden Angestellten und seien etwa beim arbeitsrechtlichen Gleichbehandlungsgrundsatz nach deren Regeln zu behandeln.[594] Die Position der Organmitglieder sei in mancher Hinsicht mit der eines leitenden Angestellten vergleichbar, speziell wenn sie ihre ganze Arbeitskraft zur Verfügung stellten und von der Gesellschaft wirtschaftlich abhängig seien.[595] Arbeitsrechtliche Normen könnten auf Geschäftsführer angewendet werden, wenn sie auch auf leitende Angestellte passten.[596]

c) Berücksichtigung der Organstellung

Insbesondere in der gesellschaftsrechtlichen Literatur wird neben der sozialen Schutzbedürftigkeit der Organstellung größere Bedeutung zugemessen:

Fleck möchte in Bereichen, in denen beim Geschäftsführer die organschaftliche Vertretungsmacht, die Geschäftsführungsbefugnis oder die Funktion eines Arbeitgebers im Vordergrund stehen, diesen als Unternehmer behandeln. Die Anwendung von Arbeitsrecht hingegen sei in Betracht zu ziehen, wenn vorrangig

---

589 ErfK/*Müller-Glöge*, 4. Aufl., § 622 BGB Rn. 14; Staudinger/*Preis*, BGB, § 622 Rn. 14. Nach *Gissel* muss der Geschäftsführer auf die Einkünfte angewiesen sein und darf keine Möglichkeit haben, eine Kündigung zu verhindern (Arbeitnehmerschutz, S. 65 ff.). Nach *Heyll* muss die Erwerbstätigkeit überwiegend durch die Organfunktion definiert sein oder die Organperson aus der Erwerbstätigkeit mehr als die Hälfte ihres Entgelts beziehen (Anwendung von Arbeitsrecht, S. 146 ff., S. 319).

590 *Heyll*, Anwendung von Arbeitsrecht, S. 146 ff., S. 319; *A. Hueck*, DB 1954, 274, 275; APS/*Preis*, 2. Aufl., Grundlagen F Rn. 55; ErfK/*Preis*, 4. Aufl., § 611 BGB Rn. 162. Nach *Gissel* besteht eine solche Weisungsgebundenheit, wenn der Geschäftsführer keinen eigenen, rechtlich abgesicherten Entscheidungsspielraum hat (Arbeitnehmerschutz, S. 65 ff.).

591 *Gissel*, Arbeitnehmerschutz, S. 90 f.

592 *Haas*, Geschäftsführerhaftung, S. 293.

593 *Gissel*, Arbeitnehmerschutz, S. 126 ff.

594 *Schaub*, EWiR 1990, 789, 790.

595 Soergel/*Kraft*, BGB, 12. Aufl., vor § 611 Rn. 112.

596 *K. Schmidt*, GesR, 4. Aufl., § 36 II 4 b.

die Sicherung der persönlichen und wirtschaftlichen Existenz als Ergebnis von Dienstleistungen und ein darauf beruhendes Schutzbedürfnis im Spiele sei.[597] *Fleck* sieht den Bemühungen, das soziale Netz in seiner ganzen Dichte auch auf Geschäftsführer auszudehnen, eine natürliche Grenze gesetzt durch das typische Erscheinungsbild der Organstellung, das ein Stück unternehmerische Freiheit und selbstverantwortliche Lebensgestaltung ausdrücke und ein entsprechend höheres Existenzrisiko bedinge.[598]

G. Hueck bemerkt mit dem Verweis auf *Fleck*, dass die Organstellung im Grunde Ausdruck unternehmerischer Freiheit und der damit verbundenen Risiken sei, was gleichsam zu berücksichtigen sei.[599] Letzteres zeige sich auch an den zwingenden Vorschriften des Gesellschaftsrechts, die nicht durch arbeitsrechtliche Analogien modifiziert werden könnten.[600] Aber auch jenseits der Normen präge die Organstellung Struktur und Inhalt des Anstellungsverhältnisses, was gegen eine analoge Anwendung von Arbeitsrecht spreche.[601]

Nach *Goette* ist die soziale Schutzbedürftigkeit des Geschäftsführers nicht das entscheidende Merkmal. Nur wenn die ungestörte Funktion des Organverhältnisses gewährleistet bleibe, sei Raum für die Übertragung arbeitsrechtlicher Prinzipien auf das Anstellungsverhältnis des Geschäftsführers. Erste Voraussetzung sei, dass sich der Geschäftsführer – bezogen auf die jeweilige arbeitsrechtliche Norm und die auf ihrer Grundlage erstellten Prinzipien – in einer vergleichbaren schützenswerten Lage befinde. In einem zweiten Schritt müsse sichergestellt werden, dass die ungestörte Funktion des Organverhältnisses gewährleistet bleibe.[602]

Gissel sieht in der Organstellung, speziell in den originären Arbeitgeberfunktionen des Geschäftsführers, einen wesentlicher Unterschied zum Arbeitnehmer. Eine analoge Anwendung von Arbeitnehmerschutzvorschriften komme nur in Betracht, wenn nicht die Rechtsstellung als gesetzliches Vertretungsorgan oder die Ausübung der damit verbundenen Arbeitgeberaufgaben im Vordergrund stehe.[603] Daraus folgert er, dass alle Schutzvorschriften, die einen Zusammen-

597 *Fleck*, FS Hilger/Stumpf (1983), 210. Ihm folgend *Lutter/Hommelhoff/Kleindiek*, GmbHG, 16. Aufl., Anh. § 6 Rn. 3.
598 *Fleck*, FS Hilger/Stumpf (1983), 226.
599 *G. Hueck*, ZfA 1985, 25, 32.
600 *G. Hueck* führt hier insbesondere den § 43 GmbHG auf, der jegliche arbeitsrechtliche Haftungsmilderung aufgrund gefahrgeneigter Tätigkeit ausschließe (FS Ekonomi (1993), 139, 158).
601 *G. Hueck*, ZfA 1985, 25, 33.
602 *Goette*, FS Wiedemann (2002), 873, 884 ff.
603 *Gissel*, Arbeitnehmerschutz, S. 158.

schluss der Arbeitnehmer vorsehen, um Arbeitgebermacht auszugleichen und ihre Interessen zu wahren, einer Analogie verschlossen bleiben. Hierzu gehöre das gesamte kollektive Arbeitsrecht.[604]

Heyll untersucht, ob eine Ähnlichkeit der Tatbestände aufgrund der korporationsrechtlichen Funktion des Organmitglieds verneint werden muss. Dies sei beispielsweise der Fall, wenn in gesellschaftsrechtliche Kompetenzverteilungen wesentlich eingegriffen oder eine Interessenkollision hervorgerufen würde. Die Frage lasse sich jedoch nicht für alle Normen einheitlich beantworten, sondern sei anhand der einzelnen Norm zu untersuchen.[605]

d) Sinn und Zweck der jeweiligen Schutznorm

Einige Autoren stellen eine teleologische Auslegung bei der Prüfung einer entsprechenden Anwendung arbeitsrechtlicher Schutzvorschriften in den Vordergrund.[606] Sie halten teilweise eine generalisierende Betrachtungsweise für erforderlich, die allein auf den Zweck der Schutznorm und weder auf den Grad der persönlichen Abhängigkeit des Geschäftsführers im Einzelfall noch auf den Willen der Vertragsparteien, das Anstellungsverhältnis allgemein als Arbeitsverhältnis zu qualifizieren, abstelle.[607] Auch *Henssler* und *Oberrath* möchten auf den Schutzzweck der Norm abstellen. Im Übrigen solle über die Anwendung von Arbeitsrecht kein pauschales Urteil abgegeben werden. Es bedürfe für die Regelungsmaterie vielmehr einer Einzelfallbetrachtung.[608] *Henssler* begründet dies mit der bestehenden unternehmerischen Entscheidungsfreiheit nebst Weisungsbefugnis des Geschäftsführers gegenüber der Belegschaft einerseits und seiner wirtschaftlichen Abhängigkeit hinsichtlich der Anstellungskomponente andererseits. Er bezieht in einem zweiten Schritt zudem die Unternehmensinteressen in seine Argumentation mit ein.[609] *Nebendahl* prüft ebenfalls im Rahmen der entsprechenden Anwendung der betrieblichen Übung auf den GmbH-Geschäftsführer deren Sinn und Zweck. So stellt er neben einer dem Arbeitnehmer vergleichbaren Abhängigkeit und Schutzbedürftigkeit auf den „Geltungsgrund der Vorschrift“, der auch im Verhältnis zum Geschäftsführer gegeben sein müsse, ab.[610]

[604] *Gissel*, Arbeitnehmerschutz, S. 126 ff.
[605] *Heyll*, Anwendung von Arbeitsrecht, S. 187ff, S. 319.
[606] Grundlegend Staudinger/*Richardi*, BGB, Vorbem. zu §§ 611 ff. Rn. 237.
[607] *Lutter/Hommelhoff/Kleindiek*, GmbHG, 16. Aufl., Anh. § 6 Rn. 3.
[608] *Henssler*, RdA 1992, 289, 290; *Oberrath*, MDR 1999, 134, 135.
[609] *Henssler*, RdA 1992, 289, 295.
[610] *Nebendahl*, NZA 1992, 289, 291.

e) Der arbeitnehmerähnliche Geschäftsführer

Nach *Boemke* kommt eine analoge Anwendung von Arbeitsrecht auf GmbH-Geschäftsführer nur dann in Betracht, wenn diese als arbeitnehmerähnliche Personen eingestuft werden könnten.[611] Dazu müssten sie von der Gesellschaft wirtschaftlich abhängig und sozial schutzbedürftig sein. Eine wirtschaftliche Abhängigkeit bestehe, wenn der Geschäftsführer überwiegend durch einen Auftraggeber beschäftigt oder aus seinem Beschäftigungsverhältnis das überwiegende Einkommen erzielen würde. Bei der sozialen Schutzbedürftigkeit unterscheidet er zwischen Fremdgeschäftsführern und anderen Gruppen von Gesellschafter-Geschäftsführern. Der Fremdgeschäftsführer sei vergleichbar einem leitenden Angestellten in die Gesellschaft eingebunden und daher sozial schutzbedürftig. Soweit es sich bei seiner Geschäftsführertätigkeit um seine Hauptbeschäftigung handele und damit die wirtschaftliche Abhängigkeit ebenfalls zu bejahen sei, lägen die Voraussetzungen für eine analoge Anwendung arbeitsrechtlicher Vorschriften beim Fremdgeschäftsführer vor.[612] *Boemke* spricht insofern auch von arbeitnehmerähnlichen Geschäftsführern.[613] Konsequenterweise wendet er Vorschriften, die für arbeitnehmerähnliche Personen gelten, direkt auf den „arbeitnehmerähnlichen Geschäftsführer“ an.[614] Eine Analogie zu arbeitsrechtlichen Bestimmungen schließt *Boemke* überall dort aus, wo auch die arbeitnehmerähnlichen Personen nicht in den Anspruch von Arbeitsrecht kommen. Er geht hierbei jedoch nicht konsequent vor. Während er beim Kündigungsschutz noch darauf verweist, dass auch arbeitnehmerähnliche Personen keinen Kündigungsschutz genießen, begründet er die Nichtanwendung bei der Arbeitnehmerhaftung mit der gesellschaftsrechtlichen Stellung des Geschäftsführers.[615]

Nach *Edenfeld* stehen Organmitglieder den arbeitnehmerähnlichen Personen nahe. Ihre dienstvertragliche Tätigkeit bilde ihre Existenzgrundlage. Dennoch hält er ihre soziale Schutzbedürftigkeit aufgrund der größeren Selbstständigkeit und höheren Vergütung für geringer und möchte die analoge Anwendung einzelner arbeitsrechtlicher Vorschriften abstufen. Sie dürfe keinesfalls weitergehen als bei den arbeitnehmerähnlichen Personen.[616]

---

611 *Boemke*, ZfA 1985, 209, 217 f., vgl. dazu die Ausführungen oben D. I. 2.
612 *Boemke*, ZfA 1985, 209, 217 f.
613 Vgl. *Boemke*, ZfA 1985, 209, 227.
614 *Boemke*, ZfA 1985, 209, 229 beim Bundesurlaubsgesetz.
615 *Boemke*, ZfA 1998, 209, 229 ff.
616 Erman/*Edenfeld*, BGB Bd. 2, 11. Aufl., § 611 Rn. 152.

f) Exkurs: Treuepflichten/§ 242 BGB

Teilweise wird vertreten, dass dem Geschäftsführer neben oder anstelle der Analogie zu arbeitsrechtlichen Schutzvorschriften über die Treuebindung, die dem Organverhältnis immanent sei, oder über §§ 157, 242 BGB im Einzelfall Sozialschutz gewährt werden könne.[617] Andere sehen in den gegenüber dem Fremdgeschäftsführer bestehenden, erhöhten Fürsorgepflichten der GmbH eine Rechtfertigung für die analoge Anwendung arbeitsvertraglicher Vorschriften.[618]

g) Gegenargumente der Mindermeinung

Die Mindermeinung vertritt ein prinzipielles Analogieverbot bezüglich arbeitsrechtlicher Vorschriften. Sie begründet dies mit einer Parallele des Arbeitsrechts zum privatrechtsgestaltenden Verwaltungsakt und dem im öffentlichen Recht für Ermächtigungsgrundlagen geltenden Analogieverbot.[619] Aber auch die weiteren Voraussetzungen der Analogie wie die planwidrige Gesetzeslücke und die hinreichend vergleichbare Interessenlage lehnt sie ab. Dem Gesetzgeber sei die h. M. der Ablehnung der Arbeitnehmereigenschaft bei Organmitgliedern bekannt gewesen. Dass der Gesetzgeber in den Materialien Organmitglieder nicht erwähnt habe, zeige, dass die Vorschriften nur auf Arbeitnehmer anwendbar sein sollten. Die Annahme einer vergleichbaren Interessenlage widerspreche der Prinzipaltheorie.[620] Gegen eine Analogie wird zudem angeführt, die soziale Schutzbedürftigkeit des GmbH-Geschäftsführers sei wesentlich geringer als die eines leitenden Angestellten.[621]

Mit der h. M. ist die Möglichkeit einer analogen Anwendung arbeitsrechtlicher Schutzvorschriften auf den Fremdgeschäftsführer grundsätzlich zu bejahen. Die Parallele zum öffentlichen Recht, die die Mindermeinung ziehen will, ist nicht sinnvoll. Bei den arbeitsrechtlichen Vorschriften handelt es sich vielmehr um gesetzliche Regelungen, die analogiefähig sind. Für einen generellen Willen des Gesetzgebers, außerhalb der arbeitnehmerähnlichen Personen keine weitere Anwendung arbeitsrechtlicher Vorschriften auf Nichtarbeitnehmer zuzulassen, gibt es keinerlei Anhaltspunkte.[622]

[617] *Bauer*, DB 1979, 2179; *Boemke*, ZfA 1998, 209, 229; *Fleck*, FS Hilger/Stumpf (1983), 197, 215, 217; *Lieb/Eckardt*, GmbH-Geschäftsführer, S. 96; *Wimmer*, DStR 1997, 247, 250; HWK/*Thüsing*, vor § 611 BGB Rn. 98 (beim Gleichbehandlungsgrundsatz); Baumbach/Hueck/*Zöllner*, GmbHG, 17. Aufl., § 35 Rn. 98.

[618] *Jula*, Status, S. 212.

[619] *Brachert*, Organmitgliedschaft, S. 111 f.

[620] *Brachert*, Organmitgliedschaft, S. 111 f.

[621] *Hohlfeld*, GmbHR 1987, 255, 257.

[622] Vgl. *Heyll*, Anwendung von Arbeitsrecht, S. 144.

h) Stellungnahme

Die vorstehenden Ausführungen haben gezeigt, dass die juristische Literatur bei der Begründung der entsprechenden Anwendung von arbeitsrechtlichen Schutzvorschriften auf Geschäftsführer unterschiedliche Ansätze verfolgt. Die Begründungen lassen sich in zwei Hauptansatzpunkte einteilen:

Die arbeitsrechtliche Literatur stellt vorwiegend auf ein soziales Schutzbedürfnis infolge einer (wirtschaftlichen) Abhängigkeit des GmbH-Geschäftsführers von der Gesellschaft ab.[623] Teilweise sprechen die Autoren von einer „arbeitnehmerähnlichen Stellung“ des Geschäftsführers.[624]

Die meist gesellschaftsrechtliche Literatur will in Bereichen, in denen beim Geschäftsführer die organschaftliche Vertretungsmacht, die Geschäftsführungsbefugnis oder die Funktion eines Arbeitgebers im Vordergrund steht, diesen als Unternehmer behandeln. Die Anwendung von Arbeitsrecht sei hingegen dann in Betracht zu ziehen, wenn vorrangig die Sicherung der persönlichen und wirtschaftlichen Existenz als Ergebnis von Dienstleistungen und ein darauf beruhendes Schutzbedürfnis im Spiel sei.[625] Sie gelangt so zu einer eher restriktiven Anwendung arbeitsrechtlicher Bestimmungen.

Gemeinsamkeit besteht bei den Autoren dahingehend, dass sie – wie auch die Rechtsprechung – einerseits das soziale Schutzbedürfnis des Geschäftsführers und seine mit dem Arbeitnehmer vergleichbare (wirtschaftliche) Abhängigkeit prüfen; andererseits aber auch untersuchen, ob die Organstellung der entsprechenden Anwendung von Arbeitsrecht entgegensteht. Eine Begründung für die

623 *Boemke*, ZfA 1998, 209, 216 ff.; *Bauer/Gragert*, ZIP 1997, 2177; *Bauer*, DB 1979, 2178 ff.; *Brandmüller*, GmbH-Geschäftsführer, S. 14; *Eckardt*, ZfA 1987, 474; *Henssler*, RdA 1992, 289, 294 ff.; *A. Hueck*, DB 1954, 274, 275; *Hümmerich*, NJW 1995, 1177, 1178; *Konzen*, NJW 1989, 2977, 2978; *Nebendahl*, NZA 1992, 289, 291; APS/*Preis*, 2. Aufl., Grundl. F Rn. 55; Staudinger/*Preis*, BGB, § 622 Rn. 14; *Reiserer*, DB 1994, 1822; *dies.*, BB 1996, 2461, 2462.

624 *Boemke*, ZfA 1985, 209, 227; Erman/*Edenfeld*, BGB, 11. Aufl., § 611 Rn. 152; *Haas*, Geschäftsführerhaftung, S. 293. Vgl. auch für das Vorstandsmitglied der AG: *Krauss*, Status und Kündigungsschutz, S. 183 und S. 246 ff., der die Figur eines arbeitnehmerähnlichen Vorstandsmitglieds schaffen will. Davon zu unterscheiden ist jedoch die Einordnung des Organmitglieds als arbeitnehmerähnliche Person.

625 *Fleck*, FS Hilger/Stumpf (1983), 210; *Gissel*, Arbeitnehmerschutz, S. 123 ff.; *Goette*, FS Wiedemann (2002), 873, 884 ff.; *Heyll*, Anwendung von Arbeitsrecht, S. 172; *Lutter/Hommelhoff/Kleindiek*, GmbHG, 16. Aufl., Anh. § 6 Rn. 3; *G. Hueck*, FS Hilger/ Stumpf (1983), 365, 379; *ders.*, ZfA 1985, 25, 32; *ders.*, FS Ekonomi (1993), 139, 153; *Lieb/Eckardt*, GmbH-Geschäftsführer, S. 79; HWK/*Thüsing*, vor § 611 BGB Rn. 97.

soziale Schutzbedürftigkeit wird jedoch nicht immer geliefert. Oftmals wird diese schlicht unterstellt, insbesondere beim Fremdgeschäftsführer. Auch eine Unterscheidung zwischen Fremdgeschäftsführern und Gesellschafter-Geschäftsführern beim Umfang der Schutzbedürftigkeit sprechen die Autoren nur teilweise an. Zudem gehen sie nur vereinzelt auf die Vorschriften des Dienstvertragsrechts ein. Diese gelten jedoch zunächst unmittelbar für das Anstellungsverhältnis.[626]

Die Mehrzahl der Autoren berücksichtigt zumindest in Ansätzen die Voraussetzungen der Analogie.[627] So sprechen sie das Bestehen einer Gesetzeslücke an, untersuchen unter anderem eine Ähnlichkeit des Geschäftsführers mit dem Arbeitnehmer, speziell dem leitenden Angestellten, und stellen auf den Sinn und Zweck der jeweiligen Norm ab.[628] Sie liefern jedoch nicht immer eine ausreichende Begründung oder stellen einen dogmatischen Zusammenhang zu den Voraussetzungen der Analogie her. Bereits *Boemke* hat darauf hingewiesen, dass Voraussetzungen und Reichweite der Analogie noch keiner genaueren Betrachtung unterzogen worden sind.[629]

Eine Ausnahme stellt die Arbeit *Boemkes* zum „arbeitnehmerähnlichen Geschäftsführer“ dar, in der er die Voraussetzungen der Analogie untersucht und eine Parallele zu den Voraussetzungen der arbeitnehmerähnlichen Person feststellt.[630] Gegen seine Schlussfolgerung, Arbeitsrecht auf Geschäftsführer nur dann anzuwenden, wenn diese als arbeitnehmerähnliche Personen einzustufen sind, spricht jedoch, dass – auf der Grundlage der Untersuchungen im ersten Teil der vorliegenden Arbeit – der Fremdgeschäftsführer nicht zur Gruppe der arbeitnehmerähnlichen Personen gerechnet werden kann. Wie gezeigt wurde unterscheidet er sich vom Arbeitnehmerähnlichen in wesentlichen Punkten. *Boemke* ist aber zuzustimmen, wenn er Parallelen bei den Voraussetzungen zur Annahme einer Arbeitnehmerähnlichkeit zu den Voraussetzungen zur Annahme von Analogien zu arbeitsrechtlichen Vorschriften beim Geschäftsführer sieht. Die bisherigen Ausführungen haben gezeigt, dass Rechtsprechung und juristische Literatur sowohl die soziale Schutzbedürftigkeit als auch die wirtschaftliche Abhängigkeit des Geschäftsführers bei der analogen Anwendung arbeits-

---

626 *Boemke*, ZfA 1998, 209, 229. Die dienstvertraglichen Regelungen berücksichtigen: *Fleck*, FS Hilger/Stumpf (1983), 197, 215, 217 und *Wimmer*, DStR 1997, 247, 250.

627 Zu den Voraussetzungen vgl. unten IV. 1.

628 *Henssler*, RdA 1992, 289, 296; *Oberrath*, MDR 1999, 134, 135.

629 *Boemke*, ZfA 1998, 209, 216. Neben *Boemke* haben, soweit ersichtlich, nur *Gissel* und *Heyll* eine sorgfältige Analyse der Analogievoraussetzungen vorgenommen *(Gissel*, Arbeitnehmerschutz, S. 125 ff.; *Heyll*, Anwendung von Arbeitsrecht, S. 141 ff.).

630 *Boemke*, ZfA 1998, 209, 217 f.

rechtlicher Schutzvorschriften heranziehen. Hierbei handelt es sich jedoch nicht um Merkmale, die generell über eine analoge Anwendung arbeitsrechtlicher Schutzvorschriften entscheiden können. Rechtsprechung und juristische Literatur prüfen vielmehr anhand von Sinn und Zweck der jeweiligen Schutznorm, ob diese im Einzelfall entsprechend herangezogen werden kann. Nicht die Arbeitnehmerähnlichkeit des Fremdgeschäftsführers ist daher für eine analoge Anwendung von Arbeitsrecht ausschlaggebend. Vielmehr muss anhand von noch zu spezifizierenden Voraussetzungen untersucht werden, ob die jeweilige Vorschrift gerade für den Fremdgeschäftsführer entsprechend herangezogen werden kann. Die Organstellung des Fremdgeschäftsführers muss dabei berücksichtigt werden. Sie steht – wie bereits ausgeführt – der Mehrzahl der Vorschriften, die auf Arbeitnehmerähnliche anwendbar sind, entgegen.[631] *Hromadka* hat zu Recht darauf hingewiesen, dass die gezielte Anwendung einzelner arbeitsrechtlicher Vorschriften sachgerechter und auch möglicherweise weniger einschneidend ist als die pauschale Zuordnung des Geschäftsführers zu den arbeitnehmerähnlichen Personen.[632]

Manche Autoren verweisen hinsichtlich eines Sozialschutzes des Geschäftsführers auf die gesellschaftsrechtlichen Treuepflichten oder § 242 BGB. Dabei geht es letztlich darum, ob einer dementsprechenden eigenständigen richterrechtlichen Lösung oder der analogen Anwendung der maßgeblichen Bestimmungen der Vorzug zu geben ist. Ersteres wäre der Fall, wenn die bestehenden Unterschiede des Fremdgeschäftsführers zum Arbeitnehmer so groß wären, dass sie eine rechtsspezifische Lösung erfordern. Liegen die Voraussetzungen für das methodische Instrument der Analogie arbeitsrechtlicher Schutzvorschriften jedoch vor, ist die Analogie das methodisch bessere Instrument.[633] Die Analogie knüpft an den im Gesetz zum Ausdruck gekommenen Willen des Gesetzgebers an.[634] Durch die analoge Anwendung kann eine bereits im Gesetz vorgesehene Rechtsfolge herangezogen werden. Die gesetzliche Regelung ist regelmäßig spezieller als eine Generalklausel. Die Analogien bieten aufgrund der Kodifikation der analog anzuwendenden Vorschriften ein Mehr an Rechtssicherheit. Wo eine analoge Anwendung arbeitsrechtlicher Vorschriften ausscheidet, kann jedoch eine Rechtsfortbildung durch Richterrecht, die sich auf die Treuepflicht oder § 242 BGB stützt, der Schutzbedürftigkeit des Fremdgeschäftsführers Rechnung tragen.[635]

[631] Vgl. dazu die Ausführungen oben D. I. 3.
[632] So auch allgemein *Hromadka*, NZA 1997, 569, 579.
[633] So auch *Henssler*, RdA 1992, 289, 296.
[634] Vgl. dazu die Ausführungen zur Analogie unten F. III. 1.
[635] So im Ergebnis auch *Boemke*, ZfA 1998, 209, 229.

3. *Einzelne Problemfelder*

Der vorstehende Überblick über die Voraussetzungen und Leitlinien der Rechtsprechung und der juristischen Literatur bei der entsprechenden Anwendung arbeitsrechtlicher Schutzvorschriften und Grundsätze auf Geschäftsführer hat Auskunft über ein allgemeines Schema gegeben. Unter anderem konnte gezeigt werden, dass sowohl die Rechtsprechung als auch die juristische Literatur einerseits die Schutzbedürftigkeit des Fremdgeschäftsführers andererseits dessen Organstellung bei der entsprechenden Anwendung berücksichtigen. Aber auch die dienstvertraglichen Regelungen müssen Beachtung finden, denn sie legen den Inhalt des Anstellungsverhältnisses fest.[636] Diese Wechselwirkungen zwischen Gesellschafts-, Dienstvertrags- und Arbeitsrecht werden nachfolgend anhand einzelner konkreter Probleme nochmals in den Vordergrund gerückt. Es geht hierbei um den Mutterschutz (unter a)[637], den Urlaubsanspruch (unter b), die Lohnfortzahlung (unter c), die Haftungsbeschränkung (unter d)[638], die betriebliche Übung und den arbeitsrechtlichen Gleichbehandlungsgrundsatz (unter e)[639] sowie den Kündigungsschutz (unter f).

a) Mutterschutz

Die Rechtsprechung hat sich bislang mit dem Mutterschutz bei einer GmbH-Geschäftsführerin noch nicht befasst.

Die h. L. lehnt die Anwendung der Mutterschutzvorschriften generell ab[640] oder spricht sich zumindest gegen den besonderen Kündigungsschutz im Mutterschutzgesetz aus[641]. Eine Begründung hierfür liefern ihre Vertreter zumeist nicht. In letzter Zeit haben einzelne Stimmen in der Literatur eine Verfassungs-

---

[636] *Boemke*, ZfA 1998, 209, 225.

[637] Vgl. hierzu auch den Beispielsfall 2, oben B. I.

[638] Vgl. hierzu auch den Beispielsfall 1, oben B. 1.

[639] Vgl. hierzu auch den Beispielsfall 3, oben B. 1.

[640] *Brandmüller*, GmbH-Geschäftsführer, S. 127; *Bulla/Buchner/Becker*, MuSchG und BErzGG, 7. Aufl., § 1 MuSchuG Rn. 84; Erman/*Edenfeld*, BGB, 11. Aufl., § 611 Rn. 154; *Heyll*, Anwendung von Arbeitsrecht, S. 201; *Hoffmann/Liebs*, GmbH-Geschäftsführer, 2. Aufl., Rn. 238; *Hümmerich*, NJW 1995, 1177, 1181; *Jula*, Status, S. 209; *Lieb/Eckhardt*, S. 74; *Meisel/Sowka*, Mutterschutz und Erziehungsurlaub, 4. Aufl., § 1 Rn. 29; ErfK/*Schlachter*, 4. Aufl., § 1 MuSchG Rn. 3; *Stahlhacke*/Preis/Reinhard, Kündigungsschutz, 8. Aufl., Rn. 1291; Hachenburg/*Stein*, GmbHG, 8. Aufl., § 35 Rn. 170; Baumbach/Hueck/*Zöllner*, GmbHG, 17. Aufl., § 35 Rn. 99.

[641] *Boemke*, ZfA 1998, 209, 232; *Lutter/Hommelhoff/Kleindiek*, GmbHG, 16. Aufl., Anh. § 6 Rn. 47; *G. Hueck*, FS Ekonomi (1993), 139, 158; *Schaub*, ArbR-Hdb., § 14 Rn. 28.

mäßigkeit des Mutterschutzgesetzes und des Bundeserziehungsgeldgesetzes im Hinblick auf die Gleichbehandlung von Mann und Frau angezweifelt.[642]

Die Mindermeinung möchte das Mutterschutzgesetz zumindest teilweise analog anwenden.[643] Da die Gesetze zum Schutz der Mutter rein individuellen Charakter hätten, würden sich aus der funktionellen Arbeitgeberstellung keine Hinderungsgründe ergeben.[644] Die Vertreter der Mindermeinung schränken dennoch einzelne Vorschriften zugunsten der Interessen der Gesellschaft ein:

Beim Erziehungsurlaub weisen sie darauf hin, dass eine Gefährdung des Unternehmens bei einem zeitlich begrenzten Ausfall der Arbeitskraft vorwiegend berücksichtigt werden müsse. Den Erziehungsurlaub von inzwischen drei Jahren voll ausschöpfen zu lassen, sei dem Unternehmen regelmäßig nicht zumutbar.[645]

Bei den Mehr-, Nacht- und Sonntagsarbeitsverboten des § 8 MuSchG führt die Mindermeinung jedoch an, dass sich diese mit der Notwendigkeit der Tätigkeit eines Organmitglieds kaum vereinbaren ließen.[646]

Die Schutzfristregelungen in den §§ 3 Abs. 2, 6 Abs. 1 MuSchG könnten auf einflusslose, abhängige Geschäftsführerinnen analog angewendet werden. Begründet wird dies mit der Verzahnung von Mutterschutz und Sozialversicherungsrecht (Anspruch auf Mutterschaftsgeld). Eine finanzielle Mehrbelastung der Gesellschaft sei damit nicht verbunden und der Zeitrahmen von insgesamt dreieinhalb Monaten überschaubar.[647]

Bei der entsprechenden Anwendung des Kündigungsschutzes nach §§ 9, 9 a MuSchG wird teilweise vertreten, eine Kündigung der schwangeren GmbH-Geschäftsführerin aus Gründen der Schwangerschaft verstoße gegen „Art. 3 GG“. Sie sei deshalb gemäß § 134 BGB nichtig.[648]

---

642 *Henssler*, RdA 1992, 289, 296; *Hümmerich*, NJW 1995, 1177, 1181; *Oberrath*, MDR 1999, 134, 137.

643 *Diller*, Gesellschafter und Gesellschaftsorgane, S. 74 f.; *Gissel*, Arbeitnehmerschutz, S. 133; *Groß*, Anstellungsverhältnis, S. 343; *Henssler*, RdA 1992, 289, 296; *Heyll*, Anwendung von Arbeitsrecht, S. 203 ff.; *Miller*, ZIP 1981, 678, 685; *Namendorf*, Arbeitsrechtliche Status, S. 143 ff.; *Wehrmeyer*, Einordnung der Organe, S. 188 (direkt).

644 *Gissel*, Arbeitnehmerschutz, S. 132; *Wehrmeyer*, Einordnung der Organe, S. 188.

645 *Henssler*, RdA 1992, 289, 296.

646 *Heyll*, Anwendung von Arbeitsrecht, S. 203 ff.

647 *Gissel*, Arbeitnehmerschutz, S. 133; *Heyll*, Anwendung von Arbeitsrecht, S. 203 ff.; *Reiserer*/Heß-Emmerich, GmbH-Geschäftsführer, S. 48.

648 *Heyll*, Anwendung von Arbeitsrecht, S. 204; *Reiserer*/Heß-Emmerich, GmbH-Geschäftsführer, S. 78.

Nach anderer Ansicht können die §§ 9, 9a MuSchG analog angewandt werden. Die bis zu elf Monate langen Ausfallzeiten stünden nicht entgegen. Diese Probleme hätte die Gesellschaft auch bei leitenden weiblichen Angestellten, für die das Mutterschutzgesetz uneingeschränkt gelte.[649]

Die Mindermeinung beschränkt die Anwendung des Mutterschutzgesetzes nur dort, wo die Organstellung entgegensteht. Insbesondere der Erziehungsurlaub von inzwischen drei Jahren wird als nicht vereinbar mit der Organstellung angesehen. Nach der h. L. ist eine Geschäftsführerin vom Mutterschutzgesetz dagegen generell ausgeschlossen.

Zum Beispielsfall 2:

Als Konsequenz käme die F während ihrer Schwangerschaft weder in den Schutz des § 8 MuSchG bei Mehr-, Nacht- und Sonntagsarbeit noch in den Schutz des Beschäftigungsverbots in den letzten sechs Wochen vor der Entbindung nach § 3 Abs. 2 MuSchG. Auch finden die Lohnschutzvorschriften der §§ 11, 13 MuSchG keine Anwendung, obwohl die Fremdgeschäftsführerin sozialversicherungspflichtig ist[650] *und ihr ein Anspruch auf Mutterschaftsgeld zustünde. Dieser Anspruch geht ins Leere, da er gemäß § 200 IV RVO ruht, solange Arbeitsentgelt gezahlt wird.*

Fraglich ist, worauf die h. L. ihre Ansicht stützt, das Mutterschutzgesetz sei generell unanwendbar. Eine Begründung ist sie hierfür bislang schuldig geblieben. Die vorstehenden Ausführungen haben gerade gezeigt, dass die h. M. bei der entsprechenden Anwendung arbeitsrechtlicher Schutzvorschriften auf Geschäftsführer eine Prüfung anhand des jeweiligen Sinn und Zwecks der Norm vornimmt[651]. Im Rahmen eines abgestuften Arbeitsrechts wäre daher zu untersuchen, ob hier ein genereller Ausschluss aus dem Mutterschutzgesetz notwendig ist oder einzelne Schutzvorschriften des Mutterschutzgesetzes entsprechend herangezogen werden können.

b) Urlaubsanspruch

Das Bundesurlaubsgesetz ist nach h. M. nicht auf den GmbH-Geschäftsführer entsprechend anwendbar. Dies gilt unabhängig davon, ob er Gesellschafter-

649 *Gissel*, Arbeitnehmerschutz, S. 132 f., S. 144.
650 Siehe oben B. III.
651 Vgl. oben F. II. 2. d.

Geschäftsführer oder Fremdgeschäftsführer ist.[652] Jedoch ergebe sich aus der Treue- und Fürsorgepflicht der GmbH ein gewohnheitsrechtlicher Anspruch auf bezahlten Urlaub in angemessener Höhe.[653] Andere stellen auf eine Vertragsergänzung nach §§ 157, 242 BGB als tragenden Grund für einen Urlaubsanspruch ab.[654] Eine Analogie zum Bundesurlaubsgesetz wird von diesen Vertretern nicht geprüft. Teilweise wird jedoch hinsichtlich der Dauer des Urlaubs auf den Maßstab des Bundesurlaubsgesetzes (analog) zurückgegriffen.[655] Die Rechtsprechung sowie Stimmen in der Literatur wenden zudem die Grundsätze zur Übertragung des Urlaubsanspruchs auf das Folgejahr und zur Urlaubsabgeltung auch auf den Urlaubsanspruch der Organmitglieder einer juristischen Person an.[656]

Nach der Gegenansicht soll das Bundesurlaubsgesetz zumindest beim Fremdgeschäftsführer analog zur Anwendung kommen.[657] Der Schutzzweck des Bundesurlaubsgesetzes, den für die Regenerierung des Beschäftigten erforderlichen Mindesturlaub zu sichern, erfasse in gleicher Weise Organmitglieder. Die entsprechende Anwendung der speziellen gesetzlichen Wertung sei einer Ableitung aus der Treue- und Fürsorgepflicht vorzuziehen.[658] Die Handlungsfähigkeit

---

652 OLG Düsseldorf vom 23.12.1999 – 6 U 119/99, GmbHR 2000, 278, 281 (für Fremdgeschäftsführer); *Bauer*, DB 1979, 2178, 2179; *Dersch/Neumann/Fenski*, BUrlG, 9. Aufl., § 2 Rn. 34; *Fleck*, FS Hilger/Stumpf (1983), 197, 215; *Hoffmann/Liebs*, GmbH-Geschäftsführer, 2. Aufl., Rn. 238; *Lutter/Hommelhoff/Kleindiek*, GmbHG, 16. Aufl., Anh. § 6 Rn. 47; *Leinemann/Link*, Urlaubsrecht, 2. Aufl., § 2 BUrlG Rn. 37; *Lieb/Eckardt*, GmbH-Geschäftsführer, S. 81; *Namendorf*, Arbeitsrechtliche Status, S. 151; *Oberrath*, MDR 1999, 134, 136; *Reiserer*/Heß-Emmerich, GmbH-Geschäftsführer, S. 48; Scholz/*Schneider*, GmbHG, 9. Aufl., § 35 Rn. 196; Hachenburg/*Stein*, GmbHG, 8. Aufl., § 35 Rn. 308; Baumbach/Hueck/*Zöllner*, GmbHG, 17. Aufl., § 35 Rn. 99. Kritisch Erman/*Edenfeld*, BGB, 11. Aufl., § 611 Rn. 157.

653 *Lutter/Hommelhoff/Kleindiek*, GmbHG, 16. Aufl., Anh. § 6 Rn. 47; *Namendorf*, Arbeitsrechtliche Status, S. 151; *Oberrath*, MDR 1999, 134, 136; *Reiserer*/Heß-Emmerich, GmbH-Geschäftsführer, S. 48; Scholz/*Schneider*, GmbHG, 9. Aufl., § 35 Rn. 196; Hachenburg/*Stein*, GmbHG, 8. Aufl., § 35 Rn. 308; *Wimmer*, DStR 1997, 247, 250; Baumbach/Hueck/*Zöllner*, GmbHG, 17. Aufl., § 35 Rn. 99. Dagegen: *Henssler*, RdA 1992, 289, 296.

654 *Boemke*, ZfA 1998, 209, 229; *Fleck*, FS Hilger/Stumpf (1983), 197, 215. Zu den Gegenargumenten siehe oben F. II. 2. f).

655 *Bauer*, DB 1979, 2178, 2179; *Reiserer*/Heß-Emmerich, GmbH-Geschäftsführer, S. 48.

656 BGH vom 03.12.1962 – II ZR 201/61, DB 1963, 138, BGH vom 21.04.1975 – II ZR 2/73, WM 1975, 761, 763; OLG Düsseldorf vom 23.12.1999 – 6 U 119/99, GmbHR 2000, 278, 281; *Dersch/Neumann/ Fenski*, BUrlG, 9. Aufl., § 2 BUrlG Rn. 34.

657 *Gissel*, Arbeitnehmerschutz, S. 131; *Henssler*, RdA 1992, 289, 296; *Heyll*, Anwendung von Arbeitsrecht, S. 248; *Wehrmeyer*, Einordnung der Organe, S. 185. Nach *Boemke*, ZfA 1998, 209, 229 ist es wegen der Geltung für Arbeitnehmerähnliche direkt auf den Geschäftsführer anwendbar.

658 *Henssler*, RdA 1992, 289, 296.

der juristischen Person könne über § 7 Abs. 2 und 3 BUrlG ausreichend berücksichtigt werden.[659] Andere leiten aus der besonderen Stellung und Treuepflicht des Geschäftsführers eine Verpflichtung zur gegenseitigen Absprache mit Mitgeschäftsführern oder Gesellschaftern ab, die gegebenenfalls dazu führen könne, die eigenen Wünsche unterzuordnen.[660]

Warum die h. M. das Bundesurlaubsgesetz nicht entsprechend auf den Fremdgeschäftsführer anwendet, ist nicht klar ersichtlich. Die Organstellung wird in diesem Zusammenhang jedenfalls nicht erwähnt. Die Analogie ist der Treue- und Fürsorgepflicht sowie den §§ 157, 242 BGB nach dem oben Ausgeführten vorzuziehen.[661] Im Rahmen eines abgestuften Arbeitsrechts muss geprüft werden, inwieweit das Bundesurlaubsgesetz analog herangezogen werden kann.

c) Lohnfortzahlung

Eine entsprechende Anwendung des Entgeltfortzahlungsgesetzes auf den Fremdgeschäftsführer lehnt die h. L. ebenfalls ab.[662] Eine explizite Begründung hierfür liefert sie zumeist nicht, verweist jedoch auf § 616 S. 1 BGB. Dabei wird teilweise darauf hingewiesen, dass es an einer Regelungslücke fehle.[663] Wann eine „verhältnismäßig nicht erhebliche Zeit“ i. S. d. § 616 S. 1 BGB anzunehmen ist, ist jedoch gesetzlich nicht festgelegt. Beim Fremdgeschäftsführer ziehen Literaturstimmen daher teilweise die Sechs-Wochen-Frist des Entgeltfortzahlungsgesetzes als Anhaltspunkt heran.[664] Andere stellen auf die Fürsor-

---

659 *Heyll*, Anwendung von Arbeitsrecht, S. 248.

660 *Gissel*, Arbeitnehmerschutz, S. 131; *Martens*, FS Hilger/Stumpf (1983), 437, 450 f. für den Geschäftsführer im Konzern.

661 Vgl. oben F. II. 2. f).

662 *Bauer*, DB 1979, 2178, 2179; *Boemke*, ZfA 1998, 209, 225; *Brandmüller*, GmbH-Geschäftsführer, S. 126; *Fleck*, FS Hilger/Stumpf (1983), 197, 217; *Gissel* Arbeitnehmerschutz, S. 133 f.; *Hoffmann/Liebs*, GmbH-Geschäftsführer, 2. Aufl., Rn. 238; Soergel/*Kraft*, BGB, 12. Aufl., § 616 BGB Rn. 7; Kaiser/Dunkl/Hold/*Kleinsorge*, EntgeltfortzahlungsG, 5. Aufl., § 1 Rn. 58; HWK/*Krause*, § 616 BGB Rn. 8; *Namendorf*, Arbeitsrechtliche Status, S. 151; *Oberrath*, MDR 1999, 134, 136; Staudinger/*Oetker*; BGB, § 616 BGB Rn. 30; Palandt/*Putzo*, BGB, 63. Aufl., § 616 BGB Rn. 14; Scholz/*Schneider*, GmbHG, 9. Aufl., § 35 Rn. 187; *Reiserer*/Heß-Emmerich, GmbH-Geschäftsführer, S. 53; MüK/*Schaub*, Bd. 4, 3. Aufl., § 616 Rn. 20, 30; *Wimmer*, DStR 1997, 247, 249; Baumbach/Hueck/*Zöllner*, GmbHG, 17. Aufl., § 35 Rn. 99. A. A. Schmitt, EntgeltfortzahlungsG, 4. Aufl., Rn. 21 (direkt).

663 Vgl. *Namendorf*, Arbeitsrechtliche Status, S. 151; *Oberrath*, MDR 1999, 134, 136.

664 *Bauer*, DB 1979, 2178, 2179 für den damaligen § 616 Abs. 2; *Gissel*, Arbeitnehmerschutz, S. 134; *Reiserer*/Heß-Emmerich, GmbH-Geschäftsführer, S. 53. *Brandmüller*, GmbH-Geschäftsführer, S. 126 und *Wimmer*, DStR 1997, 247, 249 ohne Berufung auf das Entgeltfortzahlungsgesetz.

gepflicht des Arbeitgebers ab und halten einen Vergütungsanspruch von einer Woche pro Vertragsjahr für angemessen.[665] Teilweise wird versucht, bei länger andauernder Krankheit eine Gehaltsfortzahlung durch Vertragsauslegung unter Hinzuziehung der §§ 157, 242 BGB zu begründen.[666]

Die Ausführungen zeigen, dass bei einer analogen Anwendung von Arbeitsschutzvorschriften zunächst die im Dienstvertragsrecht bestehenden Regelungen zu beachten sind. Soweit diese den Sachverhalt bereits erfassen, würde es an der Voraussetzung der bestehenden Regelungslücke fehlen. Bei der Entgeltfortzahlung wird dies im Hinblick auf § 616 S. 1 BGB vertreten. Fraglich ist jedoch, ob eine Regelungslücke für die *Dauer* der Entgeltfortzahlung angenommen werden kann. Im Rahmen eines abgestuften Arbeitsrechts muss dies untersucht werden. Der Verweis auf die Fürsorgepflicht ist insoweit problematisch, als sie Nebenpflicht aus dem Dienstverhältnis ist und nur innerhalb des Austauschcharakters des Dienstverhältnisses besteht. Soweit die Lohnfortzahlung über die „verhältnismäßig nicht erhebliche Zeit“ hinausgehen soll, werden dem Arbeitgeber nach *Hromadka* aber sozialstaatliche Versorgungsaufgaben übertragen, die dem Austauschcharakter des Dienstverhältnisses widersprechen.[667] Eine Vertragsauslegung unter Hinzuziehung der §§ 157, 242 BGB ist nach dem oben Ausgeführten nur dann zu erwägen, wenn eine analoge Anwendung ausscheidet.[668]

Nach der Mehrheit der Stimmen in der Literatur ist die Betriebsrisikolehre auf den GmbH-Geschäftsführer anwendbar, solange die Betriebsstörung nicht in den Verantwortungsbereich des Geschäftsführers fällt.[669] Wiederum zeigt sich die Berücksichtigung der besonderen Stellung des Geschäftsführers als Organ der Gesellschaft.

d) Haftungsbeschränkung

Beim Arbeitnehmer werden nach der Rechtsprechung des BAG bei einer betriebsbedingten Tätigkeit in Ausführung des Arbeitsvertrags die Haftungsrege-

---

665 *Namendorf*, Arbeitsrechtliche Status, S. 151; *Oberrath*, MDR 1999, 134, 136.

666 *Fleck*, FS Hilger/Stumpf (1983), 197, 217.

667 Vgl. *Hromadka*, NZA 1997, 569, 579.

668 Vgl. oben F. II. 2. f).

669 *Fleck*, FS Hilger/Stumpf (1983), 197, 218; *Henssler*, RdA 1992, 289, 296; *Lutter/Hommelhoff/Kleindiek*, GmbHG, 16. Aufl., Anh. § 6 Rn. 47; *Namendorf*, Arbeitsrechtliche Status, S. 152; *Oberrath*, MDR 1999, 134, 137; Hachenburg/*Mertens*, GmbHG, 8. Aufl., § 35 Rn. 207, 210; *Wehrmeyer*, Einordnung der Organe, S. 188 ff. A. A. Erman/*Edenfeld*, BGB, 11. Aufl., § 611 Rn. 158.

lungen des BGB (§§ 276, 249 BGB) modifiziert.[670] Die Haftung des Arbeitnehmers wird nach Verschuldensgraden im Einzelfall beschränkt („Haftungsbeschränkung“).[671]

Der BGH lehnt für den Geschäftsführer eine solche Haftungsbeschränkung mit der Argumentation ab, dass es gerade Sinn der Anstellung und Bestellung eines Geschäftsführers sei, die Schwierigkeiten und Risiken der Unternehmensleitung einer Person zu übertragen, die diese beherrsche.[672]

Auch die Literatur lehnt überwiegend die Anwendung der Haftungsprivilegierung des Arbeitnehmers auf Geschäftsführer ab, zumindest dann, wenn es sich um Schäden handelt, die im Zusammenhang mit der Unternehmensleitung entstanden sind.[673] Eine vergleichbare Stellung des Geschäftsführers zum Arbeitnehmer bestehe nicht. So treffe den Arbeitnehmer als zwangsläufige Nebenfolge seiner Tätigkeit das Haftungsrisiko. Dies gelte auch für außergewöhnliche Situationen, etwa bei Entscheidungen unter Zeitdruck.[674] Der Geschäftsführer habe umfassende Verantwortung bei seiner Pflicht zur Unternehmensleitung.[675] Geschäftsführer ließen die Arbeit nach ihren Weisungen verrichten, während Arbeitnehmern die risikobehaftete Tätigkeit „aufgebürdet“ werde.[676] Der Geschäftsführer habe die Möglichkeit, innerhalb seines typischen Pflichtenkreises

670 BAG-GS vom 27.09.1994 – GS 1/89, NJW 1995, 210.

671 Vgl. *Reichold*, ArbR, § 9 Rn. 30 ff.

672 BGH vom 27.02.1975 – II ZR 112/72, WM 1975, 467, 469; BGH vom 05.12.1983 – II ZR 252/82, BGHZ 89, 153, 159; BGH vom 14.02.1985 – IX ZR 145/83, VersR 1985, 693, 696; BGH vom 25.06.2001 – II ZR 38/99, NJW 2001, 3123, 3124. A. A. für Fremdgeschäftsführer LG Bonn vom 10.04.1995 – 10 O 390/94, NJW-RR 1995, 1435.

673 Roth/*Altmeppen*, GmbHG, 4. Aufl., § 43 Rn. 4; *Bastuck*, Enthaftung, S. 80 ff.; *Boemke*, S. ZfA 1998, 209, 229 f.; *Ebenroth/Lange*, GmbHR 1992, 69, 76; Erman/*Edenfeld*, BGB, 11. Aufl., § 611 BGB Rn. 158; *Gissel*, Arbeitnehmerschutz, S. 139; *Goette*, Die GmbH, Rn. 70; ders., FS Wiedemann (2002), 873, 887; *Haas*, Geschäftsführerhaftung, S. 294 f.; *Heisse*, Beschränkung der Geschäftsführer-Haftung, S. 55 ff.; *Heyll*, Anwendung von Arbeitsrecht, S. 244 f.; *Hoffmann/Liebs*, GmbH-Geschäftsführer, 2. Aufl., Rn. 238; *G. Hueck*, ZfA 1985, 25, 33; *ders.*, FS Ekonomi (1993), 139, 158 f.; *Jula*, GmbHR 2001, 806, 807; *Kust*, WM 1980, 758, 762; *Lieb/Eckardt*, GmbH-Geschäftsführer, S. 82; *Lohr*, NZG 2000, 1204, 1205 ff.; *Lutter*, GmbHR 2000, 301, 311 f.; *Meyke*, Haftung, S. 51; *Pullen*, BB 1984, 989, 991; *Reiserer*/Heß-Emmerich, GmbH-Geschäftsführer, S. 33 f.; *Schaub*, ArbR-Hdb., § 14 Rn. 15; *K. Schmidt*, GesR, 4. Aufl., § 36 II 4 b; Scholz/*Schneider*, GmbHG, 9. Aufl., § 35 Rn. 182; HWK/*Thüsing*, vor § 611 BGB Rn. 97; Baumbach/Hueck/*Zöllner*, GmbHG, 17. Aufl., § 35 Rn. 99.

674 *Heisse*, Beschränkung der Geschäftsführer-Haftung, S. 59; ähnlich *Pullen*, BB 1984, 989, 991 und *Schneider*, FS Werner (1984), 795, 807 f.

675 *Lohr*, NZG 2000, 1204, 1207.

676 *Fleck*, FS Hilger/Stumpf (1983), 197, 216; *Gaul*, GmbHR 1989, 357, 361.

als selbstständiger Vertreter der Gesellschaft betriebliche Arbeitsabläufe so zu gestalten, dass der Eintritt schädigender Ereignisse und somit ein Haftungsrisiko ausgeschlossen werde.[677] Er habe bei der Wahrnehmung unternehmensleitender Aufgaben, bei der Organisation des Betriebsablaufs und der Überwachung einen weiten Ermessensspielraum und sei für die vom Unternehmen ausgehende Sach- und Betriebsgefahr mitverantwortlich.[678] Sein Einfluss auf die Unternehmensleitung stelle ihn hinsichtlich der Vermeidbarkeit der Schäden in eine bessere Position als einen „normalen“ Arbeitnehmer.[679] Es dürfe nicht unberücksichtigt bleiben, dass der Gesetzgeber die Risiken, die sich aus einer fehlerhaften Unternehmensführung ergeben, bewusst auf den Geschäftsführer verlagert habe.[680] Der Geschäftsführer sei Verwalter fremden Vermögens.[681] Auch das Gesellschaftsrecht stünde einer Anwendung der Grundsätze zur Arbeitnehmerhaftung entgegen: Die zwingende gesellschaftsrechtliche Haftung des § 43 Abs. 2 GmbHG schließe eine Anwendung der Grundsätze der Arbeitnehmerhaftung aus.[682] Wegen § 43 Abs. 2 GmbHG fehle es an einer Regelungslücke im Haftungsrecht des Geschäftsführers.[683] Die Organstellung sei auch auf Interessen außerhalb der Gesellschaft (Arbeitnehmer-, Gläubigerinteressen) gerichtet.[684] Der GmbH-Geschäftsführer habe nach dem Gesetz Pflichten im Hinblick auf Kapitalaufbringung, Kapitalerhaltung, Risikotrennung und Liquiditätssicherung. Ziel der entsprechenden Vorschriften im Gesellschaftsrecht sei es, das gebundene Vermögen der Gesellschaft im Interesse der Gläubiger zu erhalten, wofür der Geschäftsführer als Garant auftrete.[685] Die Organhaftung diene dem Gläubigerschutz und habe den Zweck, das Insolvenzrisiko der GmbH zu mindern.[686] Der vom Gesetzgeber in § 43 Abs. 2 GmbHG bezweckte Drittschutz würde anderenfalls vereitelt.[687]

---

677 *Boemke*, ZfA 1998, 209, 229 f.; *Lutter*, GmbHR 2000, 301, 312.

678 Scholz/*Schneider*, GmbHG, 9. Aufl., § 35 Rn. 182.

679 *Oberrath*, MDR 1999, 134, 137; *Lieb/Eckardt*, GmbH-Geschäftsführer, S. 82 sprechen von „Pflichten zur Unternehmensleitung“.

680 *Krause*, Mitarbeit im Unternehmen, S. 564.

681 *Ebenroth/Lange*, GmbHR 1992, 69, 76.

682 *Hoffmann/Liebs*, GmbH-Geschäftsführer, 2. Aufl., Rn. 238; *G. Hueck*, ZfA 1985, 25, 33; *ders.*, FS Ekonomi (1993), 139, 158; *Konzen*, NJW 1989, 2977, 2984; *Krause*, Mitarbeit im Unternehmen, S. 568; *Lieb/Eckardt*, GmbH-Geschäftsführer, S. 82; *Lohr*, NZG 2000, 1204, 1208; *Reiserer*/Heß-Emmerich, GmbH-Geschäftsführer, S. 34; *Schneider*, FS Werner (1984), 795, 809.

683 *Heisse*, Beschränkung der Geschäftsführer-Haftung, S. 60; *Haas*, Geschäftsführerhaftung, S. 295; A. A. *Heyll*, Anwendung von Arbeitsrecht, S. 239.

684 *Bastuck*, Enthaftung, S. 84; *Haas*, Geschäftsführerhaftung, S. 295; *Lutter*, GmbHR 2000, 301, 312; *Schneider*, FS Werner (1984), 795, 808.

685 *Schneider*, FS Werner (1984), 795, 809.

686 *Haas*, Geschäftsführerhaftung, S. 294; *Jula*, GmbHR 2001, 806, 807.

687 *Heyll*, Anwendung von Arbeitsrecht, S. 240.

Vereinzelt wird in der Literatur vertreten, die Grundsätze zur Haftungsbeschränkung außerhalb des normalen Pflichtenkreises des Vorstands entsprechend heranzuziehen. Hierzu zählten Beschlüsse, die unter großer Zeitnot, ohne die Möglichkeit umfassender Information und ohne Hinzuziehen von Fachberatern gefasst werden müssten.[688]

Eine beachtliche Meinung möchte die Grundsätze zur Haftungsbeschränkung jedoch außerhalb der Unternehmensleitung anwenden.[689] Nach dem OLG Koblenz seien bei der Teilnahme eines GmbH-Geschäftsführers am öffentlichen Straßenverkehr die arbeitsrechtlichen Grundsätze der Haftungsbeschränkung bei gefahrgeneigter Tätigkeit entsprechend anzuwenden. Das Gericht verweist auf die unternehmensbezogene Tätigkeit und das Betriebsrisiko.[690] Nach Stimmen in der Literatur stehe der Geschäftsführer bei einem Unfall mit dem Dienstwagen jedem anderen Arbeitnehmer, der berufliche Fahrten ausführe, gleich.[691] Das Risiko werde nicht durch die größeren geistigen Fähigkeiten oder die größere Verantwortung des Geschäftsführers verringert[692] und sei ihm nicht bewusst aufgrund seiner Qualifikation anvertraut worden.[693] Es handele sich nicht um Leistungspflichten, sondern lediglich um Obhutspflichten, die nicht Gegenstand der Organaufgaben seien.[694] Es sei nicht einzusehen, warum es für die Gesellschaft günstiger sein solle, wenn der Geschäftsführer seinen Wagen

688 *Kust*, WM 1980, 758, 762. Nach anderer Ansicht werden diese Umstände jedoch bereits im Sorgfaltsmaßstab berücksichtigt, vgl. *Bastuck*, Enthaftung, S. 84.

689 OLG Koblenz vom 07.10.1993 – 6 U 547/91, NJW-RR 1994, 1058; *Boemke*, ZfA 1998, 209, 229 f.; *Gissel*, Arbeitnehmerschutz, S. 139; *Haas*, Geschäftsführerhaftung, S. 294 f.; *Heisse*, Beschränkung der Geschäftsführer-Haftung, S. 55 ff.; *Heyll*, Anwendung von Arbeitsrecht, S. 244 f.; *Krause*, Mitarbeit im Unternehmen, S. 570, jedoch nur mit Abstrichen; *Kust*, WM 1980, 758, 762; *Lieb/Eckardt*, GmbH-Geschäftsführer, S. 82; *Lutter*, GmbHR 2000, 301, 311 f.; *Meyke*, Haftung, S. 51; *Pullen*, BB 1984, 989, 991 *Schneider*, FS Werner (1984), 795, 812 ff.

690 OLG Koblenz vom 07.10.1993 – 6 U 547/91, NJW-RR 1994, 1058. Vgl. auch OLG Koblenz vom 14.05.1998 – 5 U 1639/97, GmbHR 1999, 344. Aufgrund der im Fall vorliegenden groben Fahrlässigkeit im öffentlichen Verkehr hat das Gericht hier die Frage offen gelassen. Vgl. dazu auch Beispielsfall 1.

691 *Haas*, Geschäftsführerhaftung, S. 295 Fn. 130; *Gissel*, Arbeitnehmerschutz, S. 139; *Lieb/Eckardt*, GmbH-Geschäftsführer, S. 82; *Lutter*, GmbHR 2000, 301, 311 f.; *Meyke*, Haftung, S. 51; *Pullen*, BB 1984, 989, 991; *Reiserer*/Heß-Emmerich, GmbH-Geschäftsführer, S. 34; *Schneider*, FS Werner (1984), 795, 812 f.

692 *Gissel*, Arbeitnehmerschutz, S. 139; *Pullen*, BB 1984, 989, 991.

693 *Heisse*, Beschränkung der Geschäftsführer-Haftung, S. 61.

694 *Schneider*, FS Werner (1984), 795, 812 f.

beschädige, als wenn es sein Fahrer täte.[695] § 43 Abs. 2 GmbHG stünde nicht entgegen, da er nicht anzuwenden sei.[696]

Die Kritiker wenden hiergegen ein, dass die Funktion des Geschäftsführers alle betrieblich veranlassten Tätigkeiten betreffe. Eine Differenzierung nach dem Grad des Bezugs der jeweiligen Tätigkeit zur Aufgabe der Unternehmensleitung erscheine willkürlich.[697]

Nur wenige Stimmen wollen dagegen eine Haftungsbeschränkung generell zulassen.[698]

Krause bejaht eine Haftungsbeschränkung, wenn der Geschäftsführer über keinen nennenswerten Spielraum für unternehmerische Entscheidungen verfüge. Hier weiche der Geltungsanspruch des § 43 Abs. 1 und 2 GmbHG zurück. Die innere Berechtigung der gerade auf den umfassenden Einwirkungsmöglichkeiten des Organmitglieds beruhenden unbeschränkten Haftung entfiele.[699]

Andere Autoren vergleichen den Geschäftsführer mit dem leitenden Angestellten. Zumindest beim Fremdgeschäftsführer bestehe eine soziologische Verwandtschaft, die eine haftungsrechtliche Ungleichbehandlung in besonderem Maß rechtfertigungsbedürftig mache.[700] Da den leitenden Angestellten die Haftungsbeschränkung zugute komme, könne sie auch auf den Geschäftsführer angewendet werden.[701] Der Geschäftsführer befinde sich sowohl hinsichtlich seiner Tätigkeit als auch hinsichtlich der Gefahr, sich durch nur leichtes Verschulden zu ruinieren, in einer vergleichbaren Situation zum leitenden Angestellten. Jedoch soll ein gesteigerter Sorgfaltsmaßstab herangezogen werden und eine entsprechend hohe Vergütung aus Billigkeitsgesichtspunkten mit einem entsprechend hohen Schadensanteil belastet werden.[702]

Nach einer weiteren Auffassung können Fremdgeschäftsführern, wenn sie nicht über einen Tantiemenanspruch in relevantem Umfang an den Gesellschafts-

---

695 *Heisse*, Beschränkung der Geschäftsführer-Haftung, S. 62; *Pullen*, BB 1984, 989, 991.
696 *Heisse*, Beschränkung der Geschäftsführer-Haftung, S. 61.
697 *Oberrath*, MDR 1999, 134, 137; *Lohr*, NZG 2000, 1204, 1208.
698 *Axhausen* in: Beck'sches GmbH-Hdb., § 5 Rn. 106; *Frisch*, Haftungserleichterungen, S. 254; *Köhl*, DB 1996, 2597, 2604; *Konzen*, NJW 1989, 2977, 2984 (in Anlehnung an § 46 Nr. 8 GmbHG); *Reese*, DStR 1995, 532, 534 f. (bei geringer Vergütung und stark ausgeprägter Weisungsgebundenheit); *Wehrmeyer*, Einordnung der Organe, S. 192.
699 *Krause*, Mitarbeit im Unternehmen, S. 568 f.
700 *Frisch*, Haftungserleichterungen, S. 251.
701 *Köhl*, DB 1996, 2597, 2604.
702 *Brox*, DB 1985, 1469, 1477.

chancen teilhaben und ihnen nicht vorstandsähnliche Kompetenzen eingeräumt sind, Haftungserleichterungen gewährt werden. Ein umfassender zwingender Charakter des § 43 GmbHG, der jeglicher Haftungserleichterung entgegenstehe, sei nicht nachweisbar. Vielmehr bestehe eine eingeschränkte Dispositivität dieser Norm.[703] Auch seien Gläubigerschutzinteressen nicht beeinträchtigt. Der Geschäftsführer hafte im Außenverhältnis weiterhin unbeschränkt. Jedoch stehe ihm bei seiner zwingenden gesellschaftsrechtlichen Haftung ein Freistellungsanspruch gegenüber der Gesellschaft zu.[704]

Die vorstehenden Ausführungen zur entsprechenden Anwendung der Haftungsbeschränkung zeigen erneut, dass die Stellung des Fremdgeschäftsführers als Organ der Gesellschaft eine wichtige Rolle bei der entsprechenden Anwendung arbeitsrechtlicher Vorschriften spielt. Zudem werden die Unterschiede zum normalen Arbeitnehmer deutlich. Wenn der Vergleich des Fremdgeschäftsführers mit einem Arbeitnehmer ein Kriterium zur entsprechenden Anwendung arbeitsrechtlicher Schutzvorschriften ist, muss als logische Schlussfolgerung außerhalb der Tätigkeit der Unternehmensleitung die Haftungsbeschränkung entsprechend anwendbar sein. Hier handelt der Fremdgeschäftsführer nicht in seiner Eigenschaft als Organ. Es kann keinen Unterschied machen, ob beispielsweise er einen Unfall verursacht oder sein Fahrer. Bei arbeitsrechtlichen Schutzvorschriften und Grundsätzen kann es folglich auch zu einer modifizierten Form der Anwendung auf den Fremdgeschäftsführer kommen[705]. Auch dies ist bei einem abgestuften Arbeitsrecht in Erwägung zu ziehen.

e) Betriebliche Übung und arbeitsrechtlicher Gleichbehandlungsgrundsatz

aa) Betriebliche Übung

Aus der speziellen arbeitsrechtlichen Rechtsquelle der betrieblichen Übung (oder Betriebsübung) entsteht für den Arbeitnehmer bei mehrmaliger vorbehaltsloser freiwilliger Gewährung bestimmter sozialer Sonderleistungen ein dauerhafter Anspruch auf diese Leistungen.[706]

Die Anwendung der betrieblichen Übung auf Organmitglieder wird fast ausschließlich beim Fremdgeschäftsführer diskutiert. Die h. M. hält sie für mög-

[703] *Frisch*, Haftungserleichterungen, S. 252 f.
[704] *Frisch*, Haftungserleichterungen, S. 254; *Köhl*, DB 1996, 2597, 2605; vgl. auch *Martens*, FS Hilger/Stumpf (1983), 437, 450 für den Arbeitnehmer-Geschäftsführer im Konzern.
[705] MWK/*Thüsing*, vor § 611 BGB Rn. 98.
[706] *Reichold*, ArbR, § 3 Rn. 50.

lich.[707] Einige Literaturstimmen lehnen ihre Anwendung hingegen generell ab.[708] Maßgeblich bei der Frage der Anwendung der betrieblichen Übung ist deren rechtliche Qualifizierung, welche ebenfalls umstritten ist. Während der Großteil der Literatur sie als Ausprägung der Vertrauenshaftung ansieht[709], halten die Rechtsprechung[710] und Teile der Literatur[711] an einer rechtsgeschäftlichen Einordnung fest (Vertragstheorie).

Die Vertreter der Vertrauenshaftung stützen den Leistungsanspruch auf ein anspruchsbegründendes, schutzwürdiges Vertrauen des Arbeitnehmers.[712] Bei der entsprechenden Anwendung auf Geschäftsführer argumentieren sie, dass es vielfach an den vertrauensbegründenden Elementen („Vertrauenslehre“) fehlen wird.[713] Andere meinen, die Treuebeziehung zum Arbeitgeber, aus der das Vertrauen resultiere, sei beim Geschäftsführer gesellschaftsrechtlicher Art und werde durch das wirtschaftliche Interesse der Gesellschaft geprägt. Sie sei nicht vergleichbar mit der Treuebeziehung eines Arbeitnehmers, bei der die besondere Schutzbedürftigkeit im Vordergrund stehe.[714] Auch wird argumentiert, der kollektive Bezug schließe im Grundsatz eine Anwendung der betrieblichen Übung aus. Bei einer Gruppe von Arbeitnehmern wolle der Arbeitgeber, ohne alle Verträge ändern zu müssen, einen kollektiven Sachverhalt einheitlich regeln. Das sei beim Geschäftsführer anders, bei dem individuelle Gesichtspunkte

---

[707] BGH vom 17.02.1969 – II ZR 19/68, WM 1969, 686, 688 (nur unter engen Voraussetzungen); OLG München vom 15.02.1984 – 7 U 4750/83, WM 1984, 896, 897 f. (Weihnachtsgratifikation); BGH vom 03.05.1973 – II ZR 17/71, WM 1973, 782, 785 (Genossenschaft); BGH vom 19.12.1994 – II ZR 244/93, LM § 133 (b) BGB Nr. 38; *Boemke*, ZfA 1998, 209, 228; *Brachert*, Organmitgliedschaft, S. 208; *Gissel*, Arbeitnehmerschutz, S. 153; *Goette*, FS Wiedemann (2002), 873, 887; *Jula*, Status, S. 214; *Krause*, Mitarbeit im Unternehmen, S. 498 ff.; *Oberrath*, MDR 1999, 134, 136; *Reiserer*/Heß-Emmerich, GmbH-Geschäftsführer, S. 51; Scholz/*Schneider*, GmbHG, 9. Aufl., § 35 Rn. 186 (bei Gratifikation, anders in Rn. 164 a); Hachenburg/*Stein*, GmbHG, 8. Aufl., § 35 Rn. 204; HWK/*Thüsing*, vor § 611 BGB Rn. 98; Baumbach/Hueck/*Zöllner*, GmbHG, 17. Aufl., § 35 Rn. 106.

[708] *Fleck*, FS Hilger/Stumpf (1983), 197, 212 ff.; *A. Hueck*, DB 1954, 274, 275; *G. Hueck*, ZfA 1985, 25, 34; *Lieb/Eckardt*, GmbH-Geschäftsführer, S. 94 f.; *Nebendahl*, NZA 1992, 289, 292 ff.; Palandt/*Putzo*, BGB, 63. Aufl., Einf. v. § 611 Rn. 23.

[709] *Krause*, Mitarbeit im Unternehmen, S. 499; *Lieb*, ArbR, 8. Aufl., Rn. 57 m. w. N.; ErfK/*Preis*, 4. Aufl., § 611 BGB Rn. 262; *Reichold*, ArbR, § 3 Rn. 50.

[710] BAG vom 23.06.1988 – 6 AZR 137/86, NZA 1989, 55, 56; BAG vom 23.03.1993 – 5 AZR 16/92, NZA 1993, 749.

[711] *Schaub*, ArbR-Hdb., § 111 Rn. 3 ff. m. w. N.

[712] *Lieb*, ArbR, 8. Aufl., Rn. 57.

[713] *Krause*, Mitarbeit im Unternehmen, S. 500 mit Verweis auf *Nebendahl* NZA 1992, 289, 293.

[714] *Nebendahl*, NZA 1992, 289, 292 ff.

eine Rolle spielten.[715] Dies gelte nicht nur gegenüber Arbeitnehmern, sondern auch unter Organmitgliedern selbst.[716] Es fehle in der Regel an einer genügenden Anzahl gleichartig liegender Fälle.[717] Teilweise ziehen die Autoren an Stelle der betrieblichen Übung die Vertragsauslegung, § 242 BGB oder § 315 BGB in Erwägung.[718] Der BGH sah eine mehrmalige vorbehaltslose Zahlung als Bestandteil der vertraglichen Vergütung i.S.d. § 615 BGB an.[719]

Die Vertreter der Vertragstheorie sehen in der Betriebsübung kein spezifisch arbeitsrechtliches Institut. Vielmehr bedeute eine mehrmalige vorbehaltslose Zuwendung ein konkludentes Angebot, das durch Entgegennahme der Leistung schlüssig angenommen werde und vertragliche Bindungen erzeugen könne.[720] Dieser Rechtsgedanke sei auf den GmbH-Geschäftsführer anwendbar.[721] Aber auch Vertreter der Vertrauenslehre sprechen sich für eine Anwendung der betrieblichen Übung aus, da beim Geschäftsführer ein Vertrauenstatbestand hervorgerufen werden könne.[722]Bei der Betriebsübung machen sie jedoch eine Einschränkung in den Fällen, in denen der Geschäftsführer die Übung selbst geschaffen hat. Es müsse sichergestellt werden, dass der Geschäftsführer sich nicht selbst in den Genuss von Ansprüchen bringe.[723] Zum Teil wird die Einschränkung auch auf Fälle ausgedehnt, in denen andere Geschäftsführer eine Leistung in der Vergangenheit gewährt hätten. Es sei nicht möglich, die Geschäftsführer so aufzuspalten, dass ein Vertrauenstatbestand von einem Geschäftsführer zu Gunsten anderer Geschäftsführer und zu Lasten der juristischen Person gewährt werde.[724] Ein Anspruch aus betrieblicher Übung wird nur bejaht, wenn die Gesellschafterversammlung eine entsprechende Weisung erteilt hat.[725]

---

715 BGH vom 17.02.1969 – II ZR 19/68, WM 1969, 686, 688; *G. Hueck*, ZfA 1985, 25, 34; *Lieb/Eckardt*, GmbH-Geschäftsführer, S. 95; *Nebendahl*, NZA 1992, 289, 292 ff. Vgl. auch *Fleck*, FS Hilger/Stumpf (1983), 197, 212.

716 BGH vom 17.02.1969 – II ZR 19/68, WM 1969, 686, 688; *G. Hueck*, ZfA 1985, 25, 34; *Lieb/Eckardt*, GmbH-Geschäftsführer, S. 95; Baumbach/Hueck/*Zöllner*, GmbHG, 17. Aufl., § 35 Rn. 99.

717 *G. Hueck*, ZfA 1985, 25, 34; *Lieb/Eckardt*, GmbH-Geschäftsführer, S. 95.

718 *Fleck*, FS Hilger/Stumpf (1983), 197, 215.

719 BGH vom 03.05.1973 – II ZR 15/71, WM 1973, 783, 785.

720 *Boemke*, ZfA 1998, 209, 228; *Schaub*, ArbR-Hdb., § 111 Rn. 13.

721 *Boemke*, ZfA 1998, 209, 228.

722 *Krause*, Mitarbeit im Unternehmen, S. 499.

723 OLG Düsseldorf vom 23.12.1999 – 6 U 119/99, GmbHR 2000, 278, 281 (die Anwendung offen lassend); *Reiserer*/Heß-Emmerich, GmbH-Geschäftsführer, S. 51; *Jula*, Status, S. 214; *Nebendahl*, NZA 1992, 289, 293 (der letztlich den Grundsatz jedoch ablehnt).

724 *Nebendahl*, NZA 1992, 289, 292 ff.

725 OLG Düsseldorf vom 23.12.1999 – 6 U 119/99, GmbHR 2000, 278, 281; *Reiserer*/Heß-Emmerich, GmbH-Geschäftsführer, S. 51; *Jula*, Status, S. 214.

bb) Arbeitsrechtlicher Gleichbehandlungsgrundsatz

Der arbeitsrechtliche Gleichbehandlungsgrundsatz ist vom verfassungsrechtlichen Gleichheitssatz (Art. 3 Abs. 1 GG), dem Gleichberechtigungsgrundsatz (Art. 3 Abs. 2 GG) und dem Benachteiligungsverbot (Art. 3 Abs. 3 GG) zu unterscheiden.[726] Seine materiellrechtliche Ableitung ist noch nicht vollständig geklärt, seine Geltung jedoch unbestritten.[727] Der Grundsatz sagt, dass einzelne Arbeitnehmer im Verhältnis zu anderen Arbeitnehmern, die in ihrer Stellung und Funktion vergleichbar sind, nicht willkürlich schlechter gestellt werden dürfen. Der Gleichbehandlungsgrundsatz hat anspruchsbegründende Wirkung.[728] Beim Geschäftsführer wird er hauptsächlich bei der im Beispielsfall 3[729] gezeigten Konstellation erwogen. Es geht darum, ob sich der Fremdgeschäftsführer auf eine mehrmalige freiwillige Leistung des Arbeitgebers mit der Begründung berufen kann, dass sie regelmäßig der übrigen Belegschaft, leitenden Angestellten oder anderen Organmitgliedern gewährt wird.[730]

Nach der inzwischen h. M. kann der Gleichbehandlungsgrundsatz unter bestimmten Voraussetzungen auch auf den Fremdgeschäftsführer im Verhältnis zu leitenden Angestellten oder zumindest im Verhältnis zu Mitgeschäftsführern entsprechend angewandt werden.[731] Nach dem Gleichbehandlungsgrundsatz sei nur Gleiches, nicht aber Ungleiches gleich zu behandeln. Ein kollektiver Bezug könne nur zu anderen Geschäftsführern und unter weiteren Voraussetzungen

---

726 *Reichold*, ArbR, § 3 Rn. 32.

727 *Lieb*, ArbR, 8. Aufl., Rn. 98 f.

728 *Reichold*, ArbR, § 3 Rn. 32; *Fleck*, FS Hilger/Stumpf (1983), 197, 211; *Lieb*, ArbR, 8. Aufl., Rn. 104; *Zöllner/Loritz*, ArbR, 5. Aufl., § 17 V.

729 Vgl. oben B. I.

730 Diese Konstellation wird teilweise auch als Problem der betrieblichen Übung gesehen, so *Zöllner/Loritz*, ArbR, 5. Aufl., § 17 V; Gissel, Arbeitnehmerschutz, S. 153. Vgl. dazu *Oberrath*, MDR 1999, 134, 136.

731 BGH vom 14.05.1990 – II ZR 122/89, AP § 35 GmbHG Nr. 7, Bl. 309; BGH vom 09.05.1994 – II ZR 128/93, NJW-RR 1994, 1055; *Bauder*, BB 1993, 369, 371; *Boemke*, ZfA 1998, 209, 227; *Brachert*, Organmitgliedschaft, S. 208 f.; Erman/*Edenfeld*, BGB, 11. Aufl., § 611 Rn. 158; *Gissel*, Arbeitnehmerschutz, S. 129; *Goette*, Die GmbH, 2. Aufl., Rn. 70; *ders*., FS Wiedemann (2002), 873, 887 (einschränkend); *Henssler*, RdA 1992, 289, 299 f.; *Heyll*, Anwendung von Arbeitsrecht, S. 269 ff.; *A. Hueck*, DB 1954, 274, 275; Rowedder/*Koppensteiner*, GmbHG, 4. Aufl., § 35 Rn. 78; Soergel/*Kraft*, BGB, 12. Aufl., vor § 611 Rn. 112 (bei Ruhegeldzahlungen); *Krause*, Mitarbeit im Unternehmen, 501; *Lutter/Hommelhoff/Kleindiek*, GmbHG, 16. Aufl., Anh. § 6 Rn. 3; *Oberrath*, MDR 1999, 134, 136; *Reiserer*/Heß-Emmerich, GmbH-Geschäftsführer, S. 52; Scholz/*Schneider*, GmbHG, 9. Aufl., § 35 Rn. 164 a; Hachenburg/*Stein*, GmbHG, 8. Aufl., § 35 Rn. 204; HWK/*Thüsing*, vor § 611 BGB Rn . 98 (nur unter Organmitgliedern).

auch zu leitenden Angestellten hergestellt werden.[732] Bei leitenden Angestellten wird verlangt, dass bei der Gestaltung der Dienstverträge zwischen ihnen und dem Fremdgeschäftsführer keine Unterschiede gemacht werden, sondern die Fremdgeschäftsführer im Wesentlichen wie die leitenden Angestellten – wenn auch mit besonderen zusätzlichen Funktionen – behandelt würden.[733] Auch beim Gleichbehandlungsgrundsatz dürfe der Geschäftsführer die fragliche Regelung selbst aufgestellt oder an ihrer Entstehung mitgewirkt haben.[734] Weitere Grenzen ergäben sich beim Vergleich mit den leitenden Angestellten im Einzelfall schon aus der dem Gleichbehandlungsgrundsatz innewohnenden Möglichkeit, aus sachlichen Gründen zu differenzieren.[735]

Die Gegenauffassung lehnt die Anwendung des Gleichbehandlungsgrundsatzes auf den Fremdgeschäftsführer generell ab.[736] Auch beim Gleichbehandlungsgrundsatz fehle zwischen Geschäftsführern der unerlässliche kollektive Bezug.[737] Die notwendige Einzelfallgerechtigkeit ließe sich durch § 242 BGB bewirken.[738]

cc) Stellungnahme

Zu den Einwänden der jeweiligen Gegenauffassung, die betriebliche Übung oder der Gleichbehandlungsgrundsatz könnten schon von ihren Voraussetzungen nicht auf Fremdgeschäftsführer übertragen werden, ist bereits hier Folgendes auszuführen:

Der teilweise geforderte „kollektive Bezug“, dessen Fehlen eine entsprechende Anwendung der betrieblichen Übung ausschließen soll, ist keine Voraussetzung

---

[732] *Boemke*, ZfA 1998, 209, 227; *Gissel*, Arbeitnehmerschutz, S. 129; *Henssler*, RdA 1992, 289, 299 f.; *Heyll*, Anwendung von Arbeitsrecht, S. 270; *Krause*, Mitarbeit im Unternehmen, S. 501; Lutter/*Hommel-hoff/Kleindiek*, GmbHG, 16. Aufl., Anh. § 6 Rn. 3; *Oberrath*, MDR 1999, 134, 136; *Reiserer*/Heß-Emmerich, GmbH-Geschäftsführer, S. 52 f.

[733] BGH vom 14.05.1990 – II ZR 122/89, AP § 35 GmbHG Nr. 7, Bl. 309; *Boemke*, ZfA 1998, 209, 227; *Henssler*, RdA 1992, 289, 299 f.; *Reiserer*/Heß-Emmerich, GmbH-Geschäftsführer, S. 52; Scholz/*Schneider*, GmbHG, 9. Aufl., § 35 Rn. 164 a.

[734] *Krause*, Mitarbeit im Unternehmen, S. 501.

[735] *Gissel*, Arbeitnehmerschutz, S. 129.

[736] *Fleck*, FS Hilger/Stumpf (1983), 197, 210 ff.; *G. Hueck*, ZfA 1985, 25, 34; *Lieb/Eckardt*, GmbH-Geschäftsführer, S. 95 f.; *Nebendahl*, NZA 1992, 289, 292 ff.; Palandt/*Putzo*, BGB, 63. Aufl., Einf. v. § 611 Rn. 23; Baumbach/Hueck/*Zöllner*, GmbHG, 17. Aufl., § 35 Rn. 99.

[737] *G. Hueck*, ZfA 1985, 25, 34; *Lieb/Eckardt*, GmbH-Geschäftsführer, S. 95 f.

[738] *Lieb/Eckardt*, GmbH-Geschäftsführer, S. 96.

der betrieblichen Übung und steht einem Anspruch nicht entgegen.[739] Bei der betrieblichen Übung geht es um eine mehrmalige vorbehaltslose Gewährung einer freiwilligen Leistung des Arbeitgebers, was auch gegenüber einem Fremdgeschäftsführer möglich ist. Die Treuebeziehung zum Arbeitgeber ist nicht entscheidend.[740] Die betriebliche Übung basiert nach richtiger Auffassung auf Vertrauensgesichtspunkten. Fehlen kann allenfalls das Vertrauen des Fremdgeschäftsführers. Dies wird der Fall sein, wenn er oder andere Geschäftsführer und nicht die Gesellschafterversammlung die Voraussetzungen für die betriebliche Übung geschaffen haben, von der er profitieren möchte. Von Ihren Voraussetzungen ist die betriebliche Übung daher grundsätzlich auch auf Fremdgeschäftsführer übertragbar. Auch der Gleichbehandlungsgrundsatz ist von seinen Voraussetzungen auf Fremdgeschäftsführer grundsätzlich übertragbar. Zwar ist beim Gleichbehandlungsgrundsatz ein kollektiver Bezug erforderlich. Dieser ist jedoch auch zwischen mehreren Fremdgeschäftsführern denkbar. Auch sie haben einen Anspruch darauf, gleich behandelt zu werden. Inwieweit leitende Angestellte mit einbezogen werden, hängt von der Vergleichbarkeit der Anstellungsverhältnisse ab.

Für ein abgestuftes Arbeitsrecht ist zu beachten, dass die Organstellung sowohl bei der betrieblichen Übung als auch beim Gleichbehandlungsgrundsatz zu Interessenkollisionen führen kann. Ausnahmen müssen daher im Rahmen eines abgestuften Arbeitsrechts dort gemacht werden, wo der Geschäftsführer die Voraussetzungen zum eigenen Vorteil erst geschaffen hat. Dies zeigt auch der Beispielsfall 3.[741]

f) Kündigungsschutz

Nach allgemeiner Meinung ist der Fremdgeschäftsführer aufgrund des § 14 Abs. 1 Nr. 1 KSchG aus dem allgemeinen Kündigungsschutz ausgeschlossen.[742] Eine analoge Anwendung scheidet aus, da es an einer Regelungslücke fehlt. Sie wird auch nicht in Erwägung gezogen. Diskutiert wird jedoch im Zusammenhang mit einer Kündigung die entsprechende Anwendung des Sonderkündigungsschutzes aus dem Mutterschutzgesetz[743] und dem Schwerbehindertenge-

739 So auch *Krause*, Mitarbeit im Unternehmen, S. 499 f.

740 So auch *Krause*, Mitarbeit im Unternehmen, S. 499 f.

741 Vgl. oben B. I.

742 *Fleck*, FS Hilger/Stumpf (1983), 197, 221; *Lutter/Hommelhoff/Kleindiek*, GmbHG, 16. Aufl., Anh § 6 Rn. 47; *G. Hueck*, ZfA 1985, 25, 35; HWK/*Kalb*, § 5 ArbGG Rn. 14; Soergel/*Kraft*, BGB, 12. Aufl., vor § 611 Rn. 112; *Krause*, Mitarbeit im Unternehmen, S. 634; Scholz/*Schneider*, GmbHG, 9. Aufl., § 35 Rn. 164 b; Baumbach/Hueck/*Zöllner*, GmbHG, 17. Aufl., § 35 Rn. 129.

743 Dieser wurde schon oben im Rahmen des Mutterschutzes behandelt, vgl. oben F. II. 3.

setz (nachfolgend unter aa), der Kündigungsfrist des § 622 BGB (unter bb), dem Übergang des Anstellungsverhältnisses nach § 613 a BGB (unter cc), der Abmahnung bei fristloser Kündigung (unter dd) sowie der Erteilung eines Arbeitszeugnisses nach § 630 BGB (unter ee).

aa) Kündigungsschutz für Schwerbehinderte

Die h. M. sprach sich gegen eine entsprechende Anwendung des Schwerbehindertengesetzes, speziell gegen die des besonderen Kündigungsschutzes der §§ 15 ff. SchwBG, auf den Geschäftsführer aus.[744] Begründet hat sie dies damit, dass die potenzielle Unkündbarkeit, wenn die Bestellung eines GmbH-Geschäftsführers widerrufen sei, für die Gesellschaft kaum tragbar wäre.[745] Die Kündigungsbeschränkungen ließen sich mit den Besonderheiten der Organstellung nur schwer vereinbaren.[746] In Härtefällen könnte § 138 BGB Abhilfe schaffen.[747] Auch stehe einer entsprechenden Anwendung letztlich die frühere Gesetzesfassung in Verbindung mit der Entstehungsgeschichte des Gesetzes entgegen.[748] Der Kündigungsschutz für Schwerbehinderte ist inzwischen in §§ 85 ff. SGB IX[749] geregelt.[750]

---

[744] BGH vom 09.02.1978 – II ZR 189/76, DB 1978, 878, 879; LG Siegen vom 24.09.1985 – 6 O 106/85, ZIP 1985, 1282, 1283; OLG Hamm vom 02.06.1986 – 8 U 298/85, GmbHR 1987, 305, 307; *Boemke*, ZfA 1998, 209, 226, 232; Erman/*Edenfeld*, BGB, 11. Aufl., § 611 Rn. 154; *Fleck*, FS Hilger/Stumpf (1983), 197, 221; *Goette*, Die GmbH, 2. Aufl., Rn. 70; *ders.*, FS Wiedemann (2002), 873, 887; *Henssler*, RdA 1992, 289, 296; *Heyll*, Anwendung von Arbeitsrecht, S. 199 ff.; *Hoffmann/Liebs*, GmbH-Geschäftsführer, 2. Aufl., Rn. 238; *Lutter/Hommelhoff/Kleindiek*, GmbHG, 16. Aufl., Anh. § 6 Rn. 47; *G. Hueck*, FS Ekonomi (1993), 139, 160; *Lieb/Eckardt*, GmbH-Geschäftsführer, S. 81; *Nägele*, BB 2001, 305, 307; *Neumann/Pahlen*, SGB IX, 10. Aufl., § 20 Rn. 11; *Oberrath*, MDR 1999, 134, 138; *Reiserer*/Heß-Emmerich, GmbH-Geschäftsführer, S. 78 f.; ErfK/*Rolfs*, 4. Aufl., § 85 SGB IX Rn. 3 Scholz/*Schneider*, GmbHG, 9. Aufl., § 35 Rn. 164 b; HWK/*Thüsing*, vor § 611 BGB Rn. 97; Baumbach/Hueck/*Zöllner*, GmbHG, 17. Aufl., § 35 Rn. 99. A. A. OLG Stuttgart vom 18.09.1981 – 222 U 27/81 u. 64/81, ZIP 1981, 1336; *Wehrmeyer*, Einordnung der Organe, S. 177 f.; *Schaub*, ArbR-Hdb., § 14 Rn. 5.

[745] *Henssler*, RdA 1992, 289, 296.

[746] *Fleck*, FS Hilger/Stumpf (1983), 197, 221.

[747] *G. Hueck*, FS Ekonomi (1993), 139, 160.

[748] BGH vom 09.02.1978 – II ZR 189/76, DB 1978, 878, 879; *Reiserer*/Heß-Emmerich, S. 79.

[749] Das Schwerbehindertengesetz ist zum 01.10.2001 in das Sozialgesetzbuch IX – Rehabilitation und Teilhabe behinderter Menschen – eingestellt worden (BGBl. I, 1046).

[750] An den Argumenten der h. M. zur Kündigung schwerbehinderter Geschäftsführer hat dies jedoch nichts geändert: Zu SGB IX nun ausdrücklich Erman/*Edenfeld*, BGB, 11. Aufl., § 611 Rn. 154; *Neumann/Pahlen*, SGB IX, 10. Aufl., § 20 Rn. 11; ErfK/*Rolfs*, 4. Aufl., § 85 SGB IX Rn. 3; HWK/*Thüsing*, vor § 611 BGB Rn. 97 (alle dagegen); *Schaub*, ArbR-Hdb., § 14 Rn. 5 (dafür).

bb) Kündigungsfrist des § 622 BGB

Die h. M. hält eine anolge Anwendung der Kündigungsfrist für Arbeitnehmer nach § 622 BGB – zumindest auf den Fremdgeschäftsführer – für möglich.[751] Einige Autoren lehnen dies jedoch ab.[752] Die h. M. begründet eine entsprechende Anwendung der verlängerten Kündigungsfristen mit der Interessenlage des Geschäftsführers, der seine Arbeitskraft der Gesellschaft für eine Anzahl von Jahren zur Verfügung gestellt habe und davon abhängig sei, dass sein Anstellungsverhältnis fortbestehe.[753] Der Fremdgeschäftsführer habe sich darauf eingestellt, die Geschäftsführertätigkeit hauptberuflich auszuüben und hierfür ein Gehalt zu beziehen. Wie jedem Arbeitnehmer müsse ihm zugebilligt werden, nach einer ordentlichen Kündigung angemessene Zeit für eine Neuorientierung

---

[751] BGH vom 29.01.1981 – II ZR 92/80, BGHZ 79, 291, 292 ff.; BGH vom 11.05.1981 – II ZR 126/80, NJW 1981, 2748, 2749; BGH vom 26.03.1984 – II ZR 120/83, BGHZ 91, 217, 220 f.; BGH vom 09.03.1987 – II ZR 132/86, NJW 1987, 2073, 2074; BGH vom 09.07.1990 – II ZR 194/89, BGHZ 112, 103, 115; OLG Hamm vom 27.01.1992 – 8 U 200/91, WM 1992, 914, 916 (alle für § 622 BGB a. F.); *Axhausen* in: Beck'sches GmbH-Hdb., § 5 Rn. 106; *Bauer*, BB 1994, 855, 856; HWK/*Bittner*, § 621 BGB Rn. 12; *Brachert*, Organmitgliedschaft, S. 211; Erman/*Edenfeld*, BGB, 11. Aufl., § 611 Rn. 153; *Fleck*, FS Hilger/Stumpf (1983), 197, 221; *Gissel*, Arbeitnehmerschutz, S. 146; *Goette*, Die GmbH, 2. Aufl., Rn. 74; *ders.*; FS Wiedemann (2002), 873, 887; *Henssler*, RdA 1992, 289, 295; *Heyll*, Anwendung von Arbeitsrecht, S. 208 f.; *Lutter/Hommelhoff/Kleindiek*, GmbHG, 16. Aufl., Anh. § 6 Rn. 53; *G. Hueck*, ZfA 1985, 25, 35; *ders.*, FS Ekonomi (1993), 139, 160; Rowedder/*Koppensteiner*, GmbHG, 4. Aufl., § 38 Rn. 33 (nur arbeitnehmerähnliche Geschäftsführer); Soergel/*Kraft*, vor § 611 Rn. 111 f.; *Krause*, Mitarbeit im Unternehmen, S. 629 f.; Schaub/*Link*, ArbR-Hdb., § 124 Rn. 16; *Lohr*, NZG 2001, 826, 828; ErfK/*Müller-Glöge*, 4. Aufl., § 611 BGB Rn. 14; *Nägele*, BB 2001, 305, 309; *Oberrath*, MDR 1999, 134, 138 (nur für Fremdgeschäftsführer und Minderheitsgeschäftsführer); Staudinger/*Preis*, BGB, § 622 Rn. 14; ErfK/*Preis*, 4. Aufl., § 611 BGB Rn. 162; APS/*Preis*, 2. Aufl., Grundlagen F Rn. 55; *Reiserer*, DB 1994, 1822, 1823; *dies.*, BB 1996, 2461, 2462; *Reiserer*/Heß-Emmerich, GmbH-Geschäftsführer, S. 68 f.; Jauernig/*Schlechtriem*, BGB, 10. Aufl., § 622 Rn. 3 (Grenzfall); Scholz/*Schneider*, GmbHG, 9. Aufl., § 35 Rn. 164; MüK/*Schwerdtner*, Bd. 4, 3. Aufl., § 622 Rn. 8; Hachenburg/*Stein*, GmbHG, 8. Aufl., § 38 Rn. 18; *Wehrmeyer*, Einordnung der Organe, S. 176; *Wimmer*, DStR 1997, 247, 250; Baumbach/Hueck/*Zöllner*, GmbHG, 17. Aufl., § 35 Rn. 127.

[752] *Boemke*, ZfA 1998, 209, 233 mit der Begründung, dass sie auch auf Arbeitnehmerähnliche nicht anwendbar sei; *Hoffmann/Liebs*, GmbH-Geschäftsführer, 2. Aufl., Rn. 266 und *Hümmerich*, NJW 1995, 1177, 1179 ff. mit Hinweis auf fehlende Gesetzeslücke nach Erlass des Kündigungsfristengesetzes vom 07.10.1993. Ihnen folgen: *Grobys*, GmbHR 2000, R 137; Palandt/*Putzo*, BGB, 63. Aufl., § 622 Rn. 4.

[753] *Bauer*, BB 1994, 855, 856; ErfK/*Müller-Glöge*, 4. Aufl., § 611 BGB Rn. 14; Staudinger/*Preis*, BGB, § 622 Rn. 14; *Reiserer*/Heß-Emmerich, GmbH-Geschäftsführer, S. 68 f.

bezüglich seiner hauptberuflichen Tätigkeit zur Verfügung zu haben.[754] Der Geschäftsführer sei von der Gesellschaft wirtschaftlich abhängig.[755] Darüber hinaus sei die Vorschrift für die GmbH unter dem Gesichtspunkt der Gewähr freier Abberufbarkeit noch tragbar[756] und führe nicht zu einer Verschiebung der Kompetenzstruktur in der Gesellschaft.[757]

cc) Betriebsübergang

§ 613 a BGB kann nach allgemeiner Ansicht nicht auf GmbH-Geschäftsführer entsprechend herangezogen werden.[758] Begründet wird dies damit, § 613 a BGB enthalte keine Lücke. Den Materialien lasse sich die Beschränkung auf Arbeitsverhältnisse nicht eindeutig entnehmen.[759] Zudem könne der Geschäftsführer nicht in gleicher Weise wie ein Arbeitnehmer Bestandsschutz für den Arbeitsplatz genießen.[760] Dem neuen Arbeitgeber sei es nicht zumutbar, an die Besetzung des Leitungsorgans gebunden zu sein und nicht eine Person seines Vertrauens wählen zu können.[761] Auch sei bei einer Fusion des übergehenden Betriebs mit einem bestehenden Unternehmen die Organposition dort in der Regel

754 BGH vom 29.01.1981 – II ZR 92/80, BGHZ 79, 291; *Reiserer*/Heß-Emmerich, GmbH-Geschäftsführer, S. 68 f.

755 Erman/*Edenfeld*, BGB, § 611 Rn. 153; *Krause*, Mitarbeit im Unternehmen, S. 629.

756 *G. Hueck*, FS Ekonomi (1993), 139, 160; *Krause*, Mitarbeit im Unternehmen, S. 629 f.

757 *Heyll*, Anwendung von Arbeitsrecht, S. 208.

758 OLG Celle vom 15.06.1977 – 3 U 96/76, GmbHR 1978, 208; OLG Hamm vom 18.06. 1990 – 8 U 146/89, GmbHR 1991, 466; BAG vom 13.02.2003 – 8 AZR 654/01, NZA 2003, 552; Bauer, DB 1979, 2178, 2181; *Boemke*, ZfA 1998, 209, 227; Erman/*Edenfeld*, BGB, 11. Aufl., § 613 a Rn. 42; *Henssler*, RdA 1992, 289, 296; *Heyll*, Anwendung von Arbeitsrecht, S. 218 ff.; *Hoffmann/Liebs*, GmbH-Geschäftsführer, 2. Aufl., Rn. 238; *Lieb/Eckardt*, GmbH-Geschäftsführer, S. 82; *Namendorf*, Arbeitsrechtliche Status, S. 147 f.; *Oberrath*, MDR 1999, 134, 139; Palandt/*Putzo*, BGB, 63. Aufl., § 613 a Rn. 5; Soergel/*Raab*, BGB, 12. Aufl., § 613 a Rn. 16; ErfK/*Preis*, 4. Aufl., § 613 a Rn. 67; *Reiserer*/Heß-Emmerich, GmbH-Geschäftsführer, S. 65 f.; Staudinger/*Richardi/Annuß*, BGB, § 613 a Rn. 24; MüK/*Schaub*, Bd. 4, 3. Aufl., § 613 a Rn. 13; *ders.*, ArbR-Hdb., § 118 Rn. 10; Scholz/*Schneider*, GmbHG, 9. Aufl., § 35 Rn. 164 b; HWK/*Thüsing*, vor § 611 BGB Rn. 97; MüArbR/*Wank*, Bd. 2, § 124 Rn. 28; *ders.*, EWiR 2003, 621, 622; Baumbach/Hueck/*Zöllner*, GmbHG, 17. Aufl., § 35 Rn. 99.

759 BAG vom 13.02.2003 – 8 AZR 654/01, NZA 2003, 552, 554.

760 *Henssler*, RdA 1992, 289, 296; *Oberrath*, MDR 1999, 134, 139.

761 BAG vom 13.02.2003 – 8 AZR 654/01, NZA 2003, 552, 555; Erman/*Edenfeld*, BGB, 11. Aufl., § 613 a Rn. 42; *Gissel*, Arbeitnehmerschutz, 131 ff.; *Oberrath*, MDR 1999, 134, 139; MüArbR/*Wank*, Bd. 2, § 124 Rn. 28.

bereits besetzt.[762] Darüber hinaus wirke sich der Vorrang des Gesellschaftsrechts aus, wie er in § 14 Abs. 1 Nr. 1 KSchG zum Ausdruck komme.[763]

dd) Abmahnung

Der BGH hat sich, wie bereits ausgeführt, in neuerer Zeit bereits zwei Mal gegen das Erfordernis einer Abmahnung bei der außerordentlichen Kündigung von Leitungsorganen von Kapitalgesellschaften ausgesprochen.[764] Das Institut der Abmahnung sei im Arbeitsrecht im Hinblick auf die soziale Schutzbedürftigkeit abhängig Beschäftigter entwickelt worden. Dieser Gesichtspunkt sei bei Leitungsorganen von Kapitalgesellschaften nicht ausschlaggebend, da sie regelmäßig ihre Pflichten kennen und sich über die Tragweite etwaiger Pflichtverletzungen auch ohne besondere Ermahnungen im Klaren seien.[765] Der Geschäftsführer einer GmbH sei nicht Arbeitnehmer, sondern habe organschaftliche Aufgaben wahrzunehmen. Wegen seiner Leitungsaufgabe müsse er nach außen für die Ordnungsgemäßheit und Rechtmäßigkeit des Verhaltens der Gesellschaft und der für sie handelnden Personen Verantwortung tragen. Daher habe er sich auch ohne Abmahnung im Rahmen seines Pflichtenkreises dem Standard eines ordentlichen Geschäftsmanns gemäß zu verhalten.[766]

Die Entscheidungen des BGH sind in der juristischen Literatur sowohl auf Zustimmung[767] als auch auf Ablehnung[768] gestoßen. Zuletzt haben Autoren mit

---

762 *Heyll*, Anwendung von Arbeitsrecht, S. 219.

763 *Wank*, EWiR 2003, 621, 622; BAG vom 13.02.2003 – 8 AZR 654/01, NZA 2003, 552, 554.

764 BGH vom 14.02.2000 – II ZR 218/98, BB 2000, 844; BGH vom 10.09.2001 – II ZR 14/00, GmbHR 2001, 1158. Zuvor hatte er dies bereits für das Vorstandsmitglied einer AG in Erwägung gezogen (BGH vom 13.07.1998 – II ZR 131/97, DStR 1998, 1398, 1400 mit Anmerkung *Goette*) und darauf für ein Organmitglied (im Fall ein freies Vorstandsmitglied einer Sparkasse) erstmals entschieden (BGH vom 10.01.2000 – II ZR 251/98, DStR 2000, 564, 565 f. mit Anmerkung *Goette*).

765 BGH vom 14.02.2000 – II ZR 218/98, BB 2000, 844, 845. Dieses Argument findet sich zuvor bei *Goette*, DStR 1998, 1400, 1401.

766 BGH vom 10.09.2001 – II ZR 14/00, GmbHR 2001, 1158, 1159. Auch diese Argumentation lässt sich auf eine Anmerkung von *Goette* zurückführen, der wie der BGH seine Begründung ebenfalls geändert hat, DStR 2000, 566. Das BAG hat die Anwendung in einer neueren Entscheidung offen gelassen, vgl. BAG vom 08.08.2002 – 8 AZR 574/01, AP § 628 BGB Nr. 14, Bl. 1983.

767 *Goette*, Die GmbH, 2. Aufl., Rn. 70; *Lutter/Hommelhoff/Kleindiek*, GmbHG, 16. Aufl., Anh. § 6 Rn. 61 a; ErfK/*Müller-Glöge*, 4. Aufl., § 626 Rn. 45; *Nägele*, BB 2001, 305, 310; Palandt/*Putzo*, BGB, 63. Aufl., § 626 Rn. 18; *Reiserer*, BB 2002, 1199, 1201.

768 *Teigelkötter*, GmbHR 2001, 1160, 1161.

Hinweis auf § 314 Abs. 2 BGB neu[769] vorgebracht, die Rechtsprechung des BGH sei nicht zu halten.[770] Die Kritiker der Rechtsprechung führen an, dass die Abmahnung den allgemeinen Rechtsgedanken enthalte, dass der Gläubiger den Schuldner vor so einschneidenden Maßnahmen wie der einseitigen Vertragsaufhebung auf das vertragswidrige Verhalten und seine Folgen hinweisen müsse. Sie berufen sich hierbei auch auf das Verhältnismäßigkeitsprinzip und § 326 Abs. 1 BGB a. F.[771] sowie jetzt – nach der Schuldrechtsreform – auf die Implementierung des Abmahnungserfordernisses in § 314 Abs. 2 BGB. § 314 Abs. 2 BGB zeige deutlich, dass es sich nicht um ein rein arbeitsrechtliches Institut handele, wie der BGH meine.[772] Auch überzeuge die Begründung mit der fehlenden Schutzbedürftigkeit nicht, da nicht nur Geschäftsführer, sondern auch der Großteil aller Arbeitnehmer sich ihren Rechten und Pflichten aus dem Arbeitsverhältnis bewusst seien.[773]

ee) Arbeitszeugnis/Freistellung

Die h. M. wendet § 630 BGB (entsprechend) auf GmbH-Geschäftsführer an.[774] Grund sei die Sicherung der persönlichen und wirtschaftlichen Existenz.[775]

---

769 Eingeführt durch das Schuldrechtsmodernisierungsgesetz vom 26.11.2001 (BGBl. I, 3138).

770 Siehe dazu: *Hase*, NJW 2002, 2278, 2281, 2283; *Namendorf*, Arbeitsrechtliche Status, S. 135; *Schumacher/Mohr*, DB 2002, 1606. Für eine Abmahnung sprechen sich weiter aus: Erman/*Belling*, BGB, 11. Aufl., § 626 Rn. 51 (bei leichten Pflichtverletzungen und fehlendem/geringem Verschulden) sowie *Grumann/Gillmann*, DB 2003, 770, 774 (Vorstandsmitglieder einer AG).

771 *Teigelkötter*, GmbHR 2001, 1160, 1161; auf das Verhältnismäßigkeitsprinzip weist zudem *Schumacher-Mohr*, DB 2002, 1606, 1608 hin.

772 *Schumacher/Mohr*, DB 2002, 1606, 1608; im Ergebnis ebenso *Hase*, NJW 2002, 2278, 2281. A. A. *Lutter/Hommelhoff/Kleindiek*, GmbHG, 16. Aufl., Anh. § 6 Rn. 61 a.

773 *Teigelkötter*, GmbHR 2001, 1160, 1161.

774 BGH vom 09.11.1967 – II ZR 64/67, BGHZ 49, 30, 32; Erman/*Edenfeld*, BGB, 11. Aufl., § 611 Rn. 155; HK/*Fichtelmann*, GmbHG, 5. Aufl., § 35 Rn. 96; *Henssler*, RdA 1992, 289, 295; *Boemke*, ZfA 1998, 209, 227; *Goette*, Die GmbH, 2. Aufl., Rn. 72; *Heyll*, Anwendung von Arbeitsrecht, S. 78; *Lutter/Hommelhoff/Kleindiek*, GmbHG, 16. Aufl., Anh. § 6 Rn. 29; *A. Hueck*, DB 1954, 274, 275; MüK/Schwerdtner, Bd. 4, 3. Aufl., § 630 Rn. 5; Soergel/*Kraft*, BGB, 12. Aufl., vor § 611 Rn. 112; § 630 Rn. 2; *Hoffmann/Liebs*, GmbH-Geschäftsführer, 2. Aufl., Rn. 239; *Lieb/Eckardt*, GmbH-Geschäftsführer, S. 84; *Nägele*, BB 2001, 305, 307; *Namendorf*, Arbeitsrechtliche Status, S. 159; *Oberrath*, MDR 1999, 134, 139; Scholz/*Schneider*, GmbHG, 9. Aufl., § 35 Rn. 164; HWK/*Thüsing*, vor § 611 BGB Rn. 97; *Wehrmeyer*, Einordnung der Organe, S. 179.

775 HK/*Fichtelmann*, GmbHG, 5. Aufl., § 35 Rn. 97.

Umstritten war, ob § 630 BGB direkt[776] oder analog[777] anwendbar ist. Mit Art. 43 G des Gesetzes zur Änderung der Gewerbeordnung und sonstiger gewerblicher Vorschriften[778] wurde für Arbeitnehmer S. 4 eingefügt, der auf § 109 GewO verweist. Seit 01.01.03 gilt § 630 S. 1 – 3 BGB nur noch für dauernde Dienstverhältnisse.[779] Dies dürfte den Streit entschärft haben. Auf Fremdgeschäftsführer zumindest soll § 630 S. 1 – 3 BGB direkt angewandt werden können.[780]

Ebenso wird, soweit überhaupt hierzu Stellung genommen wird, überwiegend der Anspruch auf Freistellung nach § 629 BGB gewährt.[781]

ff) Zusammenfassung/Stellungnahme

Beim Kündigungsschutz wird die Vorrangstellung zwingender gesellschaftsrechtlicher Regelungen, hier des § 38 Abs. 1 GmbHG, besonders deutlich. Immer wenn § 38 Abs. 1 GmbHG unmittelbar oder mittelbar beeinträchtigt wäre, wird eine entsprechende Anwendung der arbeitsrechtlichen Schutzvorschrift, wie sich in den vorstehenden Darstellungen gezeigt hat, besonders sorgfältig zu untersuchen sein. Letztlich kann der Fremdgeschäftsführer als Konsequenz seiner jederzeitigen Abberufbarkeit keinen dem Arbeitnehmer vergleichbaren Bestandsschutz haben, was denknotwendig auch auf den besonderen Kündigungsschutz und § 613 a BGB ausstrahlen muss. Nur wo der Bestandsschutz lediglich unwesentlich beeinträchtigt wird, wie etwa bei den verlängerten Kündigungsfristen des § 622 BGB, hält die h. M. eine entsprechende Anwendung für möglich. Allein in diesen Fällen spielt das Schutzbedürfnis eine Rolle. Bei der Abmahnung zeigt sich aber, dass das Schutzbedürfnis des Fremdgeschäftsführers nicht pauschal mit dem des Arbeitnehmers – speziell mit dem des leitenden An-

[776] *Boemke,* ZfA 1998, 209, 227; Erman/*Edenfeld*, BGB, 11. Aufl., § 611 Rn. 155; *Heyll*, Anwendung von Arbeitsrecht, S. 78; *A. Hueck*, DB 1954, 274, 275; ErfK/*Müller-Glöge*, 4. Aufl., § 630 Rn. 2; Staudinger/*Preis*, BGB, § 630 Rn. 3; *Schaub*, ArbR-Hdb., § 14 Rn. 29; Soergel/*Kraft*, BGB, 12. Aufl., § 630 Rn. 2; *Namendorf*, Arbeitsrechtliche Status, S. 159.

[777] HWK/*Thüsing*, vor § 611 BGB Rn. 97; *Wehrmeyer*, Einordnung der Organe, S. 179 m. w. N.

[778] Eingefügt durch Art. 4 3. Gesetz zur Änderung der GewO und sonst. gewerberechtlicher Vorschriften vom 24.08.2002 (BGBl. I, 3412).

[779] Vgl. Palandt/*Putzo*, BGB, 63. Aufl., § 630 Rn. 1 f.

[780] Vgl. Palandt/*Putzo*, BGB, 63. Aufl., § 630 Rn. 4; HWK/*Sandmann/Gäntgen*, § 630 BGB Rn. 2.

[781] *Henssler*, RdA 1992, 289, 295; *Hoffmann/Liebs*, GmbH-Geschäftsführer, 2. Aufl., Rn. 239; *Namendorf*, Arbeitsrechtliche Status, S. 159, *Oberrath*, MDR 1999, 134, 139; *Schaub*, ArbR-Hdb., § 14 Rn. 29; *Wehrmeyer*, Einordnung der Organe, S. 179.

gestellten – gleichgestellt werden kann, sondern an der jeweiligen Schutznorm geprüft werden muss. Bei §§ 629, 630 BGB stellt sich die Frage einer entsprechenden Anwendung nicht, soweit sie auf den Anstellungsvertrag des Fremdgeschäftsführers direkt anwendbar sind.

4. *Schlussfolgerungen für ein abgestuftes Arbeitsrecht*

Zusammenfassend lässt sich feststellen, dass Rechtsprechung und die Mehrzahl der Stimmen in der juristischen Literatur für die entsprechende Anwendung arbeitsrechtlicher Vorschriften einerseits eine soziale Schutzbedürftigkeit und wirtschaftliche Abhängigkeit des Geschäftsführers voraussetzen[782], andererseits einschränkend seine Organstellung und die damit verbundenen zwingenden gesellschaftsrechtlichen Vorschriften berücksichtigen. Sie lehnen darüber hinaus überwiegend eine entsprechende Anwendung von Arbeitsrecht bereits im Vorfeld ab, wenn der jeweilige Sachverhalt bereits vom Dienstvertragsrecht umfasst wird. Weiter hat sich gezeigt, dass die Organstellung des Geschäftsführers im Einzelfall eine Schutzbedürftigkeit auch ausschließen kann, wie beispielsweise bei der Abmahnung. Der Umstand der Geschäftsführung kann zudem der Voraussetzung des „besonderen Vertrauens“ bei der betrieblichen Übung entgegenstehen.

Die Zusammenfassung der einzelnen herausgearbeiteten Kriterien zeigt bereits, dass es hinsichtlich einer entsprechenden Anwendung arbeitsrechtlicher Vorschriften auf Fremdgeschäftsführer nicht einfach ist, ein einheitliches System für die unterschiedlichen Schutzvorschriften herauszubilden. Es fehlt bislang an einer einheitlichen, übergeordneten Leitlinie, nach der arbeitsrechtliche Vorschriften analog auf Geschäftsführer angewandt werden können[783]. Rechtsprechung und juristische Literatur stellen eine Vielzahl unterschiedlicher Kriterien auf und ziehen arbeitsrechtliche Vorschriften bei Geschäftsführern zum Teil restriktiv (gesellschaftsrechtliche Literatur), zum Teil extensiv (arbeitsrechtliche Literatur) heran. Die Untersuchungen zu den einzelnen Problemen haben gezeigt, dass es zu fast jeder Schutzvorschrift, die für eine entsprechende Anwendung in Frage kommt, zahlreiche unterschiedliche Rechtsansichten gibt. Dies führte dazu, dass inzwischen bei fast jeder einzelnen Schutzvorschrift ein eigener Meinungsstreit entstanden ist.[784] Die Ursachen hierfür sind vielfältig.

[782] Vgl. Boemke, ZfA 1998, 209, 217.

[783] Ebenso HWK/*Thüsing*, vor § 611 BGB Rn. 97.

[784] So werden sogar Aufsätze und Monografien nur im Hinblick auf die Anwendung einer einzelnen arbeitsrechtlichen Schutzbestimmung veröffentlicht. Vgl. etwa *Frisch*, Haftungserleichterungen.

Sowohl die Gerichte als auch die Mehrzahl der Literaturstimmen unterscheiden bei der Schutzbedürftigkeit nicht immer ausreichend zwischen Gesellschafter-Geschäftsführern und Fremdgeschäftsführern. In der Literatur wird teilweise zusätzlich auf § 242 BGB und die Treuepflicht zurückgegriffen, wie die Ausführungen zum Urlaubsanspruch und zur Lohnfortzahlung gezeigt haben. Übergeordnete Voraussetzungen für eine entsprechende Anwendung von arbeitsrechtlichen Schutzvorschriften werden nur vereinzelt herausgebildet. Es fehlt an Leitlinien, die für eine sachgerechte und klar strukturierte Lösung herangezogen werden können, wie sie etwa *Hromadka* allgemein für Nichtarbeitnehmer entwickelt hat.[785] Letzteres ist jedoch unabdingbar, um eine Abstufung bei der entsprechenden Anwendung arbeitsrechtlicher Vorschriften erkennbar und durchschaubar zu machen und so die erforderliche Rechtssicherheit herzustellen. Zwar hat sowohl die Rechtsprechung als auch die juristische Literatur in der Vergangenheit wie gezeigt Versuche unternommen, solche Leitlinien aufzustellen. Diese Versuche sind jedoch sehr allgemein gehalten. Sie stellen nicht ausreichend auf den jeweiligen Sinn und Zweck der Schutzvorschriften ab. Auch werden die allgemeinen Voraussetzungen zur entsprechenden Anwendung von Vorschriften nicht immer ausreichend berücksichtigt. Dies ist jedoch der notwendige methodische Ansatz für eine entsprechende Anwendung arbeitsrechtlicher Bestimmungen auf den Fremdgeschäftsführer. Auch hierauf hat *Hromadka* ausdrücklich hingewiesen.[786] Bei der Entwicklung eines Modells zum abgestuften Arbeitsrecht müssen die Voraussetzungen der Analogie zwingend berücksichtigt werden.

Dies alles hat neben den bestehenden Unsicherheiten bei der Arbeitnehmerstellung des Fremdgeschäftsführers dazu geführt, dass auch bei der entsprechenden Anwendung von Arbeitsrecht immer noch eine große Rechtsunsicherheit herrscht und in der Praxis vertragliche Regelungen in den Vordergrund gerückt sind.[787] Ein abgestuftes Arbeitsrecht mit klaren Leitlinien, das alle Schutzvorschriften umfasst, die in Frage kommen, könnte helfen, die bestehenden Unsicherheiten zu beseitigen. Die von Rechtsprechung und juristischen Literatur herausgearbeiteten Voraussetzungen und Leitlinien könnten hierfür Ansätze liefern. Dazu müssen die Voraussetzungen und Leitlinien jedoch mit den anerkannten Voraussetzungen der Analogie übereinstimmen. Im Interesse einer methodisch sauberen Begründung bei der entsprechenden Anwendung arbeitsrechtlicher Vorschriften ist dies der Ausgangspunkt der im Kapitel IV. folgenden Untersuchungen zu den Voraussetzungen zur entsprechenden Anwendung

[785] *Hromadka*, NZA 1997, 569, 579. Vgl. oben F. I. 1.
[786] *Hromadka*, NZA 1997, 569, 579. Vgl. oben F. I. 1.
[787] Vgl. etwa *Reiserer*/Heß-Emmerich, GmbH-Geschäftsführer, die immer wieder Regelungen im Anstellungsvertrag empfiehlt, so beispielsweise auf S. 49.

arbeitsrechtlicher Schutzvorschriften und Grundsätze auf den Fremdgeschäftsführer.

III. Voraussetzungen zur entsprechenden Anwendung arbeitsrechtlicher Schutzvorschriften und Grundsätze auf den Fremdgeschäftsführer

Die vorstehenden Ausführungen haben gezeigt, dass für eine entsprechende Anwendung arbeitsrechtlicher Schutzvorschriften und Grundsätze auf den Fremdgeschäftsführer die allgemeinen Voraussetzungen der Analogie berücksichtigt werden müssen. Sie sind Grundlage einer methodisch sauberen Konstruktion und sollen im Folgenden kurz dargestellt werden (unter 1.). Im Anschluss wird untersucht, ob und inwieweit die bislang von Rechtsprechung und juristischer Literatur herausgearbeiteten Voraussetzungen und Leitlinien zur entsprechenden Anwendung von Arbeitsrecht mit den anerkannten Voraussetzungen der Analogie im Einklang stehen.

1. Voraussetzungen der Analogie

Die Analogie ist die Übertragung der für einen bestimmten Tatbestand im Gesetz vorgesehenen Regelung auf einen anderen, vom Gesetz nicht geregelten, ihm ähnlichen Tatbestand.[788] Sie hat das Vorliegen einer planwidrigen Gesetzeslücke (unter a) und die Ähnlichkeit der beiden Tatbestände (unter b) zur Voraussetzung.

a) Vorliegen einer Gesetzeslücke

Eine Gesetzeslücke definiert *Larenz* als „planwidrige Unvollständigkeit“ des Gesetzes.[789] Canaris und *Engisch* sehen eine solche Lücke in der „planwidrigen Unvollständigkeit“ des positiven Rechts[790] und schließen damit das Gewohnheitsrecht mit ein. Letzterer Auffassung ist zuzustimmen. Das Gewohnheitsrecht hat eine vergleichbare Stellung mit gesetzlichen Regelungen. Die Voraussetzungen der Analogie können damit auch auf arbeitsrechtliche Grundsätze angewandt werden, die von der Rechtsprechung im Lauf der Zeit entwickelt worden sind und die durch Gewohnheits- bzw. Richterrecht verbindlichen Cha-

788 *Larenz*, Methodenlehre, 6. Aufl., S. 381.

789 *Larenz*, Methodenlehre, 6. Aufl., S. 373.

790 *Canaris*, Feststellung von Lücken, S. 39; *Engisch/Würtenberger*, Einführung, 9. Aufl., S. 179 f.

rakter erlangt haben.[791] Hierzu zählt der arbeitsrechtliche Gleichbehandlungsgrundsatz, die betriebliche Übung (beide Gewohnheitsrecht) und die Haftungsbeschränkungen (Richterrecht).[792]

Eine Gesetzeslücke setzt zunächst voraus, dass die Vorschrift, die entsprechend angewandt werden soll, auf den Fremdgeschäftsführer nicht unmittelbar angewendet werden kann. Da der Fremdgeschäftsführer nach richtiger Auffassung nicht Arbeitnehmer ist, ist dies bei arbeitsrechtlichen Vorschriften stets der Fall. Er unterliegt regelmäßig nicht dem Anwendungsbereich der jeweiligen arbeitsrechtlichen Schutznorm. Jedoch werden auch Vorschriften im BGB immer wieder auf den Geschäftsführer „entsprechend“ herangezogen, obwohl ein Dienstvertragsverhältnis für eine direkte Anwendung ausreichend wäre. So setzt beispielsweise der Pfändungsschutz nach §§ 850 ff. ZPO seinem Wortlaut nach gerade nicht das Bestehen eines Arbeitsverhältnisses voraus, sondern spricht ausdrücklich auch von „Dienstlöhnen“. Diese Vorschrift ist auf den Fremdgeschäftsführer direkt anwendbar. Für eine Analogie besteht weder Raum noch Bedürfnis.[793] Gleiches gilt für den Anspruch auf Freistellung nach § 629 BGB und auf Zeugniserteilung nach § 630 BGB, die lediglich ein dauerndes Dienstverhältnis voraussetzen[794] und damit direkt auf den Geschäftsführer angewendet werden können.

Keine Gesetzeslücke besteht, wenn der Fremdgeschäftsführer hinsichtlich der jeweiligen Fallgestaltung bereits anderweitig, etwa über das Dienstvertragsrecht, einen vergleichbaren Schutz erhält. Die entsprechenden Vorschriften des Dienstvertragsrechts müssen von den arbeitsrechtlichen Schutzvorschriften differenziert werden. Nur wenn im einzelnen, konkreten Anwendungsfall ein Schutzdefizit besteht, kann auf das Arbeitsrecht entsprechend zurückgegriffen werden. Soweit eine Norm des Dienstvertragsrechts dem Fremdgeschäftsführer einen der arbeitsrechtlichen Norm vergleichbaren Schutz bieten kann, scheidet eine analoge Anwendung letzterer aus. Es fehlt dann an einer Regelungslücke.[795] Dienstvertragliche Regelungen, die Fremdgeschäftsführern bereits Schutz bieten, sind beispielsweise die Vergütung bei Annahmeverzug (§ 615 Abs. 1 BGB), die Vergütung bei vorübergehender Verhinderung (§ 616 Abs. 1

[791] *Gissel*, Arbeitnehmerschutz, S. 124.

[792] Vgl. *Reichold*, ArbR, § 3 Rn. 32 ff.

[793] BGH vom 08.12.1977 – II ZR 219/75, NJW 1978, 756; *Bauer*, DB 1979, 2178, 2180. A. A.: *Oberrath*, MDR 1999, 134, 136.

[794] Vgl. auch die Ausführungen oben F. II. 3. f) ee) und unten F. V. 6. e).

[795] *Hromadka* hat folgerichtig ausgeführt, dass erst dann, wenn der Schutz über das Zivilrecht nicht ausreicht, arbeitsrechtlicher Schutz herangezogen werden kann (FS Söllner (2000), 461, 464).

BGB)[796], die Pflicht zu Schutzmaßnahmen (§ 618 BGB) und die fristlose Kündigung aus wichtigem Grund (§ 626 BGB). Besteht eine Regelung im Dienstvertragsrecht, ist zu prüfen, ob ihr Tatbestand den konkreten Sachverhalt erfasst und ob auf der Rechtsfolgenseite ein Schutz von dieser Vorschrift ausgeht, der dem Schutz einer arbeitsrechtlichen Norm vergleichbar ist. An der letzteren Voraussetzung wird es jedoch in der Regel fehlen, denn anderenfalls hätte der Arbeitnehmer, der sich auch auf die Vorschriften des freien Dienstvertragsrechts berufen kann, keinen zusätzlichen Schutz über arbeitsrechtliche Regelungen nötig. Dienstvertragliche Regelungen können jedoch beim Schutzbedürfnis des Fremdgeschäftsführers eine Rolle spielen, indem sie das Schutzdefizit des Fremdgeschäftsführers zum Arbeitnehmer verringern.[797]

Eine anderweitige Regelung kann auch dann bestehen, wenn der Gesetzgeber in bestimmten Vorschriften deren Anwendbarkeit auf die konkrete Fallgestaltung ausdrücklich ausgeschlossen hat. Hierzu zählen die Bereichsausnahmen in § 5 Abs. 1 S. 3 ArbGG, §§ 14 Abs. 1 Nr. 1 und 17 Abs. 5 Nr. 1 KSchG, § 3 Abs. 1 S. 2 MitbestG, § 5 Abs. 2 Nr. 1 BetrVG. Es fehlt hier schon begrifflich an einer Lücke im Gesetz. Der Gesetzgeber hat diese Tatbestände bereits berücksichtigt, wenn auch negativ.

Eine Gesetzeslücke besteht letztlich nur innerhalb des Regelungszusammenhangs des Gesetzes. Ob eine derartige Lücke vorliegt, ist vom Standpunkt des Gesetzes selbst zu beurteilen. Maßgebend sind die dem Gesetz zugrunde liegende Regelungsabsicht, der mit dem Gesetz verfolgte Zweck und der gesetzgeberische Plan.[798] Hierzu gehören nicht nur bewusst getroffene Entscheidungen und Absichten des Gesetzgebers, sondern auch solche objektiven Rechtszwecke und allgemeine Rechtsprinzipien, die in das Gesetz Eingang gefunden haben. Als ein solches Prinzip, das jedem Gesetz innewohnt, wird das der Gleichbehandlung des Gleichartigen gesehen. Wenn ein Gesetz einen bestimmten Sachverhalt A in bestimmter Weise regelt, einen Sachverhalt B, der für den Sinn der getroffenen Wertung gleich liegt, dagegen nicht, so wird das Fehlen einer solchen Regelung als Gesetzeslücke angesehen.[799]

Eine Gesetzeslücke bedeutet nach dem bisher Ausgeführten, dass das Gesetz hinsichtlich einer bestimmten Fallgestaltung keine Regelung enthält, also „schweigt". Das Schweigen des Gesetzes ist jedoch für das Vorliegen einer

796 Baumbach/Hueck/*Zöllner*, GmbHG, 17. Aufl., § 35 Rn. 98.
797 Vgl. ausführlich unten F. IV. 2. b).
798 *Larenz*, Methodenlehre, 6. Aufl., S. 373, der von der „immanenten Teleologie" des Gesetzes spricht.
799 *Larenz*, Methodenlehre, 6. Aufl., S. 374 f.

planwidrigen Unvollständigkeit allein noch nicht ausreichend. So kann vom Gesetzgeber gewollt sein, dass das Gesetz zu einem bestimmten Sachverhalt schweigt. Man spricht insofern von einem „beredten Schweigen“[800]. Eine planwidrige Unvollständigkeit scheidet überall dort aus, wo zwar eine Regelung fehlt, der Gesetzgeber eine solche jedoch bewusst nicht kodifiziert hat. Eine solche Unvollständigkeit ist dann gerade nicht planwidrig, sondern vom Gesetzgeber beabsichtigt. Soweit sich die negative Entscheidung des Gesetzgebers als verfehlt herausstellen sollte, handelt es sich nicht um eine planwidrige Unvollständigkeit des Gesetzes, sondern um einen rechtspolitischen Fehler. Dieser kann nur durch den Gesetzgeber selbst wieder korrigiert werden.[801] Es muss also auch bei jeder arbeitsrechtlichen Schutznorm untersucht werden, ob der Gesetzgeber sie nicht bewusst dem Fremdgeschäftsführer als Dienstnehmer verwehren wollte. Diskutiert wird dies speziell bei § 622 n. F. BGB.[802] Nicht ausreichend hierfür ist jedoch, dass der Gesetzgeber den Sachverhalt zu der bislang analogen Anwendung einer Vorschrift bei deren Änderung gekannt haben muss. Es kann aus der Tatsache, dass er trotz Kenntnis keine Regelung dazu getroffen hat, nicht gefolgert werden, er wolle diesen Sachverhalt ausschließen.[803] Diese Annahme wäre rein hypothetisch und würde von einem Gesetzgeber verlangen, dass er bei jeder Neuregelung sämtliche früheren Analogien der Rechtsprechung zu der neu geregelten Vorschrift berücksichtigt. Oftmals wird der Gesetzgeber jedoch eine so weit reichende Änderung der Vorschrift gar nicht geplant haben und sie kann ihm daher nicht unterstellt werden. Vielmehr bedarf es zu einem gesetzgeberischen Willen, der eine bisherige Analogie ausschließt, konkreter Anhaltspunkte in der Vorschrift oder in der Gesetzesbegründung.

b) Ähnlichkeit der Tatbestände

Konnte eine Gesetzeslücke bejaht werden, muss die zweite Voraussetzung, die Ähnlichkeit der Tatbestände, geprüft werden. Zwei Tatbestände sind einander ähnlich, wenn zwischen ihnen eine Übereinstimmung im Hinblick auf Sinn und Zweck der gesetzlichen Regelung vorliegt (unter aa) und die bestehenden Unterschiede einer entsprechenden Anwendung der Vorschrift nicht entgegenstehen (unter bb). Es ist die positive Feststellung zu treffen, dass der zu beurteilende Tatbestand dem gesetzlich geregelten Tatbestand in gewissen Hinsichten gleicht, sowie die negative Feststellung, dass die bleibenden Unterschiede nicht von solcher Art sind, dass sie die gesetzliche Wertung ausschließen können.[804]

800 *Larenz*, Methodenlehre, 6. Aufl., S. 370.
801 *Larenz*, Methodenlehre, 6. Aufl., S. 374.
802 Vgl. BGH vom 29.01.1981 – II ZR 92/80, BGHZ 79, 291, oben F. II. 1. d).
803 So aber *Hümmerich*, NJW 1995, 1177, 1179 ff.
804 *Larenz*, Methodenlehre, 6. Aufl., S. 382.

aa) Übereinstimmung im Hinblick auf die ratio legis

Übereinstimmen müssen die beiden Tatbestände in den für die rechtliche Bewertung maßgebenden Umständen. Dies erfordert zunächst, dass die in der gesetzlichen Regelung zum Ausdruck kommenden Wertungen im Hinblick auf die maßgeblichen Umstände offen gelegt werden.[805] Das geschieht, indem man ermittelt, welche gesetzlich geregelten Tatbestandsmerkmale für sie bedeutsam sind und warum dies so ist. Hierzu muss man den Sinn und Zweck der gesetzlichen Regelung, die „ratio legis", untersuchen.[806] Arbeitsrechtliche Schutzvorschriften dienen typischerweise dem Schutz der Arbeitnehmer wegen ihrer wirtschaftlichen und persönlichen Abhängigkeit vom Arbeitgeber. Da der Fremdgeschäftsführer – wie im ersten Teil der Arbeit ausführlich dargestellt – nicht persönlich abhängig ist, ist eine Übereinstimmung mit der ratio legis regelmäßig in der mit einem Arbeitnehmer vergleichbaren Schutzbedürftigkeit und wirtschaftlichen Abhängigkeit zu suchen. Dies sind auch die maßgeblichen Kriterien der Rechtsprechung und der juristischen Literatur, wie die vorangegangenen Untersuchungen gezeigt haben. Anhand der Regelungen des Dienstvertragsrechts ist dabei herauszuarbeiten, welches Schutzdefizit im Einzelfall von der arbeitsrechtlichen Vorschrift aufzufangen wäre.

bb) Kein Entgegenstehen der verbleibenden Unterschiede

Zu denken ist hier an die Unterschiede aus der Organstellung, die Rechtsprechung und juristische Literatur wie dargelegt gegen eine entsprechende Anwendung immer wieder angeführt haben. Gleiches gilt für die aus der Organstellung erwachsenden zwingenden gesellschaftsrechtlichen Regelungen, die den arbeitsrechtlichen Vorschriften, wie ebenfalls bereits ausführlich dargestellt wurde[807], vorgehen.

2. Schlussfolgerungen

Die Voraussetzungen der Analogie haben nochmals verdeutlicht, dass Vorschriften, die von den Bereichsausnahmen erfasst werden, von vornherein nicht für eine entsprechende Anwendung in Frage kommen. Hier fehlt es bereits an einer Gesetzeslücke. Gleiches gilt, wenn der entgegenstehende Wille des Gesetzgebers belegbar ist. Beides ist in Rechtsprechung und juristischer Literatur unbestritten, wie die bisherigen Ausführungen gezeigt haben. Aber auch in Fällen, in denen ein vergleichbarer Schutz bereits über das Dienstvertragsrecht be-

805 *Larenz*, Methodenlehre, 6. Aufl., S. 381.
806 *Larenz*, Methodenlehre, 6. Aufl., S. 381 f.
807 Vgl. oben C. IV. 3.

steht, fehlt es an einer Gesetzeslücke. Bei der Prüfung dieser ersten Voraussetzung der analogen Anwendung arbeitsrechtlicher Vorschriften müssen die geltenden Vorschriften des freien Dienstvertrags von den Vorschriften des Arbeitsvertragsrechts abgegrenzt werden.

Kann eine Gesetzeslücke bejaht werden, sind im Anschluss die weiteren Voraussetzungen der analogen Anwendung einer Norm auf den Fremdgeschäftsführer zu prüfen. Hier kommt es nach dem bislang Ausgeführten maßgeblich auf die Ähnlichkeit der Tatbestände an. Nur wenn die Tatbestände im Hinblick auf die ratio legis übereinstimmen und bleibende Unterschiede nicht entgegenstehen, kann eine arbeitsrechtliche Vorschrift entsprechend auf den Fremdgeschäftsführer angewandt werden. Die Ausführungen zeigen, dass die von Rechtsprechung und juristischer Literatur herausgearbeiteten Kriterien mit den Voraussetzungen der Analogie im Einklang stehen. Indem Rechtsprechung und juristische Literatur das Organmitglied mit dem Arbeitnehmer nach dem Sinn und Zweck der Vorschrift vergleichen, gehen sie auf die Ähnlichkeit der Tatbestände ein. Anhaltspunkte hierbei sind nach h. M. – wie bereits ausgeführt – die wirtschaftliche Abhängigkeit und die soziale Schutzbedürftigkeit. Soweit die Organstellung eine Anwendung ausschließt, prüft die h. M. das Entgegenstehen verbleibender Unterschiede. Die von ihr angeführten Voraussetzungen der vergleichbaren Schutzbedürftigkeit und wirtschaftlichen Abhängigkeit einerseits und die Berücksichtigung der besonderen Organstellung sowie zwingender gesellschaftsrechtlicher Vorschriften andererseits können methodisch einwandfrei die analoge Anwendung arbeitsrechtlicher Schutzvorschriften auf Geschäftsführer begründen.

Zusammenfassend lassen sich aus den Kriterien der h. M. zur entsprechenden Anwendbarkeit arbeitsrechtlicher Schutzvorschriften auf Geschäftsführer und den Voraussetzungen der Analogie folgende Kriterien zur entsprechenden Anwendung von Arbeitsrecht auf den Fremdgeschäftsführer aufstellen:

1. Gesetzeslücke:
   a. Keine anderweitige Regelung (Abgrenzung der Vorschriften des Dienstvertragsrechts zu den Vorschriften des Arbeitsrechts, Bereichsausnahmen).
   b. Kein entgegenstehender Wille des Gesetzgebers.

2. Übereinstimmung der Sachverhalte im Hinblick auf die ratio legis: Vorliegen einer nach dem Sinn und Zweck der Norm vergleichbaren Schutzbedürftigkeit und wirtschaftlichen Abhängigkeit des Fremdgeschäftsführers mit Arbeitnehmern.

3. Kein Entgegenstehen der verbleibenden Unterschiede: Berücksichtigung der zwingenden gesellschaftsrechtlichen Vorschriften und des besonderen Organverhältnisses des Fremdgeschäftsführers.

Diese Voraussetzungen bilden die Grundlage für das Modell eines abgestuften Arbeitsrechts. Sie sagen jedoch noch nichts darüber aus, wann eine „vergleichbare Schutzbedürftigkeit und wirtschaftliche Abhängigkeit" beim Fremdgeschäftsführer bejaht werden kann und in welchen Fällen etwa die gesellschaftsrechtlichen Vorschriften und das besondere Organverhältnis einer entsprechenden Anwendung entgegenstehen. Dies wird im weiteren Verlauf der Arbeit untersucht, indem im Kapitel IV. entsprechende Leitlinien herausgebildet werden.

IV. Herausbildung von Leitlinien

Für eine Abstufung des Arbeitsrechts werden nachfolgend für die soeben zusammengefassten Voraussetzungen Leitlinien aufgestellt, anhand derer entschieden werden kann, ob und inwieweit arbeitsrechtliche Schutzvorschriften und Grundsätze auf den Fremdgeschäftsführer entsprechend angewendet werden können.[808] Um solche Leitlinien zu gewinnen, bedarf es einer stärkeren Aufschlüsselung der arbeitsrechtlichen Normen.[809]

1. Aufschlüsselung der arbeitsrechtlichen Schutzvorschriften

Zunächst muss untersucht werden, anhand welcher Kriterien die arbeitsrechtlichen Normen aufgeschlüsselt werden können. *Hromadka* ist zuzustimmen, dass entscheidendes Ausgangskriterium für die Frage, welche Vorschriften aus dem Arbeitsrecht auf schutzbedürftige Nichtarbeitnehmer angewendet werden können, der jeweilige Zweck der Norm ist.[810] Hierfür sprechen auch die bisherigen Untersuchungen dieser Arbeit zu den allgemeinen Voraussetzungen der Analogie. Die Tatbestände müssen nach Sinn und Zweck der Vorschrift, die analog angewandt werden soll, übereinstimmen. Bei der Aufschlüsselung der arbeitsrechtlichen Bestimmungen ist daher auf den Sinn und Zweck der Normen abzustellen.

[808] *Hromadka*, NZA 1997, 569, 578.
[809] *Hromadka*, NZA 1997, 569, 578.
[810] *Hromadka*, NZA 1997, 569, 578.

Arbeitsrechtlichen Schutzvorschriften und Grundsätzen, die für entsprechende Anwendung in Frage kommen, wohnt regelmäßig ein besonderer Schutzzweck inne. Dieser Schutzzweck ist jedoch bezogen auf den Sinn und Zweck der Vorschrift differenziert zu betrachten. Um den Schutzzweck weiter aufzuschlüsseln, werden zunächst die Ansätze zur Unterteilung des arbeitsrechtlichen Schutzes in der Literatur dargestellt (unter a), bevor die Übertragung der wesentlichen Gedanken auf den Fremdgeschäftsführer zu einer Einteilung speziell für den Fremdgeschäftsführer führt (unter b).

a) Unterteilungen des arbeitsrechtlichen Schutzes in der Literatur

In der Literatur finden sich zahlreiche Ansätze zur möglichen Aufgliederung arbeitsrechtlicher Schutzvorschriften. Ausführlich dargestellt wurde zu Beginn des zweiten Teils der Arbeit bereits das Modell *Hromadkas*, worauf an dieser Stelle noch einmal verwiesen werden soll.[811] Er nimmt auf die Einteilung von *Wank* Bezug. Dargestellt wird daher neben verschiedenen Einteilungen in der Literatur (unter aa) hauptsächlich die Einteilung von Wank (unter bb).

aa) Gliederung des arbeitsrechtlichen Schutzes

Zöllner unterscheidet beim Arbeitsschutzrecht nach inhaltlichen Gesichtspunkten zwischen Betriebs- und Gefahrenschutz, Arbeitszeitschutz, Entgeltschutz, Datenschutz und Umweltschutz.[812] Von Interesse für den Fremdgeschäftsführer sind hier der Betriebs- und Gefahrenschutz und der Arbeitszeitschutz. Der Betriebs- und Gefahrenschutz wolle den Arbeitnehmer vor den aus Betriebsanlagen und Produktionsweisen drohenden Gefahren für Leben und Gesundheit schützen. Der Arbeitszeitschutz habe die Aufgabe, die aus der Festlegung der Arbeitszeit dem Arbeitnehmer drohenden gesundheitlichen Gefahren zu bannen und ihm die zur Persönlichkeitsentfaltung erforderliche Freizeit zu sichern.[813]

Lampert unterteilt in Arbeitszeitschutz, Betriebs-, Gefahren- und Unfallschutz, Lohnschutz sowie Bestandsschutz.[814] Der Arbeitszeitschutz diene dem Schutz vor Ausbeutung der Arbeitskraft. Der Betriebs- und Gefahrenschutz schütze vor Gefahren für Leben und Gesundheit. Ziel des Lohnschutzes sei die Sicherung pünktlicher und korrekter Auszahlung der Arbeitsentgelte. Das Ziel des Be-

---

[811] Vgl. oben F. I. 1.

[812] *Zöllner*, ArbR, § 29 III 1, 343 f.

[813] *Zöllner*, ArbR, § 29 III 1, 343 f.

[814] *Lampert*/Althammer, Sozialpolitik, IV A und B.

standsschutzes sei es schließlich, den Arbeitnehmer vor unberechtigter und kurzfristiger Auflösung des Arbeitsverhältnisses zu schützen.[815]

Wiedemann trennt zwischen der Erhaltung der Arbeitskraft (Betriebs- und Arbeitszeitschutz), der anhaltenden Sicherung der Einkommensquelle (Bestands- oder Arbeitsplatzschutz), der Stabilität des Lebensunterhalts (Entgeltfortzahlung und Lohnschutz) und der Sicherheit des Arbeitnehmer-Einkommens der Vergangenheit (Schutz vor Vermögensnachteilen im Gefolge seiner Tätigkeit durch Haftungsmilderung bei gefahrgeneigter Arbeit).[816]

Kittner zählt sechs Interessengebiete auf, die die Struktur von Arbeitsmarktbeziehungen prägten. Hierzu zählten der Bestand des Arbeitsplatzes, das Arbeitseinkommen, der Arbeitsinhalt und die Qualifikation, die Arbeitszeit, die sonstigen Arbeitsbedingungen und der Arbeitsort.[817] Wenn sich diese Interessen auch nicht alle im Arbeitsschutz widerspiegelten, so sei doch festzuhalten, dass der Bestand des Arbeitsplatzes, die Sicherung des Arbeitseinkommens und die Arbeitszeit sowie die Arbeitsbedingungen beim Arbeitsschutz eine wichtige Rolle spielten. Bei der Arbeitszeit weist *Kittner* auf die Freizeit für Erholung hin. Er stellt bei allen Interessengebieten zudem die Arbeitgeberinteressen denen des Arbeitnehmers entgegen und spricht insoweit von einer Interessenpolarität.[818] Auch beim Fremdgeschäftsführer gibt es eine solche Interessenpolarität. Sie besteht zwischen seiner Schutzbedürftigkeit auf der einen Seite und den zwingenden gesellschaftsrechtlichen Vorschriften sowie den Gesellschaftsinteressen auf der anderen Seite, wie noch darzustellen sein wird.

Richardi gliedert, wenn er den Arbeitnehmerbegriff bestimmt, nach dem materiellen Geltungsgrund arbeitsrechtlicher Regelungen. Dieser müsse in die Beurteilung miteinbezogen werden. Er unterscheidet die Erbringung von Arbeit im Rahmen einer fremdbestimmten Arbeitsorganisation (Entgeltfortzahlung, Haftungsmilderungen), das Kontinuitätsinteresse des Arbeitnehmers an der Aufrechterhaltung seines Beschäftigungsverhältnisses (Kündigungsschutz), die Besonderheit der Marktstellung in einer marktwirtschaftlich organisierten Wirtschaftsverfassung (Koalitionsfreiheit, Tarifautonomie und Arbeitskampfrecht) sowie Abhängigkeiten aus der Einheit von Planung, Organisation und Leitung beim Betrieb eines Unternehmens (Betriebsverfassungs-, Mitbestimmungs-

[815] *Lampert*/Althammer, Sozialpolitik, IV B 1. - 4.

[816] *Wiedemann*, Arbeitsverhältnis, S. 22 f.

[817] *Kittner*, Arbeitsmarkt in: Arbeitsmarktökonomische, soziale und rechtliche Grundlagen, S. 25.

[818] *Kittner*, Arbeitsmarkt in: Arbeitsmarktökonomische, soziale und rechtliche Grundlagen, S. 27 f.

recht). *Richardi* führt zudem auf, dass der jeweilige materielle Geltungsgrund arbeitsrechtlicher Regelungen so verschieden sei, dass die Einbeziehung in den einen Regelungsbereich nicht notwendigerweise dazu zwinge, eine Person auch in einen anderen Regelungsbereich einzubeziehen.[819]

bb) Die Einteilung von Wank

Auch die Einteilung von *Wank* dient dazu, den Arbeitnehmerbegriff zu bestimmen. *Wank* geht von dem Gedanken der Schutzbedürftigkeit aus und stellt die Frage, in welcher Hinsicht und vor welchen Risiken der Arbeitnehmer jeweils geschützt wird. Darüber hinaus untersucht er, ob die abgesicherten Risiken tatbestandsrelevant sind. Es gehe darum, ob es vom Sinnzusammenhang her angebracht sei, gerade dieses Risiko mit dem Arbeitsverhältnis in Verbindung zu bringen. *Wank* differenziert die Schutzbereiche danach, auf welche Weise der jeweilige Schutz gewährt wird und stellt eine Verbindung zwischen Rechtsfolge und Risiko her.[820] Er teilt dazu die arbeitsrechtlichen Normen in zwei Hauptbereiche des arbeitsrechtlichen Schutzes ein. Der überwiegende Teil der Vorschriften betreffe die Ausübung der Arbeit, also die Durchführung des Arbeitsverhältnisses. Ein anderer Teil habe die Aufgabe, dem Arbeitnehmer unabhängig von dessen Arbeitsleistung die Existenzgrundlage zu sichern. Insbesondere durch letztere Regelungen unterscheide sich das Arbeitsverhältnis vom Schuldverhältnis des Selbstständigen.[821] Begrifflich trennt *Wank* zwischen den Gruppen „Berufsschutz“ und „Existenz- und Bestandsschutz“. Die Gruppe des Berufsschutzes unterteilt er wiederum in drei Bereiche: Vorschriften, die vor Risiken der allgemeinen Arbeitsausübung schützen; Regelungen, die auf die stärkere Einbindung der Person des Arbeitnehmers als Vertragspartner Bezug nehmen und Normen, die berücksichtigen, dass der Arbeitnehmer nicht in eigener Verantwortung leistet, sondern im Rahmen einer fremdbestimmten Organisation. Begrifflich unterscheidet *Wank* zwischen dem „arbeitsbezogenen Berufsschutz“, dem „Persönlichkeitsschutz“ und dem „Schutz vor Organisationsrisiken“.[822] Seine Einteilung stellt sich zusammengefasst wie folgt dar:

---

[819] *Richardi*, FS 125 Jahre Juristische Gesellschaft zu Berlin (1984), 607, 616.
[820] *Wank*, Arbeitnehmer und Selbständige, S. 56.
[821] *Wank*, Arbeitnehmer und Selbständige, S. 57.
[822] *Wank*, Arbeitnehmer und Selbständige, S. 58.

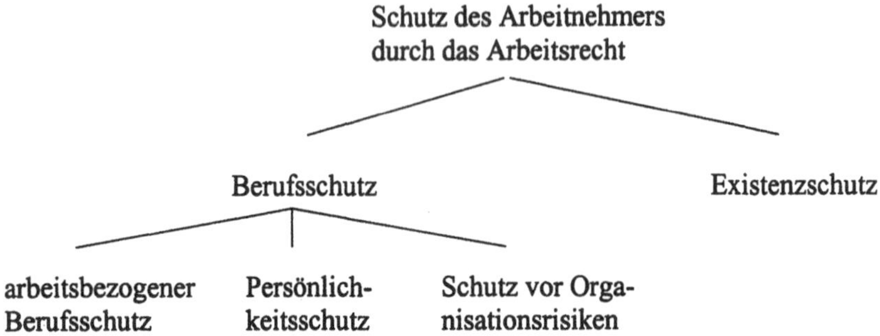

Im Anschluss legt er anhand der Gliederung die Grundgedanken der arbeitsrechtlichen Schutzbereiche dar und vergleicht sie mit den entsprechenden Regelungen im Selbständigenrecht[823].

Der arbeitsbezogene Berufsschutz umfasst nach *Wank* Nebenpflichten aus dem Arbeitsverhältnis sowie das öffentlich-rechtliche Arbeitsschutzrecht, das zugleich Inhalt des privatrechtlichen Arbeitsverhältnisses sei. Auch Pflichten zur Erhaltung der Arbeitskraft, wie sie in der Arbeitszeitordnung und den Urlaubsgesetzen geregelt sind, gehörten dazu.[824] Die Schutzgesetzgebung beziehe sich auf die Gestaltung des Arbeitsplatzes und die Arbeitsbedingungen und resultiere daraus, dass der Arbeitgeber Organisation, Räume und Material zur Verfügung stelle und durch sein Direktionsrecht den Arbeitsablauf beherrsche.[825] Der Persönlichkeitsschutz beinhalte die Grenzen der Informationsbeschaffung und der Informationsverwertung bei der Einstellung sowie das Weisungs- und Kontrollrecht des Arbeitgebers, den Schutz vor ungerechter Behandlung durch Vorgesetzte und Mitarbeiter und den besonderen Datenschutz.[826] Der Schutz vor Organisationsrisiken betrifft nach *Wank* die Haftungsmilderung bei gefahrgeneigter Arbeit und das Betriebsrisiko.[827] Die zweite Gruppe, der Existenz- und Bestandsschutz, erfasse die weitgehende Unabhängigkeit des Arbeitnehmers von Marktschwankungen und die Verlagerung des Marktrisikos auf den Arbeitgeber.

---

823 *Wank*, Arbeitnehmer und Selbständige, S. 59 ff.
824 *Wank*, Arbeitnehmer und Selbständige, S. 59 f.
825 *Wank*, Arbeitnehmer und Selbständige, S. 61.
826 *Wank*, Arbeitnehmer und Selbständige, S. 62.
827 *Wank*, Arbeitnehmer und Selbständige, S. 63 ff.

b) Folgerungen für den Fremdgeschäftsführer

Die unter a) aufgeführten verschiedenen Einteilungen in der Literatur eignen sich nicht durchgehend für eine Übertragung auf den Fremdgeschäftsführer. Sie zielen vorwiegend auf die Binnenperspektive des Arbeitsrechts ab, ohne den Gedanken der Abgrenzung zum Selbstständigenrecht zu beachten.[828] Der Fremdgeschäftsführer ist jedoch, hält man an der Dreiteilung des Gesetzes fest, der Gruppe der Selbstständigen zuzuordnen. Er ist nach den Untersuchungen im ersten Teil der Arbeit weder Arbeitnehmer noch arbeitnehmerähnliche Person. Grundlage eines Analogieschlusses bei arbeitsrechtlichen Vorschriften ist das auf den Fremdgeschäftsführer direkt anwendbare Selbstständigenrecht, speziell die Regelungen aus dem Dienstvertragsrecht. Dieses ist von den arbeitsrechtlichen Schutzvorschriften abzugrenzen. Der Vorteil der Gliederung *Wanks* ist darin zu sehen, dass er bei den Schutzbereichen jeweils einen Vergleich zum Selbstständigenrecht zieht. Dasselbe gilt für die Einteilung *Hromadkas*, der an die Gedanken von *Wank* anknüpft. Anders als *Wank*, dessen Gliederungsprinzipien dazu dienen, den Arbeitnehmerbegriff zu bestimmen,[829] bildet die Einteilung für *Hromadka* die Grundlage für ein abgestuftes Arbeitsrecht für Selbstständige[830]. In beiden Fällen ist die Trennung in die Bereiche „Berufsschutz" sowie „Existenz- und Bestandsschutz" richtig, da hierdurch eine Abgrenzung zum Selbstständigen, wie die weiteren Ausführungen der genannten Autoren zeigen, getroffen werden kann. Da auch der Fremdgeschäftsführer letztlich der Gruppe der Selbstständigen zugerechnet werden muss, kann dieser Ansatz auf ihn übertragen werden. Zusätzlich müssen jedoch die Unterschiede des Fremdgeschäftsführers zu den übrigen Selbstständigen berücksichtigt werden. Sie resultieren speziell aus seiner Zwitterstellung als Angestellter und Organ der Gesellschaft. Die bisherigen Untersuchungen haben gezeigt, dass im Einzelfall seine Schutzbedürftigkeit beschränkt sein kann, etwa bei der Abmahnung.[831] Auch kann die Schutzbedürftigkeit durch zwingende gesellschaftsrechtliche Regelungen, die den arbeitsrechtlichen Vorschriften im Einzelfall vorgehen, ausgeschlossen werden.[832] Letztlich muss beachtet werden, dass der Fremdgeschäftsführer schon durch die Bereichsausnahmen von einem Teil der arbeitsrechtlichen Schutzvorschriften kraft Gesetzes ausgeschlossen ist.[833] Eine Einteilung der Schutzvorschriften muss diese Attribute berücksichtigen.

---

[828] *Wank*, Arbeitnehmer und Selbständige, S. 57

[829] Vgl. *Wank*, Arbeitnehmer und Selbständige, S. 56.

[830] Vgl. *Hromdaka* NZA 1997, 569 ff.

[831] Vgl. oben F. II. 1. e) und 3. f) dd).

[832] Vgl. oben C. IV. 3.

[833] Vgl. oben C. IV. 1.

c) Eigene Einteilung

Die Einteilung von *Wank* kann als Ausgangspunkt einer Einteilung der Schutzbereiche dienen, welche die besondere Stellung des Fremdgeschäftsführers berücksichtigt. Auch beim Fremdgeschäftsführer ist ein qualitativer Unterschied zwischen dem Berufsschutz sowie dem Existenz- und Bestandsschutz zu erkennen. Er folgt schon aus dem Gedanken *Hromadkas*, dass beim Berufsschutz Gefahren und Mangellagen aus dem Arbeitsverhältnis aufgehoben werden, während beim Existenz- und Bestandsschutz vorwiegend Lebensrisiken des Arbeitnehmers auf den Arbeitgeber verlagert werden.[834] Um jedoch die Besonderheiten aus der Geschäftsführerstellung berücksichtigen zu können, muss innerhalb der beiden Gruppen weiter untergliedert werden. So ist im Bereich des arbeitsbezogenen Berufsschutzes[835] zwischen dem Schutz vor Gefahren aus dem Arbeitsverhältnis (Gefahrenschutz) und dem Schutz hinsichtlich Freizeit, Erholung und Rehabilitation (Arbeitszeitschutz) zu differenzieren. Beim Gefahrenschutz wird zu berücksichtigen sein, dass der Geschäftsführer selbst als Arbeitgebervertreter den Arbeitsplatz und die Arbeitsbedingungen mitgestaltet. Beim Arbeitszeitschutz sind die Interessen der Gesellschafter an einer dauernden Handlungsfähigkeit der Gesellschaft von besonderer Bedeutung, wie die Ausführungen zur entsprechenden Anwendung speziell beim Mutterschutzgesetz und Bundesurlaubsgesetz bereits gezeigt haben.[836] Der Existenz- und Bestandsschutz muss beim Fremdgeschäftsführer ebenfalls weiter aufgeschlüsselt werden. Dass der Bestandsschutz aufgrund des § 38 Abs. 1 GmbHG eine besondere Rolle spielt, haben die vorstehenden Ausführungen bereits hinreichend deutlich gemacht, so dass dies hier nicht noch einmal wiederholt werden soll. Der Bestandsschutz ist deshalb von den Vorschriften zu differenzieren, die eine Verstetigung des Arbeitseinkommens zur Sicherung des Lebensunterhalts schützen[837] und unter dem Begriff Lohnschutz zusammengefasst werden sollen. Ebenfalls eine eigenständige Gruppe muss der Schutz vor Benachteiligung bilden. Denn hier besteht die Besonderheit, dass der Geschäftsführer, wie in Beispielsfall 3 ersichtlich[838], die Benachteiligung selbst schaffen kann, um sich in den Genuss von Ansprüchen zu bringen. Und auch die Regelungen, die unter dem Oberbegriff „Prozessschutz" zusammengefasst werden können, werden wegen der Bereichsausnahme des § 5 Abs. 1 S. 3 ArbGG gesondert behandelt.

---

834 *Hromdaka* NZA 1997, 569, 578.

835 Vgl. *Wank*, Arbeitnehmer und Selbständige, S. 59.

836 Vgl auch nochmals Beispielsfall 2 hierzu, oben B. I.

837 Vgl. *Hromdaka* NZA 1997, 569, 579.

838 Vgl. oben B. I.

Zusammenfassend kann man damit unter Berücksichtigung vorstehender Gedanken beim Fremdgeschäftsführer folgende sechs Schutzbereiche unterscheiden:

1. Gefahrenschutz
2. Arbeitszeitschutz
3. Lohnschutz
4. Schutz vor Benachteiligung
5. Bestandsschutz
6. Prozessschutz.

Nachfolgend werden die Arbeitnehmerschutzvorschriften, die für eine entsprechende Anwendung auf den Fremdgeschäftsführer möglicherweise in Betracht kommen[839], den jeweiligen Schutzbereichen zugeordnet:

Der Gefahrenschutz enthält die Vorschriften zur Arbeitssicherheit und zum Arbeitsschutz. Eingeschlossen sind auch bestimmte Beschäftigungsverbote im Mutterschutzgesetz. Gemeinsam ist diesen Vorschriften, dass sie vor den Gefahren, die bei der Arbeit entstehen können, schützen sollen.

Der Arbeitszeitschutz betrifft Freizeit, Erholung und Rehabilitation. Er umfasst den Urlaubsanspruch sowie die zeitlichen Beschäftigungsverbote und die Freistellung der Mutter im Mutterschutzgesetz. Entgegen der Ansicht *Hromadkas*[840] geht es bei der Lohnfortzahlung bei Krankheit, an Feiertagen (Entgeltfortzahlungsgesetz), während des Urlaubs (§ 11 BUrlG) und während eines Beschäftigungsverbots (§ 11 ff. MuSchG) nicht allein um die Verstetigung des Einkommens zur Sicherung des Lebensunterhalts. Vielmehr wird auch die tatsächliche Durchsetzung von Freizeit und Urlaub sowie Genesung und Rehabilitation ermöglicht, weil der Arbeitnehmer bzw. die Arbeitnehmerin ohne eine zumindest zeitweilige Lohnfortzahlung während der geschützten Ruhepausen unter Umständen gezwungen wäre, einer anderen Arbeit nachzugehen, um ein regelmäßiges Einkommen zu erzielen. Das ist auch bei Fremdgeschäftsführern, die ja nicht am Kapital beteiligt sind, zu beachten. Dies gilt insbesondere dann, wenn sie nur ein relativ geringes Einkommen beziehen und keine Rücklagen bilden können. Die Lohnfortzahlung gehört damit zwei Schutzbereichen an, dem Arbeitszeitschutz und dem Lohnschutz.

[839] Nicht berücksichtigt werden lediglich diejenigen Vorschriften, die von vornherein nicht für eine entsprechende Anwendung in Frage kommen, wie etwa die Bereichsausnahmen, Vorschriften die direkt anwendbar sind, wie §§ 629, 630 BGB und das gesamte kollektive Arbeitsrecht.

[840] *Hromadka*, NZA 1997, 569, 579.

Der Lohnschutz ist umfassend zu sehen. Hierunter fällt der Schutz von Kontinuität des Arbeitseinkommens (Lohnfortzahlung, Lehre vom Betriebsrisiko, Kündigungsfrist § 622 BGB), der Schutz des bereits erzielten Arbeitseinkommens vor nachträglichem Verlust (Haftungsbeschränkung, Konkursausfallgeld[841]) sowie der Schutz des Vertrauens auf mehrmals gewährte Leistungen als Bestandteile des Arbeitseinkommens (betriebliche Übung).

Der Schutz vor Benachteiligung umfasst die Gleichbehandlung im Arbeitsrecht. Neben der Gleichstellung von Mann und Frau speziell durch die Vorschriften zur geschlechtsbezogenen Benachteiligung (§§ 611 a, b; 612 Abs. 3; 612 a BGB) sind der Gleichbehandlungsgrundsatz und die betriebliche Übung mit eingeschlossen.

Der Bestandsschutz schützt die Fortdauer des Arbeitsverhältnisses. Er umfasst den Kündigungsschutz[842], die Abmahnung zum Schutz vor einer für den Arbeitnehmer überraschenden Kündigung sowie die Fortdauer des Arbeitsverhältnisses bei Betriebsübergang. Die Kündigungsfristen zählen ebenfalls zum Bestandsschutz, auch wenn sie den Fortbestand des Arbeitsverhältnisses nur für eine kurze Zeit gewährleisten. Zudem sollen sie für eine gewisse Zeit während der Arbeitsplatzsuche die Kontinuität des Arbeitseinkommens sicherstellen und sind damit auch Bestandteil des Lohnschutzes.

Letztlich umfasst der Prozessschutz alle Vorschriften, die dem Arbeitnehmer bei der Durchsetzung seiner Ansprüche helfen sollen. Sei es, dass sie den Streitwert verringern (§ 17 Abs. 3 GKG), die Rückabwicklung erleichtern (fehlerhaftes Arbeitsverhältnis) oder der Beweiserleichterung dienen (Nachweisgesetz; § 623 BGB). Auf der anderen Seite zählt bei der Abwehr von Schadensersatzansprüchen des Arbeitgebers gegenüber dem Arbeitnehmer die Beweislastumkehr des § 619 a BGB dazu.

Aus der Zuordnung der einzelnen arbeitsrechtlichen Schutzvorschriften zu den Schutzbereichen ergibt sich folgende tabellarische Unterteilung:

[841] Inzwischen in §§ 183 ff. SGB III geregelt.
[842] Wegen Art. 14 Abs. 1 KündSchG ist nur der besondere Kündigungsschutz aufgeführt.

Schutzvorschriften	Schutzbereich
Arbeitssicherheit, Arbeitsschutz (ArbSchG, ArbSichG, § 2 MuSchG)	Gefahrenschutz
Beschäftigungsverbote (§§ 4; 6 Abs. 2 MuSchG)	
Anspruch auf Urlaub (BUrlG)	
Zeitliche Beschäftigungsverbote, Freistellung (§§ 3; 6 Abs. 1; 8; 16 MuSchG)	Arbeitszeitschutz
Lohnfortzahlung bei Krankheit, an Feiertagen (EntgeltfortzahlungsG), während des Urlaubs (§ 1 BUrlG), während eines Beschäftigungsverbotes (§ 11 ff. MuSchG)	
Lehre vom Betriebsrisiko (§ 615 BGB)	
Kündigungsfrist (§ 622 BGB)	
Insolvenzgeld (§§ 183 ff. SGB III)	Lohnschutz
Haftungsbeschränkung bei betrieblich veranlasster Tätigkeit	
Betriebliche Übung	
Arbeitsrechtlicher Gleichbehandlungsgrundsatz	Schutz vor Benachteiligung
Geschlechtsbezogene Benachteiligung (§§ 611 a, b; 612 Abs. 3; 612 a BGB)	
Besonderer Kündigungsschutz (§§ 85 ff. SGB IX; § 9 MuSchG)	
Abmahnung	Bestandsschutz
Betriebsübergang (§ 613 a BGB)	
Kündigungsfrist (§ 622 BGB)	
Streitwertbemessung (§ 17 Abs. 3 GKG)	
Fehlerhaftes Arbeitsverhältnis	
Schriftform bei Kündigung (§ 623 BGB)	Prozessschutz
NachweisG	
Beweislastumkehr (§ 619 a BGB)	

Bei der Einteilung in die einzelnen Schutzbereiche ist zu beachten, dass es bei einzelnen Vorschriften zu Überschneidungen kommt. Ursache dafür sind – wie schon erwähnt –verschiedene Schutzziele, die in unterschiedliche Schutzbereiche fallen. Betroffen sind hiervon die Lohnfortzahlung, die betriebliche Übung und die Kündigungsfrist. Die Überschneidungen haben Auswirkungen auf das

Schutzbedürfnis. Sie können zu einer Verstärkung des Schutzbedürfnisses führen. Gerade bei der Lohnfortzahlung wird deutlich, dass es nicht nur um die Verstetigung des Arbeitseinkommens zur Sicherung des Lebensunterhalts geht. Dahinter steht auch der Schutz von Freizeit und Erholung sowie Genesung und Rehabilitation.

Die Unterteilung der verschiedenen arbeitsrechtlichen Vorschriften in einzelne Schutzbereiche erlangt für die Herausarbeitung von Leitlinien an zwei Stellen Bedeutung: Zum einen bei den Kriterien einer vergleichbaren Schutzbedürftigkeit im Rahmen der Übereinstimmung der Sachverhalte. Hier wird untersucht, inwieweit eine vergleichbare Schutzbedürftigkeit in dem jeweiligen Schutzbereich besteht (nachfolgend unter 2.). Zum anderen bei den verbleibenden Unterschieden, die eine analoge Anwendung einschränken. Auch für die Feststellungen, ob und wie Einschränkungen aus der Organstellung getroffen werden müssen, werden die jeweiligen Schutzgebiete herangezogen (nachfolgend unter 3.).

2. *Übereinstimmung der Sachverhalte*

Es wurde bislang festgestellt, dass zwei Sachverhalte nach ihrer ratio legis übereinstimmen, wenn eine mit dem Arbeitnehmer vergleichbare Schutzbedürftigkeit und wirtschaftliche Abhängigkeit des Fremdgeschäftsführers nach dem jeweiligen Sinn und Zweck der Norm gegeben ist.[843] Für die Ausarbeitung von Leitlinien würde es zu weit führen, alle arbeitsrechtlichen Vorschriften anhand dieser Kriterien zu untersuchen. In einem ersten Schritt werden zunächst die übergeordneten Kriterien einer vergleichbaren Schutzbedürftigkeit und wirtschaftlichen Abhängigkeit des Fremdgeschäftsführers dargestellt (unter a). Anschließend wird anhand der oben beschriebenen Aufgliederung der Schutzbereiche die vergleichbare Schutzbedürftigkeit und wirtschaftliche Abhängigkeit untersucht (unter b).

a) Übergeordnete Kriterien einer vergleichbaren Schutzbedürftigkeit und wirtschaftlichen Abhängigkeit des Fremdgeschäftsführers

Untersucht man die einzelnen Schutzbereiche nach übergeordneten Kriterien, die eine Bildung des Schutzbereichs ausgelöst haben, lassen sich zwei Kriterien feststellen. Sie kennzeichnen gleichsam die persönliche Abhängigkeit eines Arbeitsverhältnisses und sind für ein Arbeitsverhältnis sinntragend.[844]

---

[843] Vgl. oben F. III. 2.

[844] Vgl. *Reichold*, ArbR, § 2 Rn. 16 ff.

Das erste übergeordnete Kriterium ist die Weisungsunterworfenheit des Arbeitnehmers. Der Arbeitnehmer kann nicht selbst bestimmen, mit welchen Geräten und an welchem Ort er seine Arbeit verrichtet. Er kann auch nur bedingt über seine Arbeitszeit bestimmen. Aus dieser Mangellage hat sich die Bildung eines Schutzes vor Gefahren der Arbeit und eines Schutzes von Freizeit, Erholung und Rehabilitation herausgebildet.[845]

Zweites übergeordnetes Kriterium ist die Abhängigkeit des Arbeitnehmers, die aus dem Verlust der persönlichen Dispositionsfreiheit über seine Arbeitskraft resultiert.[846] Der Arbeitnehmer verliert dadurch, dass er einer auf Dauer angelegten, fremdnützigen Beschäftigung nachgeht, die Möglichkeit einer eigenen Disposition über seine Arbeitskraft. Diese Abhängigkeit enthält hauptsächlich wirtschaftliche Elemente. Der Schutz des Arbeitseinkommens, der Schutz vor Benachteiligung, der Bestandsschutz sowie der Prozessschutz fallen hierunter. Daraus ergibt sich folgende tabellarische Einteilung der Schutzbereiche:

Schutzbereich	**Übergeordnetes Kriterium**
Gefahrenschutz	Weisungsunterworfenheit
Arbeitszeitschutz	
Lohnschutz	Abhängigkeit durch Verlust der persönlichen Dispositionsfreiheit über die eigene Arbeitskraft
Schutz vor Benachteiligung	
Bestandsschutz	
Prozessschutz	

Wenn der Fremdgeschäftsführer ähnlich einem Arbeitnehmer weisungsabhängig ist und bei ihm eine vergleichbare Abhängigkeit durch Verlust der persönlichen Dispositionsfreiheit über seine Arbeitskraft besteht, sind dies erste Indizien für eine mögliche entsprechende Anwendbarkeit arbeitsrechtlicher Schutzvorschriften, was nachfolgend untersucht wird. Eine zum Arbeitnehmer ver-

845 Vgl. *Hromadka*, NZA 1997, 569, 579; *Reichold*, ArbR, § 2 Rn. 16 ff.
846 Vgl. beim Arbeitsverhältnis: *Reichold*, ArbR, § 2 Rn. 17.

gleichbare Schutzbedürftigkeit und wirtschaftliche Abhängigkeit des Fremdgeschäftsführers lässt sich am besten herausbilden, indem man einen Arbeitnehmer hinzuzieht, der dem Fremdgeschäftsführer nahe kommende Aufgaben verrichtet. In Betracht kommt hierfür der leitende Angestellte, der unstreitig Arbeitnehmer ist.[847]

aa) Weisungsunterworfenheit

Bei dem Schutz gegenüber dem Direktionsrecht des Arbeitgebers handelt es sich um einen Vorsorgeschutz. Die Gefahr hat sich regelmäßig noch nicht realisiert. Ausreichend ist daher eine potenzielle Weisungsunterworfenheit.[848] Im Rahmen eines Ähnlichkeitsurteils muss es sich zudem nicht um ein arbeitsrechtliches Weisungsrecht handeln. Für eine Schutzbedürftigkeit genügt eine tatsächliche Weisungsunterworfenheit. Ihre Folgen ändern sich nicht mit ihrer rechtlichen Grundlage, sondern sind allenfalls unterschiedlich hinsichtlich des Umfangs und der Intensität zu beurteilen. Das tatsächliche Weisungsrecht muss einem arbeitsrechtlichen Weisungsrecht jedoch zumindest potenziell entsprechen. Der Fremdgeschäftsführer unterliegt einem dienstvertraglichen und einem gesellschaftsrechtlichen Weisungsrecht. Nicht ausreichend für eine vergleichbare Schutzbedürftigkeit kann das dienstvertragliche Weisungsrecht sein. Es steht zum einen dem arbeitsvertraglichen in Umfang und Intensität nicht gleich; zum anderen wäre dann auf jeden Dienstnehmer Arbeitsrecht analog anwendbar. Fraglich ist, ob das gesellschaftsrechtliche Weisungsrecht beim Fremdgeschäftsführer zumindest potenziell in seinem Umfang und seiner Intensität der arbeitsrechtlichen Weisungsabhängigkeit entsprechen kann. Dazu wurde bereits ausgeführt, dass nach richtiger Auffassung das gesellschaftsrechtliche Weisungsrecht als umfassend anzusehen ist.[849] Es besteht eine potenzielle Abhängigkeit des Fremdgeschäftsführers zur Gesellschafterversammlung, die in alle Aufgabenbereiche – sogar in das Tagesgeschäft – reichen kann. Das gesellschaftsrechtliche Weisungsrecht kann bei einem Fremdgeschäftsführer so umfassend sein, dass seine Bindung mit der eines leitenden Angestellten vergleichbar ist.[850] So sind Fremdgeschäftsführer hinsichtlich Ort und Zeit der

[847] Aufgrund des Vergleichs mit leitenden Angestellten müssen Vorschriften wie § 18 I Nr. 1 ArbZG, die leitende Angestellte vom Anwendungsbereich ausschließen, berücksichtigt werden.

[848] Vgl. dazu beim Arbeitnehmer: BAG vom 12.09.1996 – 5 AZR 1066/94, BAGE 84, 108; *Reichold*, ArbR, § 2 Rn. 19 ff.; *Hromadka*, NZA 1997, 569, 576; *Hromadka/Maschmann*, ArbR Bd. 1, 2 Aufl., § 1 Rn. 29; *Zöllner*/Loritz, ArbR, 5. Aufl., § 4 III 5 a) bb).

[849] Abgesehen von der unbeschränkbaren Vertretungsmacht sowie bestimmten zwingenden gesetzlichen Amtspflichten, vgl. oben C. IV. 3.

[850] Vgl. *Heyll*, Anwendung von Arbeitsrecht, S. 161 ff.; *Martens*, FS Hilger/Stumpf (1983), 437, 440.

Leistungserbringung in vergleichbarer Weise abhängig wie leitende Angestellte.[851] Der Fremdgeschäftsführer ist in seinen Entscheidungen nur in dem Umfang frei, wie die Gesellschafter ihm hierzu einen Ermessensspielraum einräumen. Sein Ermessensspielraum kann eng begrenzt sein. Aber auch wenn ihm ein weites Ermessen eingeräumt ist, steht dies einem dem leitenden Angestellten vergleichbaren Weisungsrecht nicht prinzipiell entgegen. Ausreichend ist eine potenzielle Ähnlichkeit. Darüber hinaus kann dem leitenden Angestellten ebenfalls ein großer Handlungsspielraum eingeräumt werden.

Das Weisungsrecht besteht beim Fremdgeschäftsführer in höherem Maß als dies bei Gesellschafter-Geschäftsführern der Fall ist. Das hängt damit zusammen, dass er als Nichtgesellschafter im Gegensatz zu Gesellschafter-Geschäftsführern keinen Einfluss innerhalb der Gesellschafterversammlung hat. Er hat keine Möglichkeit, Weisungen der Gesellschafterversammlung durch sein eigenes Stimmrecht zu verhindern.[852] Deshalb hat der Fremdgeschäftsführer im Vergleich zum Gesellschafter-Geschäftsführer in aller Regel eine schwächere Position gegenüber der Gesellschafterversammlung, was speziell in der Ausübung des Weisungsrechtes Ausdruck finden kann.

Es ist beim Fremdgeschäftsführer im Ergebnis von einer potenziellen Weisungsunterworfenheit auszugehen, die für ein Ähnlichkeitsurteil im Rahmen der Voraussetzungen der entsprechenden Anwendung von arbeitsrechtlichen Bestimmungen in der Regel als ausreichend angesehen werden kann.

bb) Abhängigkeit durch Verlust der Disposition über eigene Arbeitskraft

Indizien für eine Abhängigkeit durch Verlust der Disposition über die eigene Arbeitskraft sind, dass der Fremdgeschäftsführer

- sich in seiner Existenz längerfristig an eine GmbH bindet[853],
- dauernd im Wesentlichen nur für einen Arbeitgeber, die GmbH, tätig ist und daher keine Möglichkeit zur Risikoverteilung der Arbeitskraft besteht,
- eine regelmäßige Vergütung erhält und nicht am Gewinn beteiligt ist.[854]

---

[851] *Martens*, FS Hilger/Stumpf (1983), 437, 440.
[852] Vgl. dazu *Krause*, Mitarbeit im Unternehmen, S. 332 ff.
[853] Vgl. *G. Hueck*, ZfA 1985, 25, 32.
[854] Vgl. die Kriterien bei Hromadka, DB 1998, 195, 201 und *Wank*, Arbeitnehmer und Selbständige, S. 127 ff.; *ders.*, DB 1992, 90, 91 f.; *ders.*, NZA 1999, 225, 227.

Der Fremdgeschäftsführer müsste längerfristig in seiner Existenz an die Gesellschaft gebunden sein. Die Dauer der Geschäftsführung ist eng an den Erfolg seiner Tätigkeit geknüpft. Der Fremdgeschäftsführer wird oftmals als externer Fachexperte angestellt. Dies kann dazu führen, dass die zeitliche Bindung des Fremdgeschäftsführers an die GmbH kürzer ist als beim Gesellschafter-Geschäftsführer. Er ist auch nicht durch eigene Anteile mit der Gesellschaft verbunden. Dennoch wird er meist eine längere Zeit allein für die Gesellschaft tätig sein, da anderenfalls seine Arbeit keine Früchte tragen kann und ein häufiger Wechsel dem Ansehen und dem Organisationsablauf der GmbH schadet. Auch ein leitender Angestellter muss sich am Erfolg seiner Arbeit messen lassen, und seine Dauer der Existenzbindung ist nicht zwingend länger als die eines Fremdgeschäftsführers. Im Ergebnis ist der Fremdgeschäftsführer regelmäßig für einen Zeitraum tätig, der einer vergleichbaren Schutzbedürftigkeit beim Verlust der Disposition über seine Arbeitskraft genügt.

Der Fremdgeschäftsführer ist auch im Wesentlichen nur für einen anderen, nämlich für die GmbH, tätig. Er muss der Gesellschaft seine gesamte Arbeitskraft widmen und kann nur in eng begrenzten Ausnahmefällen außerhalb der Gesellschaft tätig werden.[855] Oftmals ist im Anstellungsvertrag sogar ein absolutes Nebentätigkeitsverbot geregelt.[856] Dies führt bei ihm regelmäßig dazu, dass er keine eigene Risikovorsorge treffen kann.

Der Fremdgeschäftsführer erhält wie jeder Arbeitnehmer eine regelmäßige Vergütung. Er ist nicht selbst Gesellschafter und folglich nicht am Unternehmen beteiligt. Er hat daher nicht die Möglichkeit, wie ein Gesellschafter-Geschäftsführer zusätzlich aus den Erträgen der Gesellschaft seinen Lebensunterhalt zu bestreiten. Fraglich ist, welche Auswirkungen es hat, wenn ein Teil der Vergütung an den Gewinn des Unternehmens geknüpft ist. Möglich ist dies auch beim leitenden Angestellten. Entscheidend ist ein Vergleich des Fremdgeschäftsführers einerseits zum leitenden Angestellten, andererseits zum Gesellschafter-Geschäftsführer im Hinblick auf das Verhältnis der unternehmerischen Risiken zu den unternehmerischen Chancen[857]. Da der Fremdgeschäftsführer nicht am Kapital des Unternehmens beteiligt ist, trägt er nicht das gleiche unternehmerische Risiko wie ein Gesellschafter-Geschäftsführer. Anders als dieser erhält er im Gegenzug nicht den vollen oder anteiligen Gewinn, sondern ist allenfalls mit einem Teil seiner Vergütung vom Gewinn abhängig. Er hat damit auch nur begrenzte unternehmerische Chancen. Insofern steht er einem leitenden Angestellten näher.

---

[855] Hachenburg/*Mertens*, GmbHG, 8. Aufl., § 43 Rn. 40.

[856] Vgl. oben B. I. 4.

[857] Vgl. *Wank*, Arbeitnehmer und Selbständige, S. 132.

cc) Zwischenergebnis

Der Fremdgeschäftsführer ist durch die gesellschaftsrechtliche Weisungsabhängigkeit und durch den Verlust der persönlichen Dispositionsfreiheit über seine Arbeitskraft grundsätzlich vergleichbar einem leitenden Angestellten schutzbedürftig und wirtschaftlich abhängig. Dies ist jedoch – wie erwähnt – lediglich ein erstes Indiz für eine entsprechende Anwendbarkeit arbeitsrechtlicher Schutzvorschriften. Es muss zudem eine zum leitenden Angestellten vergleichbare Schutzbedürftigkeit und wirtschaftliche Abhängigkeit in den jeweiligen Schutzbereichen, wie sie oben herausgebildet wurden, untersucht werden.

b) Vergleichbare Schutzbedürftigkeit und wirtschaftliche Abhängigkeit in den jeweiligen Schutzbereichen

Für eine vergleichbare Schutzbedürftigkeit und wirtschaftliche Abhängigkeit in den jeweiligen Schutzbereichen müssen unter Zugrundelegung der Auffassung *Hromadkas* zunächst die Umstände bzw. auslösenden Faktoren für die jeweiligen Schutzbereiche anhand ihres Sinn und Zwecks ermittelt werden.[858] Dabei wird untersucht, ob diese Umstände auch auf den Fremdgeschäftsführer zutreffen. Maßgeblich ist hierfür auch, inwieweit ein Schutzdefizit beim Fremdgeschäftsführer vorliegt. Um dieses Schutzdefizit im Verhältnis zum Arbeitnehmer herauszuarbeiten, werden die arbeitsrechtlichen Schutzbereiche mit den entsprechenden Regelungen im Selbstständigenrecht, speziell mit den direkt anwendbaren Vorschriften des Dienstvertragsrechts, verglichen. Bezogen auf den jeweiligen Schutzbereich lässt sich damit Folgendes feststellen:

aa) Gefahrenschutz

Ursache für die Bildung eines Gefahrenschutzes ist, wie bereits festgestellt, die Weisungsunterworfenheit des Arbeitnehmers sowie seine Eingliederung in den Betrieb des Arbeitgebers. Der Arbeitnehmer kann nicht selbst bestimmen, mit welchen Geräten und an welchem Ort er seine Arbeit verrichtet. Vielmehr stellt der Arbeitgeber Organisation, Räume und Material zur Verfügung und bestimmt durch sein Direktionsrecht den Arbeitsablauf. Der Arbeitgeber wird in die Pflicht genommen, für ausreichenden Schutz zu sorgen.[859] Der Arbeitnehmer soll vor den aus Betriebsanlagen und Produktionsweisen drohenden Gefahren für Leben und Gesundheit geschützt werden.[860]

[858] Vgl. *Hromadka*, NZA 1997, 569, 578.
[859] *Wank*, Arbeitnehmer und Selbständige, S. 61.
[860] *Zöllner*, ArbR, § 29 III 1, 343 f.

Der Fremdgeschäftsführer ist gemäß § 37 Abs. 1 GmbHG von der Gesellschafterversammlung weisungsabhängig. Diese Weisungen können, wie die bisherigen Untersuchungen gezeigt haben, bis in das Tagesgeschäft hineinreichen.[861] Jedoch ist der Fremdgeschäftsführer nicht in derselben Weise wie ein Arbeitnehmer in den Betrieb des Arbeitgebers eingegliedert. So wurde bereits darauf hingewiesen, dass er zwar im Verwaltungs- und Organisationsbereich in den Geschäftsräumen der Gesellschaft gegebenenfalls zusammen mit anderen Geschäftsführern oder leitenden Angestellten seine Tätigkeit ausübt. Jedoch ist er regelmäßig selbst als Geschäftsführer und Arbeitgebervertreter für die Organisation des Arbeitsablaufs verantwortlich.[862] Aus diesem Grund ist der Fremdgeschäftsführer beim Gefahrenschutz nicht einem Arbeitnehmer vergleichbar schutzbedürftig.

Darüber hinaus ist der Fremdgeschäftsführer durch § 618 Abs. 1 BGB, der für den selbstständigen Dienstnehmer gilt[863], bereits ausreichend geschützt. Das gilt nicht nur für das Arbeitsschutzgesetz und das Arbeitssicherheitsgesetz, sondern auch für den besonderen Gefahrenschutz im Mutterschutzgesetz. Auch hier kann ein ausreichender Schutz bereits durch § 618 Abs. 1 BGB hergestellt werden. Zudem muss berücksichtigt werden, dass eine Fremdgeschäftsführerin in der Regel keine schweren körperlichen Arbeiten verrichtet und insoweit nicht des besonderen Schutzes des § 4 MuSchG bedarf. Insgesamt ist das Schutzdefizit des Fremdgeschäftsführers im Vergleich zum Arbeitnehmer beim Gefahrenschutz so gering, dass eine vergleichbare Schutzbedürftigkeit verneint werden muss.

bb) Arbeitszeitschutz

Der Arbeitszeitschutz resultiert aus der Verpflichtung des Arbeitgebers, die Arbeitskraft des Arbeitnehmers zu erhalten.[864] Aufgrund des Direktionsrechts kann der Arbeitnehmer nur bedingt über seine Arbeitszeit frei bestimmen. Insofern schützt ihn das Arbeitsrecht vor einer übermäßigen zeitlichen Ausbeutung seiner Arbeitskraft durch den Arbeitgeber. Der Arbeitszeitschutz hat die Aufgabe, die gesundheitlichen Gefahren zu bannen, die dem Arbeitnehmer aus der Festlegung der Arbeitszeit drohen, und ihm Freizeit zur Persönlichkeitsentfaltung sichern.[865]

---

[861] Vgl. oben C. IV. 3. b).
[862] Vgl. oben C. V. 2. c).
[863] *Wank*, Arbeitnehmer und Selbständige, S. 61; Palandt/*Putzo*, BGB, 63. Aufl., § 618 Rn. 1.
[864] *Wank*, Arbeitnehmer und Selbständige, S. 59; *Wiedemann*, Arbeitsverhältnis, S. 22 f.
[865] *Zöllner*, ArbR, § 29 III 1, 343 f.

Der Fremdgeschäftsführer unterliegt, wie mehrfach ausgeführt, dem Weisungsrecht der Gesellschafterversammlung, das auch die Regelung der Arbeitszeit umfasst. Er ist jedoch zudem aufgrund seiner Aufgaben und Pflichten aus der Organstellung bei der Bestimmung seiner Arbeitszeit beschränkt. Das hat der Sachverhalt gezeigt, der der Entscheidung des BGH zum Urlaubsentgelt zugrunde lag. Der BGH hat dazu ausgeführt, dass der Umfang der vom Geschäftsführer geleisteten Arbeit und seine Verantwortung für die Errichtung und den Ausbau des Betriebs eine auch nur kurze Urlaubsabwesenheit nicht gestattet habe. Er könne nicht dafür bestraft werden, dass er im Betriebsinteresse ein Übermaß an Arbeit geleistet habe.[866] Die besonderen Aufgaben und Pflichten der Geschäftsführung, der Anstellungsvertrag und die gesellschaftliche Treuepflicht fordern von einem Geschäftsführer einen größeren Einsatz und ein besonderes Maß an Flexibilität bei der Arbeitszeit, was ihm bewusst ist. Als Ausgleich erhält er hierfür in der Regel eine höhere Vergütung und ein höheres Maß an Verantwortung und Unabhängigkeit. Seine Schutzbedürftigkeit ist daher bei der Festlegung seiner Arbeitszeit geringer als die eines leitenden Angestellten. Soweit es jedoch um den Erhalt seiner Gesundheit geht, ist er ebenso schutzbedürftig. Der Fremdgeschäftsführer ist nicht verpflichtet, seine Gesundheit für die Belange der Gesellschaft auf Spiel zu setzen.

Zu den Beispielfällen:

G hat ein Schutzbedürfnis, sich von dem Unfall zu rehabilitieren. Der Schutz muss ihm von der Rechtsordnung eingeräumt werden.

Gleiches gilt für die F bezüglich des Arbeitszeitschutzes im Mutterschutzgesetz. Die Vorschriften des Dienstvertragsrechts bieten hier keinen vergleichbaren Schutz, wie die bisherigen Untersuchungen gezeigt haben.[867]

---

[866] BGH vom 03.12.1962 – II ZR 201/61, DB 1963, 138. Mit Urteil vom 21.04.1975 bestätigte der BGH diese Rechtsprechung für den Fremdgeschäftsführer ohne weitere Begründung, vgl. BGH vom 21.04.1975 – II ZR 2/73, WM 1975, 761, 763. Später hat das OLG Düsseldorf entschieden, dass § 7 Abs. 4 BUrlG nur für sozial abhängige Arbeitnehmer gilt, nicht jedoch für Organmitglieder einer juristischen Person (im Fall eines Fremdgeschäftsführers). Dennoch ist es von den Grundsätzen des BGH für die Urlaubsabgeltung nicht abgerückt. Offen gelassen hat das OLG worauf es die Grundsätze stützt. OLG Düsseldorf vom 23.12.1999 – 6 U 119/99, GmbHR 2000, 278, 281.

[867] Vgl. oben F. II. 3. a).

cc) Lohnschutz

Der Lohnschutz entwickelte sich aus dem Sozialschutz. Der Arbeitgeber wird zu Leistungen der Daseinsvorsorge herangezogen.[868] Dies hat vorwiegend historische Gründe.[869] Letztlich gibt der Arbeitnehmer die persönliche Dispositionsfreiheit auf, um sich im Gegenzug den Sozialschutz, darunter den Lohnschutz, zu „erkaufen". Der Arbeitgeber erwirbt die Arbeitsleistungen des Arbeitnehmers und trägt gleichzeitig das Verwendungsrisiko.[870] Der Lohnschutz dient der Stabilität des Lebensunterhalts und der Sicherung des Einkommens für die Vergangenheit.[871]

Mit *Hromadka* ist beim Lohnschutz als Teil des arbeitsrechtlichen Sozialschutzes besonders sorgfältig zu prüfen, ob ein Bedürfnis für diese Leistungen besteht. Das hängt zum einen davon ab, inwieweit die Tätigkeit typischerweise dem Lebensunterhalt dient. Zum anderen ist zu prüfen, ob dem Fremdgeschäftsführer diese Last auferlegt werden kann.[872] Es wurde bereits festgestellt, dass der Fremdgeschäftsführer regelmäßig seine gesamte Arbeitskraft in das Unternehmen einbringen muss, so dass ihm eine Nebentätigkeit in aller Regel nicht möglich ist. Sie ist sogar oftmals im Arbeitsvertrag vollständig ausgeschlossen.[873] Der Fremdgeschäftsführer hat nicht die Möglichkeit, selbst am Gewinn des Unternehmens teilzunehmen; mit Ausnahme der Fälle, in denen ein Teil seiner Vergütung an den Gewinn geknüpft ist (Tantieme). Aber auch hier ist er, wie festgestellt, regelmäßig nicht in der Lage, seine Existenz anderweitig abzusichern. Denkbar wäre dies nur bei besonders hohen Vergütungen mit zusätzlicher Gewinnbeteiligung. In der Regel ist jedoch der Fremdgeschäftsführer ähnlich einem Arbeitnehmer auch beim Lohn schutzbedürftig und wirtschaftlich abhängig.

Im Dienstvertragsrecht ist beim Lohnschutz der § 616 BGB im Rahmen der Schutzbedürftigkeit zu beachten. Die Vorschrift kann jedoch eine vergleichbare Schutzbedürftigkeit nur geringfügig beschränken. Das verbleibende Schutzdefizit zu den arbeitsrechtlichen Vorschriften ist weiterhin groß. So ist in § 616 BGB speziell die Dauer einer möglichen Lohnfortzahlung nicht erwähnt.

---

868 *Hromadka,* NZA 1997, 569, 579.

869 Vgl. *Hromadka,* NZA 1997, 569, 579.

870 *Reichold,* RdA 2002, 321, 329.

871 *Wiedemann,* Arbeitsverhältnis, S. 22 f.

872 Vgl. *Hromadka,* NZA 1997, 569, 579.

873 Vgl. oben B. I. 4.

dd) Schutz vor Benachteiligung

Die Gleichbehandlung im Arbeitsrecht umfasst neben den §§ 611 a, b; 612 Abs. 3; 612 a BGB zur geschlechtsbezogenen Benachteiligung den arbeitsrechtlichen Gleichbehandlungsgrundsatz und die betriebliche Übung. Der Gleichbehandlungsgrundsatz ist Ausdruck austeilender Gerechtigkeit.[874] Die betriebliche Übung ist, wie bereits erwähnt, nach richtiger Auffassung ein Anwendungsfall der Vertrauenshaftung[875] und zugleich auch Bestandteil des Lohnschutzes.

Beim Fremdgeschäftsführer ist eine vergleichbare Schutzbedürftigkeit gegeben. Nur soweit man bei der betrieblichen Übung eine rechtsgeschäftliche Einordnung (§§ 157, 133 BGB) vertritt, könnte es an einem Schutzdefizit fehlen, da auch der Dienstnehmer in diesem Fall in ihren Genuss käme. Zu beachten ist, dass der Geschäftsführer die Gründe für eine Benachteiligung nicht selbst gesetzt haben darf.

ee) Bestandsschutz

Wie schon beim Lohnschutz geht es auch beim Bestandsschutz um das Überwälzen von Lebensrisiken des Arbeitnehmers auf den Arbeitgeber.[876] Hinsichtlich der Umstände bzw. auslösenden Faktoren kann auf die Ausführungen zum Lohnschutz verwiesen werden. Der Bestandsschutz soll die Einkommensquelle des Arbeitnehmers anhaltend sichern.[877] Der Arbeitnehmer soll davor geschützt werden, dass sein Arbeitsverhältnis unberechtigt und kurzfristig aufgelöst wird.[878]

Der Fremdgeschäftsführer hat ein Bedürfnis nach Bestandsschutz. Jedoch ist zu beachten, dass der Bestandsschutz schon aufgrund der zwingenden gesellschaftsrechtlichen Regelungen – insbesondere der jederzeitigen Abberufbarkeit – beschränkt ist, wie bereits mehrfach angesprochen wurde und auch die nachfolgenden Ausführungen zeigen werden.

ff) Prozessschutz

Soweit die Vorschriften des Prozessschutzes dazu dienen, arbeitsrechtliche Schutzvorschriften durchzusetzen, hängt die Schutzbedürftigkeit davon ab, ob

874 *Reichold*, ArbR, § 3 Rn. 34.
875 Vgl. oben F. II. 3. e) aa).
876 *Hromadka*, NZA 1997, 569, 578.
877 *Wiedemann*, Arbeitsverhältnis, S. 22 f.
878 *Lampert*/Althammer, Sozialpolitik, IV B 1. - 4.

diese Schutzvorschriften entsprechend auf den Fremdgeschäftsführer anwendbar sind. Darüber hinaus ist eine vergleichbare Schutzbedürftigkeit aus den oben genannten Gründen auch beim Prozessschutz zu bejahen.

c) Zwischenergebnis

Die Ausführungen haben gezeigt, dass der Fremdgeschäftsführer ähnlich einem leitenden Angestellten, der zweifellos Arbeitnehmer ist, weisungsabhängig ist und die persönliche Dispositionsfreiheit über seine Arbeitskraft verloren hat. Seine Schutzbedürftigkeit und wirtschaftliche Abhängigkeit ist dennoch nicht einheitlich zu beurteilen, sondern hängt von dem jeweiligen Schutzbereich ab. Beim Gefahrenschutz etwa ist die Schutzbedürftigkeit wegen des fehlenden Schutzdefizits abzulehnen. Beim Arbeitszeitschutz ist zu berücksichtigen, dass das Amt eines Geschäftsführers ein höheres Maß an Einsatzbereitschaft und Flexibilität erfordert, was der Geschäftsführer auch weiß. Seine Schutzbedürftigkeit ist daher bei der Festlegung seiner Arbeitszeit, soweit seine Gesundheit nicht beeinträchtigt wird, geringer einzustufen als bei einem leitenden Angestellten. Dagegen ist der Fremdgeschäftsführer beim Lohn regelmäßig ähnlich einem leitenden Angestellten schutzbedürftig und wirtschaftlich abhängig. Gleiches gilt für den Schutz vor Benachteiligung, soweit der Geschäftsführer die Gründe hierfür nicht selbst gesetzt hat. Auch beim Bestands- und Prozessschutz besteht grundsätzlich ein Schutzbedürfnis.

3. Einschränkungen der Anwendbarkeit

Um die Einschränkungen einer analogen Anwendung arbeitsrechtlicher Bestimmungen herausbilden zu können, müssen entsprechend den oben zur Analogie herausgearbeiteten Voraussetzungen zunächst die verbleibenden Unterschiede zwischen dem Fremdgeschäftsführer und einem Arbeitnehmer dargestellt werden (unter a). Als Vergleichsperson wird – wie schon beim Schutzbedürfnis – der leitende Angestellte herangezogen. In einem zweiten Schritt wird geprüft, inwieweit diese Unterschiede einer entsprechenden Anwendung arbeitsrechtlicher Vorschriften bezogen auf die Schutzgebiete entgegenstehen (unter b).

a) Unterschiede des Fremdgeschäftsführers zum Arbeitnehmer

Die Ausführungen zur entsprechenden Anwendung arbeitsrechtlicher Vorschriften in Rechtsprechung und juristischer Literatur haben bereits verdeutlicht, dass die Unterschiede zum Arbeitnehmer maßgeblich aus der Stellung des Fremdgeschäftsführers als Organ der Gesellschaft resultieren.[879] Ursächlich sind nicht nur zwingende Vorschriften des Gesellschaftsrechts, die das Organverhältnis mit sich bringt.[880] Die Organstellung prägt auch Struktur und Inhalt des Anstellungsverhältnisses, was gegen eine analoge Anwendung von Arbeitsrecht sprechen kann.[881]. Um prüfen zu können, inwieweit die aus der Organstellung resultierenden Unterschiede einer Anwendung von Arbeitsrecht im Einzelfall entgegenstehen, bedürfen diese Unterschiede einer weiteren Aufschlüsselung. Die Untersuchungen der Rechtsprechung und juristischen Literatur zur entsprechenden Anwendung von Arbeitsrecht auf Geschäftsführer haben ergeben, dass es sich im Einzelnen um die organschaftliche Vertretungsmacht und Geschäftsführungsbefugnis[882] (unter aa), die originären Arbeitgeberfunktionen[883] (unter bb), die gesellschaftsrechtlichen Kompetenzverteilungen[884] (unter cc) sowie zwingende gesellschaftsrechtliche Regelungen und sonstige Rechte und Pflichten (unter dd) handelt. Im Folgenden wird untersucht, inwieweit sich hieraus maßgebliche Unterschiede zum Arbeitnehmer ergeben können.

aa) Notwendiges Geschäftsführungs- und Vertretungsorgan

Der Geschäftsführer einer GmbH ist notwendiges Geschäftsführungs- und Vertretungsorgan. Er vertritt und repräsentiert die Gesellschaft umfassend gegenüber Dritten und stellt so ihre Handlungsfähigkeit her (§ 37 GmbHG).[885] Auch der leitende Angestellte kann etwa als Prokurist oder Generalbevollmächtigter umfassend vertretungsberechtigt sein. Es handelt sich hierbei um eine rechtsge-

---

879 Es wurde bereits ausgeführt, dass Rechtsprechung und juristische Literatur immer wieder auf die sich aus der Organstellung ergebenden Unterschiede hingewiesen haben, vgl. etwa OLG Celle vom 15.06.1977 – 3 U 96/76, GmbHR 1978, 208, *Fleck*, FS Hilger/Stumpf (1983), 26; *G. Hueck*, ZfA 1985, 25, 32.

880 *G. Hueck* führt hier insbesondere den § 43 GmbHG auf, der jegliche arbeitsrechtliche Haftungsmilderung aufgrund gefahrgeneigter Tätigkeit ausschließe (FS Ekonomi (1993), 139, 158).

881 *G. Hueck*, ZfA 1985, 25, 33.

882 *Fleck*, FS Hilger/Stumpf (1983), 210. Ihm folgend *Lutter/Hommelhoff/Kleindiek*, GmbHG, 16. Aufl., Anh. § 6 Rn. 3.

883 *Fleck*, FS Hilger/Stumpf (1983), 210; *Gissel*, Arbeitnehmerschutz, S. 158. Bei den „originären Arbeitgeberfunktionen“ wird, wie im ersten Teil bei der Frage der Arbeitnehmereigenschaft, besser von „Aufgaben“ des Geschäftsführers als Arbeitgeber gesprochen. Die Begriffe „originär“ im Gegensatz zu „abgeleitet“ sind zudem nicht sehr trennscharf. Für die Darstellung der Unterschiede wird daher von dem Begriffspaar des „gesetzlich auferlegten“ im Gegensatz zum „vertraglich geregelten“ ausgegangen. Der leitende Angestellte unterscheidet sich vom Fremdgeschäftsführer darin, dass ihm diese Aufgaben nur durch Rechtsgeschäft übertragen werden können.

884 *Heyll*, Anwendung von Arbeitsrecht, S. 187ff, S. 319.

885 *K. Schmidt*, GesR, 4. Aufl., § 36 II 1.

schäftliche Vertretungsmacht. Dennoch wird der Umfang der Prokura durch das Gesetz zwingend festgeschrieben und kann Dritten gegenüber nicht beschränkt werden (§ 50 Abs. 1 HGB).[886] Der entscheidende Unterschied zum Geschäftsführer besteht jedoch darin, dass die Handlungsfähigkeit und Repräsentation der Gesellschaft nach außen dauerhaft und ununterbrochen hergestellt sein muss. Die Prokuristen oder Generalbevollmächtigten sind weder organschaftliche Vertreter, noch können sie solche ersetzen.[887] Ist ein Geschäftsführer auf Dauer abwesend, kann dies die Handlungsfähigkeit der Gesellschaft beeinträchtigen. Das gilt besonders dann, wenn nur ein Geschäftsführer vorhanden ist.

Zu den Beispielsfällen:

Deutlich wird dies in den Beispielsfällen 1 und 2. Der G ist als alleiniger Fremdgeschäftsführer bei längerer Abwesenheit viel schwerer zu ersetzen als die F, deren Ausfall durch die übrigen acht Fremdgeschäftsführer leicht kompensiert werden kann.

Die Gesellschafter haben ein Interesse an einer Vertretung durch einen Geschäftsführer. Sie haben den Fremdgeschäftsführer oftmals gerade wegen seines besonderen Know-how eingestellt. Nur wenn die ungestörte Funktion des Organverhältnisses gewährleistet bleibt, können arbeitsrechtliche Prinzipien auf das Anstellungsverhältnis des Fremdgeschäftsführers entsprechend übertragen werden.[888]

bb) Arbeitgeberaufgaben

Als Vertretungsorgan hat der Geschäftsführer zudem Arbeitgeberaufgaben für die Gesellschaft wahrzunehmen.[889] Er schließt Arbeitsverträge ab, spricht Kündigungen aus, führt Vertragsänderungen durch und übt für die Gesellschaft das Direktionsrecht aus.[890] Hierdurch können sich Interessenkollisionen bei der Anwendung von Arbeitsrecht auf ihn ergeben. Zwar können auch auf leitende Angestellte Arbeitgeberfunktionen durch Rechtsgeschäft übertragen werden.[891] Bei ihnen kann jedoch der Geschäftsführer als Vertreter der Gesellschaft Interessenkollisionen jederzeit leicht verhindern, während bei Geschäftsführer-Interessenkollisionen die Gesellschafter entscheiden müssen. Dies geschieht in der Regel durch Beschluss einer Gesellschafterversammlung. Die Situation

[886] Vgl. auch *Krause*, Mitarbeit im Unternehmen, S. 303.
[887] *K. Schmidt*, GesR, 4. Aufl., § 36 II. 1. b).
[888] *Goette*, FS Wiedemann (2002), 873, 886.
[889] Vgl. dazu ausführlich oben C. I. 3. a) und IV. 2.
[890] Scholz/*Schneider*, GmbHG, 9. Aufl., § 35 Rn. 32.
[891] Vgl. *Henssler*, RdA 1992, 289, 292.

beim Geschäftsführer ist daher nicht mit der beim leitenden Angestellten vergleichbar. Interessenkollisionen aus Arbeitgeberfunktionen des Geschäftsführers können im Einzelfall einen wesentlichen Unterschied zum Arbeitnehmer begründen.

cc) Organhierarchie

Weitere Unterschiede können in Bezug auf das Verhältnis der Organe zueinander bestehen. Anders als der leitende Angestellte ist der Fremdgeschäftsführer in die Organhierarchie der Gesellschaft eingebunden. Es wurde bereits festgestellt, dass der Geschäftsführer von der Gesellschafterversammlung bestellt und von ihr jederzeit abberufen werden kann (§ 38 Abs. 1 GmbHG), die Gesellschafterversammlung ihm im Innenverhältnis Weisungen (§ 37 Abs. 1 GmbHG) und Entlastung erteilen kann (§ 46 Nr. 5 GmbHG) und ihr die Prüfung und Überwachung der Geschäftsführung obliegt (§ 46 Nr. 6 GmbHG). Diese Regelungen sind vorrangig vor arbeitsrechtlichen Regelungen.[892] Aus ihnen folgt zudem, dass der Geschäftsführer der Gesellschafterversammlung hierarchisch untergeordnet ist.[893] In diese Regelungen und die sich hieraus ergebende Kompetenzverteilung darf das Arbeitsrecht nicht ohne weiteres eingreifen.

dd) Sonstige zwingende Regelungen/Rechte und Pflichten

Darüber hinaus können sich Unterschiede aus zwingenden gesellschaftsrechtlichen Regelungen und weiteren gesellschaftsrechtlichen Rechten und Pflichten des Fremdgeschäftsführers ergeben.[894] Die bisherigen Ausführungen zur entsprechenden Anwendung arbeitsrechtlicher Schutzvorschriften auf Fremdgeschäftsführer in Rechtsprechung und juristischer Literatur haben gezeigt, dass zwingend ausgestaltete Regelungen wie beispielsweise § 43 Abs. 1, 2 GmbHG bei der Haftungsbeschränkung die Anwendung der arbeitsrechtlichen Vorschriften ausschließen können.[895] Das GmbH-Gesetz erlegt dem Geschäftsführer zudem eine Reihe weiterer Pflichten auf. Zu beachten ist dabei, wessen Pflichtenkreis gegebenenfalls verletzt ist, weil sich dies auf die Frage der entsprechenden Anwendung arbeitsrechtlicher Vorschriften auswirken kann. Pflichten können

---

[892] Vgl. zur Vorrangstellung ausführlich oben C. IV. 3.

[893] *K. Schmidt*, GesR, 4. Aufl., § 36 I. 2. a).

[894] Im Rahmen der Untersuchung der gesellschaftsrechtlichen Unterschiede finden lediglich diejenigen Rechte und Pflichten Beachtung, die dem Fremdgeschäftsführer aufgrund seiner besonderen Stellung als Organ der Gesellschaft gesetzlich auferlegt sind. Sie müssen von den Rechten und Pflichten aus dem Anstellungsvertrag abgegrenzt werden. Zu letzteren gehören die Obhuts- und Loyalitätspflichten. Diese sind nicht Gegenstand der Organaufgaben, vgl. *Schneider*, FS Werner (1984), 795, 808 f.

[895] *G. Hueck*, FS Ekonomi (1993), 139, 158.

dem Fremdgeschäftsführer im Verhältnis zur Gesellschaft und den Gesellschaftern, gegenüber Dritten und im öffentlichen Interesse auferlegt sein.[896] Im Folgenden werden verschiedene Pflichtenkreise aufgeführt und es wird untersucht, gegenüber wem sie bestehen:

Die Pflicht zur ordnungsgemäßen Unternehmensleitung (§ 43 Abs. 1, 2 GmbHG) besteht für den Fremdgeschäftsführer in erster Linie im Verhältnis zur Gesellschaft.[897] Der Geschäftsführer hat seine Entscheidungen am Interesse der Gesellschaft auszurichten. Jedoch wird ihm ein Ermessensspielraum eingeräumt. In diesen Ermessensspielraum können die Gesellschafter wiederum durch Weisungen eingreifen.[898]

Auch aus der treuhänderischen Stellung des Geschäftsführers als Fremdverwalter von Gesellschaftsvermögen resultieren gesteigerte Sorgfaltspflichten gegenüber der Gesellschaft.[899] Es ist im Einzelfall zu prüfen, inwieweit die Belange der Gesellschaft dem Schutzbedürfnis des Fremdgeschäftsführers vorgehen können.

Darüber hinaus bestehen Pflichten des Geschäftsführers im Rahmen der Kapitalaufbringung und Kapitalerhaltung. Diese sind im Einzelnen ausgeführt in §§ 9 a Abs. 1; 43 Abs. 3 i. V. m. 30 und 33; 43 a; 57 Abs. 4 und 64 Abs. 2 GmbHG. Eng damit zusammen hängt auch die Insolvenzantragspflicht (§ 64 Abs. 1 GmbHG). Gemeinsam ist diesen Pflichten die Sicherung des Stammkapitals als Haftungsmasse für die Gläubiger. Hierdurch werden vorwiegend die Öffentlichkeit und – zumindest mittelbar wie § 43 Abs. 3 S. 3 zeigt – Gesellschaftsgläubiger geschützt.[900]

Bei der Untersuchung der Rechte ist festzustellen, dass die Ausgestaltung der Organstellung im GmbHG es dem Fremdgeschäftsführer im Einzelfall ermöglicht, ein Stück unternehmerischer Freiheit und selbstverantwortlicher Lebensgestaltung auszudrücken.[901] Dem Geschäftsführer kann ein weiter unternehmerischer Ermessensspielraum eingeräumt werden, der dem eines Geschäftsmanns nahe kommt.[902] Die hieraus gewonnene größere Freiheit kann ein höheres Exis-

896 Scholz/*Schneider*, GmbHG, 9. Aufl., § 43 Rn. 8.
897 BGH vom 09.07.1979 – II ZR 211/76, WM 1979, 853, 854; Scholz/*Schneider*, GmbHG, 9. Aufl., § 43 Rn. 9; *Schneider*, FS Werner (1984), 795, 809.
898 *Schneider*, FS Werner (1984), 795, 808 f.
899 Scholz/*Schneider*, GmbHG, 9. Aufl., § 43 Rn. 32.
900 Scholz/*Schneider*, GmbHG, 9. Aufl., § 43 Rn. 9 m.w.N.
901 *Fleck*, FS Hilger/Stumpf (1983), 197, 226; *G. Hueck*, ZfA 1985, 25, 32.
902 *Schneider*, FS Werner (1984), 795, 809.

tenzrisiko rechtfertigen. Die Möglichkeiten, zur unternehmerischen Entscheidungsfreiheit Betriebsabläufe auch mit positiven Auswirkungen auf die eigene Stellung in der GmbH zu steuern sowie die Möglichkeit, die Weisungsbefugnis gegenüber der Belegschaft eigenständig koordinieren zu können, verleihen dem Fremdgeschäftsführer ein Maß an Unabhängigkeit, das der analogen Anwendung bestimmter Schutzvorschriften im Einzelfall entgegenstehen kann. Jedoch wird zu berücksichtigen sein, dass auch der leitende Angestellte ein großes Maß an Unabhängigkeit genießen kann.

ee) Zusammenfassung der Unterschiede

Zusammenfassend lassen sich hieraus folgende Unterschiede des Fremdgeschäftsführers zum leitenden Angestellten festhalten, die einer Anwendung arbeitsrechtlicher Normen im Einzelfall entgegenstehen oder sie gar ausschließen können:

- Die notwendige Geschäftsführungs- und organschaftliche Vertretungsbefugnis;
- Die Ausübung von Arbeitgeberaufgaben im Hinblick auf Interessenkollisionen;
- Die Organhierarchie mit ihren Regelungen, besonders die jederzeitige Abberufbarkeit des Geschäftsführers;
- Weitere zwingend ausgestaltete Pflichten aus dem GmbHG;
- Die finanzielle Mehrbelastung des Arbeitgebers;
- Der eingeräumte unternehmerische Ermessensspielraum.

Nachfolgend wird untersucht, inwieweit diese Unterschiede der Anwendung der arbeitsrechtlichen Schutzvorschriften entgegenstehen können.

b) Entgegenstehen der Unterschiede

Die Unterschiede stehen einer entsprechenden Anwendung arbeitsrechtlicher Schutzvorschriften zunächst dann entgegen, wenn sie eine Anwendung von vornherein ausschließen. Das ist der Fall, wenn zwingende gesellschaftsrechtliche Vorschriften verletzt würden. Diskutiert wird dies beispielsweise bei der Haftungsbeschränkung bei betrieblich veranlasster Tätigkeit im Hinblick auf § 43 Abs. 1 GmbHG.[903]

Nicht immer stehen die oben genannten Unterschiede jedoch einer entsprechenden Anwendung von vornherein entgegen. In diesen Fällen ist zu untersuchen,

[903] Vgl. dazu oben F. II. 3. d).

inwieweit die Schutzbedürftigkeit des Fremdgeschäftsführers trotz der Unterschiede eine entsprechende Anwendung gebietet. Die Schutzbedürftigkeit wurde bereits ausführlich dargestellt. Bei der Frage, inwieweit die bleibenden Unterschiede eine Anwendung trotz Schutzbedürftigkeit ausschließen, spielt die jeweilige Intensität des Schutzbedürfnisses eine Rolle. Diese hängt wiederum eng mit den Schutzgütern zusammen, die durch den jeweiligen Schutzbereich geschützt werden.

Die sieben Schutzbereiche lassen sich hinsichtlich ihres jeweiligen Schutzguts in drei Gruppen einteilen. So sind beim Gefahrenschutz und Arbeitszeitschutz Leib und Leben sowie die Gesundheit Schutzgut. Beim Schutz vor Benachteiligung geht es um Gleichbehandlung und Chancengleichheit. Die übrigen Schutzbereiche schützen die Existenz und den Lebensunterhalt. So soll beim Bestandsschutz das Rechtsverhältnis, welches die Existenzgrundlage darstellt, hinsichtlich seiner Fortdauer geschützt werden. Schutzgut ist damit die zukünftige Existenz und der Lebensunterhalt des Arbeitnehmers. Der Lohnschutz dient der wirtschaftlichen Sicherung des gegenwärtigen Lebensunterhalts. Der Schutz des erzielten Einkommens betrifft ebenfalls Existenz und Lebensunterhalt. Der Prozessschutz ergänzt schließlich diesen Schutz.

Danach ergibt sich folgende tabellarische Einteilung:

Schutzbereich	**Schutzgut**
Gefahrenschutz	Leib und Leben, Gesundheit
Arbeitszeitschutz	
Schutz vor Benachteiligung	Gleichbehandlung, Chancengleichheit
Lohnschutz	Existenz, Lebensunterhalt
Bestandsschutz	
Prozessschutz	

Die Schutzbedürftigkeit des Fremdgeschäftsführers variiert abhängig von den Schutzgütern. Leib und Leben sowie Gesundheit genießen einen höheren Schutz als beispielsweise der Lebensunterhalt. Die Unterschiede aus der Geschäftsführerstellung können hier nicht in gleichem Maß eine entsprechende Anwendung beschränken. Für die Schutzbereiche gilt Folgendes:

aa) Gefahrenschutz

Beim Gefahrenschutz scheidet eine entsprechende Anwendung wie festgestellt bereits aufgrund der fehlenden Schutzbedürftigkeit aus. Auf die Einschränkungen durch verbleibende Unterschiede kommt es folglich nicht mehr an.

bb) Arbeitszeitschutz

Der Arbeitszeitschutz dient in erster Linie der Erholung und Rehabilitation des Arbeitnehmers. Der Gesundheitsschutz steht folglich im Vordergrund. Beim Gesundheitsschutz ist der Fremdgeschäftsführer regelmäßig besonders schutzbedürftig.[904] Dennoch ist denkbar, dass in Ausnahmesituationen verbleibende Unterschiede die Anwendung von Arbeitsschutznormen ausschließen. Zuvor ist jedoch zu untersuchen, ob die verbleibenden Unterschiede nicht auch innerhalb des Arbeitsrechts ausgeglichen werden können. So können nach § 7 Abs. 1 BUrlG betriebliche Belange bei der Wahl des Zeitpunkts des Urlaubs berücksichtigt werden. Auch muss die Urlaubszeit unter den Arbeitnehmern abgestimmt werden. Der Arbeitszeitschutz kollidiert beim Fremdgeschäftsführer mit der bereits beschriebenen notwendigen Geschäftsführungs- und Vertretungsbefugnis. Soweit mehrere Geschäftsführer vorhanden sind, können diese ihre Fehlzeiten miteinander absprechen oder sich bei nicht geplanten Fehlzeiten gegenseitig vertreten. Wenn nur ein Geschäftsführer vorhanden ist, können Gesellschaft und Fremdgeschäftsführer gemeinsam eine Lösungsmöglichkeit suchen, um Fehlzeiten zu überbrücken. Es könnte etwa ein leitender Angestellter bevollmächtigt werden. Fehlzeiten dürfen beim Fremdgeschäftsführer nicht zu lange andauern. Eine Ersatzkraft kann nicht für längere Zeit die Funktionen eines Geschäftsführers in vollem Umfang übernehmen.

cc) Lohnschutz

Einschränkungen beim Lohnschutz sind in angemessenem Umfang möglich. Das Sozialversicherungsrecht[905] sowie entsprechende Versicherungen, bei-

[904] Vgl. oben F. IV. 2. a).
[905] Der Fremdgeschäftsführer ist sozialversicherungspflichtig, vgl. oben B. II.

spielsweise eine D&O-Versicherung[906], können Missstände ausgleichen. Es ist auch zu berücksichtigen, dass die Organstellung unternehmerische Freiheit und selbstverantwortliche Lebensgestaltung ausdrücken kann, die ein entsprechend höheres Risiko für den Lebensunterhalt mit sich bringt.[907] Auch Belange der Gesellschaft müssen in die Abwägung mit einbezogen werden. Insofern muss hier zwischen dem Schutzbedürfnis des Fremdgeschäftsführers und den Interessen der Gesellschaft abgewogen werden.[908]

Beim Lohnschutz können zudem diverse Unterschiede der Anwendung arbeitsrechtlicher Schutzvorschriften entgegenstehen. So kann es in Verbindung mit der Ausübung von Arbeitgeberaufgaben zu Interessenkollisionen kommen. Bei Haftungsfragen müssen Rechte und Pflichten des Fremdgeschäftsführers, die ihm aus seiner Geschäftsführungsbefugnis und gesetzlichen Vertretungsmacht der Gesellschaft erwachsen, Berücksichtigung finden.[909]
Bei der Lohnfortzahlung ist jedoch zu beachten, dass sie auch Bestandteil des Gesundheitsschutzes ist.[910] Der Arbeitnehmer soll bei Krankheit nicht verleitet werden, aufgrund eines möglichen Vergütungsausfalls zu arbeiten. Bei den entgegenstehenden Unterschieden ist der Gesundheitsschutz daher mit zu berücksichtigen.

dd) Schutz vor Benachteiligung

Die bisherigen Ausführungen haben gezeigt, dass die Organstellung einem Schutz vor Benachteiligung dann entgegensteht, wenn es bei der Ausübung von Arbeitgeberaufgaben zu Interessenkollisionen kommt. Zudem sind Einschränkungen aufgrund der Unterschiede auch innerhalb der Voraussetzungen der Schutzgrundsätze zur Benachteiligung zu beachten. So findet die besondere Stellung als Organ der Gesellschaft beim Gleichheitsgrundsatz innerhalb der Vergleichsgruppen Berücksichtigung.[911]

---

906 „D & O steht für „Directors and Officers“, vgl. *K. Schmidt*, GesR, 4. Aufl., § 36 II 4 b)

907 *Fleck*, FS Hilger/Stumpf (1983), 197, 226; *Lutter/Hommelhoff/Kleindiek*, GmbHG, 16. Aufl., Anh. § 6 Rn. 3.

908 Vgl. den Gedanken bei *Hromadka*, NZA 1997, 569, 579.

909 Es wird insoweit auf die Ausführungen zur Haftungsbeschränkung verwiesen, oben F. II. 3. d).

910 Vgl. oben F. IV. 1. c).

911 Vgl. oben F. II. 3. e) bb).

ee) Bestandsschutz

Aus denselben Gründen wie beim Lohnschutz sind auch beim Bestandsschutz, soweit dies erforderlich ist, Einschränkungen möglich. Der Bestandsschutz ist – wie dies bisherigen Ausführungen dieser Arbeit gezeigt haben – nicht mit der Möglichkeit der Gesellschafter, den Geschäftsführer jederzeit abzuberufen (§ 38 Abs. 1 GmbHG), vereinbar. Zwar wird nach der Trennungstheorie zwischen der Organstellung und dem Anstellungsverhältnis unterschieden[912]. Dennoch muss auch das Anstellungsverhältnis zeitnah mit der Organstellung beendet werden können. Anderenfalls wären die Gesellschafter durch die fortbestehende Bindung an das Anstellungsverhältnis indirekt in ihrer Entscheidungsfreiheit über die Abberufung und damit in ihren Kompetenzen beeinträchtigt. Sie müssten finanzielle Risiken aus dem fortbestehenden Anstellungsverhältnis fürchten, ohne hierfür eine entsprechende Gegenleistung zu erhalten. Hier ist die finanzielle Mehrbelastung des Arbeitgebers zu berücksichtigen. Der Bestandsschutz ist demzufolge bei Fremdgeschäftsführern regelmäßig nur begrenzt anwendbar. Die Gewährung von Übergangszeiten beim Anstellungsverhältnis trotz beendetem Organverhältnis ist möglich. Damit kann dem Fremdgeschäftsführer etwa die Möglichkeit gegeben werden, eine anderweitige Stellung zu suchen.

ff) Prozessschutz

Beim Prozessschutz sind denknotwendig Regelungen ausgenommen, die der gerichtlichen Durchsetzung von Arbeitnehmerrechten dienen, von denen der Fremdgeschäftsführer bereits ausgeschlossen ist. So steht einer Anwendung des gesetzlichen Schriftformerfordernisses (§ 623 BGB) oder der Abmahnung entgegen, dass der Fremdgeschäftsführer keinen Kündigungsschutz genießt.

4. Zusammenfassung der Ergebnisse zu Leitlinien

Die entsprechende Anwendung arbeitsrechtlicher Vorschriften setzt wie beschrieben voraus, dass der Fremdgeschäftsführer im Hinblick auf die ratio legis vergleichbar einem leitenden Angestellten schutzbedürftig und wirtschaftlich abhängig ist und verbleibende Unterschiede, speziell aus der Organstellung, nicht entgegenstehen.

---

[912] BGH vom 14.07.1980 – II ZR 161/79, BGHZ 78, 82, 85; *G. Hueck*, FS Ekonomi (1993), 139, 140; *Hümmerich*, NJW 1995, 1177; *K. Schmidt*, GesR, 4. Aufl., § 14 III 2 b.

Um Leitlinien zu diesen Voraussetzungen zu gewinnen, sind die für eine entsprechende Anwendung in Frage kommenden arbeitsrechtlichen Schutzvorschriften in die Schutzbereiche Gefahrenschutz, Arbeitszeitschutz, Lohnschutz, Schutz vor Benachteiligung, Bestandsschutz sowie Prozessschutz aufzuteilen.

Bei den weiteren Untersuchungen konnten zunächst die folgenden, den Schutzbereichen übergeordneten Leitlinien gewonnen werden:

1. Der Fremdgeschäftsführer ist durch gesellschaftsrechtliche Weisungen und den Verlust der persönlichen Dispositionsfreiheit über seine Arbeitskraft grundsätzlich vergleichbar einem Arbeitnehmer schutzbedürftig. Die Schutzbedürftigkeit und das Schutzdefizit sind jedoch zusätzlich im Hinblick auf den jeweiligen Schutzbereich zu untersuchen.

2. Um das Schutzdefizit, das vom Arbeitsrecht im Einzelfall aufzufangen ist, herauszuarbeiten, müssen die Regelungen des freien Dienstvertrags von den Vorschriften des Arbeitsvertragsrechts abgegrenzt werden. Eine Schutzbedürftigkeit besteht dann nicht, wenn der Fremdgeschäftsführer bereits durch das Selbstständigenrecht, speziell durch die Regelungen im BGB zum freien Dienstvertrag, hinreichend geschützt ist.

3. Soweit zwingende gesellschaftsrechtliche Regelungen verletzt werden, scheidet eine entsprechende Anwendung arbeitsrechtlicher Vorschriften unabhängig vom Schutzbedürfnis und Schutzdefizit des Fremdgeschäftsführers aus.

Für die herausgearbeiteten Schutzbereiche gelten folgende Leitlinien für ein abgestuftes Arbeitsrecht:

1. Der Fremdgeschäftsführer ist beim Gefahrenschutz nicht schutzbedürftig. Es besteht kein Schutzdefizit, da der Gesetzgeber bereits einen ausreichenden Schutz über das Dienstvertragsrecht geschaffen hat.

2. Beim Arbeitszeitschutz besteht ein Schutzbedürfnis des Fremdgeschäftsführers. Arbeitsrechtliche Vorschriften können entsprechend angewandt werden, soweit gewährleistet ist, dass die ungestörte Funktion des Organverhältnisses bestehen bleibt.

3. Der Fremdgeschäftsführer ist bei Benachteiligungen schutzbedürftig, wenn keine Interessenkollisionen bestehen und er die Benachteiligung nicht selbst herbeigeführt hat.

4. Auch beim Lohnschutz ist der Fremdgeschäftsführer schutzbedürftig. Die Schutzbedürftigkeit kann jedoch im erforderlichen Maß eingeschränkt werden. Die finanzielle Mehrbelastung des Arbeitgebers und der dem Fremdgeschäftsführer eingeräumte unternehmerische Ermessensspielraum sind zu berücksichtigen.

5. Der Bestandsschutz ist beim Fremdgeschäftsführer nicht dauerhaft durchsetzbar, sondern nur in einem eng beschränkten Rahmen, soweit § 38 Abs. 1 GmbHG nicht wesentlich beeinträchtigt wird und die finanzielle Mehrbelastung des Arbeitgebers es gestattet.

6. Beim Prozessschutz sind Fremdgeschäftsführer schutzbedürftig. Von der Anwendbarkeit ausgenommen sind Regelungen, die der gerichtlichen Durchsetzung von solchen Arbeitnehmerrechten dienen, von denen der Fremdgeschäftsführer bereits ausgeschlossen ist.

V. Anwendbare Schutzgesetze nach dem Modell eines abgestuften Arbeitsrechts

Die gewonnenen Leitlinien zur entsprechenden Anwendung arbeitsrechtlicher Bestimmungen auf den Fremdgeschäftsführer sollen im folgenden Abschnitt anhand einzelner Schutzgesetze verifiziert werden. Gewählt wurden Vorschriften, deren entsprechende Anwendung umstritten ist[913] und die eine hohe Relevanz für die Praxis aufweisen.

1. Mutterschutz

Die Unterteilung der Schutzvorschriften in einzelne Schutzbereiche hat deutlich gemacht, dass die Schutzvorschriften im Mutterschutzgesetz nicht einheitlich einem Schutzbereich zugeordnet werden können. Die Vorschriften dienen dem Gefahrenschutz (§§ 2; 4; 6 Abs. 2 MuSchG), dem Arbeitszeitschutz (§§ 3; 6 Abs. 1; 8; 16 MuSchG), dem Lohnschutz (§ 1 ff. MuSchG) und dem Bestandsschutz (§§ 9 MuSchG; 15 ff. BErzGG). Bei einer entsprechenden Anwendung müssen diese Unterschiede berücksichtigt werden. Dies würdigt die herrschende Lehre nicht, wenn sie den Mutterschutz für Fremdgeschäftsführerinnen insge-

[913] Vgl. dazu die parallelen Ausführungen zu den einzelnen Problemfeldern oben F. II. 3.

samt für unanwendbar hält. Bezogen auf die einzelnen Vorschriften im Mutterschutzgesetz ergibt sich für die entsprechende Anwendung Folgendes:

Vorschriften, die dem Schutzbereich „Gefahrenschutz“ angehören (§§ 2; 4; 6 Abs. 2 MuSchG), sind nach den ausgearbeiteten Leitlinien wegen des fehlenden Schutzdefizits nicht entsprechend auf Fremdgeschäftsführerinnen anwendbar. Sie genießen bereits einen ausreichenden Schutz, der von § 618 Abs. 1 BGB vermittelt wird.

Fraglich ist, inwieweit bei den Vorschriften zum Arbeitszeitschutz (§§ 3; 6 Abs. 1; 8; 16 MuSchG) ein Schutzdefizit besteht. Zur Abgrenzung der Vorschriften vom Selbstständigenrecht werden die Regelungen zum Arbeitszeitschutz im Mutterschutzgesetz nachfolgend kurz dargestellt. Der Arbeitszeitschutz im Mutterschutzgesetz besteht aus Beschäftigungsverboten für werdende Mütter von im Normalfall sechs Wochen vor der Entbindung (§ 3 Abs. 2 MuSchG), dem Beschäftigungsverbot nach der Entbindung von im Normalfall weiteren acht bis zwölf Wochen bei Früh- und Mehrlingsgeburten (§ 6 Abs. 1 S. 1 MuSchG), der Begrenzung der Arbeitszeit von werdenden und stillenden Müttern (§ 8 MuSchG) und der Freistellung für Untersuchungen (§ 16 MuSchG). Im Dienstvertragsrecht bestehen entsprechende Vorschriften nicht. Es wäre lediglich an § 616 S. 1 BGB zu denken, der jedoch allein die Vergütung regelt und nicht die Beschäftigungszeiten und zudem die genannten Fälle im Mutterschutzgesetz nach h. M. nicht erfasst.[914] Jedoch schließt § 616 S. 1 BGB eine Freistellung für Untersuchungen beim Arzt ein[915], so dass hier eine Regelungslücke nicht besteht. Bei den übrigen Vorschriften ist ein Schutzdefizit zu bejahen. Ein vergleichbarer Schutz im Selbstständigenrecht ist nicht vorhanden.

Die Vorschriften im Mutterschutzgesetz zum Arbeitszeitschutz (mit Ausnahme des § 16 MuSchG) könnten entsprechend den Ausführungen zu den Leitlinien herangezogen werden, soweit gewährleistet ist, dass die ungestörte Funktion des Organverhältnisses bestehen bleibt. Zu berücksichtigen ist dabei, dass die Vorschriften auch dem Gesundheitsschutz dienen. Fraglich ist, ob die Dauer des Ausfalls der Fremdgeschäftsführerin im Rahmen dessen liegt, was für die Gesellschaft noch durch eine Ersatzkraft kompensierbar ist. Bejaht werden kann das bei Gesellschaften, die über mehrere Geschäftsführer verfügen.

---

914 BAG vom 28.06.1960 – 1 AZR 2022/59, AP § 63 HGB Nr. 20; Erman/*Belling*, BGB, 11. Aufl., § 616 Rn. 35 m. w. N.

915 Staudinger/*Oetker*, BGB, § 616 Rn. 55.

Zum Beispielsfall 2:

Die F kann folglich hinsichtlich ihrer Arbeitszeiten die Schutzfristen des Mutterschutzgesetzes beanspruchen. Die §§ 3; 6 Abs. 1; 8 MuSchG sind entsprechend anwendbar.

Auch wenn die Gesellschaft nur zwei Fremdgeschäftsführer hat, kann sie den Ausfall kompensieren. Problematisch ist dies nur, wenn F die einzige Geschäftsführerin wäre. Die Gesellschaft muss jedoch aufgrund des nur begrenzten zeitlichen Ausfalls nicht zwingend einen neuen Geschäftsführer ernennen. Sie wird aufgrund der Absehbarkeit der Fehlzeiten in der Lage sein, einen geeigneten Vertreter zu bestimmen.

Die Lohnschutzvorschriften der §§ 11; 13 MuSchG sind mit den Beschäftigungsverboten eng verwoben. Vergleichbare Regelungen im Dienstvertragsrecht (§ 616 Abs. 1 BGB) existieren für die längeren Fehlzeiten im Mutterschutzgesetz nicht. Die verbleibenden Unterschiede aus der Organstellung stehen einer Anwendung der Vorschriften nicht entgegen. Die finanzielle Mehrbelastung des Unternehmens bleibt in einem begrenzbaren und planbaren Rahmen. Bei § 13 MuSchG ist zudem die enge Verbindung der Vorschriften mit dem Sozialrecht zu beachten. Da die Fremdgeschäftsführerin sozialversicherungspflichtig ist[916], muss ihr auch ein Anspruch auf Mutterschaftsgeld zustehen. Dieser Anspruch würde bei Nichtanwendung der Beschäftigungsverbote und der damit verbundenen Lohnschutzvorschriften ins Leere gehen, da er gemäß § 200 IV RVO ruht, solange Arbeitsentgelt gezahlt wird. Die Vorschriften sind entsprechend anwendbar.

Zum Beispielsfall 2:

Die F kann für die Zeit der Beschäftigungsverbote nach §§ 11; 13 MuSchG ihr Gehalt beanspruchen.

Fraglich ist jedoch, ob auch der Kündigungsschutz in § 9 MuSchG entsprechend anwendbar ist. Vergleichbare Regelungen im Dienstvertragsrecht gibt es nicht. Fraglich ist, ob eine Kündigung aufgrund der Schwangerschaft wegen Verstoßes gegen Art 3 Abs. 2 S. 1 GG nach § 134 BGB nichtig sein könnte.[917] Dies wäre nur denkbar, wenn man der Lehre von der unmittelbaren Drittwirkung von Grundrechten folgt. Die h. M. vertritt die Theorie der mittelbaren

[916] Siehe oben B. III.

[917] BAG vom 28.09.1972 – 2 AZR 469/71, NJW 1973, 77 f.; *Reiserer*/Heß-Emmerich, GmbH-Geschäftsführer, S. 78.

Drittwirkung von Grundrechten.[918] Das Ergebnis wäre aber dann über die Auslegung der Generalklauseln §§ 242, 157 BGB zu erreichen. Hierbei wird die Fremdgeschäftsführerin jedoch regelmäßig in Beweisschwierigkeiten kommen. Aus diesem Grund erklärt § 9 MuSchG jede Kündigung in Kenntnis der Schwangerschaft für unwirksam. Ausnahmen werden nur durch Erklärung der für Arbeitsschutz zuständigen Landesbehörde zugelassen (§ 9 Abs. 3 MuSchG). Es besteht demzufolge ein Schutzdefizit. Eine Nichtanwendung der Kündigungsvorschrift würde letztlich auch den verbleibenden Schutz der Mutter im Mutterschutzgesetz verwässern, wenn nicht gar einen gegenteiligen Effekt erzielen. Der oben gewährte Schutz über das Mutterschutzgesetz könnte die Gesellschafter geradezu veranlassen, die kostengünstige Lösung durch eine Kündigung zu forcieren.

Zu beachten ist jedoch, dass ein Bestandsschutz nach den entwickelten Leitlinien nur im Rahmen kurzer Übergangsfristen gewährt werden kann. Das Kündigungsverbot ist auf die Zeit der Schwangerschaft bis zum Ablauf von vier Monaten nach der Entbindung beschränkt (§ 9 Abs. 1 MuSchG). Soweit dennoch eine Kündigung in dieser Zeit aus anderen Gründen ausgesprochen würde, bliebe die finanzielle Mehrbelastung für die Gesellschaft in einem noch überschaubaren und planbaren Rahmen. Darüber hinaus kann bei gewichtigen Gründen die Kündigung nach § 9 Abs. 3 MuSchG durchgreifen. Letztlich hat damit der Kündigungsschutz des § 9 MuSchG auch den Zweck, eine Kündigung der schwangeren Geschäftsführerin wegen der auf die Gesellschaft zukommenden Kosten durch den Schutz der Vorschriften des Mutterschutzgesetzes zu verhindern.

Zum Beispielsfall 2:

Für die F würde dies bedeuten, dass eine Kündigung ihres Anstellungsverhältnisses unwirksam wäre. Einen Einfluss auf ihre Stellung als Geschäftsführerin hätte dies jedoch nicht. Soweit die Gesellschafterversammlung sie vom Amt der Geschäftsführerin abberuft, könnte sie nach ihrer Schwangerschaft nicht mehr als Geschäftsführerin weiterarbeiten.

Das Bundeserziehungsgeldgesetz kann dagegen insgesamt nicht angewandt werden. Die Vorschriften sind mit der Geschäftsführerstellung nicht vereinbar. Dies gilt insbesondere aufgrund des langen Ausfallzeitraums (drei Jahre) und der Möglichkeit der Verringerung der Arbeitszeit. Die Geschäftsführertätigkeit kann nicht für mehrere Jahre unterbrochen werden, selbst wenn für diesen Zeitraum ein neuer Geschäftsführer bestellt wird. Eine Wiedereinstellung auf demselben Arbeitsplatz ist kaum denkbar, da Geschäftsführerpositionen in Unter-

[918] Palandt/Heinrichs, BGB, 63. Aufl., § 242 Rn. 7 m. w. N.

nehmen regelmäßig nur in sehr beschränktem Maß zur Verfügung stehen. Zudem würde in der Zwischenzeit mit dem neuen Geschäftsführer ein Vertrauensverhältnis aufgebaut, das nicht einfach beendet werden kann. Ein häufiger Wechsel der Geschäftsführer mit jeweils entsprechender Einarbeitungszeit würde die Gesellschaft in unzumutbarer Weise schädigen.

2. *Urlaub*

Das Bundesurlaubsgesetz gewährt einen unabdingbaren Mindestanspruch an Urlaub zu Erholungszwecken bei Lohnfortzahlung. Vergleichbare Regelungen im Dienstvertragsrecht bestehen nicht, so dass ein Schutzdefizit beim Fremdgeschäftsführer vorliegt. Die Regelungen im Bundesurlaubsgesetz schützen zum einen die Arbeitszeit, zum anderen den Lohn (§ 11 BUrlG). Beim Arbeitszeitschutz und beim Lohnschutz besteht, wie bereits festgestellt wurde, ein Schutzbedürfnis des Fremdgeschäftsführers. Das Bundesurlaubsgesetz kann entsprechend angewandt werden, soweit gewährleistet ist, dass die ungestörte Funktion des Organverhältnisses bestehen bleibt. Der Urlaubsanspruch im Bundesurlaubsgesetz umfasst 24 Werktage (§ 3 Abs. 1 BUrlG). Dies ist ein Zeitrahmen, der regelmäßig Fremdgeschäftsführern in Anstellungsverträgen zugestanden wird und für die Gesellschaft überbrückbar ist.

Die Interessen der Gesellschaft spielen zudem bei der Wahl des Zeitraums, in dem der Fremdgeschäftsführer Urlaub nimmt, eine vorrangige Rolle. Wünscht der Arbeitnehmer Urlaub, muss er gemäß § 7 Abs. 1; 2 BUrlG auf dringende betriebliche Belange Rücksicht nehmen. Bei der entsprechenden Anwendung des Bundesurlaubsgesetzes könnten über diese Regelung die Interessen der Gesellschaft ausreichend berücksichtigt werden. Aus der gesellschaftsrechtlichen Treuepflicht kann man zudem die Pflicht des Geschäftsführers ableiten, für eine geeignete Vertretung zu sorgen.[919] Zwingende gesellschaftsrechtliche Grundsätze stehen nicht entgegen.

Die Übertragung des Urlaubs (§ 7 Abs. 3), die Urlaubsabgeltung (§ 7 Abs. 4 BUrlG) und das Urlaubsentgelt (§ 11 BUrlG) können ebenfalls entsprechend angewandt werden. Unterschiede, die sich insbesondere aus der Organstellung ergeben könnten, sind nicht ersichtlich. Die finanzielle Mehrbelastung des Arbeitgebers ist gering. Das Bundesurlaubsgesetz kann insgesamt analog auf Fremdgeschäftsführer angewandt werden.[920]

---

[919] *Martens*, FS Hilger/Stumpf (1983), 437, 450 f.
[920] Dahin tendiert auch Erman/*Edenfeld*, BGB, 11. Aufl., § 611 Rn. 157.

3. *Lohnfortzahlung*

Bei der Lohnfortzahlung ist der Fremdgeschäftsführer als freier Dienstnehmer durch die Vorschrift des § 616 Abs. 1 BGB geschützt. Fraglich ist, ob im Krankheitsfall zusätzlich auf einzelne Vorschriften des Entgeltfortzahlungsgesetzes analog zugegriffen werden kann. Voraussetzung wäre zunächst, dass trotz des bestehenden Schutzes durch § 616 Abs. 1 BGB überhaupt eine Regelungslücke bejaht werden kann.[921] § 616 Abs. 1 BGB enthält einen Vergütungsanspruch des Dienstnehmers bei vorübergehender Dienstverhinderung. Der Wortlaut des § 616 S. 2 BGB verdeutlicht, dass die Vorschrift bei Krankheit eingreift. Fraglich ist, ob auch Maßnahmen der Rehabilitation darunter fallen. Dies ist insoweit nicht bedeutsam, da der Vergütungsanspruch nur für eine Verhinderung während einer „verhältnismäßig nicht erheblichen Zeit“ besteht. Nach der h. M. ist das Verhältnis der Verhinderungsdauer zur Gesamtdauer des Arbeitsverhältnisses unter Berücksichtigung der bereits verflossenen und noch zu erwartenden Dauer maßgeblich.[922] Nach anderer Ansicht ist eine ereignisbezogene Betrachtungsweise nach dem zur Dienstverhinderung führenden Grund vorzugswürdig.[923] Im Ergebnis wird jedoch von beiden Seiten lediglich eine Vergütung für wenige Tage zugestanden.[924] Der Anspruch des Arbeitnehmers auf Entgeltfortzahlung im Krankheitsfall ist dagegen unabhängig von der Anstellungsdauer und beträgt sechs Wochen (§ 3 Abs. 1 S. 1 EntgeltfortzahlungsG). Zudem erfasst das Entgeltfortzahlungsgesetz ausdrücklich Maßnahmen zur Rehabilitation (§ 9 EntgeltfortzahlungsG). Das Entgeltfortzahlungsgesetz ist in diesen Bereichen in seinem Anwendungsbereich daher weiter als § 616 Abs. 1 BGB. Eine Regelungslücke kann hier bejaht werden.

Das Entgeltfortzahlungsgesetz dient dem Arbeitszeitschutz und dem Lohnschutz. Der Fremdgeschäftsführer ist nach den ausgearbeiteten Leitlinien schutzbedürftig; ein Schutzdefizit gegenüber § 616 Abs. 1 BGB besteht bei § 3 Abs. 1 S. 1 und § 9 EntgeltfortzahlungsG. Die Vorschriften können auch bei Berücksichtigung gesellschaftsrechtlicher Grundsätze auf den Fremdgeschäftsführer entsprechend angewandt werden. Bei der Entgeltfortzahlung im Krankheitsfall und bei Rehabilitation nach § 3 Abs. 1 S. 1 und § 9 Entgeltfortzah-

921 Dagegen etwa *Namendorf*, Arbeitsrechtliche Status, S. 151; *Oberrath*, MDR 1999, 134, 136.

922 BAG vom 17.12.1959 – GS 22/59, AP § 616 Nr. 21; BAG vom 13.11.1969 – 4 AZR 35/69, AP § 616 Nr. 41; Erman/*Belling*, BGB, 11. Aufl., § 616 Rn. 47; *Hromadka/Maschmann*, ArbR Bd. 1, 2. Aufl., § 8 Rn. 119; Soergel/*Kraft*, BGB, 12. Aufl., § 616 Rn. 22; MüK/*Schaub*, Bd. 4, 3. Aufl., § 616 Rn. 23, *ders.*, ArbR-Hdb § 97 Rn. 16; *Zöllner/Loritz*, ArbR, 5. Aufl., § 18 II 3 c.

923 Staudinger/*Oetker*, BGB, § 616 Rn. 95 m. w. N.

924 Palandt/*Putzo*, BGB, 63. Aufl., § 616 Rn. 9.

lungsG handelt es sich um einen Zeitrahmen, der für die Gesellschaft absehbar ist und überbrückt werden kann. Zudem ist zu berücksichtigen, dass die Vorschriften auch dem Schutz der Gesundheit des Arbeitnehmers dienen. Dieser Arbeitnehmer soll nicht wegen eines Verdienstausfalls auf seine ärztlich verordnete Genesung und Rehabilitation verzichten müssen.

Zum Beispielsfall 1:

G hat somit einen Anspruch auf Entgeltfortzahlung für die vollen sechs Wochen.

4. *Haftungsbeschränkung*

Nach den Haftungsgrundsätzen des BGB haftet ein Geschäftsführer für schuldhaft verursachte Schäden sowohl deliktisch als auch vertraglich im vollen Umfang (§§ 276, 249 BGB). Dies gilt selbst bei leichter Fahrlässigkeit. Die Rechtsprechung hat den Arbeitgeber an diesem persönlichen Haftungsrisiko zunächst über die Grundsätze des innerbetrieblichen Schadensausgleichs beteiligt. Grund war insbesondere, dass der Arbeitgeber die Organisationsherrschaft über den Betrieb ausübt und damit Risiken beherrscht, die nicht im Einflussbereich des Arbeitnehmers liegen.[925] 1994 hat die Rechtsprechung die §§ 276, 249 BGB beim Arbeitsverhältnis als nicht angemessen verworfen. Sie hat bei einer betriebsbedingten Tätigkeit in Ausführung des Arbeitsvertrags eine Modifikation der BGB-Haftung entwickelt. Die Haftung des Arbeitnehmers wird nach Verschuldensgraden im Einzelfall beschränkt.[926] Der dahinter stehende Gedanke war, dass ein leicht fahrlässiges Verhalten auf Dauer für jeden unvermeidlich ist und die Risiken, denen sich der Arbeitnehmer aussetzt, in ihrem Umfang in keinem Verhältnis zu seinen Ersatzmöglichkeiten stehen. Der Arbeitnehmer ist im Wesentlichen auf seinen Verdienst als Grundlage des Lebensunterhalts angewiesen.[927]

Der Fremdgeschäftsführer haftet den Gesellschaftern und Dritten gegenüber aus Delikt und unter Umständen aus c. i. c.[928] Gegenüber der Gesellschaft haftet er zudem für Pflichtverletzungen nach dem strengen Maßstab des § 43 GmbHG. Steht der objektive Tatbestand einer im Verantwortungsbereich des Fremdgeschäftsführers liegenden Schädigung fest, wird sein Verschulden vermutet.[929]

[925] BAG vom 23.03.1993 – 5 AZR 16/92, NZA 1993, 547; *Reichold*, ArbR, § 9 Rn. 29.
[926] BAG-GS vom 27.09.1994 – GS 1/89, NJW 1995, 210.
[927] *Lieb*, ArbR, 8. Aufl., Rn. 208.
[928] *K. Schmidt*, GesR, 4. Aufl., § 36 II 5 c), d) m. w. N.
[929] *K. Schmidt*, GesR, 4. Aufl., § 36 II 4 a) m. w. N.

Eine Haftungsbeschränkung besteht weder im Dienstvertragsrecht noch im Gesellschaftsrecht. Zu der Arbeitnehmer-Haftungsbeschränkung liegt damit ein Schutzdefizit vor. Der Fremdgeschäftsführer ist schutzbedürftig. Er ist nicht Gesellschafter und nimmt nicht – zumindest nicht unmittelbar – am Erfolg des Unternehmens teil. Vielmehr führt die Abhängigkeit durch Verlust der Disposition über die eigene Arbeitskraft auch bei ihm dazu, dass er auf der einen Seite keine eigene Risikovorsorge treffen kann; auf der anderen Seite nicht das Risiko seiner Arbeitsleistung in einem angemessenen Verhältnis zum Gewinn steht, wie dies beim selbstständigen Unternehmer der Fall ist. In diesem Bereich ist der Fremdgeschäftsführer dem leitenden Angestellten ähnlich. Der Mehrverdienst oder eine erfolgsabhängige Vergütung ändern daran nichts, da sie im Verhältnis zur möglichen Schadenshöhe eine nur untergeordnete Rolle spielen und ebenfalls keine Risikovorsorge erlauben.[930] Anders wäre es nur, wenn eine so genannte „D & O Versicherung“ für ihn abgeschlossen wäre.

Fraglich ist, ob verbleibende Unterschiede insbesondere aus der Geschäftsführerstellung einer entsprechenden Anwendung der Grundsätze zur Haftungsbeschränkung auf den Fremdgeschäftsführer entgegenstehen. Beim Lohnschutz sind Einschränkungen möglich. Dass der Geschäftsführer die Arbeit nach seinen Weisungen verrichten lässt, während sie dem Arbeitnehmer aufgebürdet wird, kann nicht entscheidend für eine Ablehnung sein.[931] Auf die Weisungsbindung kommt es nicht an, da es bei der Durchführung von Weisungen sowohl beim Arbeitnehmer als auch beim Geschäftsführer an einer Pflichtverletzung in der Regel mangeln wird.[932] Soweit die Gesellschafterversammlung Weisungen erteilt, ist die Haftung des Geschäftsführers über das Gesellschaftsrecht bereits ausreichend beschränkt.[933] Jedoch hat der Geschäftsführer der Gesellschaft als ihr Vertretungs- und Handlungsorgan eine Stellung inne, die ein hohes Maß an Verantwortung verlangt. Aus dieser Verantwortung erwachsen ihm unterschiedliche Rechte und Pflichten. Sie dienen zum einem dem Schutz der Gläubiger, zum anderen dem Schutz der Gesellschaft und der Anteilseigner. Bei der Vereinbarkeit der Grundsätze der Arbeitnehmerhaftung mit dem Gesellschaftsrecht ist hinsichtlich der Pflichten des Geschäftsführers zu differenzieren.[934] Pflichten resultieren zunächst aus dem Handlungsspielraum, der dem Fremdgeschäftsführer eingeräumt wird und der es ihm in weiterem Maß als einem leitenden Ange-

---

930 *Schneider*, FS Werner (1984), 795, 807.

931 So *Fleck*, FS Hilger/Stumpf (1983), 197, 216; *Gaul*, GmbHR 1989, 357, 361.

932 *Köhl*, DB 1996, 2597, 2604.

933 *Frisch*, Haftungserleichterungen, S. 27, S. 230, wenn er nicht eine nichtverbindliche Weisung ausführt.

934 Vgl. *Schneider*, FS Werner (1984), 795, 809; *Frisch*, Haftungserleichterungen, S. 240.

stellten ermöglicht, Schäden zu verhindern.[935] Dies allein kann jedoch noch nicht als Begründung dafür dienen, dem Geschäftsführer eine Haftungseinschränkung zu verweigern. Durch eine Haftungsbeschränkung werden die Pflichten nicht vermindert. Der Fremdgeschäftsführer bleibt dennoch vertraglich zur sorgfältigen Geschäftsführung verpflichtet.[936] Ein Unterschied in der Geschäftsführerstellung besteht jedoch darin, dass die Gesellschafter insbesondere dem Fremdgeschäftsführer die Stellung aufgrund einer gesteigerten Erwartungshaltung an seine Fähigkeiten bei der Unternehmensleitung übertragen haben und er im Rahmen der Unternehmensleitung einer erhöhten Sorgfaltspflicht unterliegt. Sie übersteigt die, eines leitenden Angestellten in der Regel.

Im GmbHG finden sich zudem verschiedene gesellschaftsrechtliche Grundsätze, die mit Pflichten für den Geschäftsführer verbunden sind. So bestehen Pflichten des Geschäftsführers im Rahmen der Kapitalaufbringung und Kapitalerhaltung. Diese sind im Einzelnen ausgeführt in §§ 9 a Abs. 1; 43 Abs. 3 i.V.m. 30 und 33; 43 a; 57 Abs. 4 und 64 Abs. 2 GmbHG. Eng damit verknüpft ist die Insolvenzantragspflicht (§ 64 Abs. 1 GmbHG). Gemeinsam ist diesen Pflichten die Sicherung des Stammkapitals als Haftungsmasse für die Gläubiger. Das Stammkapital ist bei der GmbH Korrelat für die fehlende persönliche Haftung der Gesellschafter. Die strengen Pflichten zur Kapitalaufbringung und Kapitalerhaltung sowie die Insolvenzantragspflicht dienen in erster Linie dem Schutz der Gläubiger. Der Gesetzgeber hat die Risiken, die sich aus einer fehlerhaften Unternehmensführung durch die Verletzung dieser Pflichten ergeben, bewusst auf den Geschäftsführer verlagert.[937] Sie sind einer Haftungsbeschränkung nicht zugänglich.[938]

Nicht mit dem Stammkapital verbunden ist dagegen die Pflicht zur ordnungsgemäßen Unternehmensleitung (§ 43 Abs. 1, 2 GmbHG). Aber auch insoweit hat der Gesetzgeber die Risiken aus einer fehlerhaften Unternehmensführung auf den Geschäftsführer übertragen und für ihn in § 43 Abs. 1 GmbHG einen eigenen Sorgfaltsmaßstab aufgestellt. Der Geschäftsführer hat in den Angelegenheiten der Gesellschaft die „Sorgfalt eines ordentlichen Geschäftsmanns wahrzunehmen“. Dieser Sorgfaltsmaßstab gibt dem Geschäftsführer einen unternehmerischen Ermessensspielraum, den auch ein ordentlicher Geschäftsmann hat und der zur Erfüllung der Aufgaben bei der Unternehmensleitung Voraus-

[935] Aus u. a. diesem Grund lehnen *Boemke*, ZfA 1998, 209, 229 f. und *Lutter*, GmbHR 2000, 301, 312 die entsprechende Anwendung der Haftungsbeschränkung auf den Geschäftsführer ab.

[936] Vgl. für Arbeitnehmer *Reichold*, ArbR, § 9 Rn. 29.

[937] *Krause*, Mitarbeit im Unternehmen, S. 564.

[938] So auch *Frisch*, Haftungserleichterungen, S. 240.

setzung ist. Über diesen Ermessensspielraum ist im Ergebnis schon das Haftungsrisiko für den Geschäftsführer beschränkt.[939] Eine darüber hinausgehende Haftungsbeschränkung hätte zur Folge, dass der Geschäftsführer einen noch weiteren Ermessensspielraum hätte, weil er in bestimmten Fällen eine Haftung nicht mehr befürchten müsste. Die zwingende Vorschrift des § 43 Abs. 2, 3 GmbHG würde hierdurch verletzt. Bei Angelegenheiten der Gesellschaft kann die Haftungsbeschränkung nicht entsprechend auf den Fremdgeschäftsführer angewendet werden.

Außerhalb der „Angelegenheiten der Gesellschaft" kommt eine analoge Anwendung der Haftungsbeschränkung dagegen in Betracht. Weder die Interessen der Gesellschafter noch gesellschaftsrechtliche Pflichten noch § 43 Abs. 1 GmbHG stehen hier entgegen[940]. Der Begriff der „Angelegenheiten der Gesellschaft" darf aber nicht auf die gesamte Tätigkeit des Geschäftsführers, etwa auch auf die bereits erwähnte Dienstreise mit dem PKW, ausgedehnt werden. Aus dem Sinn und Zweck des § 43 Abs. 2 ergibt sich, dass sich die „Angelegenheiten der Gesellschaft" lediglich auf solche Pflichten beziehen, die aus der Organstellung resultieren[941]. Tätigkeiten außerhalb des Pflichtenkreises der Organstellung sind solche, die auf jeden anderen Arbeitnehmer übertragen werden könnten, ohne dass der Geschäftsführer hierzu Geschäftsführungskompetenzen mitübertragen müsste, wie beispielsweise das Führen eines Dienstwagens. Hierdurch ist eine klare Abgrenzung möglich. Beschlüsse, die unter besonderem Zeitdruck gefasst wurden, gehören demnach zu den „Angelegenheiten der Gesellschaft" und sind einer analogen Anwendung der Grundsätze der gefahrgeneigten Tätigkeit nach dem oben Ausgeführten nicht zugänglich. Den Umständen, unter denen diese Beschlüsse gefasst werden mussten, wird darüber hinaus bereits im Sorgfaltsmaßstab ausreichend Rechnung getragen.

Zum Beispielsfall 1:

G kann sich bei dem Schaden, den er durch seinen Unfall leicht fahrlässig verursacht hat, auf die arbeitsrechtlichen Grundsätze der Haftungsbeschränkung berufen. Aufgrund der nur leichten Fahrlässigkeit haftet der G im Ergebnis nicht.

---

[939] *Schneider*, FS Werner (1984), 795, 811.
[940] *Heisse*, Beschränkung der Geschäftsführer-Haftung, S. 61.
[941] Michalski/*Haas*, GmbHG, Bd. 2, § 43 Rn. 3.

5. *Betriebliche Übung und arbeitsrechtlicher Gleichbehandlungsgrundsatz*

Im Folgenden soll nur noch untersucht werden, inwieweit eine entsprechende Anwendung unabhängig von den weiteren Voraussetzungen der genannten Rechtsinstitute möglich ist. Zu den Voraussetzungen wurde bereits Stellung genommen.[942] Im Dienstvertragsrecht gibt es keine vergleichbare Regelung. Beide Rechtsinstitute gehören dem Schutz vor Benachteiligungen an; die betriebliche Übung schützt zudem das Vertrauen auf den Lohn. Im Rahmen eines abgestuften Arbeitsrechts gilt die Leitlinie, dass der Fremdgeschäftsführer bei der Gruppe „Benachteiligungen“ schutzbedürftig ist. Eine Analogie ist möglich. Die Schutzbedürftigkeit scheidet aber aus, wenn der Fremdgeschäftsführer den Tatbestand der Betriebsübung oder eine Leistung, auf die er sich mit Hinweis auf den Gleichbehandlungsgrundsatz nun beruft, selbst eingeführt hat. Dies gilt auch, soweit Mitgeschäftsführer gehandelt haben, um sich gegenseitig in den Vorteil solcher Ansprüche zu bringen. Die Geschäftsführer sind in diesem Fall als einheitliches Organ zu betrachten.

Zum Beispielsfall 3:

E kann sich, da er den Tatbestand der Betriebsübung selbst eingeführt hat, weder auf die betriebliche Übung noch auf den arbeitsrechtlichen Gleichbehandlungsgrundsatz berufen.

6. *Kündigungsschutz*

a) Schwerbehinderte

Der Kündigungsschutz für Schwerbehinderte ist inzwischen in den §§ 85ff. SGB IX[943] geregelt. Im Dienstvertragsrecht gibt es keine vergleichbare Regelung. Der Kündigungsschutz im SGB IX dient dem Bestandsschutz. Der Bestandsschutz ist nach den entwickelten Leitlinien beim Fremdgeschäftsführer nicht dauerhaft durchsetzbar, sondern nur in einem zeitlich beschränkten Rahmen, soweit § 38 Abs. 1 GmbHG nicht wesentlich beeinträchtigt wird. Nach den §§ 85 ff. SGB IX analog wäre die Kündigung des Anstellungsverhältnisses des schwerbehinderten Fremdgeschäftsführers von der erforderlichen vorherigen Zustimmung des Integrationsamtes abhängig. Anders als beim Kündigungsschutz einer schwangeren Fremdgeschäftsführerin ist die Zustimmung hinsichtlich des gesamten Anstellungsverhältnisses zu beachten. Bei einer Abberufung

---

[942] Vgl. oben F. II. 3. e).

[943] Das Schwerbehindertengesetz ist zum 01.10.2001 in das Sozialgesetzbuch IX – Rehabilitation und Teilhabe behinderter Menschen – eingestellt worden (BGBl. I, 1046).

des schwerbehinderten Fremdgeschäftsführers ist es denkbar, dass das Integrationsamt die Zustimmung verweigert und das Anstellungsverhältnis auf unbestimmter Dauer fortbesteht. § 38 Abs. 1 GmbHG wäre dann wesentlich beeinträchtigt. §§ 85 ff. SGB IX sind folglich nicht entsprechend auf den Fremdgeschäftsführer anwendbar.

b) Kündigungsfrist des § 622 BGB

§ 622 BGB regelt die ordentliche Kündigungsfrist für Arbeitsverhältnisse. Sie beträgt nach dieser Norm je nach bisheriger Dauer des Arbeitsverhältnisses zwischen einem Monat und sieben Monaten. Der Dienstverpflichtete hat dagegen nur eine Kündigungsfrist bei monatlicher Vergütung von maximal knapp unter vier Wochen (§ 621 Nr. 3 BGB). Ein Schutzdefizit ist zu bejahen. § 622 BGB ist Teil des Bestandsschutzes. Ein Bestandsschutz ist nach den entwickelten Leitlinien beim Fremdgeschäftsführer nicht dauerhaft durchsetzbar, sondern nur in einem zeitlich beschränkten Rahmen, soweit § 38 Abs. 1 GmbHG nicht wesentlich beeinträchtigt wird und die finanzielle Mehrbelastung des Arbeitgebers es gestattet. Die jederzeitige Abberufbarkeit nach § 38 Abs. 1 GmbHG wird, wenn der Anstellungsvertrag fortbesteht, durch die meist höhere Vergütung zwar mittelbar beeinträchtigt; die finanzielle Mehrbelastung durch Fortzahlung des Gehalts ist für die Gesellschaft jedoch planbar und überschaubar. § 622 BGB ist auf den Fremdgeschäftsführer entsprechend anwendbar.

c) Betriebsübergang

§ 613 a BGB schützt den Fortbestand des Arbeitsverhältnisses im Rahmen eines Betriebsübergangs. Im Dienstvertragsrecht gibt es keine vergleichbare Regelung. Die Vorschrift dient dem Bestandsschutz. Ihre entsprechende Anwendung würde den zwingenden Regelungen über die Bestellung des Geschäftsführers (§§ 6 III 2; 46 Nr. 5 GmbHG) widersprechen. Sie ist nicht mit dem besonderen Vertrauensverhältnis des Geschäftsführers zu den Gesellschaftern, das durch diese Regelung und die jederzeitige Abberufung des Geschäftsführers im Gesetz Ausdruck findet, vereinbar und kann im Ergebnis nicht entsprechend angewandt werden.

d) Abmahnung

Durch das regelmäßige Erfordernis der Abmahnung bei einer verhaltensbedingten Kündigung („Ultima-Ratio“-Prinzip) soll dem Arbeitnehmer die Chance gegeben werden, sein abgemahntes Verhalten zu korrigieren. Der Gedanke der vorherigen Abmahnung bei der Auflösung von Dauerschuldverhältnissen ist im allgemeinen Schuldrecht inzwischen in § 314 Abs. 2 S. 1 BGB niedergelegt.[944] In den speziellen § 626 BGB hat die Abmahnung noch nicht Eingang gefunden. Jedoch wird erwogen, § 314 Abs. 2 S. 1 BGB entsprechend auch bei der fristlosen Kündigung eines Dienstverhältnisses anzuwenden.[945] Ob dies auch für den Geschäftsführer gilt, ist umstritten.[946]

Auf den Meinungsstreit kommt es jedoch nicht entscheidend an, denn die Abmahnung wäre auch für den Fall einer fehlenden Regelung im Dienstvertragsrecht nicht entsprechend auf den Fremdgeschäftsführer anwendbar. Soweit es sich um die Verletzung von Pflichten aus der Geschäftsführerstellung handelt, werden diese dem Geschäftsführer bekannt sein, so dass es schon an einer erforderlichen Schutzbedürftigkeit mangelt. Die Abmahnung ist zudem eine Bestimmung, die dem Bestandsschutz zuzuordnen ist. Sie wäre nach den Leitlinien nur in einem eng beschränkten Rahmen anwendbar, soweit nämlich § 38 Abs. 1 GmbHG nicht wesentlich beeinträchtigt wird. Dies wäre hier jedoch der Fall. Die Gesellschafter könnten zwar den Geschäftsführer trotz Abmahnung aufgrund seines Verhaltens von der Geschäftsführerstellung abberufen. Dann hätte der Fremdgeschäftsführer jedoch nicht mehr die Gelegenheit, sein abgemahntes Verhalten – zumindest soweit es in Verbindung mit dem Amt als Geschäftsführer stand – für die Zukunft zu ändern. Konsequenterweise könnte dann der Anstellungsvertrag aufgrund dieses Verhaltens nicht gekündigt werden, da eine Wiederholung der Pflichtverletzung durch den Fremdgeschäftsführer nicht mehr in Betracht käme. Nur wenn der Fremdgeschäftsführer nicht abberufen würde, hätte er die Gelegenheit, sein Verhalten zu ändern. In diesem Fall wäre jedoch § 38 Abs. 1 GmbHG direkt beeinträchtigt.

e) Arbeitszeugnis/Freistellung

Die §§ 629, 630 BGB sind nach richtiger Auffassung auf das Anstellungsverhältnis des Fremdgeschäftsführers direkt anwendbar.[947] Sie setzen ein „dauern-

---

[944] Vgl. *Reichold*, ArbR, § 10 Rn. 54.

[945] *Hase*, NJW 2002, 2278, 2281; Palandt/*Putzo*, BGB, 63. Aufl., § 626 Rn. 18. Nach *D. W. Belling* sprechen gute Gründe dafür, die Abmahnung auch bei freien Dienstverhältnissen anzuwenden, Erman/*Belling*, BGB, 11. Aufl., § 626 Rn. 46.

[946] Dafür Erman/*Belling*, BGB, 11. Aufl., § 626 Rn. 51; *Hase*, NJW 2002, 2278, 2281, 2283; *Namendorf*, Arbeitsrechtliche Status, S. 135; *Schumacher/Mohr*, DB 2002, 1606; *Grumann/Gillmann*, DB 2003, 770, 774. Dagegen: Palandt/*Putzo*, BGB, 63. Aufl., § 626 Rn. 18. Offen gelassen von BAG vom 08.08.2002 – 8 AZR 574/01, AP § 628 BGB Nr. 14, Bl. 1983.

[947] Vgl. oben F. II. 3. f) ee) und III. 1. a).

des Dienstverhältnis“ voraus. Das Dienstverhältnis des Fremdgeschäftsführers ist auf Dauer angelegt.[948]

7. *Zusammenfassung der entsprechend anwendbaren Vorschriften*

Nach den vorstehenden Ausführungen sind folgende arbeitsrechtlichen Grundsätze und Schutzvorschriften auf das Anstellungsverhältnis des Fremdgeschäftsführers analog anwendbar: §§ 3; 6 Abs. 1; 8; 9; 11; 13 MuSchG, das gesamte Bundesurlaubsgesetz, § 3 Abs. 1 S. 1 und § 9 EntgeltfortzahlungsG sowie § 622 BGB.

Die Grundsätze zur Haftungsbeschränkung der Arbeitnehmer sind auf den Fremdgeschäftsführer außerhalb der „Angelegenheit der Gesellschaft“ analog anwendbar; die betriebliche Übung und der arbeitsrechtliche Gleichbehandlungsgrundsatz dann, wenn der Fremdgeschäftsführer oder ein Mitgeschäftsführer nicht selbst den Tatbestand der Betriebsübung oder eine Leistung, auf die er sich mit Hinweis auf den Gleichbehandlungsgrundsatz beruft, eingeführt hat.

[948] Für Arbeitnehmer gilt seit 01.01.2003 beim Zeugnisanspruch § 620 S. 4 i. V. m. § 109 GewO, eingefügt durch Art. 4 3. Gesetz zur Änderung der GewO und sonst. gewerberechtlicher Vorschriften vom 24.08.2002 (BGBl. I, 3412), vgl. oben F. II. 3. f) ee).

G. Zusammenfassung und Ergebnisse

I. Zusammenfassung

Die Untersuchungen der vorliegenden Dissertation haben sich mit der Problematik der Anwendung von Arbeitsrecht auf den abhängigen GmbH-Geschäftsführer befasst. Ziel der Untersuchungen war es, im Spannungsfeld zwischen Arbeits- und Gesellschaftsrecht eine Lösung zu finden, die dem Fremdgeschäftsführer einen Sozialschutz bieten kann, seine Stellung als Organ der Gesellschaft ausreichend berücksichtigt und gleichzeitig Rechtssicherheit gewährleistet.

1. Erster Teil der Arbeit

Am Ausgangspunkt der Untersuchungen stand das Spannungsverhältnis zwischen Arbeits- und Gesellschaftsrecht. Dazu wurden zunächst unter dem Stichwort „soziale Schutzbedürftigkeit" mögliche Ursachen für das bestehende Bedürfnis, Arbeitsrecht auf den Fremdgeschäftsführer anzuwenden, dargestellt. Im Anschluss daran wurde die Doppelstellung des Fremdgeschäftsführers als Geschäftsführer einerseits und Angestellter der Gesellschaft andererseits beleuchtet. Dabei wurde festgestellt, dass aufgrund seiner Organstellung bei der Anwendung von Arbeitsrecht das Gesellschaftsrecht berücksichtigt werden muss. Der zusätzliche Blick auf das Sozialversicherungsrecht hat gezeigt, dass der Fremdgeschäftsführer nach h. M. zwar regelmäßig der Sozialversicherungspflicht unterliegt, hierdurch jedoch weder seinem sozialen Schutzbedürfnis ausreichend Rechnung getragen werden kann noch Argumente für die Anwendung von Arbeitsrecht gewonnen werden können.

Im weiteren Verlauf der Arbeit wurden die Wege von Rechtsprechung und juristischer Literatur dargestellt, das bestehende Spannungsverhältnis beim Fremdgeschäftsführer aufzulösen. Im Wesentlichen wurden in der Arbeit zwei Strömungen aufgegriffen, die den Fremdgeschäftsführer anhand unterschiedlicher Ansätze in den Schutz des Arbeitsrechts kommen lassen wollen. Nach der h. M. ist der Fremdgeschäftsführer kein Arbeitnehmer; einzelne arbeitsrechtliche Schutzvorschriften werden jedoch – wie insbesondere im zweiten Teil der Arbeit dargestellt wurde – unter bestimmten Voraussetzungen analog auf ihn angewandt. Die Rechtsprechung des BAG und neuere Tendenzen in der juristischen Literatur betrachten den Fremdgeschäftsführer jedoch (zumindest im Einzelfall) als Arbeitnehmer. Kollisionen mit dem Gesellschaftsrecht werden durch eine teleologische Reduktion entsprechender arbeitsrechtlicher Vorschriften gelöst.

Die Untersuchungen widmeten sich zunächst der ersten „Weichenstellung" dieser beiden Hauptströmungen, nämlich der Frage der Arbeitnehmereigenschaft des Fremdgeschäftsführers. Dabei wurde gezeigt, dass der Ansatz der Mindermeinung, den Fremdgeschäftsführer (im Einzelfall) als Arbeitnehmer einzuordnen, dogmatisch nicht haltbar ist. Bei der Frage der Arbeitnehmereigenschaft des Fremdgeschäftsführers ist der bislang h. M. der Vorzug zu geben, die von einem freien Dienstvertrag im Sinn des § 611 BGB als dem Grundverhältnis des GmbH-Geschäftsführers ausgeht. Organstellung und Arbeitnehmerstatus schließen sich zwar nicht generell aus; es fehlt jedoch an dem Kriterium der persönlichen Abhängigkeit beim Fremdgeschäftsführer. Maßgeblich für die persönliche Abhängigkeit ist insbesondere ein arbeitsrechtliches Weisungsrecht, das vom gesellschaftsrechtlichen ebenso wie vom dienstvertraglichen Weisungsrecht zu trennen ist. Das gesellschaftsrechtliche Weisungsrecht geht dem arbeitsrechtlichen Weisungsrecht vor und ist beim Fremdgeschäftsführer als umfassend anzusehen. Es lässt arbeitsrechtliche Weisungen daneben nicht zu. Der Fremdgeschäftsführer ist zudem als Geschäftsführer und Arbeitgebervertreter selbst für die Organisation und den Arbeitsablauf in der Gesellschaft verantwortlich und damit regelmäßig auch nicht selbst wie ein typischer Arbeitnehmer in die Arbeitsorganisation des Arbeitgebers eingebunden. Eine direkte Anwendung von Schutzvorschriften, die eine Arbeitnehmerstellung zwingend voraussetzen, ist daher auf den Fremdgeschäftsführer nicht möglich.

Die Untersuchungen zur Arbeitnehmereigenschaft haben weiter zum Ergebnis geführt, dass – unabhängig von der dogmatischen Einstufung des Fremdgeschäftsführers – über den vom BAG und ihm folgender Autoren beschrittenen Weg sachgerechte Lösungen nicht gefunden werden können. Wenn diese dem Fremdgeschäftsführer dadurch sozialen Schutz ermöglichen wollen, dass sie seine Arbeitnehmereigenschaft in begrenzten Einzelfällen bejahen, wird vom Ergebnis her argumentiert. Dieser Mindermeinung ist zwar zuzugestehen, dass sie im Einzelfall dem Fremdgeschäftsführer sozialen Schutz gewähren kann. Zudem kann auf diesem Weg das Gesellschaftsrecht durch eine teleologische Reduktion arbeitsrechtlicher Vorschriften berücksichtigt werden. Der Lösungsweg ist jedoch nicht geeignet, der Gruppe der Fremdgeschäftsführer insgesamt sozialen Schutz zukommen zu lassen. Anstelle einer Differenzierung nach einem bestehenden Schutzbedürfnis im Hinblick auf die jeweilige arbeitsrechtliche Schutzvorschrift steht ein Alles-oder-Nichts-Prinzip. Der Fremdgeschäftsführer gehört in der Mehrzahl der Fälle – zumindest nach den Kriterien des BAG und der ihm folgenden Autoren – weiterhin nicht zu den Arbeitnehmern.

Wie die Fremdgeschäftsführer hier insgesamt zu schützen sind, ist bislang nicht überzeugend dargelegt. Will man ihnen dennoch arbeitsrechtlichen Schutz gewähren, kommt man zu einer Aufspaltung der Gruppe der Fremdgeschäftsführer. Hinsichtlich der Anwendung arbeitsrechtlicher Bestimmungen müssen die Fremdgeschäftsführer – je nachdem, ob sie als Arbeitnehmer einzustufen sind oder nicht – unterschiedlich behandelt werden.

Letztlich ist die Lösung der Mindermeinung nicht geeignet, arbeitsrechtlichen Schutz und zugleich Rechtssicherheit herzustellen. Die Unterscheidung der Fremdgeschäftsführer nach solchen, die in einem Arbeitsverhältnis stehen und solchen, die keine Arbeitnehmer sind, führt zu weiteren Unsicherheiten und Abgrenzungsproblemen. Auch aus diesen Gründen sollte die Diskussion über die Arbeitnehmereigenschaft des Fremdgeschäftsführers beendet werden.

Nachdem der Lösungsweg über eine Arbeitnehmereigenschaft des Fremdgeschäftsführers verneint wurde, haben sich die weiteren Untersuchungen zunächst noch zwei alternativen Lösungsmodellen zugewandt, die in Rechtsprechung und juristischer Literatur vertreten werden: Die Einstufung des Fremdgeschäftsführers als arbeitnehmerähnliche Person und das ruhende Arbeitsverhältnis. Als Ergebnis zu diesen alternativen Modellen lässt sich Folgendes festhalten:

1. Der Fremdgeschäftsführer einer GmbH ist nicht arbeitnehmerähnliche Person; er entspricht nicht der Typik der arbeitnehmerähnlichen Person. Würde man ihn als arbeitnehmerähnlich einstufen, wäre für seinen Sozialschutz nichts gewonnen, da mögliche Kollisionen von Arbeitsrecht mit gesellschaftsrechtlichen Vorschriften noch nicht aufgelöst wären. Die auf arbeitnehmerähnliche Personen anwendbaren Vorschriften entfielen beim Fremdgeschäftsführer größtenteils aufgrund der spezielleren Bereichsausnahmen oder sie müssten wegen der bestehenden Kollisionen weitgehend eingeschränkt werden.

2. § 623 BGB hat die Ruhensrechtsprechung abgelöst; sie ist in ihrer Grundstruktur nicht mehr anwendbar. Mit der Einführung des neuen § 623 BGB ist der ursprüngliche Sinn und Zweck der Annahme eines ruhenden Arbeitsverhältnisses entfallen. Aber schon zuvor wurde die Ruhensrechtsprechung von der Judikatur aufgrund zahlreicher Ausnahmen nur auf eng begrenzte Sonderfälle angewandt. Es konnte auch nur in Einzelfällen ein arbeitsrechtlicher Schutz für die Zeit nach der Beendigung der Geschäftsführerstellung geschaffen werden. Das „ruhende

Arbeitsverhältnis" bot daher keine umfassende Lösung in Bezug auf die in Frage kommenden arbeitsrechtlichen Schutzvorschriften.

2. Zweiter Teil der Arbeit

Im zweiten Teil der Arbeit ging es um die Frage eines „abgestuften Arbeitsrechts" beim Fremdgeschäftsführer. Die Untersuchungen führten zu dem Ergebnis, dass sich *Hromadkas* Modell des so genannten „abgestuften Arbeitsrechts" als Alternative zur Abgrenzung des Arbeitnehmers vom Selbstständigen – insbesondere im Zusammenhang mit der so genannten Scheinselbstständigkeit –als Methode grundsätzlich auch auf den Fremdgeschäftsführer übertragen lässt. Aufgrund seiner Schutzbedürftigkeit besteht eine Parallele zur Scheinselbstständigkeit. Das Arbeitsrecht kann beim Fremdgeschäftsführer dadurch abgestuft werden, dass unter bestimmten Voraussetzungen arbeitsrechtliche Schutzvorschriften analog auf ihn angewandt werden. Gesellschaftsrechtliche Grundsätze stehen einer analogen Anwendung nicht generell, sondern höchstens im Einzelfall entgegen.

Die weiteren Untersuchungen befassten sich mit der analogen Anwendung arbeitsrechtlicher Schutzvorschriften auf (Fremd-)Geschäftsführer durch die h. M. Zunächst wurden anhand einer chronologischen Untersuchung von Gerichtsurteilen sowie von Stellungnahmen der juristischen Literatur die allgemeinen, in der Vergangenheit aufgestellten Voraussetzungen zur entsprechenden Anwendung arbeitsrechtlicher Vorschriften und Grundsätze auf den (Fremd-) Geschäftsführer herausgearbeitet. Im Anschluss wurden konkrete in Rechtsprechung und juristischer Literatur aufgetretene Probleme insbesondere im Zusammenhang mit dem Mutterschutz, dem Urlaubsanspruch, der Lohnfortzahlung, der Haftungsbeschränkung, der betrieblichen Übung und dem arbeitsrechtlichen Gleichbehandlungsgrundsatz sowie dem Kündigungsschutz erörtert.

Im Ergebnis wurde gezeigt, dass Rechtsprechung und juristische Literatur bislang noch kein klares, einheitliches, übergeordnetes System gefunden haben, nach dem arbeitsrechtliche Vorschriften analog auf Fremdgeschäftsführer angewandt werden können. Stattdessen wird eine Vielzahl unterschiedlicher Kriterien aufgestellt und arbeitsrechtliche Vorschriften werden bei Fremdgeschäftsführern zum Teil restriktiv, zum Teil extensiv herangezogen. Die Untersuchungen zu den einzelnen Problemen haben zudem gezeigt, dass es zu fast jeder Schutzvorschrift, die für eine analoge Anwendung in Frage kommt, zahlreiche unterschiedliche Rechtsansichten gibt. Dies führte dazu, dass inzwischen zu fast jeder einzelnen Schutzvorschrift ein eigener Meinungsstreit entstanden ist. Die Ursachen hierfür sind vielfältig. Sowohl die Gerichte als auch die Mehrzahl der Literaturstimmen unterscheiden bei der Schutzbedürftigkeit nicht immer ausreichend zwischen Gesellschafter-Geschäftsführern und Fremdgeschäftsführern. Übergeordnete Voraussetzungen für eine entsprechende Anwendung arbeitsrechtlicher Schutzvorschriften werden nur vereinzelt herausgebildet. Es fehlt an Leitlinien, die für eine sachgerechte und klar strukturierte Lösung herangezogen werden können. Die von Rechtsprechung und juristischer Literatur herausgearbeiteten Voraussetzungen können jedoch konstruktive Ansätze liefern, ein abgestuftes Arbeitsrecht zu entwickeln.

Um ein Modell für eine analoge Anwendung arbeitsrechtlicher Schutzvorschriften auf Fremdgeschäftsführer aufstellen zu können, wurden im weiteren Verlauf der Arbeit zunächst die allgemeinen Voraussetzungen der Analogie betrachtet. Innerhalb dieser Voraussetzungen wurden Leitlinien erstellt, die dem Fremdgeschäftsführer einen sozialen Schutz bieten, seine Stellung als Organ der Gesellschaft ausreichend berücksichtigen und dennoch die erforderliche Rechtssicherheit geben können. Die Ergebnisse dieser weiteren Untersuchungen lassen sich in den folgenden Thesen zusammenfassen.

II. Thesen

1. Arbeitsrechtliche Schutzvorschriften sind auf Fremdgeschäftsführer unter folgenden Voraussetzungen entsprechend anwendbar:

   (1) Gesetzeslücke:
   (a) Keine anderweitige Regelung (Abgrenzung der Vorschriften des Dienstvertragsrechts zu den Vorschriften des Arbeitsrechts, Bereichsausnahmen).
   (b) Kein entgegenstehender Wille des Gesetzgebers.

   (2) Übereinstimmung der Sachverhalte im Hinblick auf die ratio legis: Vorliegen einer nach dem Sinn und Zweck der Norm vergleichbaren Schutzbedürftigkeit und wirtschaftlichen Abhängigkeit des Fremdgeschäftsführers mit Arbeitnehmern.

   (3) Kein Entgegenstehen der verbleibenden Unterschiede: Berücksichtigung der zwingenden gesellschaftsrechtlichen Vorschriften und des besonderen Organverhältnisses des Fremdgeschäftsführers.

2. Die unter 1. genannten Voraussetzungen bilden die Grundlage des Modells eines abgestuften Arbeitsrechts für den Fremdgeschäftsführer. Darüber hinaus können Leitlinien bei den Voraussetzungen der „Übereinstimmung der Sachverhalte“ und dem „Entgegenstehen verbleibender Unterschiede“ die Rechtssicherheit für eine entsprechende Anwendung arbeitsrechtlicher Schutzvorschriften und Grundsätze auf den Fremdgeschäftsführer herstellen.

3. Leitlinien sind durch eine Aufschlüsselung der arbeitsrechtlichen Normen in Schutzbereiche zu gewinnen. Diese Schutzbereiche sind wiederum anhand des jeweiligen Schutzzwecks der Normen zu ermitteln. Unter Berücksichtigung der besonderen Stellung des Fremdgeschäftsführers als Organ der Gesellschaft sind arbeitsrechtliche Schutzvorschriften, die für eine entsprechende Anwendung in Betracht kommen, in folgende sechs Schutzbereiche einzuordnen:

   - Gefahrenschutz
   - Arbeitszeitschutz
   - Lohnschutz
   - Schutz vor Benachteiligung
   - Bestandsschutz
   - Prozessschutz.

4. Übergeordnete Leitlinien zu diesen Schutzbereichen sind:

   (1) Der Fremdgeschäftsführer ist durch gesellschaftsrechtliche Weisungen und den Verlust der persönlichen Dispositionsfreiheit über seine Arbeitskraft grundsätzlich vergleichbar einem Arbeitnehmer schutzbedürftig. Die Schutzbedürftigkeit und das Schutzdefizit sind jedoch zusätzlich im Hinblick auf den jeweiligen Schutzbereich zu untersuchen.

   (2) Um das Schutzdefizit, das vom Arbeitsrecht im Einzelfall aufzufangen ist, herauszuarbeiten, müssen die Regelungen des freien Dienstvertrags von den Vorschriften des Arbeitsvertragsrechts abgegrenzt werden. Eine Schutzbedürftigkeit besteht dann nicht, wenn der Fremdgeschäftsführer bereits durch das Selbstständigenrecht, speziell durch die Regelungen im BGB zum freien Dienstvertrag, hinreichend geschützt ist.

(3) Soweit zwingende gesellschaftsrechtliche Regelungen verletzt werden, scheidet eine analoge Anwendung arbeitsrechtlicher Vorschriften unabhängig vom Schutzbedürfnis und Schutzdefizit des Fremdgeschäftsführers aus.

5. Für die herausgearbeiteten Schutzbereiche gelten folgende Leitlinien für ein abgestuftes Arbeitsrecht:

(1) Der Fremdgeschäftsführer ist beim Gefahrenschutz nicht schutzbedürftig. Es besteht kein Schutzdefizit, da der Gesetzgeber bereits einen ausreichenden Schutz über das Dienstvertragsrecht geschaffen hat.

(2) Beim Arbeitszeitschutz besteht ein Schutzbedürfnis des Fremdgeschäftsführers. Arbeitsrechtliche Vorschriften können entsprechend angewandt werden, soweit gewährleistet ist, dass die ungestörte Funktion des Organverhältnisses bestehen bleibt.

(3) Der Fremdgeschäftsführer ist bei Benachteiligungen schutzbedürftig, wenn keine Interessenkollisionen bestehen und er die Benachteiligung nicht selbst herbeigeführt hat.

(4) Auch beim Lohnschutz ist der Fremdgeschäftsführer schutzbedürftig. Die Schutzbedürftigkeit kann jedoch im erforderlichen Maß eingeschränkt werden. Die finanzielle Mehrbelastung des Arbeitgebers und der dem Fremdgeschäftsführer eingeräumte unternehmerische Ermessensspielraum sind zu berücksichtigen.

(5) Der Bestandsschutz ist beim Fremdgeschäftsführer nicht dauerhaft durchsetzbar, sondern nur in einem eng beschränkten Rahmen, soweit § 38 Abs. 1 GmbHG nicht wesentlich beeinträchtigt wird und die finanzielle Mehrbelastung des Arbeitgebers es gestattet.

(6) Beim Prozessschutz sind Fremdgeschäftsführer schutzbedürftig. Von der Anwendbarkeit ausgenommen sind Regelungen, die der gerichtlichen Durchsetzung von solchen Arbeitnehmerrechten dienen, von denen der Fremdgeschäftsführer bereits ausgeschlossen ist.

6. Nach diesen Leitlinien können auf das Anstellungsverhältnis des Fremdgeschäftsführers folgende arbeitsrechtlichen Grundsätze und Schutzvorschriften analog angewandt werden: §§ 3; 6 Abs. 1; 8; 9; 11;

13 MuSchG, das gesamte Bundesurlaubsgesetz, § 3 Abs. 1 S. 1 und § 9 EntgeltfortzahlungsG sowie § 622 BGB.

7. Eine analoge Anwendung der Grundsätze zur Haftungsbeschränkung auf den Fremdgeschäftsführer ist im Rahmen der aus der Organstellung resultierenden Pflichten abzulehnen. Bei Tätigkeiten außerhalb des Pflichtenkreises der Organstellung kann die Haftungsprivilegierung angewandt werden. Hierbei handelt es sich um solche Tätigkeiten, die auf jeden anderen Arbeitnehmer übertragen werden könnten, ohne dass der Fremdgeschäftsführer hierzu Geschäftsführungskompetenzen mitübertragen müsste. Die Fahrt mit dem Dienstfahrzeug fällt darunter.

8. Eingeschränkt anwendbar sind auf den Fremdgeschäftsführer die Grundsätze der betrieblichen Übung und der arbeitsrechtliche Gleichbehandlungsgrundsatz. Sie können dann nicht herangezogen werden, wenn der Fremdgeschäftsführer oder ein Mitgeschäftsführer selbst den Tatbestand der Betriebsübung oder eine Leistung, auf die er sich mit Hinweis auf den Gleichbehandlungsgrundsatz beruft, eingeführt haben.

9. Nicht entsprechend anwendbar sind das Bundeserziehungsgeldgesetz, die §§ 85 ff. SGB IX, § 613 a BGB und die Abmahnung.

III. Vorteile eines abgestuften Arbeitsrechts

Die Vorteile eines abgestuften Arbeitsrechts sind nach den Untersuchungen evident. Ein abgestuftes Arbeitsrecht ersetzt zwar die Diskussion über die Arbeitnehmereigenschaft des Fremdgeschäftsführers nicht. Voraussetzung der Anwendung eines abgestuften Arbeitsrechts auf den Fremdgeschäftsführer ist, dass der Fremdgeschäftsführer gerade kein Arbeitnehmer ist. Jedoch kann ein abgestuftes Arbeitsrecht helfen, die Diskussion um die Arbeitnehmereigenschaft des Fremdgeschäftsführers durch eine sachgerechte Lösung zu beenden. Bei einem abgestuften Arbeitsrecht genügt die einmalige Feststellung, dass der Fremdgeschäftsführer kein Arbeitnehmer ist. Im jeweiligen Einzelfall sind dann lediglich noch die Voraussetzungen für eine entsprechende Anwendung zu prüfen. Das Modell hat damit den Vorteil, dass der Prüfungsschritt über die Arbeitnehmereigenschaft zukünftig entfallen kann. Insoweit wird ein Mehr an Rechtssicherheit hergestellt.

Die Untersuchungen haben zudem gezeigt, dass beim Fremdgeschäftsführer aufgrund seiner sozialen Schutzbedürftigkeit einerseits und der Stellung als Organ der Gesellschaft andererseits nur eine differenzierte Betrachtung bei der Anwendung von arbeitsrechtlichen Schutzvorschriften zum Ziel führen kann. Nur durch eine differenzierte Betrachtung kann den Belangen des Fremdgeschäftsführers einerseits und dem Gesellschaftsrecht sowie den Belangen der Gesellschaft und ihrer Gesellschafter andererseits ausreichend Rechnung getragen werden. Das abgestufte Arbeitsrecht ist in der Lage, Ausnahmen zuzulassen und kann darüber hinaus diese Ausnahmen dogmatisch einwandfrei über die Voraussetzungen der Analogie lösen.

Rechtsunsicherheit wird beim abgestuften Arbeitsrecht durch die Herausbildung von Leitlinien vermieden. Der Fremdgeschäftsführer kann sich anhand der Leitlinien ein klares Bild machen, welche arbeitsrechtlichen Schutzvorschriften auf ihn Anwendung finden können.

Beim abgestuften Arbeitsrecht können Fremdgeschäftsführer zudem einheitlich als Gruppe behandelt werden.

Das abgestufte Arbeitsrecht bietet damit letztlich ein größeres Maß an Rechtssicherheit als die Einstufung des Fremdgeschäftsführers als Arbeitnehmer, insbesondere wenn dies nur im Einzelfall befürwortet wird.

Literaturverzeichnis

Adomeit, Klaus / Frühbeck, Guillermo — Einführung in das spanische Recht, 2. Aufl., München 2001.

Appel, Clemens / Frantzioch, Petra — Sozialer Schutz in der Selbständigkeit, ArbuR 1998, 93 ff.

Appel, Clemens / Kaiser Brigitte — Gesetz zur Beschleunigung des arbeitsgerichtlichen Verfahrens, ArbuR 2000, 281 ff.

Ascheid, Reiner / Preis, Ulrich / Schmidt, Ingrid — Kündigungsrecht: Großkommentar zum gesamten Recht der Beendigung von Arbeitsverhältnissen, 2. Aufl. München 2004.

Bachmann, Gregor — ECLR Grundtendenzen der Reform geschlossener Gesellschaften in Europa, ZGR 2001, 357 ff.

Baeck, Ulrich / Hopfner, Ingrid — Schlüssige Aufhebungsverträge mit Organmitgliedern auch nach Inkrafttreten des § 623 BGB, DB 2000, 1914 ff.

Bamberger, Heinz Georg / Roth, Herbert — Kommentar zum Bürgerlichen Gesetzbuch, Band 2, §§ 611 - 1296, München 2003.

Bastuck, Burkhard — Die Enthaftung des Managements, München 1986.

Bauder, Wolfgang — Die Bezüge des GmbH-Geschäftsführers in Krise und Konkurs der Gesellschaft, BB 1993, 369 ff.

Bauer, Jobst-Hubertus — Die Anwendung arbeitsrechtlicher Schutzvorschriften auf den Fremdgeschäftsführer der GmbH, DB 1979, 2178 ff.

Bauer, Jobst-Hubertus — Kündigung und Kündigungsschutz vertretungsberechtigter Organmitglieder, BB 1994, 855 ff.

Bauer, Jobst-Hubertus — Nun Schriftform bei Beförderung zum Geschäftsführer?, GmbHR 2000, 769 ff.

Bauer, Jobst-Hubertus / Gragert, Nicola	Der GmbH-Geschäftsführer zwischen Himmel und Hölle, ZIP 1997, 2177 ff.
Bauer, Jobst-Hubertus / Baeck, Ulrich / Lösler, Annette	Schriftform- und Zuständigkeitsprobleme beim Aufstieg eines Angestellten zum Geschäftsführer einer GmbH, ZIP 2003, 1821 ff.
Baumbach, Adolf / Hueck, Alfred	GmbH-Gesetz: Gesetz betreffend die Gesellschaft mit beschränkter Haftung, begr. v. Adolf Baumbach, fortgef. v. Alfred Hueck, bearb. v. Lorenz Fastrich u.a., 17. Aufl., München 2000.
Bauschke, Hans-Joachim	Auf dem Weg zu einem neuen Arbeitnehmerbegriff, RdA 1994, 209 ff.
Beck'sches Handbuch der GmbH	Gesellschaftsrecht – Steuerrecht, hrsg. v. Welf Müller und Burkhard Hense, bearb. v. Björn Ahrenkiel u.a., 3. Aufl., München 2002.
Behrens, Peter	Die Gesellschaft mit beschränkter Haftung im internationalen und europäischen Recht, 2. Aufl., Berlin 1997.
Boemke, Burkhard	Das Dienstverhältnis des GmbH-Geschäftsführers zwischen Gesellschafts- und Arbeitsrecht, ZfA 1998, 209 ff.
Boemke, Burkhard	Neue Selbständigkeit und Arbeitsverhältnis, ZfA 1998, 285 ff.
Boemke, Burkhard	Anmerkung zu BAG Urteil vom 26.05.1999 – 5 AZR 664/98, AP Nr. 10 § 35 GmbHG.
Boemke, Burkhard	Anmerkung zu BAG Urteil vom 08.06.2000 – 2 AZR 207/99, JuS 2001, 200 ff.

Boucourechliev, Jeanne / Hommelhoff, Peter — Vorschläge für eine Europäische Privatgesellschaft – Strukturelemente einer kapitalmarktfernen europäischen Gesellschaftsform nebst Entwurf einer EPG-Verordnung der Europäischen Gemeinschaft, Köln 1999.

Brachert, Sebastian — Organmitgliedschaft und Arbeitnehmerstatus, Frankfurt a. M. 1991.

Brandmüller, Gerhard — Der GmbH-Geschäftsführer im Gesellschafts-, Steuer- und Sozialversicherungsrecht, 8. Aufl., Bonn 1996.

Brox, Hans / Walken, Wulf — Die Einschränkung der Arbeitnehmerhaftung gegenüber dem Arbeitgeber, DB 1985, 1477 ff.

Bulla, Adolf / Buchner, Herbert / Becker, Ulrich — Mutterschutzgesetz und Bundeserziehungsgeldgesetz, Kommentar, begr. v. Adolf Bulla, fortgef. v. Herbert Buchner und Ulrich Becker, 7. Aufl., München 2003.

Buder-Steinhoff, Gabriele — Die GmbH im Rechtsvergleich: Deutschland, Österreich, Ungarn, Frankreich, Wien 1996.

Callies, Christian / Ruffert, Matthias — Kommentar des Vertrages über die Europäische Union und des Vertrages zur Gründung der Europäischen Gemeinschaft – EUV/EGV –, bearb. v. Hermann-Josef Blanke u.a., 2. Aufl., Neuwied/Kriftel 2002.

Canaris, Claus-Wilhelm — Die Feststellung von Lücken im Gesetz, Berlin 1983.

Chaussade-Klein — Gesellschaftsrecht in Frankreich, 2. Aufl., München 1998.

Cremades, Javier — Arbeitsrecht in Spanien, 2. Aufl. München 2004.

Dauses, Manfred A. — Handbuch des EG-Wirtschaftsrechts, Bd. 1, München 2002.

Dejmek, Paulina	Das künftige Europa und die Europäische Privatgesellschaft, NZG 2001, 878 ff.
Dersch, Hermann / Neumann, Dirk / Fenski, Martin	Bundesurlaubsgesetz, Kommentar, begr. v. Hermann Dersch, fortgef. v. Dirk Neumann und Martin Fenski, 9. Aufl., München 2003.
Dikomey, Christa	Das ruhende Arbeitsverhältnis, Heidelberg 1991.
Diller, Martin	Gesellschafter und Gesellschaftsorgane als Arbeitnehmer, Köln 1994.
Dollmann, Bernd	Die Rückkehr zum ruhenden Arbeitsverhältnis des Geschäftsführers durch § 623 BGB, BB 2003, 1838 ff.
Dütz, Wilhelm	Arbeitsrecht, 7. Aufl., München 2002.
Ebenroth Carsten-Thomas / Lange, Werner	Sorgfaltspflichten und Haftung des Geschäftsführers, GmbHR 1992, 69 ff.
Eckardt, Bernd	Der Geschäftsführer der GmbH – ein Arbeitnehmer?, ZfA 1987, 467 ff.
Ehrenberg, Victor	Handbuch des gesamten Handelsrechts, 2. Bd., Leipzig 1918.
Engisch, Karl / Würtenberger, Thomas	Einführung in das juristische Denken, 9. Aufl., Stuttgart 1997.
Erdmann, Ulrich	Ausländische Staatsangehörige in Geschäftsführungen und Vorständen deutscher GmbHs und AGs, NZG 2002, 503 ff.
Erfurter Kommentar	Zum Arbeitsrecht, hrsg. v. Thomas Dieterich, Rudi Müller-Glöge, Ulrich Preis, Günther Schaub, bearb. v. Reiner Ascheid u.a., 4. Aufl., München 2004.

Erman, Walter	Bürgerliches Gesetzbuch, Handkommentar, Bd. 2, hrsg. v. Harm Peter Westermann, bearb. v. Lutz Aderhold u.a., 11. Aufl., Münster/Köln 2004.
Fischer, Hans Georg	Europarecht – Grundlagen des europäischen Gemeinschaftsrechts in Verbindung mit deutschem Staats- und Verwaltungsrecht, 3. Aufl., München 2001.
Fischer, Ulrich	Die Bestellung von Arbeitnehmern zu Organmitgliedern juristischer Personen und das Schicksal ihres Arbeitsvertrags, NJW 2003, 2417 ff.
Fleck, Hans-Joachim	Das Organmitglied – Unternehmer oder Arbeitnehmer?, Festschrift für Marie Luise Hilger und Herrmann Stumpf, München 1983, 197 ff.
Fleck, Hans-Joachim	Das Dienstverhältnis der Vorstandsmitglieder und Geschäftsführer in der Rechtsprechung des BGH, WM 1968, Sonderbeilage 3; WM 1981, Sonderbeilage 3; WM 1985, 677; WM 1994, 1957 ff.
Frank, Susanne / Wachter, Thomas	Neuere Entwicklungen im französischen GmbH-Recht, RIW 2002, 11 ff.
Frisch, Burkhard	Haftungserleichterungen für GmbH-Geschäftsführer nach dem Vorbild des Arbeitsrechts, Berlin 1998.
Fritz, Christian	Die Gesellschaft mit beschränkter Haftung in der EU, Wien 1996.
Fritz, Christian	Arbeitsrecht in Österreich, München 2001.
Gaul, Björn / Wißkirchen, Gerlind	Das letzte Gesetz zur „Förderung der Selbständigkeit", DB 1999, 2466 ff.
Gaul, Dieter	Die Rechtsstellung des GmbH-Geschäftsführers, GmbHR 1988, 172 ff.

Gaul, Dieter	Der leitende Angestellte in Doppelfunktion als Organmitglied, GmbHR 1989, 357 ff.
Geiger, Rudolf	EuV/EGV – Vertrag über die Europäische Union und Vertrag zur Gründung der Europäischen Gemeinschaft, Kommentar, 3. Aufl., München 2000.
Geist, Reinhard	Kollektivvertragliche „Pragmatisierung“ eines GmbH-Geschäftsführers, DRdA 1999, 69 ff.
Geitzhaus, Georg	Generalbevollmächtigung – empfehlenswertes Instrument der Unternehmensführung?, GmbHR 1989, 278 ff.
Gemeinschaftskommentar	zum Kündigungsschutzgesetz und zu sonstigen kündigungsschutzrechtlichen Vorschriften / mitbegr. von Friedrich Becker und Wilfried Hillebrecht, bearb. von Peter Bader u.a., 7. Aufl., Neuwied 2004.
Geyer, Karl Heinrich / Knorr, Gerhard / Krasney, Otto Ernst	Entgeltfortzahlung – Krankengeld – Mutterschaftsgeld, Kommentar, begr. v. Hans Schmatz und Gerd Fischwasser, 7. Aufl., Berlin 1996 (Stand 07/2003).
Gellis, Max	Kommentar zum GmbH-Gesetz, 4. Aufl., Wien 2000.
Gissel, Ralf	Arbeitnehmerschutz für den GmbH-Geschäftsführer, München 1987.
Goette, Wulf	Das Anstellungsverhältnis des GmbH-Geschäftsführers in der Rechtsprechung des Bundesgerichtshofs, DStR 1998, 1137 ff.
Goette, Wulf	Anmerkung zu BGH Urteil vom 13.07.1998 – II ZR 131/97, DStR 1998, 1400 f.
Goette, Wulf	Anmerkung zu BGH Urteil vom 10.01.2000 – II ZR 251/98, DStR 2000, 566.

Goette, Wulf	Die GmbH: Darstellung anhand der Rechtsprechung des BGH, 2. Aufl., München 2002.
Goette, Wulf	Der Geschäftsführerdienstvertrag zwischen Gesellschafts- und Arbeitsrecht in der Rechtsprechung des Bundesgerichtshofs, Festschrift für Herbert Wiedemann zum 70. Geburtstag, München 2002, 873 ff.
Grabitz, Eberhard / Hilf, Meinhard	Das Recht der Europäischen Union, Bd. 1, EUV/EGV, bearb. v. Rüdiger Bandilla u. a., München 2001.
Graef, Joachim	Der Erwerbsschaden von juristischen Personen des Privatrechts, Tübingen 2001.
Grams, Hartmut A.	Anspruch auf Insolvenzgeld und Arbeitnehmereigenschaft des GmbH-Fremdgeschäftsführers, GmbHR 2003, 29 ff.
Griebeling, Gerd	Der Arbeitnehmerbegriff und das Problem der „Scheinselbständigkeit", RdA 1998, 208 ff.
Griebeling, Gerd	Die Merkmale des Arbeitsverhältnisses, NZA 1998, 1137 ff.
Grillberger, Konrad	Der Fremd-Geschäftsführer einer GmbH als Dienstnehmer?, Festschrift für Rolf Ostheim, Wien 1990, 541 ff.
Grobys, Marcel	Gilt das neue Schriftformerfordernis für die Beendigung oder Befristung von Arbeitsverhältnissen auch für GmbH-Geschäftsführer?, GmbHR 2000, R 137 ff.
Groeben, Hans von der / Thiesing, Jochen / Ehlermann, Claus-Dieter	Kommentar zum EWG-Vertrag, Band 1, Art. 1-84, 4. Aufl., Baden-Baden 1991.

Gromotke, Carsten	Die neue Entwicklung und Ausgestaltung des GmbH-Rechts in den osteuropäischen Staaten vor dem Hintergrund der EU-Integration, Berlin 1994.
Groß, Volker	Das Phantom des Arbeitnehmer-Geschäftsführers im Konkursausfallgesetz und in der Konkursordnung, DB 1984, 1447 ff.
Groß, Volker	Das Anstellungsverhältnis des GmbH-Geschäftsführers in Zivil-, Arbeits-, Sozialversicherungs- und Steuerrecht, Köln 1987.
Grunsky, Wolfgang	Rechtswegzuständigkeit bei Kündigung des Anstellungsvertrags eines GmbH-GF, ZIP 1988, 76 ff.
Grumann, Marc-Olaf / Gillmann Michael	Abberufung und Kündigung von Vorstandsmitgliedern einer Aktiengesellschaft, DB 2003, 770 ff.
Haas, Ulrich	Geschäftsführerhaftung und Gläubigerschutz, München 1997.
Hachenburg, Max	Gesetz betreffend die Gesellschaft mit beschränkter Haftung (GmbHG), 2. Bd., §§ 35-52, hrsg. v. Peter Ulmer, 8. Aufl., Berlin/New York 1997.
Hansen, Herbert	Fast die Hälfte aller steuerpflichtigen Umsätze entfallen auf GmbH und GmbH & Co. KG, GmbHR 2001, 286 ff.
Hansen, Herbert	Die GmbH als weiter umsatzstärkste Rechtsform – Anzahl der GmbH beträgt Ende 2001 ca. 850.000, GmbHR 2002, 148 ff.
Hansen, Herbert	Der gestiegene wirtschaftliche Stellenwert der GmbH, GmbHR 2004, 39 ff.
Hase, Karl v.	Fristlose Kündigung und Abmahnung nach neuem Recht, NJW 2002, 2278 ff.

Heidelberger Kommentar	Zum GmbH-Recht, von Harald Bartl, Helmar Fichtelmann, Eberhard Schlarb, Hans-Jürgen Schulze, 5. Aufl., Heidelberg 2002.
Heilmann, Hans	Arbeitsverhältnisse von Organen juristischer Personen im Konkurs, ZIP 1980, 344 ff.
Heisse, Matthias	Die Beschränkung der Geschäftsführer-Haftung gegenüber der GmbH, Köln 1988.
Helms, Dietmar	Die europäische Privatgesellschaft, Köln 1998.
Henssler, Martin	Das Anstellungsverhältnis der Organmitglieder, RdA 1992, 289 ff.
Henssler, Martin / Willemsen, Heinz Josef / Kalb, Heinz-Jürgen	Arbeitsrecht Kommentar, Köln 2004.
Herberstein, Gabriele	Die GmbH in Europa, Wien 1999.
Hernándes-Breton, Eugenio	Die persönliche Haftung des GmbH-Geschäftsführers nach spanischem Recht, RIW 1992, 452 ff.
Heyll, Jens	Die Anwendung von Arbeitsrecht auf Organmitglieder, Frankfurt 1994.
Hilger, Marie Luise	Zum „Arbeitnehmer-Begriff", RdA 1989, 1 ff.
Hoffmann, Dietrich / Liebs, Rüdiger	Der GmbH-Geschäftsführer, 2. Aufl., München 2000.
Hohenadel, Ursula	Die arbeitsrechtliche Stellung der Geschäftsleiter im französischen Recht, Frankfurt a.M. 1997.
Hohlfeld, Matthias	Der GmbH-Geschäftsführer im Spannungsverhältnis zwischen Arbeitgeberfunktion und Arbeitnehmereigenschaft, GmbHR 1987, 255 ff.

Hohlfeld, Matthias	Anmerkung zu BAG Urteil vom 12.03.1987 – 2 AZR 366/86, GmbHR 1988, 184 ff.
Holthausen, Joachim	Die januskopfige Rechtsstellung des GmbH-Geschäftsführers im Arbeitsrecht, NZA-RR 2002, 281 ff.
Hommelhoff, Peter	Die „société fermée européenne“ - eine supranationale Gesellschaftsform für kleine und mittlere Unternehmen im europäischen Binnenmarkt, WM 1997, 2101 ff.
Hommelhoff, Peter	Einige Bemerkungen zur Organisationsverfassung der europäischen Aktiengesellschaft, AG 2001, 279 ff.
Hommelhoff, Peter / Helms, Dietmar	Weiter auf dem Weg zur Europäischen Privatgesellschaft, GmbHR 1999, 53 ff.
Hoyningen-Huene, Gerrick v. / Link, Rüdiger	Kündigungsschutzgesetz, Kommentar, begr. v. Alfred Hueck, fortgef. v. Götz Hueck, 13. Aufl., München 2002.
Hromadka, Wolfgang	Das Recht der leitenden Angestellten im historisch-gesellschaftsrechtlichen Zusammenhang, München 1979.
Hromadka, Wolfgang	Das allgemeine Weisungsrecht, DB 1995, 2601 ff.
Hromadka, Wolfgang	Arbeitnehmerbegriff und Arbeitsrecht, NZA 1997, 569 ff.
Hromadka, Wolfgang	Arbeitnehmerähnliche Personen, NZA 1997, 1249 ff.
Hromadka, Wolfgang	Zukunft des Arbeitsrechts, NZA 1998, 1 ff.
Hromadka, Wolfgang	Zur Begriffsbestimmung des Arbeitnehmers, DB 1998, 195 ff.

Hromadka, Wolfgang	Zum Arbeitsrecht der arbeitnehmerähnlichen Selbständigen, Festschrift für Alfred Söllner, München 2000, 461 ff.
Hromadka, Wolfgang / Maschmannn, Frank	Arbeitsrecht Bd. 2, 2. Aufl., Berlin/Heidelberg 2001
Hueck, Alfred	Die Rechtsstellung der Mitglieder von Organen der juristischen Personen, DB 1954, 274 ff.
Hueck, Alfred / Nipperdey, Hans Carl	Lehrbuch des Arbeitsrechts, Bd. 1, 1. Aufl., Berlin 1928 und 7. Aufl., Frankfurt a. M. 1963.
Hueck Götz	Bemerkungen zum Anstellungsverhältnis von Organmitgliedern juristischer Personen, Festschrift für Marie Luise Hilger und Hermann Stumpf, München 1983, 365 ff.
Hueck Götz	Zur arbeitsrechtlichen Stellung des GmbH-Geschäftsführer, ZfA 1985, 25 ff.
Hueck Götz	Der GmbH-Geschäftsführer im Spannungsfeld zwischen Arbeitsrecht und allgemeinem Dienstvertragsrecht, Festschrift für Münir Ekonomi zum 60. Geburtstag, Ankara 1993, 139 ff.
Hueck Götz / Windbichler Christine	Gesellschaftsrecht, 20. Aufl., München 2003.
Hümmerich, Klaus	Grenzfall des Arbeitsrechts: Kündigung des GmbH-Geschäftsführers, NJW 1995, 1177 ff.
Jabornegg, Peter	Unternehmensrecht und Arbeitsrecht, DRdA 1991, 8 ff.
Jaeger, Georg	Die Zuständigkeit des Arbeitsgerichts und Geltung des Kündigungsschutzes für Geschäftsführer, NZA 1998, 961 ff.

Jaeger, Georg	Der Anstellungsvertrag des GmbH-Geschäftsführer, 4. Aufl., München 2001.
Jauernig, Othmar	Bürgerliches Gesetzbuch, Kommentar, 10. Aufl., München 2003.
Jula, Rocco	Der Status des GmbH-Geschäftsführers – Rechte und Pflichten, Anstellungsvertrag, Vergütung und Versorgung, Heidelberg 1999.
Jula, Rocco	Geschäftsführerhaftung gemäß § 43 GmbHG: Minimierung der Risiken durch Regelung im Anstellungsvertrag?, GmbHR 2001, 806 ff.
Junker, Abbo	Europäisches Arbeitsrecht 2000-2002, RIW 2003, 689 ff.
Kaiser, Heinrich / Dunkl, Hans / Hold, Dieter / Kleinsorge, Georg	Entgeltfortzahlungsgesetz, Kommentar, begr. v. Heinrich Kaiser, fortgef. v. Hans Dunkel u.a., 5. Aufl., Köln 2000.
Kamanabrou, Sudabeh	Das Anstellungsverhältnis des GmbH-Geschäftsführers im Licht neuerer Rechtsprechung, BB 2002, 146 ff.
Kaufmann, Otto	Leistungen in der französischen Krankenversicherung, ZIAS 1998, 321 ff.
Keil, Winfried	Die GmbH im spanischen Recht, GmbHR 1992, 489 ff.
Kittner, Michael	Arbeitsrecht, Handbuch für die Praxis, bearb. v. Helga Appel u.a., Frankfurt a. M. 2001.
Kittner, Michael	Arbeitsmarkt und Recht in: Arbeitsmarktökonomische, soziale und rechtliche Grundlagen, Heidelberg 1982.

Klein, Christian	Abberufung der Geschäftsführung in französischen Unternehmen – aktuelle Rechtsfragen, RIW 2000, 817 ff.
Köhl, Dietmar	Die Einschränkung der Haftung des GmbH-Geschäftsführers nach den Grundsätzen des innerbetrieblichen Schadensausgleichs, DB 1996, 2597 ff.
Konzen, Horst	Geschäftsführung, Weisungsrecht und Verantwortlichkeit in der GmbH und GmbH & Co. KG, NJW 1989, 2977 ff.
Koppensteiner, Hans-Georg	GmbH-Gesetz, Kommentar, 2. Aufl., Wien 1999.
Krause, Rüdiger	Das Schriftformerfordernis des § 623 BGB beim Aufstieg eines Arbeitnehmers zum Organmitglied, ZIP 2000, 2284 ff.
Krause, Rüdiger	Mitarbeit im Unternehmen – Tätigkeitsverhältnisse im Spannungsfeld von Gesellschafts-, Dienstvertrags- und Arbeitsrecht, Tübingen 2002.
Kuhn, Horst	Kompetenzbereiche und arbeitsrechtliche Relevanz im Recht der Geschäftsführung bei Gesellschaft und Verein, Bayreuth 1985.
Kust, Egon	Zur Sorgfaltspflicht und Verantwortlichkeit eines ordentlichen und gewissenhaften Geschäftsleiters, WM 1980, 758 ff.
Lakies, Thomas	Verbessertes Arbeitsgerichtsverfahren und Schriftform für die Beendigung von Arbeitsverhältnissen, BB 1999, 667 ff.
Lampert, Heinz / Althammer, Jörg	Lehrbuch der Sozialpolitik, 6. Aufl., Berlin 2001.
Larenz, Karl	Methodenlehre der Rechtswissenschaft, 6. Aufl., Berlin 1991.

Leinemann, Wolfgang / Linck, Rüdiger — Urlaubsrecht, Kommentar, 2. Aufl., München 2001.

Lieb, Manfred — Die Schutzbedürftigkeit arbeitnehmerähnlicher Personen, RdA 1974, 257 ff.

Lieb, Manfred — Beschäftigung auf Produktionsdauer - selbständige oder unselbständige Tätigkeit?, RdA 1977, 210 ff.

Lieb, Manfred — Arbeitsrecht, 8. Aufl., Heidelberg 2003.

Lieb, Manfred / Eckardt, Bernd — Der GmbH-Geschäftsführer in der Grauzone zwischen Arbeits- und Gesellschaftsrecht, Essen 1987.

Linnenkohl, Karl — Selbständigen-Kultur und Arbeitsmarkt, BB 1999, 48 ff.

Lohr, Martin — Die Beschränkung der Innenhaftung des GmbH-GF, NZG 2000, 1204 ff.

Lohr, Martin — Die fristlose Kündigung des Dienstvertrags eines GmbH-Geschäftsführer, NZG 2001, 826 ff.

Louven, Klaus — Aus der Rechtsprechung des Bundessozialgerichts zum sozialrechtlichen Status des GmbH-Geschäftsführers , DB 1999, 1061.

Lutter, Marcus — Haftung und Haftungsfreiräume des Geschäftsführers, GmbHR 2000, 301 ff.

Lutter, Marcus / Hommelhoff, Peter — GmbH-Gesetz, Kommentar, bearb. v. Walter Bayer u.a., 16. Aufl., Köln 2004.

Martens, Klaus-Peter — Anmerkung zu BAG Urteil vom 09.05.1985 – 2 AZR 330/84, AP Nr. 3 zu § 5 ArbGG 1979.

Martens, Klaus-Peter	Vertretungsorgan und Arbeitnehmerstatus in konzernabhängigen Gesellschaften, Festschrift für Marie Luise Hilger und Herrmann Stumpf, München 1983, 437 ff.
Martinek, Oswin / Schwarz, Margarete Schwarz, Walter	Angestelltengesetz, Kommentar, Wien 1991.
Maschmann, Frank	Arbeitsverträge und Verträge mit Selbständigen, NZA 2001, Sonderbeilage 24, 21 ff.
Maschmann, Frank	Arbeitsverträge und Verträge mit Selbständigen – Rechtliche Qualifizierung von Dienstleistungsverhältnissen als Abgrenzungs- und Einordnungsproblem, Berlin 2001.
Mayer, Elisabeth	Die arbeitsrechtliche Stellung der cadres supérieurs, Würzburg 1993.
Mayr, Martin	Der Gesellschafter-Geschäftsführer einer Gesellschaft mit beschränkter Haftung im Arbeitsrecht und im Sozialversicherungsrecht, in: Arbeitsrecht und soziale Grundrechte, Festschrift für Hans Floretta, Wien, 1983, 763 ff.
Meyke, Rolf	Die Haftung des GmbH-Geschäftsführers, 3. Aufl., Köln 2002.
Michalski, Lutz	Kommentar zum Gesetz betreffend die Gesellschaften mit beschränkter Haftung, bearb. v. Gerhard Dannecker u.a., Bd. 2, §§ 35 - 86 GmbHG, München 2002.
Miller, Fritz Georg	Der Anstellungsvertrag des GmbH-Geschäftsführers – rechtliche Einordnung und gesetzliche Mindestkündigungsfrist, BB 1977, 723.
Miller, Fritz Georg	Zur Abhängigkeit bei GmbH-Geschäftsführern, ZIP 1981, 578.

Molitor, Erich — Die Bestellung zum Vorstandsmitglied einer Aktiengesellschaft, ihre Voraussetzungen und Folgen, Festschrift für Viktor Ehrenberg, Leipzig 1927, 41 ff.

Müller, Jan-Freerk — Die Rechtsstellung der leitenden Angestellten im spanischen Arbeitsrecht, Regensburg 2000.

Münchener Handbuch — Zum Arbeitsrecht, hrsg. v. Reinhard Richardi und Odfried Wlotzke, Bd. 1, München 1992 und Bd. 1 und 2, 2. Aufl., München 2000.

Münchener Kommentar — zum Bürgerlichen Gesetzbuch, Bd. 4, §§ 607-704, hrsg. v. Kurt Rebmann, Franz Säcker, Roland Rixecker, Redakteur Harm Peter Westermann, 3. Aufl., München 1997.

Nägele, Stefan — Der Anstellungsvertrag des Geschäftsführers, BB 2001, 305 ff.

Namendorf, Annette — Der arbeitsrechtliche Status von GmbH-Geschäftsführern, Berlin 2003.

Nebendahl, Mathias — Ansprüche eines GmbH-Geschäftsführers aus betrieblicher Übung?, NZA 1992, 289 ff.

Neumann, Dirk / Fenski, Martin — Bundesurlaubsgesetz, Kommentar, 9. Aufl., München 2003.

Neumann, Dirk / Pahlen, Ronald / Majerski-Pahlen, Monika — SGB IX, Rehabilitation und Teilhabe behinderter Menschen, 10. Aufl., München 2003.

Niebler, Michael / Schmiedel, Wolfgang — Die Rechtsprechung des BAG zum Schicksal des Arbeitsverhältnisses nach In-Kraft-Treten des § 623 BGB, NZA-RR 2001, 281 ff.

Nikisch, Arthur — Arbeitsrecht, 1. Bd., Allgemeine Lehren, 3. Aufl., Tübingen 1961.

Nölle, Jens-Uwe	Die Eigenhaftung des GmbH-Geschäftsführers für Organisationspflichtverletzungen, Regensburg 1995.
Nordhues, Günther	Arbeitsrechtliche Einordnung von Organmitgliedern, Aachen 1996.
Oberrath, Jörg-Dieter	Anwendung von Arbeitsrecht auf den GmbH-Geschäftsführer, MDR 1999, 134 ff.
Oetker, Hartmut	Kurzkommentar zu BAG Urteil vom 08.06.2000 – 2 AZR 207/99, WiR 2000, 1045 ff.
Otto, Hansjörg	Arbeitsrecht, Berlin 2003.
Palandt, Otto	Bürgerliches Gesetzbuch, bearb. v. Peter Baßenge u.a., 63. Aufl., München 2004.
Pajor-Bytomsky, Magdalena	Die Rechtsstellung des ungarischen GmbH-Geschäftsführers, RIW 2001, 765 ff.
Preis, Ulrich	Koordinationskonflikte zwischen Arbeits- und Sozialrecht, NZA 2000, 914 ff.
Preis, Ulrich	Arbeitsrecht, 2. Aufl., Köln 2004.
Preis Ulrich / Gotthardt, Michael	Schriftformerfordernis für Kündigungen, Aufhebungsverträge und Befristungen nach § 623 BGB, NZA 2000, 348 ff.
Pullen, Heinz-Jürgen	Anwendbarkeit der Grundsätze der gefahrgeneigten Arbeit auf den GmbH-Geschäftsführer?, BB 1984, 989 ff.
Raiser, Thomas	Recht der Kapitalgesellschaften: ein Handbuch für die Praxis und Wissenschaft, 3. Aufl., München 2001.

Reese, Jürgen — Die Haftung von „Managern" im Innenverhältnis, DStR 1995, 532 ff.

Reichold, Hermann — Europäische Freizügigkeit und nationales Arbeitsrecht (Eichstätter Hochschulreden, Bd. 99), Wolnzach 1997.

Reichold, Hermann — Von der Internationalisierung der Märkte zur Internationalisierung des Gesellschaftsrechts? Festschrift Beitrag in: Michael Kutschker (Hrsg.), Perspektiven der Internationalen Wirtschaft, Wiesbaden 1999, 63 ff.

Reichold, Hermann — Arbeitsrecht, Lernbuch nach Anspruchsgrundlagen, München 2002.

Reichold, Hermann — Grundlagen und Grenzen der Flexibilisierung im Arbeitsvertrag,
RdA 2002, 321 ff.

Reich-Rohrwig, Johannes — Das österreichische GmbH-Recht, 1. Bd., 2. Aufl., Wien 1997.

Reinecke, Gerhard — Klagen von Geschäftsführern und Vorstandsmitgliedern vor den Arbeitsgerichten, ZIP 1997, 1525 ff.

Reinecke, Gerhard — Neudefinition des Arbeitnehmerbegriffs durch Gesetz und Rechtsprechung?, ZIP 1998, 581 ff.

Reinecke, Gerhard — Der Kampf um die Arbeitnehmereigenschaft – prozessuale, materielle und taktische Probleme, NZA 1999, 729, 735 ff.

Reiserer, Kerstin — Die ordentliche Kündigung des Dienstvertrags des GmbH-Geschäftsführers, DB 1994, 1822 ff.

Reiserer, Kerstin — Der GmbH-Geschäftsführer in der GmbH und Co. KG, BB 1996, 2461 ff.

Reiserer, Kerstin	„Scheinselbständigkeit“ – Arbeitnehmer oder Selbständiger, BB 1998, 1258 ff.
Reiserer, Kerstin	Der GmbH-Geschäftsführer in der Sozialversicherung – Scheinselbständiger, Arbeitnehmerähnlicher oder freier Unternehmer, BB 1999, 2026 ff.
Reiserer, Kerstin	Der GmbH-Geschäftsführer – ein Arbeitnehmer?, DStR 2000, 31 ff.
Reiserer, Kerstin	Die außerordentliche Kündigung des Dienstvertrags des GmbH-Geschäftsführers, BB 2002, 1199 ff.
Reiserer, Kerstin / Heß-Emmerich, Ulrike	Der GmbH-Geschäftsführer im Arbeits- und Sozialversicherungsrecht, 2. Aufl., Heidelberg 2001.
Reiserer, Kerstin / Schulte, Knut	Der GmbH-Geschäftsführer im Sozialversicherungsrecht, BB 1995, 2161 ff.
Richardi, Reinhard	Arbeitnehmerbegriff und Arbeitsvertrag, Festschrift zum 125jährigen Bestehen der Juristischen Gesellschaft zu Berlin, Berlin 1984, 607 ff.
Richardi, Reinhard	„Scheinselbständigkeit“ und arbeitsrechtlicher Arbeitnehmerbegriff, DB 1999, 958 ff.
Richardi Reinhard / Annuß, Georg	Der neue § 623 BGB – Eine Falle im Arbeitsrecht?, NJW 2000, 1231 ff.
Rieble, Volker	Die relative Verselbständigung von Arbeitnehmern – Bewegung in den Randzonen des Arbeitsrechts?, ZfA 1998, 327 ff.
Roth, Günter H. / Altmeppen, Holger	Gesetz betreffend die Gesellschaft mit beschränkter Haftung (GmbHG), 4. Aufl., München 2003.

Rowedder, Heinz — Gesetz betreffend die Gesellschaft mit beschränkter Haftung (GmbHG), Kommentar / begr. v. Heinz Rowedder, hrsg. v. Christian Schmidt-Leithoff, 4. Aufl., München 2002.

Sandmann, Bernd — Die Haftung von Arbeitnehmern, Geschäftsführern und leitenden Angestellten, Tübingen 2001.

Schaub, Günter — Kurzkommentar zu BGH Urteil vom 14.05.1999 – II ZR 122/89, EWiR 1990, 786 ff.

Schaub, Günter — Arbeitsrechtshandbuch, 10. Aufl., München 2002.

Schima, Georg — Die Sozialversicherungspflicht des Geschäftsführers einer GmbH, Teil I, ZAS 1987, 121 ff.

Schliemann, Harald — Flucht aus dem Arbeitsverhältnis – falsche oder echte Selbständigkeit?, RdA 1997, 322 ff.

Schliemann, Harald — Das Arbeitsrecht im BGB – Kommentar, bearb. v. Reiner Ascheid u.a., 2. Aufl., Berlin 2002.

Schmidt, Bettina / Schwerdtner Peter — Scheinselbständigkeit Arbeitsrecht – Sozialrecht, München 1999.

Schmidt, Karsten — Gesellschaftsrecht, 4. Aufl., Köln/Berlin/Bonn/München 2002.

Schmidt, Otto — GmbH-Handbuch: Gesellschaftsrecht, Rechnungswesen, Steuerrecht, Arbeits- und Sozialversicherungsrecht, Verträge und Formulare, bearb. v. Karl Eder u.a., 15. Aufl., Köln 1998.

Schmitt, Jochem — Entgeltfortzahlungsgesetz, 4. Aufl., München 1999.

Schneider, Uwe — Haftungsmilderung für Vorstandsmitglieder und Geschäftsführer bei fehlerhafter Unternehmensleitung, Festschrift für Winfried Werner, Berlin 1984, 795 ff.

Schnichels, Dominik — Reichweite der Niederlassungsfreiheit: dargestellt am Beispiel des deutschen internationalen Gesellschaftsrechts, 1. Aufl., Baden-Baden 1995.

Scholz, Franz — Kommentar zum GmbH-Gesetz, I. Bd., §§ 1-44, Anh. Konzernrecht, 9. Aufl., Köln 2000.

Schumacher-Mohr, Marion — Das Abmahnungserfordernis im Fall der außerordentlichen Kündigung von Organmitgliedern, DB 2002, 1606 ff.

Schwab, Norbert — Das Dienstverhältnis des GmbH-Geschäftsführers insbesondere unter arbeitsrechtlichen Aspekten, NZA 1987, 839 ff.

Schwarz, Walter / Löschnigg, Günther — Arbeitsrecht, 8. Aufl., Wien 2000.

Soergel, Hans Th. / Siebert, Wolfgang — Bürgerliches Gesetzbuch mit Einführungsgesetzen und Nebengesetzen, Bd. 4/1, 12. Aufl., Stuttgart/Berlin/Köln 1998.

Sonnenberger, Hans Jürgen — Französisches Handels- und Wirtschaftsrecht, 2. Aufl., Heidelberg 1991.

Stahlhacke, Eugen / Preis, Ulrich / Vossen, Reinhard — Kündigung und Kündigungsschutz im Arbeitsverhältnis, 8. Aufl., München 2002.

Staudinger, Julius von — Kommentar zum Bürgerlichen Gesetzbuch mit Einführungsgesetz und Nebengesetzen, Buch 2, Recht der Schuldverhältnisse, §§ 611 – 615, 13. Bearbeitung, Berlin 1999.

Staudinger, Julius von — Kommentar zum Bürgerlichen Gesetzbuch mit Einführungsgesetz und Nebengesetzen, Buch 2, Recht der Schuldverhältnisse, §§ 616 – 630; Neubearbeitung 2002 Berlin 2002.

Staudinger, Julius von	Kommentar zum Bürgerlichen Gesetzbuch mit Einführungsgesetz und Nebengesetzen, Einführungsgesetz zum BGB/IPR; 13. Bearbeitung, Berlin 2002.
Steding, Rolf	Das Gesellschaftsrecht der EU zwischen Erwartung und Enttäuschung, NZG 2000, 913 ff.
Straub, Fritz	Die Sozialversicherung des GmbH-Geschäftsführers, DB 1992, 1087 ff.
Teigelkötter, Volker	GmbHR-Kommentar zu BGH Urteil vom 10.09.2001 - II ZR 14/00, GmbHR 2001, 1160 f.
Trinkhaus, Hans	Aktuelle Probleme des Rechts der leitenden Angestellten (im weitesten Sinne), DB 1968, 1756 ff.
Voigt, Thomas	Die Entlassung des GmbH-Geschäftsführers aus wichtigem Grund, Baden-Baden 2001.
Wank, Rolf	Arbeitnehmer und Selbständige, München 1988.
Wank, Rolf	Die „neue Selbständigkeit", DB 1992, 90 ff.
Wank, Rolf	Arbeitsrecht nach Maastricht, RdA 1995, 10 ff.
Wank, Rolf	Telearbeit, NZA 1999, 225 ff.
Wank, Rolf	Kurzkommentar zu BAG Beschluss vom 06.05.1999 – 5 AZB 22/98, EWiR 1999, 1093 f.
Wank, Rolf	Der Fremdgeschäftsführer der GmbH als Arbeitnehmer, Festschrift für Herbert Wiedemann zum 70. Geburtstag, München 2002, 587 ff.
Wank, Rolf	Kurzkommentar zu BAG Urteil vom 13.02.2003 – 8 AZR 654/01, EWiR 2003, 621 f.

Weber, Ulrich / Burmester, Antje	Die Zuständigkeitsverteilung der Zivil- und Arbeitsgerichtsbarkeit bei Streitigkeiten von Organvertretern mit „ihrer" juristischen Person, GmbHR 1997, 778 ff.
Wehrmeyer, Ulrich	Die arbeitsrechtliche Einordnung der Organe juristischer Personen, Frankfurt a.M. 1988.
Weikgenannt, Christina Sánches	Eingriffsbefugnis der Gesellschafterversammlung in die Geschäftsführung der spanischen Sociedad de Responsabilidad Limitada, Madrid 2000.
Weimar, Robert / Goebel, Dietrich	Neue Grenzfrage um Scheinselbständigkeit und arbeitnehmerähnliche Selbständige, ZIP 1999, 217 ff.
Wiedemann, Herbert	Das Arbeitsverhältnis als Austausch- und Gemeinschaftsverhältnis, Karlsruhe, 1966.
Wiedemann, Herbert	Der persönliche Geltungsbereich des Gesetzes zur Verbesserung der betrieblichen Altersversorgung, RdA 1977, 13 ff.
Wimmer, Richard	Der Anstellungsvertrag des GmbH-Geschäftsführers, DStR 1997, 247 ff.
Wünsch, Horst	Zur Abberufung von GmbH-Geschäftsführern, Festschrift für Rolf Ostheim Wien 1990, 437 ff.
Zimmer, Mark	Kündigungen im Management: § 623 BGB gilt nicht für GmbH-Geschäftsführer und AG-Vorstände, BB 2003, 1175 ff.
Zöllner, Wolfgang / Loritz, Karl Georg	Arbeitsrecht, 5. Aufl., München 1998.

Kolibri 360 GmbH
Ferdinand-Jühlke-Straße 7
99095 Erfurt, Deutschland
produktsicherheit@kolibri360.de

Druck:
CPI Druckdienstleistungen GmbH
im Auftrag der
Kolibri 360 GmbH
Ferdinand-Jühlke-Str. 7
99095 Erfurt